探寻写作路径
与方法技巧

过程写作叙录

GUOCHENG XIEZUO XULU

潘久泰　主编

中国文联出版社
http://www.clapnet.cn

图书在版编目（C I P）数据

过程写作叙录 / 潘久泰主编. -- 北京 : 中国文联出版社, 2022.7
ISBN 978-7-5190-4881-5

Ⅰ. ①过… Ⅱ. ①潘… Ⅲ. ①汉语－写作 Ⅳ. ①H15

中国版本图书馆 CIP 数据核字(2022)第 099711 号

主　　编　潘久泰
责任编辑　周劲松
责任校对　陈　雪
装帧设计　范金龙

出版发行　中国文联出版社有限公司
社　　址　北京市朝阳区农展馆南里 10 号　邮编 100125
电　　话　010-85923025（发行部）　010-85923091（总编室）
经　　销　全国新华书店等
印　　刷　北京工商事务印刷有限公司

开　　本　710 毫米×1000 毫米　1/16
印　　张　29.25
字　　数　449.3 千字
版　　次　2022 年 7 月第 1 版第 1 次印刷
定　　价　58.00 元

《过程写作叙录》编委会

卷首语

阅读是写作的前提，写作是阅读的结果。

每篇文章都是一个故事，每个故事都会告诉我们：文章是怎么写成的。

还原写作过程，可让我们从中获取写作“金针”。

阅读和写作是生命的有机组成部分，物质的人靠吃米饭活着，精神的人凭读写活着。我们只有学会读写，才能充分享受生活的快乐。

人无法延长生命，但可以追求生命的高度，生命有了高度，也就实际上延长了生命。追求生命高度的最佳方式莫过于写作。

序 言

辛丑年冬月，阳光明媚，晴空万里，暖意融融，恰如白居易诗中所写的“十月江南天气好，可怜冬景似春华”，真是一个从事户外活动非常难得的好日子。但今天只能忍痛割爱。因为潘老师布置给我的作业没有完成，那就是为他编著的《过程写作叙录》写一篇序言。既感荣幸，又十分惭愧。

潘老师，姓潘，名久泰，男，1949 年生于湖南省冷水江市。1975 年 1 月湖南师范大学毕业，从事教育教学工作 40 年。1997 年评为高级讲师，2008 年评为特级教师，参编《花卉鉴赏辞典》等多部著作，发表教育教学论文 50 多篇，多次参与国家、省市课题研究，《图书馆：把读书的“学问”教给学生》论文在《中国教育报》刊发，荣获国家级二等奖。多次被评为县市级优秀教师和先进工作者，长期在普高、职高、师范教育一线担任语文教学工作。自 1972 年上大学起，开始勤奋写作；虽年过古稀，仍笔耕不辍，时有文章在各级报刊发表。

40 年的讲台教学经历，厚实的文化功底，丰富多彩的人生历程，长期的写作经验注定了《过程写作叙录》的非同寻常。我有幸成为《过程写作叙录》的第一位读者，粗阅略读后，书中的篇章令我倍感亲切，书中的故事在我心中产生强烈共鸣。不论你是学生、教师、教育行管人员，还是一般的文学爱好者读后都会从中受到启发，得到感悟，学到方法，找到技巧，实实在在帮助自己有效提高阅读写作能力，教学和管理能力。

因为作品的新颖性、广泛性、实用性在教导写作的书籍里超凡脱俗，独具匠心。

一、新颖性

常言道:“看书先看皮，看报先看题。”潘老师把《过程写作叙录》取为本书的名字，可以使读者看到书名就能了解到本书的内容和主旨，有别于一般的作文指导、作文辅导和写作入门之类的书刊。

什么是叙录?

叙录是中国目录学中体制之一，首创于汉代刘向，列于书名之后，是用揭示图书的内容主旨、价值得失，介绍作者的生平事迹、学术源流，以及该书的版本、校勘、流传情况等。是古代目录书中最重要的结构成分。

什么是“过程写作”?

“过程写作运动”起源于20世纪六七十年代，80年代“过程写作”在欧美国家进入写作课程，即由“结果写作”向“过程写作”转型，大致包括四种主要模型:“外在流程模式”“认知模式”“转译模式”“维度操作模式”。对构建新的写作理论模型，改进写作教学实践，具备参考价值和指导意义。本书收录的每篇文章按叙录要求都有提示、简介和点评，尽可能立体地、多维度地把写作过程还原给读者。

二、广泛性

一是作品代表性强。有学生的，也有老师的，既有自己的，也有同事的。书稿选录学生优秀作文68篇，比如周子衿《有时，去治愈……》，潘老师自己的作品，比如《我看“为了忘却”》《笑话中的“逻辑错误”》等，同事同行的作品《山水游记写作指津》《作文自己修改是正途》《古汉语动词为动用法探微》等，总共52篇。

二是时间跨度长。书中收录的潘老师的作品《蔡家岗的春晨》在1973年5月发表在《湖南师院》院刊上；作者苏旦丽的《小草》，曾红松的《学御志在争先莫恐后》都是1982年的作品；陈佳丽的《那些我们渐渐消失的灵性》，许艳萍的《红色精神耀我行　时代青年践初心》是作者2021年的作品。收录的作品时间跨度长达48年。文学是时代的丰碑，在品读作品“好词好句好故事”中，更能领略到不同时期作者的思想、情感和脉搏等鲜明的时代特征。

三是文章体裁多。书中收录的作品文章体裁有记叙文，如《我的表姐》，也有议论文，《从运盐驴子的悲剧说起》，还有说明文，《蝶鳞的妙用》。文学体裁有诗歌，比如，《串起生活的珍珠》《我爱家乡冷水江》；有七言绝句，比如《劝学》《看桥》《咏牛》等；有散文，《意外》《秋声蝶韵》《一双棉鞋》等；有杂文，如《师德、人格及其他》《用人如用牛》等。

此外，书中还收录了一篇发表于《中小学英语教学与研究》的文章《英语作文主旨句的提炼》，对于爱好英语写作或是准备英语应试的考生来说，帮助提高写作能力无疑都有借鉴意义。

三、实用性

通读书稿之后，对于文学爱好者来讲，会明白一个道理：写作无捷径，佳作非速成。只有常“读”，常“写”。这就是潘老师研读鲁迅的写作经验得到的真谛。当然，除了读名著之外，还要多读自然，多观世界，多察人情，善于思考。古人云：“处处留心皆学问，人情练达即文章”“学而不思则罔，思而不学则殆”。对于学校的行管人员，阅读本书之后也会有收获。书中收录《教学管理不宜表格化》是潘老师 2002 年 10 月发表在北京教育学院主办的《中小学管理》杂志上的文章，曾获得娄底市教科所 2002 年度论文评比二等奖。文中“管了量管不了质，管了教管不了学，管了人管不了心，管了勤管不了懒，管了内管不了外”指陈五个表格化教学管理的弊端，可谓针针见血。虽时隔二十年，对于行政管理者仍然是一剂良药，一声警钟！对于语文教师而言，如何教好语文、指导作文，批改作文，那就是一部“宝典”，一座“富矿”。对于新教师而言，就是交了一个良师益友！

这部书中有关语文教学及作文指导的文章最多，有《中师作文教改异说》等十多篇。文中很多观点，比如“好文章是改出来的”，我的读写教学观“三读三问重理解”和“粗批略改重讲评”，“立人：语文教育的终极追求”都凝结了潘老师一生的心血，是一位教师老前辈的肺腑之言，是几十年教育教学经验的结晶。

“鸳鸯绣出从君看，不把金针度与人。”这是古代传统保守的门派思想，作者反其道而行之，大胆示“金针”予人，期望读者得到教书写作上的升华，这既是该书精髓之所在，也是潘老师胸怀宽广、一生磊落的充分体现。在娄底幼儿师范高等专科学校建成之际，更是献给学校和全体师生的大礼！

借此机会，我衷心祝贺潘老师：“七十种花怀大爱，一书付梓慰平生。”

衷心祝愿每一位作者，“蕙质兰心诗锦绣，丹青妙手著新章”。

衷心祝福我们的学校，“满园绿树年年秀，一校鲜花处处香”。

以上，是为序言。

翁　雪

2021 年 12 月 10 日

目　录

上　编　学生文章 68 篇，他们都是怎么写成的——

下　编　老师文章52篇，我们又是怎么写成的——

上　编

学生文章68篇，他们都是怎么写成的——

我1975年1月湖南师院中文系毕业，分配到新化师范教语文。3年后，突然一纸调令将我调到新化三中，教高中语文8年；后又调至新化上梅中学教了2年高中。1987年暑假再调回师范，学校几经更名，现在叫作娄底幼儿师范学校，教到2009年办退休；之后续聘5年，2014年才真正退休，站了整整40年讲台。其间有许多学生的作文故事给我留下了很深的印象，只是没能有意留下、收集他们的作品，如今能找到的不多，能还原写作过程的更少，只能凭记忆，或凭手头有限的报刊资料委积几十篇；尽量还原文章的写作过程，以期后学能从中获取写作“金针”。

学御志在争先莫恐后
——读《赵襄主学御》有感

曾红松

《赵襄主学御》出自《韩非子·喻老》篇，说的是赵襄主向王子期学习驾车的故事。赵襄主同王子期驾车赛马，三次换马，三次失败。于是，他责怪王子期没有把技术全部教给他。王子期说：技术已全部教了，驾车最要紧的在于“马体安于车，人心调于马”。现在，您落在我后面，就一心想追上我；跑在我前面，就生怕被我追上。咱俩竞赛，非先即后，而您却把思想全部都集中在我身上，何以能与马保持协调呢？看来，赵襄主之所以失败，是由于人心未能调于马。

这个故事告诉我们：凡事必须考虑主观愿望与客观实际相配合，才能收到最佳效果，否则，必定事与愿违。

王子期的主观愿望是如何尽量使马跑得快，而不是考虑比赢赵襄主，获得荣誉；而赵襄主所考虑的是如何赛过王子期，压根儿没把思想集中在马和车上。因此，赵襄主的心胸就要狭窄得多，赛马不可能实现主观愿望了。

不同的主观愿望就会产生不同的客观效果。王子期的主观愿望是要使马套在车上能够舒适，人的思想要与马保持协调，除此之外，什么也不考虑。比赛一开始，马便能疾速奔驰，因此，每次都跑在前面。赵襄主的主观愿望是誓死跑在王子期前面，倘若王子期跑到了前面，他就不顾马的耐力，拼命追赶；倘若王子期落在后面，他就回头顾盼，生怕王子期追赶上来。这样一来，人心慌乱马速减慢，肯定跑不出好成绩。因此，尽管三次换马，还是不能胜过王子期。由此观之，在驾车赛马中志在争先，不可时刻担心落后，才能使“马体安于车，人心调于马”，最终获取胜利。

可是，不少人不懂得这一点，办事的时候，如同赵襄主，主观愿望不纯正，方法不甚得当，客观效果当然不会理想。就拿考大学来说，为什么有的同学像范进一样老是考不中，恐怕有相当一部分是由于求知的主观愿望有问题。有的同学认为，现在农村比较贫困落后，干活辛苦，想方设法读书，其目的是跳出农村，捞一只“铁饭碗”。这些人学习是为了应对高考，学习中寻求捷径，钻偏题难题；考试时，则猜题押题，存有侥幸取胜之心。这样，精力分散，思想糊涂，考试何得不失败？有的同学认为，读书是为了掌握知识，有了知识，就有了力量。他们讲究学习方法，讲求实际效果，方法对头，再加上勤奋刻苦，知识逐渐增多，掌握又十分牢固，高考往往考出了好成绩。

谁都明白，求职的目的是为了改变自己，改造世界，造福人类。目前农村贫困落后，我们就要抱定为改变农村面貌而学习的愿望，去掉捞“铁饭碗”的想法。如果人人都是为了造福人类去掌握知识，全民族的文化水平就会迅速提高，还计较什么个人利益和名誉呢？上大学要学习，在农村也要学习。

“人心调于马”就是指心无杂念，人马协调，这是驾车赛马取胜的根本。办其他事也如此，“人心”宜“调于马”，不存私心，执着专注。一个人一旦有了纯正的主观愿望，而且能够尽最大努力去追求，那么，愿望迟早会实现。

※※※※※※

这是一篇课堂作文，我当面提出修改意见，让学生修改了3次。我再略作删改，添加了第二段，写了不足100字的简评：办事必须有纯正的主观愿望，才能收到良好的客观效果，这是《赵襄主学御》给人们的启示。曾红松同学能从复述故事入手，从中引出论点，然后逐层深入阐述，作出结论，是一篇很好的读后感。文章改得好辛苦，光题目就换了好几个，起先为“人心宜调于马”，后又改成“心无旁骛好学御”，等等，最后才确定为“学御志在争先莫恐后”，似乎更符合《赵襄主学御》的主题思想。我将文章推荐给学校主办的套色油印刊物《作文小报》，在1982年第4期上刊出。当时，学校有几位有热情，有干劲，精力充沛，而且又潜心教学探究的语文老师，在无任何报酬的情况下，自发办了两种小型刊物，一种是《作文小报》，专门刊登学生的优秀习作，每学期至少出6期。学生投稿积极性很高，稿源丰富。学校还不定期出刊套色油印的《晓声》，专门刊登老师创作的诗词。不过，很快就停办了，原因是主编贺少奇老师患癌症病逝，钢板刻得相当好的邹家储老师退休了。

小 草

苏旦丽

小草，在晨风中摇曳，仿佛要为我唱一支歌，解除我心中的烦闷……

啊！两年来，每天早晨，无论阴天或雨天，我都会来到这小小的草坪里，对着前面的小溪流练嗓子。要知道，我很小的时候就想当一名演员，做一个歌手。听人说，站在草地上，对着溪流，唱出的歌声如银铃般的动听，清泉那样的明澈。我每天清晨踏着露水，来到这里练唱。七百多个早晨，小草是我的忠实伴侣；两年来的勤学苦练，小草是我的最好的见证人。几天前，我接到艺术学校招生考试的通知时，她们一定在为我高兴，随风摇曳而发出的细小的声音，就是在为我祝福吧！可是，小草，你知道吗？我落选了，我儿时的理想成了泡影，我能用什么语言来表达我痛苦的心情呢？

一阵阵晨风吹来，吹落了小草上那晶莹透亮的露珠。朝阳透过云层，金色的光辉洒到清澈的溪流上，洒到翠绿的小草上……小溪在阳光下泛起粼粼的波光，淙淙的流水像奏出一支支婉转动人的歌曲。小草在阳光下更加绿得可爱了。大自然的一切多美啊！然而，有谁理解我的痛苦心情呢？就连小草——伴我度过两个春秋的小草也不同情我，她们仍是那样绿，在晨风中摇曳着。

啊！小草，其实，你们也并不比我幸运。你们不能像名花异卉那样得到人们的赏鉴，却被行人纷沓的脚步往来践踏。

记得在初中一年级时，语文老师告诉我们：小草的生命力是极其旺盛的，无论是被践踏还是遭白眼，她们全然不顾，仍旧顽强地生长，把盎然春意带回人间。啊！此时此刻，我才领悟到老师所说的话的含义：当我们在生活中遇到困难，在漫长的人生道路上受到挫折时，多么需要旺盛的生命力啊！

哦！小草，我明白了，你们这样充满活力，富有生气，是因为你们从不计较得失，不计较别人怎样看待自己。

我愿做一株小草。她虽然没有牡丹的娇艳，没有茉莉的清香，但是，她活力四射，生机勃勃，无论在哪里都能生长，她总是向上，向上，顽强地向上……

※※※※※※

我历来以为，中学生一定要在高二以前将记叙文写过关。一篇文章记一个熟悉的人物，写一件新鲜点的事儿，600字左右；再从所写人物、事件中引申、抽象出一个带普遍性的观点，稍加阐释，200字上下；叙议结合，总共不少于800字，如果字写得好，文面清爽，保险高考是一篇中等以上的作文，起码80分以上。题目待文章写好后，再取也没关系。这次课堂作文，我布置两道文题：1.家乡风景独好；2.我儿时做过的一件蠢事。写人、记事、绘风景，由自己确定，允许另拟文题，800字左右。苏旦丽同学两课时写了两篇，只誊抄一篇交了卷。这篇《小草》抓住小草生命力旺盛，乐观而顽强向上的特点来抒写，启示人们，不计较个人得失，才能不断上进。叙议得体，情景交融，情因景生，景随情变。我稍加修改，推荐给《作文小报》，刊登了。另一篇《家乡的小溪》，是篇散文诗，抒写小溪一年四季如何陪伴自己长大，将近500字，8个自然段，文字清新优美，结构谨严。我也作了些许修改，推荐给《作文小报》，登在1982年4月3日第5期上。苏旦丽于1982年从新化三中考入湘潭大学外语系，1986年毕业后留校任教。1991年调往暨南大学任教。1994去日本留学，1999年回国后在清华大学外语系任教至今。2006年、2008年先后到美国、英国访学。主编清华大学出版社出版的《新时代交互英语》第1册、《Academic Writing》等，在国内外专业期刊发表论文40多篇。曾获得宝钢教育奖和北京市师德标兵等荣誉。

我家表舅骗过我

邹秀丽

听大人说，孩提时代的我比一般的小孩聪明豁达些，也非常活泼，像淘气的男孩子一样，天不怕，地不怕，经常同伙伴们一起吵呀闹呀，没个休止。上学后的第一个暑假，妈妈生怕我在家里不听话，不能很好地学习，就将我送到乡下的奶奶那里去。奶奶是个开明人，六十多岁了，耳聪目明，身子骨很硬朗。听爸爸说，奶奶年轻时读过不少诗书，能说会道，比一般老年人有见识得多。

那个暑期我过得多痛快啊！在奶奶的督促下，很好地完成了假期作业，还跟奶奶吟熟了好几首古诗。我乖乖的，深得老人家喜爱。记得，奶奶家门前种了好些花，我每天都去看看，拾掇花瓣，闻闻花香。有一会儿，我正看得入神，奶奶来到我身边，略带几分伤感地说："好花美丽不常开，好景迷人不常在。"几年后，我才明白奶奶吟诵这诗句的用意，她老人家是在告诉我要珍惜年华呐。

奶奶很好客，家里常有大客人和小客人，大的爱跟她拉家常，小的喜欢听她讲故事。在那些日子里，村里回来了几个当兵的，其中有一个是外公的小儿子，奶奶要我叫他"满表舅"。我真羡慕他的绿军装，红领章和红五角星的帽徽。那时，在我们孩子们心目中认识一位解放军叔叔是一件多么荣耀的事儿！无论什么时候，只要一见到解放军，我心里就格外高兴，不管隔多远都会放开喉咙喊"解放军叔叔好！""解放军叔叔，再见！"来到奶奶家，没想到竟有一位解放军叔叔，心里不知有多高兴，我缠着满表叔问这问那，要他讲打仗的故事。

有一次，我问他：“表叔，你的部队离这儿很远吧？”他神秘兮兮地说：“小妹子，远呢，从你们城里坐火车，要两天三晚才能到。”我很惊讶，伸了伸舌头：“那么，那儿一定很冷吧。”他说：“那儿叫海南岛，非常冷，世上没有比那里更冷的地方。”他停了停，又笑了笑。我目不转睛地听他说，他还边说边比画：“冬天，人们都要穿上毛大衣，戴上有耳罩的毛帽子，手只能插在口袋里。不然，一出门，耳朵都会冻掉呢……”表叔还说了许多新奇事儿。但在我记忆中，只剩了这一点点儿，海南岛好冷，我一直深信不疑。

岁月一天天地过去了，回想起孩提时上当受骗的情形和由于无知而干的许多蠢事，我常常暗自好笑。没过多久，我学了历史、地理，终于明白了表叔说的全是哄骗我的假话。海南岛是祖国南方的一个海岛，地处低纬度，属热带气候，那里四季如春，是热带植物生长的地方。

回忆是痛苦的，也是幸福的。我并不想去追究那位表叔为什么要哄我，而我反复琢磨自己被骗的原因，从中悟出了丁点儿道理：谎言之所以能骗人，全在于被骗者的无知。先前，我深信海南岛很冷，是由于自己的幼稚无知。今天倘若有人还那样胡扯，我就能当面戳穿他的谎言了。

人，是应该学习，应该博学的。我们决不能因为今天知道了海南岛是四季如春的宝岛而沾沾自喜，因为追求学问是无止境的。若不努力学习，时刻都有上当受骗的可能，即便满腹经纶，懂得了千万个道理，也排除不了这种可能。

※※※※※※

邹秀丽和苏旦丽是最要好的同班同学，她也是语文、英语两门成绩很好，来校插班前已在新化华新瓷厂当过三年流水线上的操作工，突击政、史、地三门需要死记的课程，考试常常及不了格。因此，信心不足，常说“不读算了，还是回去当工人”，老师同学都劝她坚持下去；我一再鼓励她，无论如何要去拼一回高考，以证明自己的实力。

这篇文章写的是她的一段亲身经历。在城里长大的“我”去乡下奶奶家避暑，竟被解放军表叔无恶意地哄骗，说“海南岛很冷”，“我”深信不疑。这本是极平常的事儿，生性快活的表叔开玩笑，逗小孩耍。但文章能从这事儿生发开去，悟得生活哲理：不努力学习，时刻有受骗上当的可能。叙议得体，就全篇而言，开头两三段比较松散，叙写也较生硬，对表达主题关系不大，全文将近1200字，可考虑删减一些。原题为“儿时的回忆”，完全可以写本书，我便改成“我家表叔骗过我”，似乎与内容更贴切些，题文也很相称。改定之后，我荐给学校办的油印刊物《作文小报》，刊登在1982年第3期上。她高考上了专科分数线，就读于娄底师专，毕业后分在株洲一所中学教高中英语。

我的表姐

刘　萍

一个假日，我到乡下去探望姑妈，一进门就见到我姑妈的女儿玉梅姐正在忙着收拾扁担箩筐。她一见我，就微笑着说："萍妹，你来得正好，我带你到河对面玩去。"表姐是区供销社收购员，做事干练，为人热情，待我也非常好。我听她说要带我到外面去玩，心里真有说不出的高兴。

吃完早饭，表姐担着箩筐，带着我到村里去收购鸡蛋。不一会儿，我们来到渡口，上了船，她熟练地操起竹篙，用力一点，船平稳地驶向河心，三篙两篙，就驶到了对岸。过了河，我们来到了一座村庄。在村头一棵大枫树下，我们将箩筐摆好，开始收购。

消息一发出，村里的大姑娘、小媳妇、老婆婆都出来了，有用葫芦瓢装的，有用纸盒子盛的，有的干脆用衣襟兜着，都把鸡蛋送来，同时喊着，说着。

"梅姑娘，记住没有：下次给我捎两把梳子来。"

"小梅，要是店里来了红绸子被面，别忘了给我捎个信，因我那二闺女想要买哩！"

我帮着表姐往筐里数鸡蛋，表姐一边给卖主付钱，一边回答着人们托她办的事儿。她头上渗出的汗水顺着刘海直往下滴，也顾不得去擦。我俩就在欢乐的情境中忙到了下午。

我们担着装鸡蛋的箩筐往回走。当时正是酷热的夏天，经过密密的田间小道，不透一丝风儿，如蒸笼一般，使人透不过气来，我们只顾往前赶。忽然听见后面有人拉大嗓门喊着："玉梅——"表姐立即放下箩筐，用她清脆的声音，拉着长长尾音回答："在这儿啦——"她一边用草帽使劲地扇着，你看她那白布褂儿都被汗水渗湿了，齐颈短发有两绺被汗水贴在颈项上，眉毛上也往下直掉汗珠子。那人赶上来了，见着表姐，气冲冲地说："你怎么向区里说我们公社有二百八十亩早稻起了虫灾呢？前天我都亲自核实，只有二百亩吧。"表姐说："李书记，我们领导要我去县上买农药，我查对一下所需农药的准确数字。你前天调查的是两百亩，可今天不同呢，那边小韩庄田里也起了虫哩，这是八十亩吧，你算算？"李书记点点头，要我们同去看看。

我们经过小韩庄，看了看情况，核对了所需农药数量。最后，表姐十分肯定地说："今天下午我去县城买农药，请你通知区、队明天来买吧。"说完，她挑着箩筐，一阵风似的往家里赶，边走边唱着她最喜欢唱的《我们的明天比蜜甜》："甜蜜的工作甜蜜的工作无限好啰喂，甜蜜的歌儿甜蜜的歌儿飞满天啰喂，工业农业手挽手齐向前喂，我们的明天我们的明天比呀比蜜甜啰……"

※※※※※※

寒暑假，我要求学生写3至5篇作文，万一没写，新学期至少要交10篇不少于300字的日记，不求质量，有数量就行。这是学生刘萍的一篇日记，完全是一篇充满浓厚乡村生活气息的优秀散文，一位富有青春活力的女性形象表姐玉梅也能跃然纸上。文章最后一写玉梅"边走边唱她最喜爱的歌：'我们祖国春天里的花园真美丽……'"就结束了。我觉得很不协调，也有点儿寡味。灵感突然降临，我把当时正在热播的电影《甜蜜的事业》中的插曲《我们的明天比蜜甜》续上，在新化三中校刊《作文小报》1982年第4期刊登了。

苦 菜

戴 琼

记得小时候，妈妈去乡下教书，我也随同一起来到乡下，那天刚到目的地的村口，就看见路边站着几个孩子，其中有一个小姑娘似乎在欢迎我们。她个子比我矮一点，见我们走近了，她便抬起苹果似的脸蛋，用一双陌生的眼睛望着我们，局促地问我妈:“您是城里来的老师吗？”“是的。”“我来帮您提东西。”说着她已经十分热情地接过了我手中的小箱子，一直送我们到学校，便回家去了。从此以后，她便成了我乡下时的第一个伙伴。

她叫巧女，比我大一岁，也不知道什么原因，她没有读书，但也还识得几个字。每天早上她帮母亲做饭，饭后就拿着一只鞋底纳呀纳的，总是纳个不停。巧女，名不虚传，手真巧，什么针线活儿都会做。她能在鞋底下纳花纳字，我在城里从来没有见过这样做得好的，感到很新鲜，也想学。她就帮我垫了一双鞋底，手把手教我。开始，我简直笨得像牛，不是把手扎破了，就是把线扎断了，我便不想学了。她对我说:“我开始学也和你一样，慢慢来，学得会的。”我只得耐心纳下去。她比我这个徒弟更有耐心，一针一针地教。后来，鞋底纳得像个样，她就一个劲地夸我做得不错。我妈看后高兴地对巧女说:“要不是你教，她这一辈子也学不会。”

她有时还带一些山里摘来的野果给我，什么酸枣、毛栗子之类。我也把妈妈从城里带来的饼干和纸包糖之类的零食给她吃，但她总是样样只吃一点儿，其余的都带回去给了弟妹们吃。

每天下午，她都要上山割羊草，她所认识的野花、野草、树木可多啦，她教我怎样认识各种花和草，什么草羊可以吃，什么草不可以吃。

如今，我和妈妈又回到城里来了。巧女教我认识的那些花草能做什么用，现在我都记不起来了，但是有一种草却记得很真切，那就是一种可以吃，名叫“苦菜”的野草。开始吃一两次还好，吃多了就不好受。在旧社会，不少穷苦人家靠这苦菜度饥荒，现在吃苦菜的人少了，大多数是挖回家喂兔子。这种草生长在路边或堤岸上，大片叶子紧贴地面，开着黄色的小花。挖的时候绿，要连根挖出来，才不会从根茎涌出一些像奶汁一样的汁液。

巧女知道我在城里没有吃过这苦菜，就要我带一些回去，并告诉我先洗干净，用冷水泡一晚上，就把苦菜浸出来了，然后再用油爆炒，放点盐就能吃。人们一般是在夏天用苦菜做汤，喝了还可以清火解暑。我按她说的做了，也许是第一次吃苦菜吧，我吃得格外香甜可口，觉得比平常的无论什么菜都好吃。

当我们分别的时候，我知道她心里很难过。因为我俩之间已有很深的感情。我把自己的一件新衣服送给她，她把自己亲手做的五双绣了花的鞋垫送给我。那天，她一直把我们送到离村子很远的地方。她流了泪，最后只得依依不舍地回家去了。

几年后的一个暑假，我去郊区一个同学家玩，在回家的路上，我无意中发现了好一片嫩绿的苦菜，我高兴极了，满满地挖了一挎包。双手沾满了泥土和苦菜的汁液，第二天早上，我亲自做了苦菜汤，全家人吃。弟弟妹妹第一次吃苦菜汤，都说好吃。但我却吃不出什么味道来，手中的筷子经常停在苦菜汤碗里，心里老想着巧女，不知她在哪里，在干什么……

※※※※※※

路边的野草长得格外繁茂，生命力也格外旺盛，可能是被行人践踏或被牛羊啃食，自己的茎叶腐殖成肥料养育了自己。我酷爱路边草，秋冬时节，山坡岭上的野草都枯萎了，唯独路边草仍旧葱绿；打霜结冰的时候，光着脚丫去上学、放牛、挑水、担煤炭……踩在路边草上，总感到格外柔软和温暖。我以“路边草”为题让学生作文，全班60多个学生，只有戴琼交了篇《苦菜》，其他同学也许认为这种叙事散文离高考作文太远，或许是缺少生活经历和真实情感，都没写这道题。文章应该够得上发表水平了，只是那年高考后我调离了新化三中，一直没能修改、推荐发表。

1960年过苦日子那阵，我什么树皮、草根、野菜都吃过，也读过冯德英的《苦菜花》，并看过同名电影，一直不认识苦菜，也没有吃过。直到几年前才查资料，向人请教，得知原来苦菜就是一年或二年生草本植物“苦苣菜”，俗称“猪婆菜”。苦菜生长在田野、路旁、村舍附近，嫩茎叶可生食，也可用沸水烫一下，再换清水浸泡，除去苦味，然后凉拌或炒食，含有丰富的胡萝卜素、VB2和VC；它还有清热解毒、凉血止血、祛湿降压的药用价值。苦菜分布在欧、亚温带及亚热带地区，生长于海拔170米至3200米的山区林间、田野、湿地。退休之后，我从种子公司买来一包种子，种了一畦苦菜，秋种春收，炒吃的口感与戴琼所写一模一样。30多年了，我也像戴琼老惦着巧女似的，时时记起我的这位学生，“不知她在哪里，在干什么……”。

我是一只守屋鸡仔

黄丽萍

也许由于我的内向性格所致，除了上学—回家外，就不想迈出家门半步。曾有几次，不得已出门办事，碰了几回钉子之后，我就再也不想迈出家门了，完全是一只典型的守屋鸡仔。

记得，有一年正月初三，我与弟弟在乡下外婆家待了几天，回家经过县城时，看到街上可热闹啦，各式各样的爆竹炸响不绝，小弟喜欢看热闹。因而我们走得慢，突然，不知从哪儿飞来一个雷鸣炮，在我的脚边炸开了花。随着震耳欲聋的炮响，“啊呀！”我尖叫一声，近旁的一些不男不女的青年小伙则哈哈大笑。我的脸涨得通红，我猜想一定是他们的恶作剧。我真想立刻厉声指责他们“缺德”，但是，终究没能鼓起勇气，只好拉着小弟赶快跑开是非之地。

经历这件事之后，我更加不愿出门，恐怖的阴影笼罩着我，总觉得出门太可怕，社会上的人太复杂了。出门在外，说不定随时都会有意想不到的麻烦从各个角落袭击我。待在家里，或在学校总比在外面安全得多，这种想法和做法使我越来越变得胆小，根本不喜欢到全是陌生人的陌生地方去。随着时间的推移，我似乎变成契诃夫笔下的“套中人”别里科夫了，一见弟弟骑自行车去学校，我总是嘟哝地嚷着：“最好不要骑单车，从这里到学校又没多远，还是走路安全些，骑单车万一路上出事呢。”弟弟偏不听，害得我每天老是为他担心。每当天快黑时，他还没回来，我就会埋怨爹妈：“叫你们不要拿单车给他骑，现在还没回来，恐怕在路上出了什么事。”既而得到了父母的数落：“就你喜欢乱说，胆小怕事，看你将来怎么生活！”我这样战战兢兢、诚惶诚恐地过日子，常常无端担心身边发生什么意外的事。家里的人要是去做有危险的事情，比如下河游泳，上山爬树等，我总是一个劲地劝阻他们：“最好不要去，万一出什么事呢……”而他们总是不听，我似乎要与世隔绝，把自己圈在家庭和学校这个小天地里，竭力避免麻烦。

然而，现实生活是不会宽容我这种人的，谁不与外人交流，谁又不出门做事呢？现在我倒可以少出门，什么事情都可以让父母代办，但当我走向社会、独立生活时，还能让父母为我操心吗？要想在这个世上生存、立足，就只有冲破家庭、学校这个小圈圈，大胆走出家门，走向社会大家庭，去经风雨见世面，才能磨炼出独立生存的能力。经过父母几次派我单独出门办事，我的内向性格也略有改变，变得稍微胆大、开朗些了。

※※※※※※

这次作文我出了个半截子文题：我最喜欢____与我最不喜欢____，要求学生在横线上填写人物、事物、景物等，随便什么都可以。两节课之内，全班52个学生都交了卷，题材丰富多彩，五花八门，几乎没有相同的。我批阅迅速而且开心，尽管学生们所写经历，对过来人来说，并不新奇，但描述真实感人；有些观点、想法未免幼稚，但叙说客观透辟。1985年暑假我调入新化上梅中学教高中语文。黄丽萍是班上性格最为内向的女生，她写自己小时候曾经被几个搞恶作剧的小青年燃放地雷爆竹吓过一次之后，直到上高中都从不敢独自出门，在师长的鼓励、劝导之下，胆子才慢慢大一点儿。她对我说：“老师，胆子是吓大的。现在，要是我发现有人用鞭炮吓小孩，我敢奔上去唾骂，去掴耳光。”我说：“那倒没必要，太过分了不行，可以理智地劝阻、制止。”文章原题为《我最不喜欢出门》，师生经商讨后定为《我是一只守屋鸡仔》，似乎更具形象感。

从运盐驴子的悲剧说起

毕顺芝

有则寓言故事说：一头驴子驮着一包盐渡过一条河，不小心滑倒在水里，那盐溶化了，当它站起来时，觉得背上轻了许多。这件事使它很高兴。后来有一天，它驮了海绵走到一条河边，以为再跌倒了，会比以前更轻地站起来，于是它故意地一滑。可是那海绵吸收了水，驴子怎么也站不起来，便淹死在河里。从中可以看出，导致“运盐驴子”悲剧的原因是从主观出发，从狭隘的经验出发，即犯了经验主义的错误。“运盐驴子”的结果虽然可悲，但可悲的是今天犯“运盐驴子”似错误的还大有人在。

唯物辩证法告诉我们，任何事物的发展变化都有它本身的规律，这个规律是客观的，不以任何人的意志为转移。无论是谁，只要它不尊重客观规律，就必然受到客观规律的惩罚，就像那条“运盐驴子”，它能从实践中认识规律：盐溶水重量变轻，能减轻负重是对的。但是客观情况变化了，随之认识规律的经验也应变化才能适应，而蠢驴硬要按自己已不适时的经验去做，结果被淹死了。

其实，我们现实生活中许多人并不比那条“运盐驴子”高明多少。一些干部还用过去打江山那套指导方法和工作经验来指导今天的“四化”建设，并标榜为这是“战无不胜”的经验。比如 1979 年“渤海二号”工作舰沉没的事件就是一个典型。那“顶头上司”从狭隘的经验出发，用当年“下定决心，不怕牺牲”的战斗口号，激励全体工作人员，虽然逞了一下“英雄”，最终结果却像“运盐驴子”一样，导致 72 名中国船员连同勘探船沉入了海底。

有人常常用“动机是好的……”为自己的错误辩解。“运盐驴子”的故事已经告诉我们，你违背了客观规律，它惩罚你时绝不会因为你的动机是好的而有所宽容。那“运盐驴子”何尝不想减轻一点背负的重量呢？说到底，它不过是损失自己的一条性命，而我们的领导们在好心干坏事的时候，付出的是人民的生命，国家上万、上亿元的财产。这种动机即使再好，也是徒劳，甚至是犯罪！事前不深思熟虑，事后怎能说动机是好的，来推卸责任呢？

然而想办好事也并不难，那只“运盐驴子”只要懂得海绵能吸水，它与盐的性质完全不同，而把它自己的经验变通一下，就不至于淹死。我们的领导们只要把自己的经验变通一下，具体问题具体分析，并提高自己认识客观规律的水平，许多损失是完全可以避免的。

“运盐驴子”这则寓言给了我们很多启示，特别是在今天这种知识不断更新，生产突飞猛进的情势下，更应该牢记“运盐驴子”的教训。倘若再不反对主观主义，反对经验主义，就会被时代远远抛在后头。

※※※※※※

毕顺芝是新化上梅中学22班的一位擅长理性思考的学生，喜欢写一事一议的小论文，而且写得也还可以，这于应对高考最为理想。我摘下鲁迅《战士与苍蝇》中的文字：“战士战死了的时候，苍蝇们所首先发现的是他的缺点和伤痕，嘬着，营营地叫着，以为得意，以为比死了的战士更英雄。但是战士已经战死了，不再来挥去他们。于是乎苍蝇们即更其营营地叫，自以为倒是不朽的声音，因为它们的完全，远在战士之上。的确，谁也没有发现过苍蝇们的缺点和创伤。然而，有缺点的战士终竟是战士，完美的苍蝇也终竟不过是苍蝇。”让学生以“战士的缺点”为题作文，写篇不少于600字的议论文，他举了《高山下的花环》中的连长靳开来弄甘蔗为战士解渴，触雷牺牲，是违纪行为，不能追认为烈士为例，举了学雷锋遭非议为例，还举了深圳市第一任市长梁湘开发深圳特区的功过为例，加以论证，说得条条是道。

《从运盐驴子的悲剧说起》是篇课外作文，是典型的杂文笔法。师生交谈时，他说：“我喜欢鲁迅作品，也读过一些鲁迅的杂文，也许是受了影响吧。”我指出文章说理方面存在的不足：“议论有些空乏，分析例证时，有些‘挂直’，让读者觉得观点和材料之间有较大空隙，不很顺畅和自然，语句的分寸也没大把准。议论文主要凭观点新、阐述深取胜，别人写过的，就要争取翻新出奇。”当时高中学制为两年，我只教了他一年，严格地说，不足10个月，从先年9月1日到第二年7月7日、8日、9日高考。恢复高考7年来，学校还没有过高考上分数线的纪录。原因至少有三个：一是每年只有百来个高中毕业生，高中专招收人数有限，录取比例太低；二是基础好的学生首选一中、三中，实在没地方去了，才到上梅读高中；三是教师奇缺的时候，很难组织一套齐整的担任高中语、数、外等各科教学的师资班子。1986年上梅中学两个班将近100个学生毕业，高考居然每班上线7人，终于改变了恢复高考7年以来一直剃光头的局面，学校还大庆了一回。

农家乐

陈朝阳

放暑假了，妈妈要我和妹妹去乡下看外婆，还说趁着假期去玩会儿。我听了，心里嘀咕着：“玩，有啥好玩的？晚上黑咕隆咚的，蚊子多得像糖块上聚集的蚂蚁。只不过是远离城里，清静些罢了。”经不起母亲软硬兼施的催逼，我们还是答应了母亲，决定去外婆家住几天。

第二天一大早，我们乘火车到了外婆家。十年没来了，家乡可还真的变了点儿样。记得上次来，这儿都是土砖草房，或者木板房，现在，居然大多数农民都建起了红砖瓦房。乡下人家是十分好客的，加上左邻右舍都是转弯抹角的亲戚，见我们来了，他们都赶到外婆家，这个抱两个西瓜，那个塞几个桃子……转眼间，房间里挤满了人，桌子上摆满了各种水果、瓜子、花生。阿妇阿嫂不断地问这问那，每个人脸上都漾着笑靥。一时间，盛夏的燥热似乎都消退了许多。

上午，就这么吃西瓜、剥瓜子花生、喝茶、谈笑着，过去了。

中午，舅妈来叫我们去她家吃饭，我一听，心想：“嗬，他们这儿也兴吃午饭了！”外婆一眼就看出了我的心事，说：“傻孩子，还当是十年前那阵子，那时，一天只吃两顿饭，是没得吃呀，少吃一顿省一顿。现在，谁还少饭吃啊？连你助兴哥家都买了电视机呢。现在家家都有钱啦，哪个不想光亮光亮？搭上电线，晚上，也跟你们城里一样，家家户户都有了电灯，有的还买了电视机。”哎呀，真想不到，助兴哥家里也富起来了。想当年，他们家真是穷得叮当响，寒冬腊月，天寒地冻，他家孩子们都穿着打补丁的单皮皮裤子，大点的脚上套着草鞋。全家六张吃口，常常吃上顿愁下顿。虽说喊他哥哥，其实，他年龄比我爸还大。他曾对我妈说：“唉，姑妈，没法子呀！自家又没土地有劲儿都没处使，孩子们真的造孽呢。”如今，表哥家也买了收音机，看样子，他们真的富起来了。

午饭可丰盛啦：红烧肉、清蒸鱼、泥鳅拱豆腐……桌上，还摆着几瓶小香槟。舅舅说：“朝阳妹子，你们好多年没来过啦，舅舅特意弄了几个小菜，虽然不太合你们城里人的口味，但也是舅舅的一点心意。这几年，你楚民哥、惠民哥都长大了，湘民弟也挺能干。包产到户后，我们家也逐渐好起来了，农忙时节，我们爷崽四个做田里的活儿，农闲时，就去镇上做点小生意。”舅舅间或喝口酒，夹点菜送进嘴里，像领导作报告似的打开了话匣子，“兴许你们妈妈说过，我们这儿办了个陶瓷厂，专门烧坛子、罐子、杯子、碟子、碗……可别小看这些产品，赚钱着呢！这不，今天，他们兄弟三个都去赶场，做生意了。这几年确实赚了点儿钱。你们看，家里还买了这几大件……”其实，舅舅不说，我也早就注意到了：四扇三层的崭新楼房，客厅摆满清一色红漆家具，古香古色；高低柜上摆着电视机；还有双缸洗衣机、电唱机，落地式风扇正给我们送着轻柔凉爽的风儿，比我们家阔气多了。我说：“舅舅，你们的日子比我们家好得多了呢！”“可不是？你们城里人每个月虽然能够赚个几百块钱，其实不经数，什么都得买，喝水都要钱，是吧。哈哈，不瞒你们说，我们农村里虽然累点，但日子好过着呢。这桌上的菜，除猪肉是买的外，其余都是自己种的，养的，从河塘稻田里抓的。这桌菜要是在你们城里，一准得花上好几张工农兵……”舅舅已经难刹车了，正待说下去，舅妈嗔怪地插上了嘴：“你呀，这张贫嘴不知要到啥时才能闭下，还不赶快酾酒！”他朝舅妈做了个鬼脸，说：“好，好，我不说了，大家喝酒，吃菜！其实呀，日子过得开心，心里就高兴，哪能不说呢？”看着舅舅那副滑稽相，我们大家都放声笑了起来……那么舒心，那么响亮，连树上的知了也和着大家的笑声，一个劲地叫着：“知呀——知呀——乐滋滋呀——”

※※※※※※

陈朝阳是新化上梅中学高27班学生，除数学之外，各科成绩都可以，高考上个中专绝对没问题。她妈妈是学校初中部的语文老师，多次对我讲，莫让朝阳当班干，不得已才担任班上的团支部书记。我说，让她抽点时间补补数学可以，只要她以身作则，注意发展团员事就行。这篇文章写了自己暑假去外婆家小住几天的见闻感受，材料取舍自如，详略得体，文字流畅，写景写人都充满乡村生活气息，语言描写也能突出人物个性。我建议她将文题“做客外婆家”改为“农家乐”，似乎更具典型性，在一定程度上更能表现出，党的十一届三中全会之后农村实行联产承包责任制发生的巨变这一时代精神。果真，高考她凭自己的实力，地区优秀班干加5分的好成绩，考上了省邮电专科学校。

雨停了，下雪了……

吴志文

天下起了毛毛雨，这时就寝铃响了，大家一定是由于白天紧张的学习而感到有点疲惫了吧……没有人作声。

过了一会儿，三楼传来了悠扬悦耳的歌声，并且是个女生在唱。歌声一停，接着就传来一阵急雨般的掌声。“噢！今天是星期六吧，男同胞们，我们怎么忘了我们的周末，玩会儿啊？”这是外号叫作“刁钻三”的男同学在吼叫。“是的啊——”大伙异口同声地应和。

“故事大奖赛开始！”周末晚会主持人刁钻三大声宣布：“首先由富士山闪亮登场——”“好，我给大家讲一个狐狸精的故事。”绰号叫作“富士山”的同学神秘兮兮地说：“从前，在一座深山里，住着一个狐狸精。一天，他偶然遇到了一个长得非常漂亮的书生，一见钟情，立刻想把自己的终身托付给他。狐狸精于是紧紧跟着书生走，一直走到书生的书房里。要知道，鬼走路是没有声音的。晚上，书生一个人在书房里看书，突然，书生觉得肩背上有人轻轻地拍了一掌。我的天！他回头一看，站在面前的是一位清秀标致的妙龄少女。书生简直惊呆了！那个狐狸精却亲昵地叫了一声‘哥——’。”富士山讲故事最擅长表达感情，叫“哥”的声音完全跟女生一样，腻得肉麻。结果导致全寝室的同胞们兴趣陡增。“噢！那书生应了没有？要是叫我多好呢。”“要是叫我‘哥’，我一定叫她一声‘啊，我的好妹妹’。”大家正听得入迷，突然，“嘭”的一声，寝室门被人踢开了，同学们一看，是班主任“李半游”来了，于是都不讲了，鸦雀无声。“好啊！你们还不错啊，狐狸精的故事挺有味的嘛！……刚才那些讲话的同学都给我起来，睡了的也起来，不要穿衣服。听见没有？”刁钻三刚把腿伸出去，又捅进了被窝，为什么呢？因为入冬一个多月了，外面刮风，又下了一点小雨，穿短裤背心哪有不冷的？班主任红着脸、出粗气：“起来，自觉些，还要老师一个个拖！”没法子，刁钻三、富士山、尖屁股等几位同学只得咬牙抿嘴去了老师的房间，他们都是尝过班主任老师厉害的。“刚才讲‘狐狸精’的是谁？我今天只抓那个讲故事的。”“是我。”富士山应了一句。“好，你光荣，你勇敢。身为班干部，就寝后带头讲话！你存心破坏咱的文明班级荣誉。”半游老师气愤地说着。“讲个故事就把文明班级破坏了，有那么容易吗？”“你还顶嘴，撤销班干部职务，记入档案。”“这倒没关系，我正想辞职呢。”“要得，其余同学都回寝室，你给我到运动场去跑20圈，再说理由！”半游老师几乎吼叫起来了。“外面快要下雪了，不把我冻死？老师，你是不是过火了一点儿。”“我过火？把你父母亲喊来，带回去反省。”富士山一听到“父母”二字就不作声了，因为他最怕见父母。父母都希望他考上大学，对他最关心，而他又最担心父母受气，于是只得乖乖地到操场跑圈去了。过了将近一个小时，富士山终于回了寝室。“嘿——嘿——嘿——累死我了耶，看看，短裤都跑湿了，又要洗衣服！”寝室门又被敲响了。好在这次门闩好了，进来不得。“明天我再跟你算账，把你父母也喊来。”这下富士山情不自禁地叫了一声“完了”。

这时，雨停了，外面下起雪来了。

※※※※※※

吴志文同学是从新化一中转入新化上梅中学，插入我班读高二的排球专业的体育考生。每天清晨和傍晚体能、专业训练，累得他精疲力竭，一进教室就趴到课桌上睡觉，对文化学习提不起兴趣。科任教师苦口劝说，基本不进油盐。我说：语文你是没有任何理由不学的！至于作文，你想写什么就写什么，力争写800字左右，写自己最熟悉的人和事，记豆腐酒数（指记流水账）似的，天天写300—500字的日记也无妨。有一次两节课作文，他竟然交了篇1000多字的文章！但是，没有文题，也没分段，而且一衮逗号到底。对于体育考生，能有这个基础，确实不错。我立即当面批改，先订正标点、错别字，再分好段落，最后取一个亮眼一点的题目。当然，一般都是预先拟好文题后再行文的。这是写作的起码常识，也是最高要求。取题目时，我俩有了分歧，“学校生活拾趣”，文题太大也太陈旧，不新鲜，很难吸引眼球，如果记了3件左右趣事，也勉强可以。取“我的班主任老师游半仙，好不？”不好，对老师有些不敬，且仅写了老师查寝一事，不全面。我告诉他，读小学三年级时，给我的语文老师取过绰号，被揪了耳朵的事，他笑了。“干脆取‘查寝’二字为题！”我说，可不可以取个有点文采的题目呢，文中你的同学“富士山”“刁钻三”那快活无忧的情形，如果能糅进文题就好，须知，题好文一半。我要他考虑，能不能用“就寝之后……”做文题，最后，还是确定以《雨停了，下雪了……》作为文题，似乎多了点儿阅读吸引力。

河滩的记忆

伍光华

晚霞洒满江天，轻风抚摸堤岸，岸芷汀兰的河滩又抹上了一层神秘的玫瑰色彩。

于是我又踌躇在这一片静谧的黄昏里，卧在这一片河滩上，仰视着这没有一丝纤尘的天空，心灵的小舟又驶向远方，追寻那彩色的梦幻。

也是这样的黄昏，也是在这片河滩上，我们这伙自称中国的“狂飙突进的一代”在热烈地谈论着，憧憬着，“瘦个子”伟民郑重地向大家宣告，他将做一个中国的“福尔摩斯”;“树墩”何涛雄心勃勃地说，要写一篇比《阿 Q 正传》还“阿 Q 正传”的作品;“林黛玉第二”许静说要弥补中国在奥斯卡金奖中的空白；只有“木头”姜强静静地说:“我就做一根木头吧！”

一晃五年过去了，我们却不能按照原来的预约在这样的黄昏相聚在这片河滩上了。伟民如愿地从政法学院毕业，穿上了令人羡慕的制服。然而，他却因“利用职权要挟威胁奸污五名女青年”，不仅没有成为福尔摩斯而被判处有期徒刑八年。“树墩”闭门苦写，时时刻刻梦想成为鲁迅、郭沫若，草稿写了几麻袋，可因至今没有作品问世而患了肺结核。“林黛玉第二”从某艺术专科学校毕业后，想去海南弄潮，结果成了权贵的“床垫”。姜强倒是熬成了脸面人物，因创造发明获三项专利，被团省委评为“十大杰出青年”，整天被包围在记者群里。至于我，尽管一心想去外面闯荡“精彩的世界”，却依然在做人类“灵魂的工程师”。

有位名人说过：生活既可毁灭一个人，也可造就一个人。我怅然长叹……

也是这样的黄昏，也是在这片沙滩上，我和我“亲爱的”徘徊在这晚霞的波光艳影里。我们指着天空，我们向着河水，海誓山盟：“我爱你！”“我爱你！”于是世界在眼睛与唇间凝固，一切都属于了我们。

也是这样的黄昏，也是在这片沙滩上，她犹豫不决，然而却是郑重地向我提出：“文文，咱们还是分手吧！我需要一个有钱有权的丈夫，现实告诉我们，光有爱情是不会得到幸福的。”

爱，到底是什么？什么是真正的爱情？我的心在痛苦地抽搐。

几只小鸟横掠天空，几只风筝从远处飘来，扰乱了黄昏的宁静，扯断了我的思绪。

这时，有几对情人又在暮色中走来，漏下一串串踽踽情语……

啊，好一片河滩！

※※※※※※

1987 年下学期我调入新化师范，其时学校已开始搬迁至冷水江东郊，改名冷水江师范，作为留守在新化的教师，我主要执教民师班和电大班语文、写作、文学等课程。伍光华考入我校“镀金”转为公办教师之前，已在新化一偏远山区当了 8 年民办教师，文字功底深厚，酷爱写作，也在正规报刊上发表过一些文章。班上还有一位名叫李文元的同学，已在省级刊物发表了 30 多篇初中物理教学论文。读高中时，我曾教过他，平时考试各科成绩都很好，每到高考就考砸，连考了 5 年，中专都没考上；最后考累了，只得去代课，当民办教师。教这样的学生，老师是不能引以自豪的，只应感到汗颜。尽管他们素质优良，阅历丰富，但仍须经过层层筛选，考入中师，就读一年毕业才能获取正式教师的资格。这完全是教育体制的有关规定造成的！民办教师是一个特殊群体，我省自 20 世纪 60 年代就有，1986 年后再没有招收，之后逐年培训转正，直到 2000 年才结束全省民办教师的转正工作。说他们是教师，却是农村户口，不能享有公办教师的同等待遇；说他们是农民，却又分明在学校，与公办教师一样站讲台，从事教书育人的工作。曾经苦了英语翻译，只得依从字面，译成“农民老师”。

这篇《河滩的记忆》是课外习作，写的是高中毕业之际几位要好的同学，在河滩边畅谈理想的情景。青少年对未来充满憧憬，然而，要想实现自己的美好理想，谈何容易！预备做法官的后来成了罪犯，打算做艺术家的投怀权贵，梦想做文学家的苦写成痨病鬼，希望组建幸福美满家庭的最终被女友抛弃……总之，几乎人人都没能发迹，不能如意。随着生活的磨炼，煎熬，理想大多破灭，渐渐消逝，剩下的只有扎扎实实“过日子”了。作者思想的成熟，文笔的老到，以及表达技巧的娴熟运用，非一般中学生所能企及。文章仅仅800多字，就分了11个自然段，有时一句一段，类似散文诗。内容丰赡，能够留给我们广阔的思考空间。

假如我有很多钱

陈　婧

假如我有很多钱，我首先会买两栋远离喧嚣、交通方便、环境优雅的小别墅，一栋送给亲爱的爸爸妈妈，一栋留给自己。我要让父母在那里安度晚年，享享清福，为他们请几个保姆，负责他们的饮食起居，满足他们的一切合理的要求。同时，也好让自己拥有一个暖心舒适的安乐窝。然后，我会买一辆日本铃木或韩国太子摩托车；之后再买一辆英国劳斯莱斯小跑车。如果政策允许的话，再买一架小型直升机，带着父母、亲朋去周游世界。

不过，一个人如果天天只是吃喝玩乐，那肯定会很乏味的。为了驱赶无聊，我要买很多很多世界名著，尽情地阅读欣赏。读完之后，都给拍成影视剧，从文学作品中吸取精华，提高自己的品德修养和文化素质，我绝不会像时下有些富翁一样哭穷、炫耀:“我穷，我穷得只剩下钱了！”我希望自己不仅物质上富有，精神上也要同样富有。与此同时，我还要开办一家在市场中很有竞争实力、具有广阔前景的上市公司。我会高新聘请很多经商里手行家，凭着自己的努力打拼，积极进取，当之无愧地坐上公司的第一把交椅，成为商界令人钦羡的耀眼明星。打开市场局面后，我会想方设法扩大经营范围，争取挤进世界著名的大公司行列。

打好基础，富得流油之后，我会投资乡村建设，让偏远山区村民脱贫致富，摆脱愚昧与落后，让他们昂首挺胸迈进在充满阳光大路上。而后，在那里修建学校，资助那些失学儿童，并为学校配置最先进的教学设备，高薪聘请素质优良的教师，为乡村教育事业开创美好前景，推动我国教育事业更好地向前发展。最后，我还要开办一所专门招收失足青少年，帮助他们完成洗心转化的特教学校。招聘专门的心理辅导医生，文化素质和思想品德俱佳的教师，创设最好的教学环境和条件。力争让就读学员不再被冷落和歧视，重新振作、站起来，立志成为祖国的栋梁。

行文至此，我不禁哑然失笑，因为我上面所说都是一些荒唐的呓语！纯属痴人说梦，我是在做白日梦！哪来那么多钱呢？！我很清楚，现实中的我，包括未来的我，绝对不可能有那么多钱。这“假如”只能永远是假如！一个女孩家，一个未来的乡村穷教师怎么能有那么多钱呢？即使将来桃李满天下，图个心里满足，精神富有而已，自己终究只能两袖清风。

然而，这不切实际的“有很多钱”的梦想，有时的确也能带给我些许欣慰，并不断催我奋进。

※※※※※※

钱啊，实在是个轻松而又沉重的话题，当我们还不能自己养活自己，独立生存的时候，真个是衣食无忧，缺钱花了，在父母面前，摊开双手，耸耸肩膀：“给吧，给数数啊！”“再穷不能穷教育，再苦不能苦孩子”啊，有哪个做父母的会小气呢！一旦步入社会，要自己挣钱，成家立业的时候，就知道“花钱容易挣钱难”；待到有了赡养老人和养育小孩的时候，才会彻底明白：几乎每个人都有一束盛开不败的花朵——缺钱花！为了让学生们对钱有一个客观正确的认识，我让他们以“假如我有很多钱”为题写一篇800字的文章，文体不限。我稍微解释了几句，假如我们有一天真的成了富翁，有了无论怎么花都花不完的钱，你打算做些什么事。如果你觉得这道作文题不好写，也可以写一篇谈金钱看法的文章，不过要力避陈词。一个多小时全班同学都交了卷。我当堂读了陈婧同学的文章，读着读着，很多同学都笑了，班长吴伟东说：“婧猛子，夸海口，做美梦！”陈婧马上回敬：“连梦想都没有的人是没有出息的！”没等争论完就下课了，想必那堂作文课应该给学生们留下了较为深刻的印象。陈婧是冷水江师范中师统招班学生，中师毕业后分在乡下教小学，她边教书边自学，几年后考研，读完研后选择去民办学校发展，现担任长沙华夏实验学校小学部校长，事业有成。

缕缕春风暖心房
——读《未来小学教师的榜样》有感

文银花

读师范将来当“孩子王”，我是无论如何也不情愿的。我已经看过了几十年操持在讲台上的父亲清瘦的面容，看够了母亲年年爬山走岭劝学，累得大口喘气、吐血的痛苦模样。我不想再走他们的老路，再不像他们一样，一生默守山村，默守那破庙般的学校，默守那几十个整天泥猴般的孩子。尽管我知道：当教师很光荣，也很高尚，但我同时也知道那个我母亲苦口劝了十几次也不回到课桌边的支书的儿子，新建的小洋楼对我家来说永远都是梦想。就是邻家那些整日在城里捡破烂的娘们，也可以神气十足地到我家餐桌边指手画脚，发出阵阵冷笑，我受够了，我再也不像我父母一样干那只是燃烧自己却照亮不了自己的工作。所以，在去年填报志愿时，我断然划掉了师范学校。但想不到在我苦苦等待银行学校录取消息之际，接到的却仍是如寒冬的雪片般令我发颤的师范学校的录取通知书。出乎意料的打击使我顿时懵懂了，真有末日来临的感觉。我气得天天捡石块向苍天泄怒。事后当我了解到，是我父亲捣了鬼时，我几乎要向法院起诉。如果不是母亲要以断绝家庭关系要挟，我是绝对不会就读师范学校的。

初到师范的日子尽管天气还炎热，可我的心却天天如有阴雨郁结，只一个失魂落魄的躯壳在教室、寝室游走，外面的一切已索然无味。我只有一个念头：不读师范，不当教师，永远也不！

可是不久，一切就都变了。在我读完湖南省教委师范处主编的《未来小学教师的榜样》（湖南教育出版社，1995年8月）之后，心中似有缕缕暖人心房的春风。

该书并没有什么惊心动魄的英雄故事，也没有什么1元钱就能变成10万元钱的神奇传说。它所记录的只是平平凡凡的65位小学教师的感人事迹。读罢全书，这65位教师就如同65座丰碑在我心中悄然树立，且越来越大，越来越高，令我汗流浃背，令我惭愧萦怀，也终于让我明白过来，父母的苦心是用金钱换不了的。我强迫自己踏上的人生征途是值得去开拓，去跋涉，去延续的。

陆恕老师放着副局长不当，甘当教改"痴心人"；卓列兵老师当了政协副主席，心中记挂的还是那些小学生；陈凯老师根扎偏僻瑶乡，一干就是37年；龙胜林老师病疾缠身，仍呕心沥血耕耘于三尺讲台……这些名字像一颗颗闪烁的星星，不断在我阴郁的心头高悬，像一颗颗无价的珠宝在我眼前放射出夺目的光芒，令我激动，令我深思！他们难道就不想过更加逍遥而富足的生活吗？他们难道就没能力去开辟另一番天地吗？为什么他们对教育那么孜孜以求？对那帮学生那么情有独钟？一个个疑问如一次次大潮撞击着我的心灵，一次次的思考如一阵阵春风令我心涌热流。

我哭了，我笑了。瞩目的地位、丰富的待遇、远大的前程确实令人神往，但耕耘教育这块贫瘠的土地更有令人肃然起敬的神奇和令人难以言喻的快乐。当我们看见自己栽种的一棵棵小树长大、成林、成材，当看到我们撑起的蓝天阳光灿烂，明星闪闪，该是怎样的一种幸福和自豪啊！当看到我们洒下的泪水，变成了孩子们头上的朵朵彩云，当我们看到老师们一根根熬白的青丝变成了华夏民族一根根顶梁柱时，又怎能用一沓沓钞票、一件件金银首饰给人带来的兴奋，来比拟它的充实和欣慰呢？

我理解了，我的头昂起来了。我感谢我的父亲，我感谢《未来小学教师的榜样》，我要读好师范，坚定地走在未来人生的征途上。

※※※※※※

我接手冷水江师范179班语文教学和班主任工作仅仅一个学期，还来不及了解熟悉学生，就照毕业相了。在我所教过的学生中像文银花同学一样懂得父母的艰难辛苦，注重学业修成的不多，将来肯定有出息。毕业那年，她以优异成绩被保送湖南师大深造，入读时像三年前读中师一样很是纠结，总想及早参加工作，先养活自己，替父母减轻生活负担和生存压力。后经慢慢了解，得知，她爸爸是乡政府食堂的炊事员，妈妈是农村妇女，上有一个哥哥下有一个弟弟。我猜想这样的家庭是绝对的“超生游击队”，爸爸是“超生游击队”队长，有可能经历过计生政策处分。20世纪80年代前后是计划生育政策最为严酷的年代，政府严格控制人口增长，夫妻只准生一个孩子。凡是超生的，要么瞒报户口，要么将孩子寄养出去，或干脆丢弃。

这是一篇自觉写作的读后感，看来，文章第一段有很大的虚构成分，文字也太多了点儿。那么，我们权当文学作品来读，只要符合生活真实，是完全可以的。后边数段略显粗疏简括，是在叠加似的叙说教师的辛苦与清贫，这正是作者不愿读师范当教师的原因。后来总是违心地读了中师，再读师大，足见“太阳底下最崇高的事业”激发、驱动作者，最终成为一名光荣的人民教师。正常情况下，学校每两周一次课堂作文，两课时交卷，老师一律全批全改。此外，学校文学课外小组每周星期五下午开展活动，要么走出校门去周边工厂、农村采风，写新闻，要么读名著，写读后感，全凭学生自觉。指导老师一旦发现优秀习作就及时修改，推荐给校内外报刊发表。这样，便可课内外结合，读写结合，极大地提高学生的写作兴趣和能力。文银花同学现在北京十一中学任教。

麻溪记游

潘朵红

麻溪，一个名不见经传的小地方，既无名胜古迹，也无独特风景。她只不过是一个坐落在湘中地区资江岸边的小山村，与禾青镇隔了资江遥遥相望。从沙塘湾大桥下公交车，沿着一条依山开凿的简易公路行进，一抬头就是绿壁，那突兀的绿球，仿佛从空中滚滚坠落似的。脚边是旋转着奔流的浑浊的滔滔资水。这条路向西延伸，绕过一个大山谷，便可看到清丽秀美的麻溪了。

站在溪边，我的第一感觉便是静美，出奇的静美。转入大谷口，外面聒噪的汽车喇叭声、鸡鸣犬吠声、机器轰隆声全都倏忽消失了。溪岸那一排排黑色木屋也好像闲着，没有住人似的，溪流根本就没有我想象中的那种哗啦啦的声势。麻溪河水缓缓地向前流动，像一位娴静的少女，岸边石缝里的青苔、绿草、花木点缀着，给文静的麻溪增添了几分妩媚。

关于麻溪的来历，还有一个美丽的传说。很久很久以前的一个端午节，连日暴雨，山洪汹涌而至，冲到这里被一座小山丘给挡住了，淹没了大片农田，淹死了不少山民和牲畜，人们叫苦连天。惊动了玉帝，速派神仙下凡救苦救难。神仙驾到，凝神站定，急忙抽下腰间佩戴的宝剑，对着山丘正中一劈，訇然中开，山洪冲进了资江，从此这里便有了水势陡峭却不很深的麻溪河。

沿溪向下行走十来米，有一座横跨溪面的精巧石拱桥，站在桥上，能看到清澈的麻溪水汇入了浑浊的资江。溪岸左右是面向溪水的整齐划一的一排排木房。沿着黑木房走着，只见每户人家门前都有三四米宽大石板路，且都留有古香古色的木栏杆。这些黑瓦房是很豪华气派的，单说那厅堂就起码有 20 米至 30 米进深，能容纳好几百人。过去这里家家户户都开伙铺、商铺、当铺之类的铺子，厅堂里的大石柱，以及踮起脚尖才能够得着的货柜似乎还存有往昔的热闹气息。如今这些黑木房拆的拆了，一栋栋红砖瓦房拔地而起；没拆的也将客栈装修成了旅店、书店、代销点，朝着社会主义方向前进了。走进店里，靓丽热情的售货员笑脸相迎，她们都是农家姑娘，一律操着浓重的方言招呼、问答，绝无造作，那种端方自然能使我们感到，她们发自肺腑的热情和真诚。

夜幕降临，我们投宿在一家外表黑不溜秋的客店里，热情的老板给我们讲述麻溪的传说，麻溪的美丽、麻溪人的勤劳好客，还特别给我们讲述了 20 世纪 60 年代现代京剧样板戏《杜鹃山》曾经在这里拍摄过外景的往事。不过，戏中被改成了枫树湾，因为这里的山岗上满是杜鹃和枫树，每当春秋两季，漫山杜鹃盛开，枫叶飘飞，火红的锦缎似的，确实让人乐不思蜀。

入夜已久，躺在洁白的床铺上，空气中弥漫着温馨热情的气氛，我实在睡不着，起身踱出屋外，匍匐在那已经古旧腐朽的栏杆上，独自欣赏迷人的夜色。明月高悬，照得脚下的麻溪银光闪烁，若明若暗。这时，我隐约听到一种声音，一种由远而至殷殷的呼唤，再侧耳细听，原来那是河水在轻缓地向着远方流淌。她那平静的表层下蕴蓄着的激流，好像急切希望汇入滚滚资江，去赶超时代的潮流。

※※※※※※

记得，1995 年省师范处打算编辑出版《湖南中师生优秀作文选》，我在班上说了这事儿，几天之后，潘朵红便交给我这篇《麻溪记游》。正逢他们毕业离校之际，师生都很忙，也就失去了当面交流，交换意见的机会。直到 20 多年后才在冷水江市二中偶然相见，她自报家门，我便记起了这篇文章。麻溪是冷水江金竹山镇辖区的一个小山村，又是一条由东向西汇入资江的小河，地名河名兼用。资江由南向北流经麻溪，突然陡转西流，形成一个大湾区，这就是如今的沙塘湾办事处。在资江西岸禾青镇出生长大的潘朵红对这里的美好山水了然于心，她的小姨嫁在麻溪，间或去姨妈家做客，便有了见闻积蓄，也有了自己独到深细的解读。如果对家乡的美景熟视无睹，又毫无眷念之心和向外人推荐之意，断乎写不出如此文质兼美的抒情散文，也就不能将家乡的美好呈现给读者。看来，丰富的生活积累，强烈的表达欲望，再加上深厚的文字功底，以及娴熟的表达技艺，是写出优秀文章不可或缺的前提。潘朵红现为冷水江市第二中学的语文名师。

告别天真

谢伦敦

不晓得自己什么时候就长大了，回想起来仿佛昨天还是那么幼稚天真，依稀听见一个声音在说:“四毛啊，你肩不能挑，手不能提，以后要是当农民，看你怎么办？”

“我不当农民，我是吃国家粮的。”这是我童稚的声音，“嗯——”一个身影摇着头叹息着走远干活去了，而我又捧着小说看了起来。

在家里我是“老满”，又是吃“黑市粮的”，爸妈戏说我是吃“国家粮”的，从小自然是娇惯之至，无论父母要我干什么，我总是以“要做作业”“要看书”为借口，而三个姐姐总是无条件地迁就我。

其实最主要的，是我每年期末捧回的大红奖状换来了我的舒适安逸生活。“成绩第一”“三好学生”“优秀班干部”，这一切都为父母憔悴的面容增添了不少光彩，我看到的，是老师宠我、同学捧我、亲戚爱我、熟人夸我，父母对我的玩乐也实在无可奈何。

我读五年级时，二姐中考中以 1 分之差落榜，尽管亲友老师都苦口婆心劝说她去读普高，但好强的二姐始终走不出失败的阴影，整日以泪洗面。

父亲又累又气，一天一天地明显消瘦、颓唐了，而母亲也病倒在床上，原本欢乐的家庭没有了笑声，压抑得我透不过气来，大姐、三姐拼命劳作，以减轻父亲的负担。而我呢，只知道一放学就跑到邻居家去玩，直到姐姐们喊我回家吃饭。

母亲的病日益严重了，父亲带他到县城医院去检查，三个姐姐忙得都没有时间搭理我。再也吃不上可口的饭菜，又没有人安慰我，我感到莫名的委屈和伤心。妈妈，你怎么还不回来呢？儿子天天在盼望着你回家！

父母亲在几天后终于回来了，父亲仿佛更加苍老了，面容憔悴，两鬓斑白，双眼暗淡无神，说话悲凉而低沉，母亲静静地躺在床上。“妈妈，妈妈……”我跑过去牵妈妈的手，“我跳舞给你看，我们老师教的”。母亲的手软弱无力。

“四毛，”父亲阴沉着脸，“你就只知道玩，妈妈不舒服，你还跳舞，跳你个鬼！”我一下子吓呆了，从小到大，没有人给我看过脸色，更何况如此无情的训斥，我“哇”的一声伏在母亲身上哭了起来。

母亲用手抚摸着我的头：“四毛，妈妈不怪你，没事的，啊——”我抬起泪眼，看到母亲蜡黄的脸，疲惫的双眼深深地陷入了眼眶，双手也干枯了。再看看父亲，他头发蓬乱，胡子长得好长，浑浊的眼睛里噙满泪水，我第一次似乎尝到了哀伤的滋味，不由得掉下了眼泪……

父亲又带着母亲到省城医院去了，我开始帮姐姐们做些力所能及的家务劳动，这时我才意识到自己的无能，手无缚鸡之力，往往面对简单的家务活儿都会感到一筹莫展。同时，我也想到了姐姐们的艰辛，三个年幼的女孩子，山里田里都要她们照管，还有猪栏十几头架子猪要喂食，每每忙到深夜累得饭都不想吃了。

我一次又一次反省自己，父母为我们的成长付出确实太多了，我却从没想到过要体贴他们，哪怕是一句勉强安慰的话都没有，即便在学校里表现出色，也只是想换得在家里的舒适，我感到深深的内疚。哦，妈妈，如果让我再重新活过，那我一定要让您感到满意，我一定要用自己的艰辛去换取您的幸福。

此后的日子，我是在繁重的劳动中度过的，当父母亲回来时，虽然更消瘦，但脸上带着明显的喜悦，整个人都有生气多了，母亲的脸色也红润起来了，家中又充满了乐融融的气氛，而我的重大转变也让父母感到十分欣慰。

母亲的病终于好了，这时我才了解到：原来母亲在县城检查时，医生诊断为癌症，要父亲带母亲回家，享几年福算了。但父亲不死心，带母亲到省城医院复查，结果发现是县城医院误诊，母亲得到了正确而良好的诊断和治疗，身体迅速康复了。

哦，此刻我感到自己是世界上最幸福的人，我真不敢想象失去母亲的日子会怎么过，我完全应该百倍地珍惜我现在的拥有。

第二年开学，我以自己不读书为条件“要挟”二姐，让他跨进了高中大门，现在她正在省城的大学里深造。

我不晓得自己什么时候告别了天真，感觉自己突然长大了许多。

※※※※※※

孩提时代由于天真，难免说些追悔莫及的傻话，干出愚不可及的傻事。我历来以为，孩子的成长、成熟是从懂得并体贴父母的艰难，学着主动做些力所能及的家务活儿开始的。我便以“告别天真”为题，让学生写一篇文体不限，800字以上的文章，叙说或谈谈自己是如何成长成熟的。学生大多写篇记叙文，容易凑足字数；写议论文的极少，因为要求学生发表自己深刻独到见解，似乎太早，还有待时日。下课铃响了，谢伦敦同学说：“老师，我还没写完。”“行，写好后再交。”凡是作文拖堂的，我都会爽快应允：一是给足写作时间，兴许学生会写得更好；二是反正要三五天才能批改完一个班的作文。

这篇《告别天真》有1500多字。写“四毛”自己有三个姐姐，父母都是贫苦农民，加上母亲生病，全家生存困难，不堪负重。唯有自己只顾读书考出个好成绩，好让父母姐姐们高兴和骄傲。20世纪70年代，实行计划生育最为严厉，城里人家只准生一个，农村最多生两个，超生就得挨罚。家有四毛，那是绝对的超生户，肯定受过处罚，除非瞒报户口。“超生游击队”生存的艰辛可想而知！像我们于1986年生了第二胎，孩子两岁时，妻子在新化人民医院当护士，我已经调离新化上梅中学，又重新回师范，不久妻子也调入师范当校医。半年后，新化计生委还给我们追加了“违计”处分：夫妻双开除，留校察看一年，每月发生活费39元。上有老下有小，为了生存，那几年我在5所学校兼课，最多上5门课。回到家里，随便划几口饭，倒头便睡，一入睡便觉得云抬走了似的，于是我用劲咬住舌头，翻身爬起，继续备课，批改作业。少不更事，唯有吃喝玩乐，总觉得天塌下来，自有高个儿顶着，怕啥！好在还能勤奋学习，获得好成绩，这是父母唯一备感欣慰的事儿。作者从母亲患病、诊治、病愈过程中，慢慢懂得父母姐姐们的勤苦劳累，也学着生活自理，主动分担家务，不知不觉，感到自己长大了，于是庄严宣布：告别天真！谢伦敦现在湖南经视台做创意编导。

七岁那年我学会了做家务

李　娟

天真应当是每个人都会拥有的，可是对于我来说，那是遥不可及的，只是每当忆起孩提时代的往事时，眼帘就会映现出一个难以忘怀的画面：一个扎着两根羊角辫，整天和一群小鸡们追逐玩耍的小女孩。——那就是我。

记不清欢笑何时与我绝缘，也记不清“懂事”如何一步步向我走来，我只知道家中的突然变化的的确确是从妹妹出生那一刻开始的。妹妹一生下来，爸爸很不高兴，将那件我穿过的旧衣服从塑料袋里翻出来，连同一块毛巾甩给妈妈，什么也没说，便去厂里上班了。

爸爸每天都忙，经常很晚才回家，有时甚至整夜不回家。我想，他是压根儿就不愿回家照顾妈妈和看望妹妹。妈妈身子虚弱无力，脸色苍白，双眼饱含着泪水，整天躺在床上。不几天，我竟然莫名其妙地懂事了，原来，爸爸重男轻女，企盼妹妹要是个弟弟就好。于是，七岁的我便在妈妈的叫唤、吩咐下开始干起洗衣做饭等家务活。

妈妈在床上发指示，我照着做。忙乎了大约两小时，我满心欢喜，把米饭和菜汤端给妈妈吃。妈妈笑着说：“姑娘，米饭煮干了点儿，以后还可多加点儿水，菜汤还可少放点儿盐。”虽说妈妈将饭菜吃完了，但眼泪也吃出来了，脑门上还直冒热气。

我们地方上，坐月子是兴吃黄鸡婆补身子的。家境好的，月婆子每天吃一只鸡，差点儿的三五天吃一只。要吃鸡就得学会杀鸡，起先我会亲昵地央求邻居大伯大婶帮忙杀一刀，次数多了，别人没空也有些不耐烦。于是，我就壮起胆子，学着宰杀鸡婆。我小时候最喜欢的就是鸡，现在突然间要去宰杀它，心里怵怵麻麻的，甭说有多难受了。为了妈妈和妹妹，我什么都顾不上了，从鸡笼里抓起一只我平素最不喜欢的麻鸡婆，将它的双脚、双翅都用布带捆紧，扳转鸡头，露出鸡脖。可是，当我操起刀子对着鸡脖子时，却心生不忍，竟然舍不得下刀了。最后，我只好眼睛一闭，脑袋一偏，右手用力一割，顿时，鲜血溅得满地都是。待我转过头来，睁眼一看，鸡婆啥事没有，而我的左手虎口后边却被深深地割了一刀，伤口娃娃嘴似的张开，鲜血汩汩地流着，我痛得“哇哇”大哭。这时，妈妈慌了，连忙起身帮我包扎，没有骂我，只是反复叮嘱我，今后要小心。

就这样，什么家务事我都学着做，买菜、炒菜、洗衣、做饭、拖地板……都能利利索索，做得熨熨帖帖。同时，还能抽空照顾妈妈洗漱，间或抱着妹妹“嗯嗯——嗯——”逗她傻笑，好开心哟。

很快，妹妹就满一岁了，妈妈也无须别人照顾了。爸爸呢，也开心了许多，似乎懂得了“男娃女娃都一样”的道理。

尽管我比同龄孩子早些走过童年，但值得庆幸的是，我在伺候妈妈坐月子的日子里，学会了操持家务的本领，锻炼了能力，增强了毅力，这对我的成长、成熟都是很有帮助的。可以说，从七岁那年起，我就早早地挥别了童稚。

※※※※※※

这次课堂作文，李娟同学写的是《告别天真》，当堂完成，最先交卷。基本上按照我的课堂写作指导行文，写自己七岁时在妈妈的吩咐指导下，就学会了洗衣做饭等家务活计，且在做家务过程中明显感觉到自己已经懂事，在慢慢成长。在服侍妈妈坐月子期间，第一次学着杀鸡误割了手背的情景，写得活灵活现。过来人都不会忘记，20 世纪 70 年代，计育政策规定，双职工只准生一胎，一律领取独生子女证；半边户生两个女孩的，如果单位领导开明，一般不会受到严厉处罚。但是，受传统重男轻女思想影响，许多夫妻不生个男孩，硬不甘心。作者的爸爸有重男轻女思想，仅点到为止。文章紧扣题目，详略处理得当，人物思想转变真实可信。批阅时，为了使内容更加紧凑，重点突出，我仅将文题改成《七岁那年我学会了做家务》，个别字句略作了修改。

起用败将建奇功
——读《崤之战》有感

黎自保

学完《崤之战》，我们得知：秦穆公见主帅孟明远征郑国吃了败仗——在崤山遭遇晋军伏击而全军覆没。孟明等被俘释放回国时，他身着素服——为洒血崤山的将士“郊迎三十里”致哀，向大败而归的统帅们深表歉意。并且不罢免主帅孟明，执意授予孟明等以军事大权。乍看，秦穆公似乎是一位昏君——他刚愎自用，穷兵黩武，用人不当；孟明等诸侯统帅率部远征而全军覆没，本应严厉惩处，或撤职，或斩首。而他却自己承担全部责任，向朝臣说：“这是我的过失啊，他们又有什么责任呢？况且我不能因为一次过失而抹杀他们过去的大功。”说得有道理，掩卷细细一想，我们也许是会认同甚至赞扬他的做法的。从用人方面来说，秦穆公的确可以称为明君，是一位很有远见，极具雄才大略的政治家。

作为军事统帅的孟明等，毕竟是久经沙场的名将。再者，胜败乃兵家常事。作为封建皇帝的秦穆公能当众承认自己的过失，自己承担崤之战惨败的全部责任，是难能可贵的。但更为可贵的是不处罚、罢免孟明等。而是给他们以重新为国出力的机会，让他们将功赎罪，为秦的统一天下大业干一番事业。孟明不是对追杀他们的晋大夫说崤之耻将是“死且不朽”吗？说“三年将拜君赐”的不也是孟明吗？是的！是孟明后来统率大军灭了晋国，为秦统一东方扫清了一大障碍。是秦穆公重用了从西边戎人那里来的由余，从东边宛地来的百里奚，从宋国接来了蹇叔，从晋国迎来了邱豹、公孙枝，这些人都不是秦国人，而穆公能够信任他们，并委之以大任。这才使他兼并了二十多个国家，从狭窄的关中地区走出来，称霸中原。可以说，秦穆公的称霸史，就是他的招贤史。再回到《崤之战》上来，看秦穆公的胸怀是何其宽大，秦军在崤之战惨败后，他痛心地说：我没能听从蹇叔老人家的话，才吃了大败仗。你们三位是没有罪的。不要难过，我们一定要报仇雪耻！

秦穆公因为用人策略在历史上首开纳贤先河，而成为我国古代历史上一位杰出的政治家。读着李白赞颂秦王嬴政的诗句："秦王扫六合，虎视何雄哉！挥剑决浮云，诸侯尽而来。"我们会不会承认灭六国，一统天下会是嬴政一个人的功绩呢？不会的。统一中国这一伟大的历史功绩，秦穆公做出了创建新秦国的决定性的贡献，为秦统一中国首立大功。

从秦穆公重用败将的英明策略中，我们可以得到启示：一个国家、一个民族，如果能不计前嫌，求贤似渴，招纳天下对错兼有的贤才，就必定会使自己的国家欣欣向荣，日趋强盛。反之，就会日趋腐朽、衰败，直至家国难保，最终难免灭亡。

※※※※※※

学校更名为娄底外国语学校后，招收普高和职高学生，职高班为"对口高考班"，使用的是省编教材，毕业时只限报考省内大专以上院校。2002年，我校首次开办一个53名学生的对口班，毕业参考，除一名学生只上了专科分数线之外，52人上了本科，湖南师大录取了23人，4年后有8人考上研究生。成绩确实喜人，而且接连几年都考得很好。黎自保同学本来在普高班读了快一年，突然决定插入对口班就读。2004年底，学校筛选出普高7人对口2人共9人报考中国传媒大学，预备到2005年3月17日去杭州党校参加面试，我作为指导老师随行，同时我还要去参加，由《语文学习》杂志社主办，浙大理学院继续教育中心承办的"'走进新课程'全国中学生作文教学研讨观摩活动"，3月17—18日为期3天，在杭州幼儿师范学院举行。说句实话，我这是平生第一次出省呢。一路上，黎自保同学对我照顾有加，先送我到会议报到处办手续，帮我到自动取款机上操作取款，然后才去为自己办理面试报名手续。此次杭州之行收获挺大，研讨会上，首先听了人民教育出版社编审顾之川的报告，谈了三点：一是当前课程改革形势，二是中学语文课程标准对写作教学的要求，三是人教版语文教材中的写作计划。接着听了韩军、胡明道、马蠡、钱梦龙、余映潮、程红兵、程翔、李百艳、郑桂华等全国著名特级教师的示范课，和他们现场提问交流，交换电话号码。杭州中国美院毕业的学生罗杰科请假专门陪我们游西湖、拍照留念。返程时，我独自去杭州火车站，有位背木匠工具的师傅详细告诉我：坐公交投币 1 元 ,50 分钟左右就到了，打的起码 60 元，也要差不多 1 个小时。公交车上，一对年轻夫妻主动给我让座，女的已身怀六甲，我腼腆地笑着谢了，因为这是我平生第一次接受别人让座。出门一周了，满脸胡子，两鬓斑白，虽说还差几年退休，别人一般都会看老我 10 岁。上有天堂下有苏杭，第一次出远门到杭州，杭州的确山好水好人更好。

此次学校 9 名参加面试的学生仅黎自保同学入围，他平静地告诉我：高手如云，完全没戏。毕业参加高考，他以全地区最好成绩考上湖南农大英语师资班，离报到开学只有 3 天了，还没来学校领取入学通知书。好不容易联系上，得知他还在深圳打工，为自己挣学费。这样懂事、明礼、勤奋，品学兼优的学生，无论到哪里，无论干什么，肯定都是很优秀的。我深信不疑！

我的爸爸

伍美玲

我爸爸 40 岁，留着浓黑的胡须，目光明亮，满头乌发。但因经常劳动，他的头发已经失去了昔日的光泽。他个子很高，而身子太瘦，站在那里像一根长竹竿。爸爸待人很温和，脸上始终带着微笑。

我小时候，爸爸不怎么忙，所以平常与我和弟弟在一起的时间较多。有一次，我俩正在做作业，忽然听到外面传来一阵歌声："鞋儿破，帽儿破，身上的袈裟……"我们正想出去看个究竟，只见爸爸手里还拿着一瓶汽酒，喝一口酒，唱一句："济公我把汽酒喝，馋死你们姐弟俩……"我和弟弟听了，笑着去抢他的酒瓶，爸爸故意逗我们，忽高忽低摇晃着瓶子，累得我和弟弟"不亦乐乎"。最后，爸爸笑着说："阿弥陀佛，你们吵得也差不多了，去拿杯子来，每人一杯！"我和弟弟立即去拿杯子，爸爸给我们每人一杯，我喝着甜甜的汽酒，眯眯地笑了："老爸可真是个老顽童。"这事虽然过去了几年，但是我记忆犹新，一想起就甜蜜满胸。

爸爸以前很幽默，也很快活，但是现在不同了，显得忧郁、烦躁。这是为什么呢？也许是我现在不听话了，也许是爸爸老了，也许是现在工作太忙了，但我心里明白，主要是忧心我的学习。

唉！说来也惭愧，我在小学时成绩一向很好，总是班上前二三名，可是从读初中开始，成绩滑坡了。这下可急坏了爸爸，他帮我找老师补课；听到老师说我上课有时打瞌睡，就去买了一大堆补品；还经常拉着我讲那些要好好学习的大道理。可我却经常左耳进右耳出，但是那一次的谈话却使我差点哭了。下晚自习回家以后，看到爸爸正在喝酒，我想，也许他是刚从煤矿回来。爸爸见我回来了，看了我一眼，没说话，继续喝酒。我看着爸爸，唉！这哪是个 40 岁的人啊，看起来竟像个 50 多岁的，脸上布满了皱纹，皱纹间还夹着一些煤炭，消瘦的脸让人一看就心痛。我这时鼻子有点儿酸，对爸爸说："爸，你身子不太好，还是不要喝了吧，喝酒伤胃。"

"哎，戒不了。"爸爸喝了一口酒，对我说，"美玲，你过来，我有话对你说。"

"嗯，有什么事？"

"来，你坐到我面前来，你近来考试了吗？考了多少分？"

提起考试，我就头痛，确实考了，我不能撒谎，我低着头说："考了代数，只打了 70 多分。"

"怎么只打了这么点分！哎，你呀，身在福中不知福，你不知道没读书的苦，在这个世道没读书的人倒霉，读书的人赚钱容易得多。"

说到这里，爸爸语塞，沉默了。过了一会儿，他又喝了一口酒，接着说："我对你最大的希望是要考上师范，师范是分配工作的，以后毕业了就不愁没工作。美玲，你要发狠读书，我没文化不能辅导你，你上课时要专心听讲，要买什么资料就对爸说，我给你钱就是了。"

"嗯。"我应了一声，就回房中睡觉去了。我躺在床上辗转反侧，眼前浮现出爸爸那长竹竿似的身影在不停地忙碌着……

啊！爸爸我知道您关心我，对我好，但我经常不能控制自己，上课常常分心。请您原谅我这不乖的女儿，我会努力学习的，您放心吧！

※※※※※※

哪个父母不担心儿女的学业成绩，因为我们处在一个看分数如同看容貌的时代，只要成绩好，一俊遮百丑。殊不知，父母越关心孩子的学业成绩，一进门就问孩子考了多少分，就只能越给孩子添堵，增加学习压力。这样一来，孩子的痛苦在父母那儿翻倍，何必呢。你看，40 岁的爸爸，劳累愁苦，竟然像50开外的人，老气横秋，借酒浇愁。好在懂事女儿看在眼里，明在心里，勤奋努力，表现优秀，初中毕业，如其爸爸所愿考上了包分配的师范。

“七五一”的卧谈会

李满红

俗话说，“三个女人一台戏”，没错儿，有女子的地方便有戏，这是地地道道的真理。远的不说，只咱“七五一”寝室这 7 个女孩的两台半戏，就唱得有声有色，不同凡响。

最能体现咱“七五一”风格的，大概就是咱们的卧谈会了。晚自习下课了，从教学楼慢悠悠晃到寝室楼，洗漱完毕，卧谈会便开始了。没有刻意的开场白，一句不经心的话往往充当了开幕式，大家侃天侃地信口聊来，直说得天花乱坠，手舞足蹈。我们曾毫不脸红地声称此乃七仙女瑶池盛会，当然你不赞成也没关系，甚至称我们为“青蛙大合唱”也没什么了不起。我们一向主张“雅俗共赏”的。

自然，我们的话题也是雅俗共赏的，上至天文地理，下至衣食住行，皆可入话。当然，我们说得最多的还是我们身边的一些小事。从某同学的新发卡到班上的男生清一色的“汉奸小分头”及由此而引发的一场关于“淑女绅士”评估标准的舌战；从音乐课上向老师弹钢琴时陶然的神态到舞蹈课上交谊舞的舞伴，从小虎队到草蜢到老狼到红苹果，再到 Beyond 中黄家驹的痛煞人心；从现代中师生的定位到毕业的分配到改行到开后门到世风愈下，再到“只有中国才能救社会主义”这一伟大使命；从自考到文凭到这一纸证书与真才实学的关系到如今教师纷纷“下海”打工到我国是教育事业的兴衰。偶尔有“旁观者清”的也神秘兮兮地透露某某对某某有点意思，而某某对某某似乎没反应，等等，甚至从那裸露在被子外头的手臂到黄金分割到“丽质三三制原则”到美丽和可爱的辩证关系。有时候大家大谈特谈小时候从奶奶、外婆那里听来的鬼神故事……

当然有时我们也会来上一段口琴或笛子的独奏或干脆来个大合奏，口琴笛子一齐响，并且外加五人大合唱。我们也会来一首情真意切的《母爱》，一曲啼笑皆非的《女人是老虎》，再加上一段若有其事的《迟来的爱》，黯然神伤的《红豆曲》，声泪俱下的《一封家书》……

然而电灯还是在笑声中熄了，我们的卧谈会在寝室长的一声“嘘”中闭了幕。

卧谈会是我们每天都上演的节目，但话说回来，我们都是冒牌的演员，因为我们的戏是没有导演无须道具的。而且我们不像真演员那样，除了自己，谁都想演；我们除了自己，谁什么都不演，故在我们的戏中，找不出矫揉造作，一颦一笑都饱含真情。

※※※※※※

1996年省教委师范处组织编写出版了《湖南中师生优秀作文选》，收录全省33所师范186篇优秀作文，我校6篇入选。3月2日开学不久，语文组布置初选任务，每班至少5篇，学生热情很高。我从100多篇稿子中选了30篇寄给常德师范总编辑李文健老师，7月就出了书。

李满红这篇《“七五一”的卧谈会》写晚就寝熄灯前二十来分钟同寝室7位同学聊天、歌舞、嬉闹的欢乐情景，从一个侧面反映了学校生活的和乐幸福，语言有如行云流水般简洁明快，人物各具个性，且颇具立体感，堪称佳作。

眼睛·人生

刘明丽

出于无奈，我跨进了师范的大门。

在学校里，每天在“英雄无用武之地”的怨叹声中打发日子。怨叹之后，又梦想着能开创另一番天地。

时光在现实与梦想的撞击中悄悄滑落，转眼已临近毕业，要去乡村实习。无情的现实惊醒了我三年来精心编织的美梦，带着十万分的不情愿，我来到一所乡村小学校实习。

我漫不经心地备课，漫不经心地上课，漫不经心地批改作业，漫不经心地对待那群活泼的孩子。我以为，是这琐碎的一切把我这只本该属于蓝天奋飞的鸟儿关进了樊笼。

一次，我照常埋着头心不在焉地上课。不经意地一抬头，我的心猛地一震——我看到了一双特别的眼睛。那又大又亮的眼睛好奇地打量着这个五彩缤纷的世界，仿佛要穿透整个世界，探清所有奥秘似的。但是，它又分明充满失望，一种过高希望破灭后的深深的失望。难言的苦涩油然而生，我从来没觉得这么无能过。

那双渴望与失望交织的眼睛一直充塞着我的脑海。我在现实与理想的岔路口痛苦地徘徊。眼前跳跃的是一团忽明忽暗的火，我找不到哪条是我该走的路。

我无法改变我的理想，但我下决心改变那双饱含失望的眼睛。我不愿看到凋谢的花蕾，也不愿在生活中留下一份无法弥补的遗憾。于是，我开始认真地备课，仔细地批改作业。在那双眼睛的审视下，我专注地投入了教学。

渐渐地，我的生活充实起来。那时候，天很蓝很蓝，涓涓的溪水欢快地流淌。白露未干的清晨，在我的指导下孩子们琅琅的读书声在学校上空飘荡；红霞尽染的傍晚，空旷的田野里回荡着我们轻松的话语。我在老槐树底下讲故事，在草地上和他们做游戏……我完全融入了这个单纯的世界。学生放学后，望着偌大个教室，我竟莫名地感到孤独起来。那双眼睛里的失望渐渐消失，欣喜和期待日渐增添。“也许这就是我的追求。”我默默地否认，又无言地认可。

最后一节课上，那双特别的眼睛一直痴痴地望着我，显然陶醉在我营造的那个美妙的意境中。当我哽咽着同他们话别的时候，那眼睛先是诧异地盯着我，慢慢地，一层水雾蒙住了清亮的眸子。朦胧中，深深的眷恋和无限的信赖从眸子中流溢出来。我发现，我被包围在一群晶莹透亮的眼睛之中了。我激动地欣赏着这些杰作，怎么也没有想到，这样贫瘠的土地会开出如此美丽的花朵。这时候，我的眼睛格外明晰，眼前分岔的两条路渐渐合拢，最后重叠在一起……

我似乎改变了那双眼睛，那双眼睛似乎也改变了我。

※※※※※※

文章多数两三句一段，共 10 个自然段，完全是一首散文诗。抒写自己由被迫读师范，到决心矢志不渝当教师，是“那双渴望与失望交织的眼睛”的震撼激励，自然真实，全无做作。末尾以“我似乎改变了那双眼睛，那双眼睛似乎也改变了我”。点题收束，显得斩截有力。

许多品学兼优的初中毕业生在老师的劝勉、推荐和父母的开导、威逼下，很不情愿地读了中师。记得，1964 年冷水江一中初 16、17、18 三个班里成绩最好的李定中、蔡苏泰、李笃云被新化师范录取，男生蔡苏泰没有哭，只是一脸忧郁愁苦，两个女生眼睛都哭肿了，不愿一辈子当老师啊！刘明丽在校期间，勤奋读写，成绩一直拔尖，没有丝毫从教的想法。实习期间，上课与学生对视，竟让一双渴求“知识改变命运”的明亮的大眼睛震慑并感动。从此她便认真备课、改作业，全身心投入教学。其实，当老师还是不错的，天晴不晒落雨不淋，寒暑假工资照发，业绩评价标准是一条橡皮尺子。我常常这样开导学生，每个职业都有优劣，树立人生理想先要切实际一点儿，首先争取自立，尽量减轻父母负担；然后谋划自己的最好前途，并且一步一个脚印地前行，力争将工作做得比昨天更好、比别人更好，年深月久，自然会成就自己，收获满满。我是深有体会的，最不想当老师，却教了一辈子书。1982 年高考，经过筛选班上 32 人参考，全部上专科以上分数线并全被录取。看到学生因多考了 1 分或 0.5 分就能改变命运，心里格外欢欣，同时严格律己，暗自攒劲，努力将书教好。开头几年一直想改行，教到 1985 年第 10 年上，我瞒着学校私下里跑去邵阳参加《湖南日报》、省电视台招聘记者、采编的笔试。试题牵涉 12 门课程，上午考 4 小时，下午考 3 小时，出考场后我完全站立不稳了，就在邵阳军分区大门对面马路边坐了半个来小时才能起身行走。不久又去长沙参加复试、面试，用的是假名假单位，露真之后，与低一届的师大同学省电视台台长魏文彬打了个照面。听说，省里有文件规定，老师一律不准招聘、录用，于是我的记者梦就破灭了。学校领导得知后，以旷教为由扣发了我当年的高考奖和年终奖。后来虽有多次改行，当教导主任、校长的机会，我都婉谢了，死心塌地教书。退休后无任何失落感，出外游走，与曾经的学生邂逅，或应邀参加师生聚会，享受着天下桃李的奢华接待和发自内心的真诚祝福，好甜美好醉心哟！

一双棉鞋

刘明丽

一天，妈妈到学校给我送棉鞋来了。我接过棉鞋，望着妈妈憔悴的脸，百感交集。是感激，是内疚，是……

国庆回家休假，我见寝室里许多同学都有保暖鞋，也想这次回家“圆圆鞋梦”。但因开学时交了一千多元学费，家里实在没钱，故难于启齿。晚餐时，我有意提醒妈妈：“冬天，学校一定很冷，说不定脚都会冻僵。”说完偷偷地望了望她，看她有什么反应。我发现妈妈手中的筷子渐渐停住了。她低头不语，像在思索什么。眼见我的启发生了效，暗自高兴。心想，这次能得到梦寐以求的保暖鞋了。饭后，妈妈翻箱倒柜，给我找去年穿的棉鞋。想起那土里土气的棉鞋，我心里很不乐意，又不好说什么，只得默默祈祷上帝保佑我的棉鞋丢了。旧棉鞋终于没有找到，我长舒了口气。谁知妈妈找出些碎布，又拿出她的特制工具——一块夹鞋板，准备为我做双新的。眼看买保暖鞋要成泡影了，忙说：“妈，做双棉鞋太费工夫了。”妈妈毫不在意地说：“这算什么，一天半时间保证做好。棉鞋虽没保暖鞋好看，但穿着暖和些。”妈妈的一席话说得我哑巴吃黄连——有苦难言，心里直怨妈妈不理解女儿的心。

灯光下，妈妈开始动工了。她先把一个鞋样平放在桌面上，然后从“琳琅满目”的碎布团中寻找一些合适的布片，一小块一小块有条不紊地铺在鞋样上，一层又一层，重重叠叠。她铺得那样专注，又是那样认真。

每一块碎布的厚度都必须般配，不能厚一丝，也不能薄一毫。这块不行，换那块，那块不行，换这块，换了一块又一块。有时铺一层布需调换十几块碎布。时不时，她的眼睛看花了，就用湿布揉一下再铺。这样精工细作了两个多钟头，才铺好一只鞋底。

半夜里，我被时钟清脆的“嘀嗒”声吵醒了，睁开惺忪的双眼，朦胧中发现客厅里还有灯光。妈妈佝偻着背在专注地纳着鞋底。一只厚厚的洁白的鞋底在妈妈枯黄的手里上下翻转着，白亮的针线在鞋底上不停地穿梭着。为了保温，妈妈把鞋底做得特别厚。因此，她不能飞针走线，只能慢慢地把刚针使劲穿透鞋底，然后用牙齿把针咬出来，接着用手抽出针尾的麻线。那长长的麻线发出“呼啦呼啦”的响声，在万籁俱寂的夜晚，竟然是那样清脆、悦耳。

第二天，一双崭新而结实的鞋底终于在妈妈牺牲一晚上的睡眠后完工了。吃过早饭，妈妈又在家里裁裁剪剪、缝缝补补忙了大半天，把鞋面做成，再把鞋面用麻线一针针地纳在鞋底上。由于过度劳累，加上本来身体虚弱，妈妈在第二只鞋底将要完工的时候晕倒了。

这天，恰是我回学校的日子。医院里，我背着行李袋向病床上的妈妈告别。妈妈醒过来了，用微弱的声音抱歉地对我说：“明丽，对不起，未能在你走前把棉鞋赶做好，你就去商店买双保暖鞋算了。”“不，我不要，我只要你做的棉鞋。”说完，我扑到妈妈的怀里哭了……

下午，妈妈离开学校回家。我穿上妈妈送来的新棉鞋，送妈妈到了校门口。望着渐渐远去的妈妈的背影，我觉得脚上这双棉鞋比保暖鞋更漂亮，更暖和，更潇洒。

※※※※※※

同时入选《湖南中师生优秀作文选》两篇文章，恐怕刘明丽是唯一。这篇《一双棉鞋》是课外写的，经老师修改润色后，比较自信地投稿，很快就在《湖南广播电视报》刊登了。刘明丽同学一有时间就潜沉于阅读写作中，努力提高学力。妈妈为自己熬夜赶制棉鞋，以致病倒住院。母女何尝不明了对方的心理，一个为着省钱，坚持自己做；一个为了美观，要去商店买。母女在医院病床边同时放弃各自“做鞋”和“买鞋”的打算时都哭了。文笔细腻，真实自然，读着读着，让读者心中也有了些许酸楚的感觉。

苦乐年华
——民办教师生活散记

刘育才

每次回家，房东李叔见我总要戏说：“老学生回来了！”久而久之，于是心存不满，便对妻说：“下次如此，我非在他胖脸上砸一重拳不可。”妻说：“戳到你痛处啦？算了吧，人家又不怀什么恶意。”细细思忖，也觉有理。当民办教师十多年，苦也苦过，乐也乐过，同龄朋友中有的进机关，官运亨通；有的“下海”经商，财大气粗……哪如我原地踏步十多年，才圆“深造”的梦。要不是这背时的民办教师命，为人夫、为人父的我，咋被人叫成“老学生”呢？

有人说我的名字“育才”取得不好，太名副其实了，是我前世修来的灾星。名字是我那个作古的爷爷给起的。他老人家做了半辈子私塾教师，认定了“师”可与“天地国亲’齐上神龛，希望他的孙儿能以舌耕为业，被人敬为“夫子”，有口体之奉。可能是看准了这点，才给我取了这个“美名”的吧。没想到十多年后，我着了他的道。1983 年我在一中复习考大学，落榜后也许是神灵点化，我回家当了民办教师。从此，酸甜苦辣的生活开始了。

刚参加工作，没有领悟“民办”两字的意蕴，书生气十足。工资低没有关系，我自信：过几年面包会有的，一切都会有的。因此，我在小人物圈子里悠哉游哉。只有到周末，翻阅高校同学的来信，心中才激起涟漪，未免生出这样那样的酸楚。一时间阿 Q“精神胜利法”成了医治我心病的良药。“画过宫殿的孩子以后并不都能当上国王，知足常乐吧。”心情烦闷时常常这样自慰。这种心境维持没多久，有一回我终于彻底读懂了“民师”的内涵：“民”就是农民，“师”是指老师，“民师”就是农民老师！于是我也就厌恶起自己的民师身份来了。那一年我正好20岁。一次偶然的机会我认识了现在的妻子秀子，于是我们就好上了，我那苦闷的民办教师生活也放起光彩来。她是城里一家企业的职工，那时她对“民办”一词好像不甚了解，只知道我是吃农村粮的教师。我知道秀子的家是难容纳民办教师女婿的，后来的结果果然这样。有一天，她那个在某厂任技术员的姐夫来到我们学校，那正是油菜开花的季节。我知道他不是为赏油菜花而来的，因此极有礼貌地与他寒暄。可我天生一副犟脾气，见他左一个“民办教师不好”，右一个“民办教师不行”，我火了，便跑到总务老师那里拿来工资簿，对他说：“这是我的工资收入，伟大的27元，如果你没路费，那好说！”她姐夫回去后，我想事情要砸锅了，因此莫名其妙地烦恼了一个下午，后悔自己吃错了药。在经过一段持久战后，秀子终于成了我的妻子。我问她：“你父母思想通了？”秀子说：“我父母只说你这个人不错，没讲民办教师好。”想起来真使我哭笑不得。

黄鼠狼专咬病鸭子，几年后，命运又与我开了个大玩笑。那是1989年，冷江师范招收民办教师，我第一次报考了。4月12日，我骑单车到冷江师范打听消息后返回，在大湾里地段，被一辆汽车从后面撞倒在地，昏死一个下午；而那肇事司机却逃之夭夭了。事后，虽有交警公安多方侦查，但终究是泥牛入海。一个月后，我从省医科大学附二院治疗回家，重游旧地，与人谈起，他们说，一个月前这里被车子撞死一个民办老师，好可怜的。为考师范身遭不幸的我，竟被人误以为死了，而成了人们饭后的谈资。这才是真正的可怜啊！经过这一事故后，我竟然开始认命了，开始相信人的命运确实是由老天爷掌握的……

生活像一杯浓茶，细细品味，苦尽甘来。经过几年的跌爬滚打，我少了几分狂热，多了几分成熟，明白了从生活中找乐趣，单调的生活也会充满生机。我拥有我的一方天地，课堂是我的战场，讲台是我的前沿指挥所。我指挥我的几十个兵，在他们眼里我是首长，至高无上。在我统治的王国里，没有大款，大家都清贫；没有皇冠、桑塔纳，有的是与生俱来的既原始又现代化的交通工具，更没有请客送礼开后门那一套。课后躲进我的斗室里，泡上一杯浓茶，构织着明天的作战蓝图。没有电灯的晚上，独自在田野里漫步，在晚风中，让思想得到过滤，灵魂得以净化。这里没有城市的疯狂和喧闹，有的是乡村夜间的羞赧和静谧；没有招摇过市的红唇女郎和摩登小姐，偶尔有"戴月荷锄归"的农人。这样的校园生活无仕途之烦恼，无经商之担忧，诗一样的意境，其乐无穷。

从事民办教师工作十几年，苦也苦过，乐也乐过，"死"也"死"过；既狂热过，也消沉过。现在回想起来，未免窃笑不已。人生之事，本来喜忧相生，苦乐相伴，只有相生相伴，才能相映成趣。现在我终于能坐在窗明几净的教室里啃读圣贤书，被人戏称"老学生"，这真是不幸中之大幸。如此想来，心中那一口闷气也便荡然无存了。

※※※※※※

刘育才是新化三中文科班的学生，高考落榜后复读一年又没上线，就回家当了民办教师，这一干就是十几年，最后在师范就读一年才转为公办教师。乡村中小学有将近一半民办教师，要经层层筛考分期分批到师范读一年才能转正。我们学校每年招收 200 人左右，起码要 10 年左右才能转完。筛考竞争是激烈残酷的，年轻记性好的先考上，年纪大的记忆力差的最后考上，差不多比老师年龄还大，真的成了"老学生"。民师班主要开设课程教法课，而这些理论性较强的课程，学起来枯燥无味，很难激发学习兴趣，也有许多学员压根儿不想在学力上再有什么长进。一到周四就开始编造各种理由请假，一心想到家里多待几天，到了周五教室里空空荡荡，走了大半，处于无奈留下的多是班干。学员厌学情绪很浓，常常流露对任课教师的不满和不敬，多认为，来师范镀金转正只是走个过场而已。有一次，我在课堂上说：1986 年后停止招收民办教师，对吧，现有民办教师要经过严格的筛考才能到师范来读一年转正，对吧。那么，我给大家说个事儿。一个农民挑担桃李果子到街上去卖，卖 4 块或 5 块钱 1 斤，任人挑选，卖到最后，农民说："不多了，没有了，1 块钱 1 斤。"这时，一个顾客过来全买了。班长王浩宗听出来了，说"老师是在讲我们都是些

‘扫担货’呢”。民办教师确实艰苦，任课老师、班主任大多能体谅；能获取一个深造机会，为何不好好珍惜呢。此后，请假的少了，听课也认真多了。

刘育才文科功底很好，在校学习期间格外勤奋。这次作文，我拟题“苦乐年华”，指导时，要他们写一写民办教师生活的苦楚与乐趣，诉说苦楚，体会甘甜，当民办十几年，没放弃，没跳槽，总有你觉得甜美的地方才坚守的。刘育才第一次考试落榜，来校打听消息，返回途中不幸遭遇车祸，险些丧命，在省城救治一个多月，才捡回一条命。左眼受伤失明，装了假眼。费尽周折，体检才过关。这恐怕是他格外珍惜来师范学习机会的原因和动力所在。文中所写都是真实的，稍有调侃味儿。他跟我说，十几年终于苦过来了，再回头忆及，淡定了许多。我在班里读了全文，许多同学深受感动，哭了。结尾叙议结合，极具概括力。“从事民办教师工作十几年，苦也苦过，乐也乐过，‘死’也‘死’过；既狂热过，也消沉过。现在回想起来，未免窃笑不已。人生之事，本来喜忧相生，苦乐相伴，只有相生相伴，才能相映成趣。”真可谓卒章显志。

为“希望工程”鼓与呼

——读《节日》有感

曾水莲

一天，偶然在《杂文报》上看到一篇题名《节日》的杂文，内容大致是：节日里，某县长带领县玩具厂厂长，代表县委、县政府给贫困村小学送去“六一”慰问品。举行了隆重的赠礼仪式后，又去高级饭馆热闹了一番。老校长陪着赴宴，心里酸甜苦辣五味俱全。怕剩饭菜可惜了，让尚未回家的学生去吃。不明真相的县长夸奖说：“对，要从小教育孩子们勤俭节约，不要浪费！”

这时，我想起了杂志上刊登的中国教育的一些情况。国家统计资料表明，在世界 123 个国家和地区中，15 岁以上人口的文盲率我国居第 50 位；从受教育水平来看，我国落后韩国 26 年；和日本相比，我国基础教育落后至少 82 年。在许多贫困地区，有相当部分的孩子竟上不了学，那一双双迷惘的眼睛是多么渴望能坐在窗明几净的课堂里啊！建立希望工程后，从 1992 年 4 月到 1995 年，我省 3 年间共筹资金 2000 多万元。但又有谁能想得到，在 1995 年的春节里，上海苏州河畔一家大饭店，推出的一种“路易十三豪门宴”，每桌竟达人民币 48888 元……

这一组组数字，不禁让人心痛地意识到：确实有一部分人富起来了，但教育却仍然落后！《节日》中的那两桌饭菜又该是几百元呢？而这几百元已相当于一个贫困山村小学生几年的学费了。而他们的“慰问品”一折算后，恐怕也只能落个“礼轻情意重”的虚名了……老校长目睹着这一切，他的心在哭泣、在滴血啊！他让孩子们来吃这些美味佳肴，难道仅仅是为“教育他们勤俭节约”吗？

“十年树木，百年树人”，“国家的根本大计在于教育”。“希望工程”是教育的一项重要扶助工程，在颁布了《教师法》《教育法》后的今天，又到底有多少部门、有多少领导实实在在地关注过呢？恐怕有的也只是像《节日》中的县长和玩具厂厂长一样，热热闹闹地送来了虚名，而又“理所当然”地搜刮走了实惠，最后真正落到贫困学生身上的还有多少呢？于是，我又不由得想起了前不久电视中播放的一条感人新闻：一位70多岁的老人，靠自己开小杂货店的收入，毅然承担了一个失学儿童读小学的全部学费……

我无法用我笨拙的笔写出我心中的激动，我无法说出这是一种什么样的时代精神。我只是时常在看到大款们大吃大喝时，想起这位风烛残年的老人，想起她那颗善良的爱心……

在我们身边也常有这种现象：一些生活本来就拮据的普通人，却义无反顾地负担了几个失学儿童上学的费用；一些教师中的楷模，千方百计说服家长送孩子上学，且常常无私地垫付学费，有时一垫便是几个月、几年。为了孩子，有的竟因劳累过度而昏倒在课堂上……

当然，我们不能要求每个人都那么慷慨和无私。但当我们付出一点微小的力量，却能给予别人极大的，甚至是终身的帮助时，又何乐而不为呢？“只要人人都献出一点爱，世界将变成美好的人间！”

“希望工程”的前景如何，这是关系到教育的一个大问题。为教育事业添砖加瓦的，不应只是教育者，还需要整个社会啊！

※※※※※

这是一篇应征稿，最先刊登在《中师报》1996年6月21日第1版，并获第四届全国中师生作文大赛二等奖。作者从一篇题为《节日》的杂文得到启发，谈“希望工程”的前景，文章以小见大，笔锋犀利，切中时弊。国家倡导建立“希望工程”的初衷是好的，希望先富起来的人们能够解囊，扶助贫困落后地区的失学孩子一把，或一点点。但有些政府官员尽做表面文章，唯图虚名，使得希望工程渐渐变味，最终让山区贫困家庭的失学孩子、留守儿童的希望成了泡影。如果平素不去关注“祖国花朵”们的未来，断乎写不出如此见地独到深刻，且具有前瞻性的佳作。曾水莲同学在校学习期间读书刻苦，写作勤奋，曾在《华物时报》《湖南广播电视报》发表过《纸鸽》《教师的耕耘》《冬天的故事》等文学作品。毕业后现在乡村教小学，几年后应聘回母校教初中语文，再后去娄底一中教高中，并迅速成长为名优教师。

木　屋

曾宪良

记忆中故乡的木屋，黝黑黝黑的。它们都以淳朴的风姿，装点着故乡的土地。听爷爷说，他们那时建木屋是最经济的，几个劳动力从磕头碰脑全是树的山林抬回木条，在平地里搭起个架子，再在屋顶铺上青瓦，四面钉上木板，远远看去，平稳安全，与故乡的高山流水融为一体，相映成趣。

村民们用纯真的情谊把木屋连成很长一排。邻里之间仅一木板之隔，有的还在木板上戳小洞洞，互通声息。大家的心彼此看得剔透，连“门板”也没隔，几户人家齐乐同忧。我清楚地记得：五叔与五婶吵架，五婶一时想不开，捧着农药当酒喝，五叔先敲我家门板，我爸再敲三叔家门板……一下子把全院的人都敲到了五叔家。乡亲们想办法让五婶把农药全吐了出来。看着围观的乡亲们一张张憨厚的脸，五婶无可奈何地说：“看在大家的分上，我只好吐了……”

其实，只要想起故乡的木屋，首先走来的应是木屋的月夜。

当太阳渐渐隐落，天色开始暗淡，月光犹如牛乳一般沐浴着那些古老木屋点缀的院落。

劳累了一天的人们陆续从木房走出，聚在庭院当中的坪地里，笑谈桑麻丰收的快乐，商量旱涝灾害的对策。我们小孩都围在爷爷身旁，双手托着小腮听他讲《薛仁贵》。后来我得到了一本《薛仁贵征东》，仔细地看了一遍。不知为什么，书中的故事随着时光的流逝而渐渐淡忘了，只有爷爷拿着蒲扇在庭院中讲的那些故事，常常引着我的思绪走出老远、老远……

这会儿木屋都不见了，自然就再也找不到从前的故乡的影子了。

代替木屋的是一幢幢独立的楼房。村民们都把自己深锁其中。从此，谁家婴儿的第一声啼哭只有他父母听得见，哪个独居老人仙去要两三天才有人偶然发现。二婶被二叔打得鼻青脸肿，好心抑或好奇的人问起，她艰难地说：楼高，摔的。

每天晚上，人们再也没有那份"闲心"到户外谈天说地了，都坐在飞转的电风扇下面，打开电视机，不分节目好赖，一直看到荧屏上现出"再见"的字样。

随着故乡楼房的长高，人们的生活水平也在不断提高，然而不知为什么总感觉比以前少了些什么，因此，常常想起以前的木屋。

※※※※※※

我没有正式教过曾宪良，可能是在文学社、书法、对联写作活动，或自考辅导课上认识的。他不苟言笑，喜欢也善于独立思考，一旦发话，便觉不凡，有时还真有语惊四座的感觉，属于聪明好学，少年老成的青蓝后生。他热爱文学，更喜爱书法，文章写得好，书法专攻隶草。有一次我在学校收发室看曾宪良一封来自上海教育出版社的信，其时他们班已经毕业半年了，我当众拆开看了，原来，是他在《汉语拼音小报》（1999 年 8 月 25 日）发表了文章。此文曾在《师范生周报》（1999 年 4 月 18 日）刊登过，文题为《想起从前》。我随即想起他还有两篇文章在我手上，预备修改后投稿的。费了好些周折，经多方打听才联系上曾宪良同学，得知他已不写文章，专门写字了。毕业后，他分配在新化枫林中学教书 11 年，后通过招聘考进新化自然资源局，业余专事书法，是中国书协会员、国家艺术基金资助艺术人才等，有作品在国家多种艺术节参展和获奖。我原打算为他没有继续写作而惋惜的，现在应该祝贺他在书法艺术上取得的卓异成就。

角　色

潘峻崎

人生就像一出戏，每个人都在这出戏里扮演着各自不同的角色，随着剧情的展开演绎性格各异的角色。社会是个大舞台，家庭是个小剧院，人人都得充当其中一个角色，而且性格绝不会单一。这样一来，人就会具有双重、三重甚至多重性格。譬如，有的人在家人面前偶尔来点儿幽默扮演一个调皮鬼，而到了公共场合则变得文质彬彬、雍容尔雅，全然一副绅士派头。当然，也有在家里扮演“小公主”“小皇帝”角色的，而到了学校却是“三好学生”“优秀班干”之类的形象。

我也在自己 15 年的岁月里，在不同的场合中扮演了各种不同的角色。

念小学的时候，我是家中的“小公主”，在学校我是“三好学生”“优秀少先队员”，在别的场所我便扮演别的角色，都是“形势”所迫啊。其实，我还是我！放学回家后，我什么家务都不干，当然，也还不至于连衣服都要爸爸妈妈穿，直到现在我还有许多家务从没沾过手；而在学校我却被评为“卫生积极分子”，这简直也太出乎意料了吧。

上初中了，我几乎仍没做过家务，仅有屈指可数的几次，也是心血来潮时的好奇而为，而且做得很不到位，毫不利索。有时和哥哥吵翻了天，而到外边却装作一副矜持文静的样子。当然，也有反过来的时候，我在家里安安静静，到了外面疯疯癫癫，差点成了大闹天宫的孙悟空。反正在家中和在外边，我时刻扮演各种不同的角色。

现在，上高中了，爸爸是我的语文老师。以前我从未想过，有一天竟会成为爸爸的学生。爸爸原先是师范学校的教师，招生并轨之后，师范学校改办普通高中，于是我们一同进入高中。不过，一个是教书，一个是读书。没想到，我会天天看到爸爸站在三尺讲台上滔滔不绝地讲课；也没想到，平素一脸严肃的爸爸讲课竟是如此幽默风趣。原先在家里敢于和爸爸顶嘴的我，进教室可就不同了，毕竟在学校里我们还是师生关系，我得尊敬我的“老师”，他得关爱呵护我这名“学生”。

就这样，我，最起码是高中阶段的这出戏，得由我自编、自导、自演，在不同场合扮演不同角色。开学不久，爸爸曾经两次在课堂上向我提问，其中一次我没开口，另一次我没答好，羞得满脸通红，我真正尝到了做“学生”的酸楚。我写了篇《遭遇乞讨》的文章，爸爸在班上念了，我趴在课桌上，甜在心里头。在教室里，我和爸爸很少讲话，到了家里父女俩的话可就多了。看来，要扮演好“学生”和“女儿”的双重角色还得费点儿心思。

我是爸爸的学生，又是爸爸的女儿，不论在家里，还是在学校，我这一辈子都是爸爸的学生。老实说，我的学业并不好，尤其是数理化不理想，妈妈偶尔问及我的成绩，有些责怪我。而爸爸却能说出一大堆宽容的道理，他常说：“只要努力，考的是真成绩就行，差一点，不要紧，慢慢来……”说得我心悦诚服，没有任何压力。可我却暗下决心，一定要勤奋刻苦，将成绩赶上去。

爸爸教给了我许多书本上的知识，也教给了我许多书本中学不到的知识，更重要的是他时刻教我如何做人，教我如何扮演好人生大舞台上的角色。

※※※※※※

我有个弟弟排行老三，他1958年12月出生，读高中时，不知道真假分数的大小，不会算分数相加，将二分之一加三分之一算成五分之二。我大哥是个“老三届”，新化上梅中学66届高材生，语数外成绩都很优秀，因碰上“文革”，当了5年民办教师，1972年在新化师范轮训一年才转正。他在冷江一中教物理，辅导老三时，愤愤地训斥：“分数相加，先要通分，怎能将分子、分母各自相加就是得数呢？猪屎铁（方言，意思是很差）！你这坨猪屎铁！”说完就给老三狠狠地敲了个栗暴凿，老三的眼泪都痛出来了。母亲见了，说:“做哥哥的打弟弟干什么！你读得书（方言，指成绩好），将来靠读书讨吃（方言，指谋生），也只能保你自己；他读不得书，将来自然有条路子讨吃。人是一棵树，自有虫子蛀。”母亲虽说是个连自己的名字都不认识的文盲，但她对孩子们的宽容给我影响很大。我从不逼孩子读书，对学生也一样，努力了就行，从不要他们立志考北大、清华，因为只要有学生们随便顶撞我一句:“你为什么没有考上北大、清华呢？”我只能无言以对。学校刚开始办高中，我有幸教自己的女儿。她的语文基础比较好，文章也写得不赖，确实因为数学成绩不好而影响了理科成绩。这篇《角色》是命题作文，她写得很真实，体现了较强的思辨力。人生的确是一出戏，每个人都是戏中的一个角色。人生是一本打开的书，是可供读者随心解读的。

感受父爱

蒋邓文

生活就像定格似的每天啥时进教室、啥时进寝室、啥时进食堂，都是铁定的，就连每餐的菜也是上午见，下午又相见——“风采依旧”。几片豆腐、几块红萝卜，每次都是原数在碗。当同学们掰开手指数着还有几天放寒假时，我猛地意识到，离过年不远了，老爸他现在还好吗？今年的团圆饭他可以赶回来再露一手吗？

有人曾说，女儿与爸爸最投缘，爸爸最疼女儿。但在我的记忆中，老爸没有让我趴在背上当马骑的肩膀，也没有我撒娇的宽大的胸怀，甚至没有牵着我的小手和我促膝谈心的大手……老爸就似一座难以靠近的大山，一座神圣不可攀登的珠穆朗玛峰。生病时，坐在床边喂我吃药、照看我的是妈妈；上学给我送包子、衣服来的是妈妈；犯了错拿竹条打我的也是妈妈；在我那带着铁锁的蓝色日记本上，出现最多的还是妈妈。我甚至有时看到电视中父女俩亲密相处“宝贝”“爹爹”时，我曾幻想：爸爸的手有多温暖？爸爸的怀抱有多宽敞？什么才是来自“父亲那深沉的爱”？我一直在思索着。

远离家乡在外求学，每次打电话回家，如果是爸接到，一句“我叫你妈妈来接”总让我心酸。是啊，遥远的距离竟将我与老爸的心灵隔离那么远。每月回家和一样在外求学的弟弟团聚，一个月的校园生活，让我和妈妈足足讲了几个小时，学习中的苦与乐，同学中的逸闻趣事，老妈都爱听。这时我才注意到在厨房忙得团团转，时时问盐、辣椒放哪儿的老爸。

饭桌上，老爸喜欢夹点菜离开座位与别人闲谈，有时他进来夹菜偶尔听到一句“我在学校……”之类的话，总是要搭上一句“什么”之后，便坐在一边静静地听着，看着他那虔诚的样儿，似一个信徒在恭听教父的祈祷。我突然发现：原来老爸也希望了解我的生活！

记得上学期开学，是老爸送我来的。虽说是夏末，但天气仍未有丝毫凉意。看爸帮我铺被子，顶着烈日上街买回了我刚说丢了的桶子、热水瓶，在熙熙攘攘的报名处，看着那举着表格在人群中晃动着间杂几许白发的脑袋，最后目送着他上车的背影，我第一次感悟到朱自清先生写父亲的“背影”的苦衷。

我的求学，给有着两个弟弟正上高中的家带来一定的困难，但那晚，爸却毫不犹豫地对我说：“妹子，只要你肯读，我卖房子也要送你们三姐弟出去的。莫担心钱，我会想办法的……”在家玩了两年的爸今年春季就上深圳打工去了，也不知他现在身体还好吗？

十八年来，我很少用笔墨去描绘我的爸爸，也不知用怎样的词汇去表达我对爸爸那含蓄、深沉的爱。春节就快到了，我家的那顿团圆饭也在等着老爸回来张罗。想来，今年他又会搞出几道好菜呢……

※※※※※※

这次我出的作文题是：感受父爱/母爱，要求写记叙文或议论文，不少于800字，内容一定要与父爱或母爱相关，题目自己还可以另拟。结果是男生多写“母爱”题材，女生大多写“父爱”题材，且出现了十数篇佳作。蒋邓文同学是中师班毕业的优秀学生，在校期间就入了党，学科成绩除英语和数学差一点外，其余几门功课都很好。本来是免试保送去湖南师大读最新设置的学前教育专业的，由于世俗观念影响，认为将来毕业后是去幼儿园做老师的；加之学校才开始办普高，少数领导和老师，想将普高做大做强，争取首届就有学生考取北大、清华，于是说服她自动放弃保送机会，再从高一读起。她提前交卷，文字确实不错，写出了自己对“父爱”由误解到慢慢理解，再到悟透的过程，真实可信。面批时，我强调考场作文一定要注意文面，将字写工整、写秀气点儿；我毫不吝啬地给了90

分，班主任肖文奇老师也很关注，随即推荐给学校团委主办的《冷师青年》刊发了。她在班上年龄最大，常被同学称呼“蒋姐”，数学、英语老师辅导占去了她自主学习的部分时间，背负沉重的压力，结果三年后只上了个二本。听说，再复读一年才考上吉首大学，最终还是当中学老师。我还是想奉劝蒋老师一句：当老师并不影响个人的发展，读北大、清华也只是个虚名而已。我本不应该再次戳痛学校部分领导、老师已经愈合了的伤疤，但是，为吸取教训，为了让学生自主学习，让学生“自己的命运自己做主”，我还是忍不住说了，敬请原谅。

生活·镜子

刘晓霞

生活像一面镜子，照着你，照着我，也照着他；镜子亦像生活，总带着憧憬和神秘。

朋友，你热爱生活吗？你喜欢照镜子吗？……我想答案应该是丰富多彩的，因为生活本该丰富多彩，镜子中的你是千姿百态的。生活让我们从无知到有知，让我们从懦弱到坚强；镜子让我们更好地认识自己，不断地改变自我；因此，生活因镜子而愈发美好，镜子因生活而更显光芒。

一个人在生命诞生之时，就已映入了人生这面大镜子，就已开始了挑战命运的旅程。还是孩子的时候，我常对着镜子里的那个小朋友发呆，她总和你讲着同样的话，做着同样的动作，你开始讨厌她了，你哭了；她也开始讨厌你了，她哭了。这时妈妈告诉你那是一面镜子，里面的那个小女该是你自己。然后你对着镜子里面的她笑了，她也笑了……儿时的无知总会留下一些啼笑皆非的记忆，当岁月逝去，年龄渐长，再回头细细品味，却猛然发现无知亦会创造一种奇迹，那就是镜子哲学。

现实中的生活不也如此吗？你对人凶则人对你凶；你对人友善人亦对你友善……总之，你付出了多少，就会得到多少回报。同样，若你还没有付出就不可能得到收获。我们天天都生活在镜子中，时时刻刻都会看到自己的脸。你注意了吗？你看到镜子中的那个你了吗？是美丽的吗？请别骄傲自满，其实那个你并不完美，因为世界上并没有完美的人，只有不断地追求完美，人生才是美好的。是丑陋的吗？请不要自卑、放弃，虽然没有漂亮的脸孔，但他后面却隐藏着一颗明亮善良的心。

※※※※※※

女生特别喜欢照镜子，喜欢展示自己光鲜靓丽的形象。镜子只能映照出人物的表象，却不能反映人物的内心、性格与品德。刘晓霞同学的领悟比较深刻：生活就像一面镜子，时刻照着你我他。这就告诉我们，必须时刻注意“打扮”生活中的形象。样报文后居然附有两点说明：1. 去年下学期我转读高中部14班，潘老师的命题作文为“照镜子的启示”。2. 潘久泰老师教我班（2005届）语文，同时也是校园文学社的指导老师。我笔名“七月”，爱好文学。我发表文章常常得益于潘老师的指导。高14班 刘晓霞 2005年5月28日。刘晓霞同学这篇文章自行投稿学校文学社主办的《星光文学》，2004年3月30日刊登了。2002年我校首次办对口高升班，53人参加高考，52人上本科分数线并全部录取。当时，刘芳同学一出考场就很高兴地对我说：“老师，作文题是‘启示’，你出的模考试题是‘照镜子的启示’。”我说，应该是瞎碰的。不过，平素训练过的题材或文题，在决定前途命运的高考出现时，心里起码不会慌，可能会有超常发挥，写出高分作文。

七月，我很安静

七　月

那天我初次望到你，你闪亮得如同一颗星，我只是人群中的一个点儿。人们一阵拥挤，把我带到你的面前，身边的人叫着你那动听的名字，我看着他们笑得很可爱的脸盘儿。看着你亲切地对着我笑。七月，仿佛是来自天堂的跫音组成了我的名字，你叫我七月，你知道我叫七月。这让我原本安静的表情添加几分惊喜，我抬头，看到你眼中的那张脸，充满稚气。那是属于我的，我的脸，我的表情。

他们说你是我的老师，许多次许多次，你教我做人，教我学数学，还教我练习骑单车。你说你是我的朋友，很好很好的朋友。好长一段时间，你一直陪在我身边。为我驱走寂寞，做我忠实的听众，你钟爱我，包容我。你曾为我披上你的外套，在冬季里，你把削掉了皮的水果放进我的嘴里，我一口气吃下了你的微笑。你说七月你看生活是多么美好，我说你是我的姐姐，我要把给我的一分一秒，珍藏在心底，留着慢慢感动，在有限的永远里，要把你记住。

你是我的读者。你一直很认真地读着我。包括我那幼稚也很脆弱的心，那些很长很长的寂寥的文字，每一个微笑，每一滴泪水，每一份失望，每一份快乐。我知道，你就是这样一个认真的人。许多的日子里，都在准备，准备着给我下一份快乐，很多时候你也在贮藏，贮藏我为你带来的许多忧伤。你告诉我，人世间的事情自会有它的规则，即使有一天全世界变了，天空还会是原来的颜色。我总在留心着你的微笑。我觉得明亮的笑容就应该是这样的。一览无余，干净而温暖。我很喜欢，我一直很喜欢，所以在不断向前的时光列车里，我的背包里总是收藏着它。

我长大了，在那个夏天。你为我送来了的叶蓓的专辑《蓝色》。那时我正承受许多痛苦。站在十字路口的中央，我问你，是向左还是向右呢？安静。你说七月你看，太阳是从那个地方升起的，于是我相信了你，因为是你说的所以我相信了。于是我们一起听叶蓓的专辑《蓝色》。你说你感觉就像在林荫道上看天，头发被风吹得很乱，天上的白云都被微风剪成了碎片。然后你看到有鸟成群地飞过。我想，我就这么匆忙地长大了。你说痛苦是会让花儿开放的，于是我又相信了你，你买了去远方的车票，至今都不曾后悔。

记得那天，你在小河边等我一直等到天黑，可是我没有来，我以为你会讨厌我，可是你没有；记得那天，我用钢笔在你新买的牛仔上留下了我的笑脸，我以为你会从此不理我，可是你没有；记得那天，我撞坏了你的单车，我以为你会放弃我，可是你没有……

我想要报答你，等你回来。可你那次走了以后就一直都没有回来。我开始哭泣，也有些恨你，许多的日子就这样地来来往往，那些遗憾却无从弥补，只留下永远的遗憾了。

我们总会讲很多的话，什么事情都可以讲。许多开心和不开心的事情，你说你把它们全都放进风里飘到很远的地方去了，于是我们就放快了脚步赶到了晴天，那些新鲜的事情就来了。我们把掉下的睫毛放在手心闭上眼睛许愿，再用力吹一口气那睫毛和愿望也就一起飞走了。许多昨天的明天一天一天来了又走了。生活也渐渐变了。你说，我们要这样才能长大。

安静，对不起，我想你。

关于你的过去，我藏在心底，关于你的现在，我却只能听说。听说你又找到了许多很好的朋友，听说你要和他结婚，听说你还在想一个叫作“七月”的女孩……

所以你在远方长大了许多。听说你还会常想起曾经……所以我一直在相信中等待，等待你回来。

我相信你会回来，因为有我在。在一个属于异乡的秋天，我把一些关于友情的传说写进了文字里，然后我们大家就站在一起，匆忙地迈向明天……

※※※※※※

“七月”是刘晓霞同学的笔名，文题《七月，我很安静》是曾经的同学发给自己的一条信息。这是她的一篇课外习作，满怀深情地抒写了同学之间的友情。刘晓霞同学专注读写，是那种将高考应试抛之脑后，独具个性的女生，真个苦了家长，也愁了教师。像她这样淡然对待众多其他学科，高考是绝对上不了分数线的。我却有些“放纵”，任由她努力去追求文学梦，只要专心读书和写作，没有浪费时间，绝不会过多劝说和干涉。这篇文章我并没怎么修改，是她自己写好，改定，投稿投中的。文中有个独句段“安静，对不起，我想你”。这里的“安静”似乎是同学的名字，像个谜，也许是作者有意为之，那就让读者猜去吧。

彼岸梦

伍　忱

他终于又站在了海边。

那火球般的太阳正从海底冉冉升起，像一颗跳动的心脏，带着绚美画图升起来了。刹那间万丈光芒直射入他的双眼，他的心房，他的灵魂。他呼吸着沁凉的海风，觉得异常自由和舒坦。他的心里充满了希望。有人说，梦想，就在彼岸。现在，他从海的那一头来到这一头。他欣喜若狂，心里鼓满了自信和希望，他望着无边无际的大海，想望着美好的未来。

这时，海面上一艘巨轮正驶向彼岸，满载着晨曦，渐渐消失在海天相连的地方。少年朝他搭乘的轮船望了最后一眼，深深地吸了一口气，转身离去了。

太阳在海面上展示着她的美丽与热情。她不知疲倦地从海底升起，又沉睡下去，日复一日。她那金黄色的光芒照耀着每一个小小的身影，他们来了又去，去了又来。太阳有时明亮，有时黯淡；阳光下的少年时而欢欣，时而忧伤。那轮给人希望的太阳，总是从充满诱惑的彼岸升起；少年就像在此岸家中一样，想象着彼岸全新的生活。他开始想象着他的母亲正系着围裙做饭，他的弟妹在庭院子里嬉戏；他开始在记忆里描绘他的小书房，开始忆及来此之前的梦境。

他总是突然从书房里跑出来，不顾及母亲的呼唤和弟妹的吵闹，直向海边奔去。他坐在沙滩上，眺望着彼岸，注视着他现在伫立的地方，设想着美好的未来。就像他现在漫步在沙滩上，遥望着彼岸，追想着他曾经的生活，回忆他在彼岸的过去。

少年从烈日当空坐到太阳西沉。他想起在考试失利后的第一天收拾起行李，没给母亲留一个字，在母亲复杂的眼神里决绝离去的情景。他乘坐开往彼岸的巨轮，度过了一个不眠之夜。他来此寻找梦境，像他仅见过一次的海市蜃楼般迷人的梦境。还在海上航行，他便觉得自己已置身于美好的仙境似的，感觉格外甜蜜而欢欣。而现在，他沉默地坐在海滩上，对着明朗的夜空静静地思考着。夜晚的海洋显得安详而神秘，显得邈远而空虚。没有了阳光直射的炽热，他感到了些许沉重和绝望。那美梦竟然是白日梦，在这个空荡的夜晚他终于意识到了自己的渺小和不切实际。还是妈妈说得对：梦想是在理想的彼岸，跨过现实的海洋也不一定能找到。少年过于年轻了，正是过于年轻，才充满了幻想，才经常做着美梦；也正是太年轻，才常常忘却了现实的残酷。

少年被阳光挑开了眼睑，他眯起双眼，望着火球般的太阳打了个长长的呵欠，站起来懒洋洋地伸了伸腰。顿觉自己清醒了，梦幻消失了。他慢慢走向海边那艘正准备返航的巨轮。

※※※※※※

中师并轨之后，我校开始谋求新发展，办初中贵族学校，办普高，学校更名为“湖南省娄底实验中学”。因为学校是地级市直属单位，周边各县市教育部门严格限制、阻挠优质生源来校就读，致使普高很难招到优生，地方富翁少，初中也越办越萎缩，眼看中学快办不下去了。于是学校为了生存，想发挥外语优势，将校名改为湖南省娄底外国语学校。高考英语降分之后，又恢复原貌，改办中师、幼师，办学前教育专业，再更名为湖南省娄底幼儿师范学校。从学校更名过程中可以看出历届学校领导为了学校的生存和发展，可说是绞尽脑汁，呕心沥血。学校招不到优生，老师累死也白搭。事实上是高徒造名师，高徒造名校！尽管2004年高考学校有康绳祖同学考上了清华大学，普高因缺少生源，尤其是优质生源，仍旧办不成器。学校为培养康绳祖同学是舍得投入的，他中考成绩排名新化第3名，招进学校免费读书，让他父母来校陪读，打份临时工。从高一起，他的段考、期考、模考作文都先让我评分，谈看法，因我此前教过10年普高，又是语文教研组组长。我没教过康绳祖，也没见面交谈过。学校在培养康绳祖过程中是动过心思，花过心血的。在办外国语学校时，学校招收了一些爱好文科的学生，还聘请了2名外籍黑人英语教师。伍忱是一个严重偏科学生，不喜欢理科，特别喜欢文学，我估计是怀揣文学梦来校就读的。兴许是受黎扬《彼岸花开》的启发，她入校第一篇作文就自由写作《彼岸梦》，构思奇巧，写景抒情清新自然，文笔也还老辣。我仅稍微修改润色一下，推荐给《现代教育博览》，刊登在2009年7月总第96期上。基础好又勤奋，自然容易出成绩，老师自然也沾光。

打开心窗

刘　娉

我们在父母的羽翼下逐渐长大，遇事很难像小时候那样仰仗父母、长辈来帮忙解决，也无法像他们那样应对自如。所以，处于花季雨季的我们，比任何时候都需要打开心窗交朋友。有了朋友，我们无论做什么事，都会觉得更有力量，更加温暖。

当独立面对困难时，我们是否只有退缩呢？就如做数学题，无论我们多么擅长思考，也还会遇到自己解答不出的难题。虽然说凡事应该自己动脑，可是，如果我们已经意识到事情超出了独自解决的能力范围，还继续硬撑的话，那结果肯定不会乐观。这时，我们不妨放下几分傲气去问问朋友。相信，最后我们得到的除了那道难题的答案之外，更重要的还有解题经验，那以后我们能解决的就不只这一道难题了。有如此美事，何乐而不为呢？

如果觉得自己不如别人而产生自卑或妒忌时，那就更需要打开心窗了。

曾经，有位女生总喜欢抱怨：为什么人家总是那么出色，那么风光，而自己却永远只是一颗不会闪亮的小星星？她走路时，总像犯了错似的，老是低着头，似乎周围所有人都能将自己看透。同学们想帮助她去掉自卑心理，偷偷替她报名参加了学校举办的才艺比拼大赛。她知道后，硬要退出，认为自己去了也只能让更多的人知道自己有多差劲而已。同学们没有放弃，鼓励她，帮助她：没有谁生来就是优秀的，一切优秀都是努力得来的。别人更优秀，是因为别人付出了更多的努力！就这样，在同学们的帮助下她振作了起来，每天都很努力地练习，知识、技艺一天天地长进。更重要的是，她学会了用微笑去面对困难，去面对每一个人。最后，她凭着自信的微笑和辛勤的付出夺得了冠军。颁奖时，她高举奖杯，说：“一个人，不应该只想着自己比别人有多差劲，而应该思考如何让自己比别人更出色。做到这一点，最好的办法唯有打开心窗！当然，要想获得最后的成功，还得付出辛勤的汗水。”

其实，正因为自己不如别人，才更需要虚心地向别人学习，而不是老想着自己不如别人，自甘落后，甚至产生妒忌心理。那样既浪费时间，又无补于事；倒不如虚心地学习别人比自己强的地方，那样才能逐渐增进自己的实力，增强自己的信心，消除妒忌心理。

如果觉得孤单寂寞，觉得没人关心自己，那就应该是自己还没能将心窗完全打开，和周围人缺少沟通的缘故。

若有什么意见或想法老是放在心里，不和别人交流，那别人根本就不可能了解自己是个什么样的人。当自己不高兴时，也没有谁会懂得主动安慰自己，因此，就会感觉到孤独寂寞，甚至产生抱怨：为什么我总是没人关心？无论做什么事，别人都会觉得无法理解。那样就会觉得自己只是一个人生活在一个孤岛上，一切压力都只能自己承担。当为某件事发脾气时，别人也只能坐在一旁猜测着自己发脾气的原因，而不能很知心地劝解、安慰。只要我们打开心窗，和周围的朋友们交流、沟通，在伤心难过时，就会得到他人的关心和安慰；当自己开心时，就会有人陪自己一起开心。那样，我们就会感受到心与心相贴的快乐。

也许我们不善于表达自己的思想，那我们可以多多思考，想出一种比较适合自己的方式，让别人更好地了解自己。比如说，我们可以选择和他人讨论某些话题的方式，敞开心扉，发表自己的观点。这样，既可相互了解，又可增进友谊，大家就会成为无所不谈的朋友，就会时刻感到愉快和轻松。

朋友，打开心窗吧，来个深呼吸！用心去感受，你会发现处处都是温馨暖意，你将享受到无限幸福！

※※※※※※

我发现许多乡下来的学生，尤其是女生，不善言说，慎于交往，很少和同学、老师交谈，常常沉浸在冥思苦想之中，主要是由于平素锻炼太少，又过于担心学业。为了让学生走出寂寞，过一种真正意义上的“团结、紧张、严肃、活泼”的学生生活，我出了一道二选一的作文题：朋友多了路好走/结友何须多。要求学生辩证地看待交友的问题，谈谈如何结交对自己学习、生活有帮助的朋友。我稍提及鲁迅与瞿秋白的友谊，介绍了鲁迅《赠瞿秋白先生联》：“人生得一知己足矣，斯事当以同怀视之。”我还介绍了曹植的《野田黄雀行》：“高树多悲风，海水扬其波。利剑不在掌，结友何须多？……”如果觉得这两道题不怎么好写，不太符合自己的口味，还可以自己另拟文题，但一定要与“交友”挂钩。刘娉同学的《打开心窗》是这次作文最符合写作要求的佳作，完全说出了同龄人的心声，同学之间敞开心扉，无所不谈，共同探讨，取长补短，共同进取，确实是让人永生难忘的事。文章从身边点滴小事说起，叙议结合，层层深入，结尾时，运用呼告手法，直抒胸臆：“朋友，打开心窗吧，来个深呼吸！用心去感受，你会发现处处都是温馨暖意，你将享受到无限幸福！”真正具有以理服人，以情动人的效果。我只在字句上稍作了修改润色，投稿《中外教育》，2009年第1—2合期刊登了。

赌　气

向　红

我正在津津有味地看电视，妈妈下班回来，一进门，马上锁紧了眉头：“放假了，一天到晚守着电视机，屋里脏了也不管收拾一下，自己的衣服也不洗，饭菜也不学着做……”

我知道妈妈一唠叨起来就没完没了，赶紧说：“现在有好看的节目，等一下我去清扫就是。”

妈妈瞪了我一眼，说：“叫你做事，你总有理由推诿，要是客人来了，人家敢进屋？”妈妈喋喋不休地数落着我。这几天我本来就不顺心，现在更是烦透了，赌气地顶了一句：“现在偏不打扫！”说完便气呼呼地跑上楼去，“砰”的一声使劲把门关上，躲进房间，一头扑到床上生闷气。

没过多久，妈妈在楼下叫我吃饭，我根本不搭理，气都气饱了，还用吃什么饭！

我躺在床上，思来想去。最后，好像再也想不起还有什么受“冤屈”的理由，气也就慢慢地消了。看了看手表，已经是中午一点半了，他们肯定早已吃完了中饭。哼，我才不下去呢，一定坚持到底。“人是铁，饭是钢，一顿不吃饿得慌。”这不，肚子“咕咕”地叫个不停，可下去，我又怕爸爸妈妈耻笑。

我正犯难，最终因饿得太难受了，还是决定走下楼去！现在他们应该都在午睡，我就是下去吃了饭，他们也不知道。我光着脚迅速窜到楼下，钻进厨房。饭桌上，摆着一碗盛好的饭，菜也挺丰盛的，弄得我还没拿起筷子，口水便已经涌上来了。

我正狼吞虎咽地吃着，猛然想起：不行，莫让人看见才行！我赶紧探出头张望，哎呀！糟了，妈妈正站在厨房门外悄悄地笑呢……

这是一顿让我永远难忘的、最为丰盛的午餐。

※※※※※※

这是一篇课外自由写作的文章，简洁明快，形象生动地写出了自己假期泡电视，受不了妈妈的唠叨，而赌气不吃午餐，饥饿难耐又偷吃的情景，真个活灵活现。可说，文章写出独生子女的通病，读中学了，大多生活不能自理，还格外叛逆，常常与父母玩倔强，甚至用绝食反抗，结果自己吃亏。孩子从小就要学会自理，然后才能慢慢自立，活出精彩的人生。讲评时，我极投入地朗读了全文，没加任何点评，全班同学都开心地笑了，作者也趴在课桌上抿嘴笑了。记下永生难忘的事，自然成佳作。我让向红再认真将个别字句改一改，誊抄一遍投寄学校文学社社刊《星光文学报》，于 2007 年 3 月 28 日登了出来。

父爱无痕

曾　婷

年届不惑的父母，既不是富商，也不是老板，既没有一技之长，也没有什么背景和靠山，普通山民而已。为了供我念书，自我记事起就长年在外打工。我五六岁时就能做许多家务事，常常得到爸妈的称赞，“孩子她爸，咱们的婷婷就是能干，懂事”，“穷人的孩子早当家嘛”。我听了心里不免甜滋滋的。上学那年，父母就外出打工了，我非常羡慕邻家的孩子，白天有爸爸陪着学习，玩耍；晚上能依偎在妈妈温暖的怀抱里酣睡。每当想起自己，独守三间土砖房，倍感孤单凄清，鼻子就酸酸的。有时也不免埋怨爸爸妈妈，甚至恨他们对自己的女儿太无情、太冷漠。

初三下学期，父亲竟然从遥远的异地赶了回来，我不知是什么原因。他整天忙里忙外，除了星期天，我们很少见面。晚上我的书桌上从此多了一杯冒着热气的茶，或者一个洗得干干净净的苹果、梨子什么的。

随着岁月的流逝，父亲乌黑的头发里开始掺杂些许白发，额上的皱纹也像刀刻似的越来越深。这时我才理解父母维持全家生计的艰辛，因为除了我，还要牵挂年迈多病的外公外婆；我才知道父母对我的深深的期盼，希望我能好好读书，将来有出息，不再像他们那样只能为别人打工。只因长期积在心中的怨恨暂时还不能消除，也就毫不在意父亲对自己的关心，总认为这是理所当然的事，谁叫他生了我？日子久了，我已经能从心底里感谢父亲对我的关爱，也觉得有愧于领受这份深沉的关爱了。

临近中考，我更加努力，每天学习 16 小时以上，常常要父亲劝我休息。每当筋疲力尽时，我也会想起父亲那道期待的目光，如芒刺背，精神便会更加振奋，精力也格外充沛。然而，中考成绩并不遂愿，我以 8 分之差，没能考上重点高中。

中考失利，父亲并没有责怪我，公布分数那天，父亲脸上始终都洋溢着微笑。我知道这并不是虚假的，因为从父亲身心疲惫而少了光泽的眼神里，我读出了理解与宽容。那天我们去学校看分数，一路上我俩说话不多，像往常一样，并没有怀着特别的忧喜。看到分数，父亲见我很痛心的样子，耸了耸肩，抓着我的手轻声说："没关系，孩子，我知道你已经很努力了。"这么简短的一句话，却让我铭心刻骨。我黯然说："爸，您整天为我忙碌着，我却只能考出让您失望的成绩，真的对不起您啊！"父亲只是微笑着，抬头望着远方那轮落日，长吁了一口气，说："孩子，一个人来到世上走一趟，并不是来享福的，人活着原本是很辛苦的，我们时刻要有这个思想准备。这次没考好，往后求学的路还很长，你别太在意这次考试成绩。我相信你以后会更加出色，就像那天边的太阳，现在只剩余晖了，慢慢地会落到山下去，但是明天早晨，它依然会从东方升起来，放射出更加灿烂的光芒。我相信你绝不比别人差。"听着父亲略具诗意地描述我的前程，我会心地笑了。

上高中，我的各科成绩稳步上升，父亲得知后，总是格外高兴，常常一脸灿烂的微笑。

小时候，我总觉得自己并不幸福，因为爸爸对我非常严格，似乎什么事都要我自己动手；记事时，爸爸长年不在身边，我有时竟然怀疑自己不是他的女儿；如今，我终于从父亲的微笑中深深地体会到：亲情无价，父爱无痕。实际上，我时刻沉浸在父爱的氤氲之中。

※※※※※※

关于"父爱/母爱"的话题作文，可说已被学生写滥了，要想写出新意、写出深度是比较困难的。指导时，我又读了范文《父爱如山》，以期让学生有所启发。曾婷这篇《父爱无痕》更换角度，从父爱的深沉着笔，写父亲对自己藏而不露，从不表白，也不善表白的关爱，不乏新意和深度。文章至少写过三稿，文字通顺，篇幅太长，我每次都只粗粗地读一遍，提个修改意见。指出对话描写要尽量精粹，希望能写出有个性化的人物语言，而且要将概述与细描结合，篇幅就会短些。父亲一直关心女儿的学业成绩，无须写得太多，只写如何关心自己的中考成绩就够了。她听了我的看法和修改建议，完全照着作了修改。开头认为父亲对自己不关心，初三下学期父亲从打工的异地回家，守护女儿，对自己并不理想的中考成绩十分淡定，毫不责备，反而自责。父女互相体贴入微的安慰，还真能让读者感动。读懂了父亲，也读懂了父爱，便水到渠成地收束全文，点明题旨。文章刊登在《中外教育》2007 年第 7 期上。

葛朗台先生觐见上帝

谢志文

葛朗台先生死后，魂归旧宅。他来到金库密室，把玩着那些金币自语道："我再也不用花钱给太太看病了。"老头儿又细细把满屋金币扫视了一遍，才恋恋不舍地离开了。现在，他要去天堂瞧瞧，看看那儿到底是怎样一番情景。

穿过浮云万里。歌声四起，鼓乐齐鸣。葛朗台先生抵达天堂门口，他的太太早已在那儿等着他了。"噢，好生奇怪！这儿怎么都是长着翅膀的人啊？咦！他们个个都戴着金顶，闪闪地散发着耀眼的光芒，真是太好了！"葛朗台先生瞪着牛眼，盯着那些金顶出神，以至于太太来到身边，用魔棒敲他的脑袋，才回过神来。"欢迎您到来，老爷！近来还过得好吧？"葛朗台太太笑道。"噢，亲爱的，在这儿见到你，真高兴！"老头儿狡黠地说，"把你头上戴的东西给我瞧瞧，好吗？"未等太太同意，他便伸手去抓了，幸而太太反应快，连忙展翅飞开了。

老头儿极其狼狈地闹了个"嘴啃泥"。"不，老爷，这顶子虽说是纯金做的，但它比金子更贵重，它是美好与智慧的象征，是神圣不可侵犯的。""那么，我能得到吗？"老头儿说。"当然，您接受上帝的洗礼后，就会得到的。"葛朗台太太皱了皱眉头。看来，这老家伙的贪婪性格一点儿也没有改变。"真的吗？天啊！这是真的？噢，那还等什么呢？快带我去拜见上帝吧。"葛朗台先生一想到自己将会得到一个金顶，便激动得喘不过气来。

在一群天使的簇拥下，葛朗台先生来到上帝的住处。这是一座什么样的宫殿啊！他跨进大门，便被眼前的景象惊呆了，晕晕乎乎地，竟然忘了自己应先接受洗礼。啊呀！这里的天花板是金的，地板也是金的，还有上帝的宝座，宫殿的门、窗以及所有器具都是金子做的，好一个金碧辉煌的世界啊！葛朗台先生的眼里全都是金子，他看不见其他任何东西了，自然，上帝也不在他眼里了。“一个金顶与这里的东西比起来，真是太微不足道了。”老头儿嘴里嘀咕着，“我得设法留在这儿！我要永远生活在这金子的世界中！永远拥有这些金子……唔，白白放弃这天赐良机，我还是葛朗台吗？”

烦琐的洗礼仪式结束后，天使们准备将他带出宫殿，他便大声说：“上帝啊，英明而圣哲的上帝，让我们来做笔交易吧！”和蔼的上帝露出了惊讶的神色：“你想和我做交易？”“是的，请您相信，这笔交易绝不会让您吃亏。”老头儿的眼珠骨碌碌地转着，心里早已打好了如意算盘。“那你说说看。”“上帝，您知道我是您永远的崇拜者，为了表示我对您的敬仰和忠诚，我愿意放弃那个金顶。噢，不！我的意思是放弃做一名自由的天使，永远伺候您！我想，这对您来说，一定划算。”小老头儿将阴谋涂满了蜂蜜。上帝笑了，为自己将有这样一个忠实的奴仆而感到高兴。“先生，你真的愿意这样做吗？”“是的，仁慈的上帝，我万分愿意，侍奉您是我的荣幸！”“那好吧，先生，你就留在我身边吧！你瞧……”上帝指着宝座说：“我的宝座太高了，坐着总不太舒服，可总找不到合适的垫脚石！为我效劳吧！”“什么？当垫脚石！把我变成一块垫脚石！这绝对不行！”老头儿一想到自己的计划即将落空，便大声拒绝说：“噢，不，不！这……”可是，未等葛朗台先生把话说完，上帝已经施展定身法，把他变成了一块纯金的垫脚石……

上帝坐在宝座上，脚踏着葛朗台先生的脊背，欣慰地说：“噢，几多熨帖，真是太舒服了。”

※※※※※※

谢志文同学属于严重偏科的学生，数学、外语成绩较差，索性放弃，连教室都不进，能以平常心态对待文化成绩、对待高考升学问题，专攻写作，格外勤奋，追求文学梦，立志学韩寒，做个另类写手。他全程参与、主编学校文学社社刊《星光文学》，还自办发行《80后文友文学报》，出版了4期，并得到广东《诗词》“赛能文艺”副刊主编樊锦文先生资助办报。2005年我主持“高中写作能力整合训练的研究与实验”省级立项课题，试行“深钻阅读文本，开发写作资源”实验，在文学经典阅读的“揣摩·运用”片段写作训练中，让学生揣摩、感悟、练笔，写出了不少佳作。学了课文《守财奴》之后，我指导学生阅读巴尔扎克的原著《欧也妮·葛朗台》，再让他们续写葛朗台死后的生活情景。学生对葛朗台爱钱如命的本性有了深刻的认识，写起来便得心应手。谢志文同学通过丰富的想象，别出心裁，写葛朗台死后步入天堂觐见上帝的情景，对守财奴爱财如命的形象作了淋漓尽致的刻画，其结果是人性的异化，最终成为上帝御座前的垫脚石。文章告诉我们：人，连生命都没有了，即算变成坨金子又有什么用呢！此文刊登在《中外教育》2008年第6期上。

墙角那抹爬山虎

伍　艳

心目中，我一直以为“风景”是那些好山好水，名胜古迹，像桂林、泰山、张家界……直到有一天，我意外地发现墙角的一株爬山虎，看着它那刚从地底钻出的嫩芽，起初竟是那么瘦弱，春末夏初便开始疯长，一天一个样儿，迅速爬满墙壁，伸出墙外，长成一抹平铺厚实的绿，一挂波涌连天的绿。这时，我便顿生感慨：原来风景无处不在。

“暮春三月，江南草长。杂花生树，群莺乱飞。”吟完诗句，我忽然想起乘凉的后院，现在竟是那样寂静，没有一点儿生机。待在屋内看书，坐久了，便去后院散散步，突然，墙角一缕猩红无意间映入我的眼帘。我有意识地走过去，发现墙角已长出了一茎嫩芽，是棵旅生的爬山虎！它竟然那样孤独地立在这颇为阴暗的墙角，好像有意躲避风雨似的。于是，我便俯身去抚摸它，又生怕弄断了嫩芽。这也是一个刚刚来到尘世间的小生命，才伸出的双手又迅速缩了回来。

隔日午后，乌云翻滚，雷鸣电闪，倾盆大雨从天而降。我忽然记起了墙角的那一株小小的爬山虎，于是撑开雨伞奔向后院，却看到了令人惊喜的情景：爬山虎已经长出了好几片叶子，依旧好嫩弱，好像随时都有可能被风雨扭断似的。可是，它却坚强地支撑着，孤独地立在那墙角，与风雨做斗争，噼噼啪啪的雨滴打在它身上，它依旧昂首挺胸，最终战胜了狂暴的风雨。阵雨过后，太阳出来了，它那几片叶子显得更耀眼了，更惹人喜爱了。历经风雨后，爬山虎仿佛又长高了许多。于是我会心地笑了。

日子一天一天地过去，墙角的那株爬山虎想必已经长得挺茂盛了，待我再次来到后院的时候，已是盛夏将尽之际，那藤蔓也已经爬到墙外去了，叶子已经长满整个墙面，挤挤挨挨，蓊蓊郁郁，颜色也由起初的红褐变成了碧绿。放眼望去，一抹平铺的翠绿，使我又想起了风雨中那难忘的一幕，执着坚强的爬山虎啊，我应当奉献给你全部的钦佩与敬意！

夏夜，溽暑难消，我去后院乘凉，面对满墙沁绿的爬山虎，神清气爽。微风吹拂，那张开手掌似的片片绿叶一起涌动，绿浪翻滚，恰似激情广场热烈的鼓掌；那深藏叶底的藤蔓却始终牢牢地吸附着墙面。眼前这堵绿色的院墙，给我家后院平添了无限生机。这便是风景，我心中永远的风景！

※※※※※※

“话题作文”是为了反押题猜题而实行的一种高考作文命题形式，有高考任务在身，平素写作训练是不可绕开的路径。这次作文我给出了如下任务：阅读下面的文字，按要求写作文。

石缝间倔强的小草是风景；寒风中的车夫是风景；夕阳中散步的老年夫妇是风景；与洪水搏斗的战士是风景；小桥流水人家是风景；“激扬文字，指点江山”是风景……风景无处不在，风景的内涵广泛而深邃。

请以“风景”为话题，写一篇文章，文体不限，题目自拟，不少于700字。

课堂作文两节课连课间休息总共100分钟，时间应该是充裕的。而高考语文考试总共150分钟，要完成90分值的知识运用与阅读理解题，留给作文的时间最多不过30分钟，从立意构思到缀文修改，许多考生只能匆忙草就，有700字就算大功告成。伍艳这篇《墙角那抹爬山虎》是2006年12月的月考试卷作文题，我给了满分50分。作者见证了一株爬山虎从萌发到长叶，到绿满院墙的全过程，在欣赏风景中感悟到生命力的顽强，并致以热烈的礼赞，同时也能启迪人们：生命的真谛在于充分发挥自己的潜能，在于竭诚奉献。全文紧扣话题，叙写流畅细腻，情感自然充沛。我对如何进一步修改提出了看法，她认真修改了一次，说再也不知道怎么改了；在“冷却”将近两个月之后，再修改了一次。我有意让她尝尝写作过程的甘苦，以便提高写作能力。确实不能改了，我要她工工整整誊抄一遍，明显发现她有不耐烦的情绪。我在文后添加了100多字的“批阅点评”先荐给《星光文学》报上，后又投寄《考试报》，2007年7月6日刊登了出来，且收到40元稿费。

青山夕照

邱志鹏

人生就像一场戏，满怀激情上演，却未必有一个圆满的结局。这样的人生并不理想，我以为理想的人生应该一直走上坡路——不断进取，直到人生圈句号的时候。

在我生长的那个村庄里，有许多老人，也许他们从小就结识，也许是后来交上的朋友，更可能是做邻居的缘故。这些都是为我深知的，他们相处的容适与和乐，的确能让都市里的老人们羡慕不已。

历经岁月磨难的老人们，有的在苦难中炼成金刚之身，有的因过分操劳而卧病不起，卧床者家中常常挤满老人，他们大都策杖而行。他们满怀伤感之情，慰问之意，左手拄杖，右手提点“心意”不远千“米”而来，轮流去床头问候。我时常站在旁边，仿佛看到了一幅挚友图。

玩是小孩的天性，一有时间他们常常会呼朋唤友聚集到一起玩耍。这些老人交往就像小孩找伙伴玩乐一样勤快。在温暖季节的阳光下，在村前一块较为宽阔的草坪上，总有些老人坐在一起，他们叙谈那些美好的往事，谈论子孙后代的健康、发迹与出息。我们时时可见他们灿烂的笑颜。在老人身边不时有“小不点”围着，有时候他们会看着“小不点”发呆。从他们的眼神里，我读到了童真与童趣。

“人生自古谁无死”，他们之中若有某个长者过世了，其余老人都会迅速相聚，满脸痛惜。以后的很长日子里都会谈及那位逝者，并且发出不少感叹。有人说：“唉——我们都会有死的那一天哟。”这就会引起大家的沉思……其中一位最为乐观的老人年龄最大，我喊她“大奶奶”。她接过话茬:“这又有什么关系呢？为什么不乐观地面对呢？”大家一致赞同。也许正是她这种积极乐观的处世态度使然，虽然年龄最大，却数她身体最好。她还时常下地种点蔬菜什么的，自己吃不完，就总往其他老人家里送。

他们老有所乐的生活情景，让我自然地想起了叶剑英元帅《八十抒怀》中的诗句:“老夫喜作黄昏颂，满目青山夕照明。”

※※※※※※

邱志鹏和伍艳是同班同学，语文学习兴趣浓厚，也很勤奋，尤其喜欢写作。这也是一篇以“风景”为话题的考场作文，所给材料与上文相同。作者书写了自己家乡老人们互相关照、和睦群乐的情景，点面结合，重点突出，文字也清顺，篇目引用叶老的诗句点题，意境甚佳。只是，开头的议论略显空泛，似有游离篇外之感。满分50分，我给了48分。我在《中学语文教学》1997年第2期发过《粗批略改重讲评》一文，谈到“我的作文教学观”，文中说，在我手里凡是得了100分制80分的作文是绝对有修改价值的，得了90分的是可以发表了的。学生可能听进了心里，一旦得了80分，或讲评时在班上念了全文，都会不厌其烦地修改，或请老师帮忙，直到见刊为止。邱志鹏同学这篇文章刊登在校刊《星光文学》(2007年3月28日)上。说句实话，我很欣赏这样的学生。

饥饿的记忆

刘　彬

生长在我们这个全民奔小康的时代，说“饥饿”似乎有悖常情。其实，我所说的“饥饿”主要是指自己在文化知识的贫乏与为人处世的无能，而在实际生活中我也确实狠狠地饿过一回，只因跟爸妈赌气，一天一夜 30 多个小时没吃没喝，那挨饿的痛苦实在太深刻了。

事情发生在三年前的暑假，正值农忙时节，爸爸妈妈很早就下地干活去了，我恋床到将近 11 点，起床后就躺在沙发上泡电视。不知什么时候，妈妈开门进来：“彬彬，去给妈妈倒杯水喝。”我顺口回了一句：“不会自己去倒？又不是没长腿！”话刚出口，我便觉得后悔，一点都不能体谅妈妈的辛苦。可覆水难收，心里顿生了些许歉意和不安。我将目光离开电视，只见妈妈浑身泥水，十分疲惫，她那失望的眼神里分明有种令人难以解读的疑惑。这时，爸爸也恰好从屋外进来，打破了这难堪的沉闷气氛，他很快就明白了是怎样一回事，然后大声地训斥我：“十来岁了，还这么不懂事！”这是他第一次这么破口骂我，不争气的眼泪夺眶而出。我越想越委屈，不就是说了句无心的话吗！何该这么大动肝火呢？晚上，我时而趴在书桌上，握笔乱涂，时而躺在床上，仰望天花板，任凭爸妈怎么唤我，就是不肯走出房门吃饭，决心强到底。不久，我隐约听到爸妈在议论：“还是别喊了，她现在正在气头上，等她睡一觉气消了自然会吃的。”听到这话，我竟然又流下了眼泪，心生悔恨：“我何该说出那样让妈妈伤心的话呢？”想来想去，我又感到轻松了些，这件事让我重新认识了自己，决计从此以后一定要做让妈妈高兴的事。

半夜，我翻身爬起来，想去厨房找吃的，但转念一想：不行！我必须让妈妈亲自把饭端到我手里哄我才吃。就这样跟爸妈玩倔强，硬撑着等妈妈给我送饭来。后半夜简直太难熬了，腹内空空、口涌酸水，好不容易挨到第二天早晨。饿得发慌，全无睡意，我只觉得头昏眼花，四肢乏力。实在撑不住了，便跌跌撞撞，轻飘飘地向厨房跑去。这时，妈妈正好端着热气腾腾的饭菜朝我走来。于是，我马上假装成上厕所的样子，可是妈妈还是快步走来亲切地说：“孩子，一定饿坏了吧！来，快把这碗饭吃了。”听着这关切的话语，一股暖流霎时涌遍全身。狼吞虎咽已不足以形容我的吃相，嘴巴张开，像个漏斗，碗一倾斜，饭菜一骨碌就下肚了。

那次自作自受的挨饿，真让我刻骨铭心，饥饿的滋味确实太难受了。

其实，生活中还有更折磨人更让人难受的“饥饿”，那就是心灵的寂寞与精神的空虚，我也深有体会。以前，我总觉得自己学得很不错，每次考试成绩比上不足比下有余，很为满足，所以听课不专心，思想常常开小差，老师要求我们背记的东西我总是不予理睬，认为没必要去记那些死东西。有一次老师提了一个极其简单的问题，要我回答，我却硬是答不上来，遭同学讥笑，好没面子。那时我才觉察到自己对学习已经有了一层深深的隔膜，上课爱听不听，课后根本不摸书本，作业也马马虎虎，甚至拖欠，浮躁厌学，泡电视，迷上网，就连平素最感兴趣的《卡通漫画》《读者文摘》《历代笑话选》也不想翻了。很快我的各科成绩急剧下降，直到段考排名全班倒数第几，我才开始反省。是我太自信了点儿，以前所学的知识仅仅是一点皮毛而已，与那些大家、学者、文豪相比，竟是那么微乎其微。于是，我给自己制定了一个详细的学习计划，可实际做起来并不容易呀！开始，我真的觉得好苦好累，总想放弃，可每当看到贴在桌子上的那个计划时，便又咬紧牙关，攒劲去完成每天给自己规定的学习任务。经过一段时间的苦熬之后，我终于适应了，对功课对学业也不是那样排斥了。现在，我已经恢复了读书的兴趣，养成了学习的习惯，如果哪天没有读书看报，没有复习或预习功课就觉得空虚无聊，似乎进入一种如饥似渴的境界。我觉得知识对人来说，就像空气和水一样不可或缺，这样一来，总感觉精神格外振作，精力也十分充沛。

几年前，那种挨饿的痛苦已然成了催我奋进的动力。如今，我所追求的目标很简单：让饥饿少一点儿，知识多一点儿。

※※※※※※

2006年下学期第3次课堂作文，10月8日我拟了文题“饥饿的印象”，让高一49班和高二39、41班同学做。文题毫无难度，可能谁都挨过饿，那种感觉实在难受。一个人一旦受过饥饿煎熬，印象应当特别深刻。只需如实写下自己曾经挨饿的具体情形，然后认识到要珍惜如今温饱有余的小康日子。人一旦不愁吃穿之后，精神生活方面的贫乏、饥饿却没能引起人们足够的认识，可不可以虚实结合写作本文呢。刘彬同学这篇文章较长，比考场作文翻倍还长，1600多字。按理只有前面4个自然段也可以了，因为这次作文我只要求学生写让自己挨饿之后最难忘的一顿美餐。我用切身体会告诉学生，美餐绝不是吃什么山珍海味，只是最饥饿时能有无论什么食物填饱肚子即可。比如，酒席上只有开头三四道菜好吃，还有印象，到后边的鱼肉荤腥、什么野生王八都感觉不出味道，不太愿意动筷子了。真个是肚子饿才好吃饭啊！物质的人靠吃米饭活着，精神的人凭信仰活着。巴金在《灯》里引述朋友的话说，“我们不是单靠吃米活着”，是有深刻含义的。所以，才又有了后边的600多字。文章基本上按照我的指导提示立意、谋篇，两节课就完成了草稿。我说：“写累了，摆几天再修改吧。”我平素对孩子、对学生都一贯强调：人只要衣食无忧，温饱有余，就应当好好学习，应当有精神上的追求。讲评时，我在班上读了全文，充分肯定描写生动形象。文题中的“饥饿”有双重含义，文中第4段承上启下，既是对上文的总结，又开启了下文，过渡十分自然。末尾一段总结全文，又升华了主题。文章修改定稿后投稿，刊登在《中外教育》2007年第6期上。

坚信未来不是梦

段　琼

暑假，我去城里打工，经历了影视剧中常见的惊心动魄的一幕，事后想起总有些后怕。

我出生在一个并不富裕的家庭，家乡虽然贫穷闭塞，却也山清水秀，也许是那任性的山水赋予了我几分无知无畏的野性，对未来总是充满希望和幻想，常常梦见自己在城里做生意、开店子，成立了公司，当上了老板。

期末考试一结束，我就回到了家里，白天十四五个小时，好无聊：看书提不起兴趣；帮父母干农活，总觉格外辛苦却收获甚微。看着父母整天愁容满面，两鬓斑白，我毅然决计去城里打工，尝试一下异样的生活：一面放松一下自己，一面为下学期赚点学费。我把这个想法告诉父母，他们忧喜参半，无奈地点了点头。

打工挣钱，并非想象的那么轻松。不知走过多少条街道，询问过多少家店主，我终于在一家餐馆里找到了一个服务生的职务。虽说每天都很辛苦，但我觉得生活十分充实。

一天，店里走进来一胖一瘦两个顾客，他们点了一桌子菜，我像往常一样，上完菜准备离开。谁知那个尖嘴猴腮的瘦个子突然一把抓住我的手：“小妹妹，长得蛮标志的嘛，来，陪哥哥喝一杯酒，怎么样？”那个啤酒桶式的胖子色眯眯地笑着打帮腔：“来，一起干嘛！”“放开我，请你们放尊重点，我不是陪酒的！”

“别敬酒不吃吃罚酒，谁说小姐不陪酒，快坐下，不然我把这酒桌掀翻。”我使劲一强，一巴掌掮在那瘦猴子脸上，他一急，起身将桌子掀翻，“唏哗”一声，顿时，店里一片混乱。幸好老板及时出现，站在我们中间劝解，一面对顾客赔礼道歉，一面支开我，忙不迭地：“对不起，对不起，好说，好说……”

我闯下大祸了，我以为老板会立即辞退我。没想到，她让我到后面客厅里去休息。我站在那里等了好久。老板终于进来，一边倒茶，一边让我和他们一起用饭，还对我说：“小琼，大姐知道你正直，清纯。不知你愿不愿意帮我一个忙？”“我，能帮你什么？”“听说你外语成绩很好，我的一个外甥女今年要参加英语晋级考试，大姐知道你脑子灵活，做事也干练，可不可以帮忙代考一下？”说完她便塞给我四百元钱，且许诺考过关了还有奖励。

“不，绝对不可以！你不要以为你们有钱就可以无法无天，我虽然穷，但也不能没有骨气，丧了志气！”说完便起身回房间收拾好行李，走人！我知道在这里再也待不下去了，走过服务台时，老板恨恨地冲我说：“有什么了不起？还不是穷丫头一个！”

我头也没回：“我并不认为你比我富有，你认为我穷吗？不，我相信我的未来不是梦，阳光总会照耀我前行！”这是我临行时甩给老板的一句话。

那次打工的惊险经历，将成为我一笔小小的财富，我将揣着它，去开创自己的美好未来。

※※※※※※

受周边县市教育部门的争夺生源的干扰、阻挠，我校在招不到优质生源的情况下，几乎是来者不拒，各县市没上普高重点中学分数线的，严重偏科的都可以入读我校。数理化成绩好的编进理科重点班，喜欢语文的编进文科重点班，有特长的分别编成英语、音乐、美术、体育特长班。这是全省中师“变鬼”——我戏称——实为并轨，即不包分配之后的无奈之举，因为200多名优秀教师大多闲着，基本没有课上，要受市场经济控制，要自已赚工资吃饭。于是很多高薪引进的优秀教师或考研、或凭本事、或通过关系另谋高就了。学校要生存、要发展，任重道远啊！

2007年前后几年，是学校办普高举步维艰之际，主要是缺少生源，尤其招不到优质生源。这年下学期我担任高三39、41、42，高二49共4个班的语文教学，作文没梯度，同一进度、统一文题。这是本期第一次课堂作文，我拟了2道文题：1.渴望自立，有一道副题“成为公民之际的思考”；2.在追求中成长。有过一阵子，不知从哪里刮起一股年满18岁的“成人宣誓”风。咱们学校也闻风而动，每年“5.4青年节”都在学校大礼堂为年满18岁的同学举行盛大的、类似狂欢节的“成人宣誓”仪式。我针对这种情况拟就文题，作了“审题指导”。我国宪法规定，凡年满18岁即成为具有行为能力的中国公民，有选举权和被选举权等权利义务，按理步入18岁就应当能够完全自立，起码能够自理，可现实却太令人失望，不少年轻人二十五六岁，甚至年届30还不能自理自立，成为“啃老族”、寄生虫。这是什么原因呢？是生长发育迟缓，是客观条件与生成环境不允许，还是人口众多、就业谋生手段与机会太差、太少呢？在西方国家全然不是这样，孩子从小就有自立意识，像美国，不少中学生就可利用周末打工赚生活费或学费，基本上能达到自理自立，谋生手段也得以相应发展。我想向大家推荐一部新书《养你十八岁》，希望课后抽时间读一读。同学们，你是否希望自立呢？请写下你的思考，同时须说出令人信服的理由。

“人生由追求往事、把握现时与憧憬未来三部分组成。”（赵鑫珊《人是什么》）从中我们应当能够得到启发，每个人都必须树立生活、学习目标或远大理想，否则就会觉得日子过得很无聊，空虚乏味而失去动力。有了人生理想或奋斗目标之后，就要竭尽全力去实现之，这样就会感到生活有滋有味，日子过得很充实。一旦取得成绩或成功，就会产生成就感，就会不断进取。每个人稍加回顾人生历程，就会明显感到自己在不断成长，这是由于有了明确的追求才带来的成长、成熟。请将自己成长过程中的追求目标（分层级）与追求中的成长（分阶段）写出来，告诉同龄人一个简单的道理：人，在不断追求中成长。我们宜选取成长历程中生动感人的生活片段或故事，形象地告知这个道理，才算得上高明。

批改时，我问段琼“本文所写是你的亲身经历么”，她说，大部分是的，只是那个遭顾客调戏，掀翻酒桌的打工妹不是自己，是一个年龄比自己大一点的乡里妹子。看来，写文章是允许合理虚构的。女生假期进城打工的一次小小的历险，竟然成了自己心身健康成长的一笔小小的财富。这篇《坚持未来不是梦》登在《中外教育》2007 年第 12 期上。

窗 外

伍 忱

阵雨过后，屋子里的空气变得格外沉闷起来。我起身拉开窗帘，明亮的光线把我的视线吸引到了窗外。

我不禁走近窗前。窗外的天空澄亮瓦蓝，像块清莹的水晶，我仿佛能看到上帝打磨过的痕迹。我的小屋处在这片辽阔天地之间，放眼望去，一个缤纷的世界呈现在眼前。我伫立窗前，觉得脑海像天空一样辽阔。不，我的脑海就是天空！我想，如果没有小屋，就没有我自己。我就是我看到的一切。我的脑海里装满了澄亮的蓝宝石，有些薄薄的云霓忽隐忽现。阳光倾泻下来，照亮了我脑海的每一个地方。我向下看去，我的整个身体都泛着新鲜的绿色，有着无数若隐若现的水珠，它们顽皮地跳跃在光芒之间，一闪一闪的像晶莹的珍珠，跟我脑海中的蓝宝石一起炫耀着活力。剔透的珍珠在原野上欢蹦飘舞，使得所有的葱绿不得不跟着蜿蜒浮动。它们弯腰、伸直、摇摆，有时波涌般地荡漾，一直翻滚到无垠的天际。起风了，风中夹杂着清脆的银铃般的笑声，还有被雨滴敲打过的悦耳的滴答声。我仿佛看见你舞动的裙子上方的笑脸，欢快的笑声传入我的耳朵。我起身拼命追赶……可是，我突然飘举了，只听到风声中夹杂着碎碎脆脆的笑声，只看见草丛上我奔走时留下的深深浅浅的印痕。跑累了，想歇息一会儿，目光忽然回到窗户里来，顿觉世界倏忽消退了，我眼前出现了一块平整的玻璃。我定下神来，仰头一望，天空还是如洗的天空；我低头一看，身体仍处在逼仄的小屋。

我拉拢窗帘，没打算出去，因为我是爸妈的乖孩子、老师的好学生。我已经忘了我从哪里来，要到哪里去。但是，我绝对清楚：外面的世界肯定很精彩。

※※※※※※

这次话题作文的题目是“窗口”，要求很宽松，不限文体,700 字左右，文中主要出现了“窗”字就行。批改时，我发现伍忱同学具有很强的写作思辨能力，写景抒情细腻、自然、明快。推荐给报刊发表时，我加了“点评”:“孩子们在成长过程中渴望自由快乐，追求个性发展，而作为师长却常常用‘乖孩子’‘好学生’的标准严格束缚他们，于有意无意中扼杀了他们的创造力。这是司空见惯的事，也是令人痛心的事，更是我国当代教育的悲哀！伍忱同学这篇文章中的‘我’从心底里发出了挣脱此种‘束缚’的呼声，这是对师长的一种警醒！我们希望师长能大胆将孩子们放出逼仄的‘小屋’，让他们到屋外的‘精彩世界’中去自由自在地茁壮成长，去成长为参天大树，成长为祖国的栋梁之材。”文章发表在《现代教育博览》2009 年第 8 期上。

寄语寒门学子

康丹蓉

占世界人口五分之一的偌大中国，寒门学子多。——我们必须正视！

出身寒门并不可耻，并不是我们的错，或者说这根本不叫作“错”。家境贫寒让我们比同龄人多了一份难得的宝贵财富。

莱布尼茨曾说过：世界上没有两片完全相同的叶子。因此，“寒门”二字在人们头脑中的印象也就因人而异了。

有的人特别容易得“红眼病”，例如：看到邻居家的小孩穿上漂亮的衣服，于是心里就不平衡，心想，我也要妈妈给我去买一件。可是自己家的经济条件又不许可，虽然最终霸蛮可能让自己如愿以偿。可是，他们不了解，不理解啊！家里的情况怎样呢？为了让孩子满足这点虚荣，父母要犹豫好久，辛苦好久呢？

有的人看到同桌成绩优异，很羡慕，也很上进，可是，常常由于无法走出艰苦生活的阴影，便处在无边的嫉妒与自卑中，永远看不到生活的亮点和自己的长处。这种人总认为：我永远是最差的。我没有富裕的家庭，没有优异的成绩，我是一只公认的丑小鸭……可怜的人啊！可不可以从自卑的泥潭中走出来呢？

有的人却不一样，当困难向他们袭来，他们昂首挺胸与艰难困苦作斗争；当嘲笑向他们扑来，他们不屑一顾，视之为动力；当失败步入门槛，他们更加坚强，并大声呼喊：让暴风雨来得更猛烈些吧！瞧！人穷志不穷在他们身上体现得何等充分！

寒门学子啊！我们家境穷寒并不稀奇，也不丢脸，反倒应该感到骄傲，因为只有精神上的空虚比物质上的贫乏更为可怕，更难战胜！我们有健全的身体，有勤劳的双手，即使身体并不健康也不可怕，至少我们有着一颗善良、纯洁、坚强的心！还有，我们现在或许正处于“水深火热”的境地，我们的父母正在面朝黄土背朝天地辛勤劳作，正在遥远的异地打工谋生，我们肩上扛着他们的希望，我们有着尽早自理自立的责任！于是，我们多了一个奋斗的理由，我们更有必要在失败之后，在艰难苦恨面前，迅速振作起来，继续奋然前行！

“同是天涯沦落人，相逢何必曾相识。”同学们，也许我们都是寒门学子，但这有什么关系呢？会妨碍我们生活、学习吗？不会的！贫穷，让我们早立志、早奋斗；贫穷，让我们亲身体会“人穷志不穷”的哲理；贫穷，也让我们更有理由顽强拼搏，自强不息！

多少仁人志士的苦难经历向我们昭示着一个深刻道理：人穷不可怕，志短才叫“穷”，才真让人后怕。看吧，前面的路并不黑暗，前人已开辟了道路，但是我们如果畏葸不前，前辈已经开辟的通向富裕的道路就会荆棘丛生，时日一久，路也就不再成为路了。到那时，我们就会陷入困境，甚至绝境！

朋友们，贫穷是暂时的！我们绝不可为此而自卑，只要努力，我们一定能够在贫穷中学会战胜贫穷！

※※※※※※

新学期第二次作文，我拟了3道文题：1.寄语寒门学子；2.面对困惑；3.禁·罚·劝，副题“对花园警示牌更换的思考”。我把第1题作为重点进行“审题指导”。我国人口众多，占世界总人口的五分之一，经济发展相对发达国家来说，比较落后，贫困人口比例，绝对值居世界之最。与发达国家相比，年人均收入不及人家月收入的十分之一；东西部地区相比，差别悬殊，2007年，上海、江苏、浙江、深圳等经济发达地区人均月收入都在3000元以上，而西部如青海、甘肃、新疆、西藏等省区人均年收入不足300元。于是，出身寒门的学子相当多。我们国家政府、地方各部门采取了许多积极的应对措施，如义卖、捐助、贷款，确实使不少寒门学子在得到资助之后，顺利完成了学业，有的改变了命运。像咱湖南开展的“爱心改变命运”公益活动，可说是一大壮举，效果好影响大。但在扶贫助学过程中也出现了不能尽如人意的插曲，让不少寒门学子在得到爱心帮助之后，产生了很大的依赖性，不再还贷，不愿传递爱心。这就有违了扶贫助学活动的初衷，伤害了爱心人的善心。请向寒门学子寄言，即劝说，让他们去除依赖性，要积极传递爱心，要正视贫寒，要学会在贫困中战胜贫困。人家只能帮你一下子，最多帮你一阵子，决不能帮你一辈子。要想改变命运，全靠自己努力奋斗。第2、3题我只略作了解释。要求：3道题均须写议论文，不能少于700字，两课时完卷，誊抄务必工整。结果未出我的意料，大多数写第1题，39班21人、41班35人、42班5人交卷，49班89人中只有3人未交卷。写第2题的少数同学中有肖晓霞、戴飞等写得比较好。第3题没有一个同学写。看来，命题作文，要根据学生熟悉的生活、关心的问题、关注点现象拟题，才能让学生见“题”眼开，激情涌动，有话可写。写第1题的有黄楼芳、王琼等同学各自写出了独到看法，尤以康丹蓉同学写得更好，情感充沛，书里的题，语言生动流畅，呼告、对比、排比等辞格的自然娴熟运用，使文章增色不少。我给了86分。讲评时，我在所教4个班都念了全文，因情感真挚，说理亲切，很能催人奋进，居然有同学情不自禁地报以掌声。稍事修改润色，我推荐给《中外教育》，刊登在2008年第2—3合期上。康丹蓉同学出生在新化田坪乡下，有个妹妹读初中，父母都是地道农民，常年在深圳打工挣钱养家。数学成绩一直不理想，高中毕业以优秀成绩考上湖南衡阳师院新闻系。听说，她大学毕业后在广州一家报社做记者，后来在省城长沙打拼、发展，买了房子、车子，作为曾经的老师，我为她感到高兴，并表示祝贺。

解读爱情

肖心怡

每个人内心深处都有一叶小舟，承载着一段刻骨铭心的爱。当小舟未找到港口之前，爱只能在空中轻轻飘荡。小舟一旦见到港口的影子，它就会迅速驶向爱的港湾。

爱情究竟是什么？它为何能诱发人们无限的遐想？当少男少女们对爱情还处于迷蒙状态时，对爱情的名言警句特感兴趣：

“你是风儿，我是沙……”是爱情；

“没有我，你怎么办？”是爱情；

“一见钟情”是爱情；

“山盟海誓”是爱情；

“在天愿作比翼鸟，在地愿为连理枝”这更是爱情。

古往今来，有多少人为爱情疯狂，为爱情倾倒，甚至为爱情而玉碎。是的，人生在世，若未曾经过一场轰轰烈烈的爱情，那是枉然！有诗人曾说过：“生命诚可贵，爱情价更高。”然而，两个人在一起，甜言蜜语，你侬我侬，这就是爱情吗？不。虽然我还未经历爱情，但在我看来，爱情的内涵是极其丰富的，说不上神圣，也谈不上庸俗。

我认为，心心相印，互相关照是爱情的基础。舒婷在《致橡树》中写道：“爱——不仅爱你伟岸的身躯，也爱你坚持的位置，足下的泥土。”也许这就是爱情的最高境界吧！爱他，就要爱他的一切，不论优点和缺点，富贵与贫穷，只愿与他共享风雨和阳光。只有真心相爱了，才能有资格谈

“爱情”。

相互信赖与理解是巩固爱情的基石。两心相悦，两人相爱，首先要懂得为对方着想，应该充分信任对方，让对方知道你一直在他（她）身边给她（他）支持与呵护。不少影视剧里，许多恋人常常因疑心太重，缺少对对方的信任而失去了爱情。虽然“两情若是久长时，又岂在朝朝暮暮”，但只有建立在彼此信赖与理解基础上的爱情才会长久常新。

我觉得，爱情很讲究缘分。在不适当时候建立的爱情是不被大家认可的，是有负担的。作为中学生，心里难免有些蠢蠢欲动，但那不是真的，也不该是真的。既然选择了学业，就该放弃一切对学业有碍的杂念，包括藏在心中的那份蠢蠢欲动的恋情。我认为中学时代便想得到理想的爱情，不顾一切地追恋，是不切实际的，还为时过早。哪怕你感觉再真，都会成为人们的笑柄。这种“恋爱”近乎“蛮爱”，会成为一种负担，我们中学生难以承受，这种所谓“爱情”是会遭人耻笑的，是不会长久的。

或许你会问，我也是个中学生，一个地地道道没有经历过爱情的中学生，为何会对爱情有那么“深刻”的体会呢？不怕告诉你，我也曾幻想过爱情，思念着我想象中的心上人的模样。我也对爱情充满过憧憬，我时常有种幻想——希望自己能拥有一段像文学作品中所描述的那种能传为美谈的爱情，我希望我的爱情是能够得到大家的认可和祝福的。

妈妈经常教导我，应该先做好分内事，只有把“任务”完成了，穿越知识的海洋，自己得到了充实和提高，有本领闯世界的时候，有能力明确接受爱情的时候，才有资本去找我爱的和爱我的人，才不会被爱情伤害。我很赞赏妈妈的话，要成为驾驭爱情的主人，就得把握现在，多多努力。

也许你认为爱情和自由难以兼得，当有了爱情之后，在行为和思想上有很大的限制。这是个事实，但我相信：能力可以改变事实，事在人为。我想在缘分到来时，决不错过，我会用努力追求自由平等的爱情。

爱情到底是什么？对我来说，目前，也许它还只是一种富丽堂皇的构想，还只是一个沉睡在爱的扁舟上的美梦！

※※※※※※

2002年新版语文教材高一上册中外现当代诗歌鉴赏单元，我选讲了舒婷的爱情诗代表作、成名作《致橡树》。这是新生第二次课堂命题作文，题为“解读爱情”，因为我正准备试行“阅读文本写作资源的开发利用”课题研究。每教学完一个单元，或学习一篇新课文后，我便紧扣文章的独特之处和难解之处设计作文题，旨在让学生从深度阅读文本中获取写作资源，解决无话可说的问题。这样可将读写紧密结合，也可有效训练和提高学生写作文学鉴赏短文的能力和水平。审题指导时，我劈头一问：爱情是什么？答案因人而异。春风少年花季少女们正处在探问爱情答案，春心萌动，似懂非懂的花季雨季时期。我们学过的不少经典诗文，都对爱情作过种种诠释：有海誓山盟、忠贞不贰的，有见异思迁、喜新厌旧的，有拈花惹草、偷人养汉而大伤风化的，也有疯狂早恋、偷尝禁果而自食苦果以致悔恨终生的……总之，现实生活中似乎时刻都在上演爱情悲喜剧。爱情究竟是什么？儿时一位农民伯伯的表述让我刻骨铭心，永生记得：“不论男女，如果爱上了对方，明明是个荞粑，哪怕你用个糯米粑都换不到的。”你能解读吗？请根据诗人舒婷给出的答案，谈谈自己的看法。肖心怡同学两节课90分钟就写出了初稿，文章开头就呈现出清新亮丽的画面：每个人心中都有一叶寻爱的小舟，一旦发现停泊的港口，就会疾驶向前停靠。接下来列举古往今来的名言警句，肯定爱情只有建立在彼此信赖理解心心相印的基础上才会长久常新。特别引用并分析《致橡树》的金句：“爱——不仅爱你伟岸的身躯，也爱你坚持的位置，足下的泥土。”加以强调。紧接着思路一转，又亮出“爱情很讲究缘分”的新观点，用自己的切身体会告诉同龄人，对爱憧憬无妨，不可存留幻想。只因为中学生暂时不具备谈情说爱的资格和资本，唯一要做的就是努力完成学业，又用妈妈的教诲予以补证，同学们，还是等待“缘分”吧。文中充满对少男少女最真诚、和善、谦虚的劝勉。我仅在词句上稍加修改润色，批阅这样的习作，轻松愉快，可说是一种享受。文中连续引用5个警句，又没能阐释一下，似有生吞活剥、拉长篇幅之嫌，干脆不如割爱。定稿投寄出去后，很快就见刊了，刊登在《中外教育》2007年第3期上。

爱情感言

叶金贵

爱情是一个永恒的话题。

从古到今，许多爱情故事的悲与喜，牵动着众多性情男女的心，人世间最为感人的莫过于爱情故事。我们不禁要问：爱情究竟是什么？

其实，爱情时刻在我们身边。自从娘胎里出来那一刻起，我们就成了爱情结晶的见证。我们在父母的呵护下茁壮成长。当我们懂事了，对周围发生的一切都充满了好奇心；当我们听到或者看到父母相互关爱的言行时，便产生了疑问：为什么不在你我之间发生？这使我们百思不得其解；当我们向父母寻求答案时，也许答案都是同一的：因你们年龄还小，到时候你们自然会清明。

光阴似箭，转眼间我们进入了人生的第二个阶段——少年时期。这是我们做任何事情都最为理想的时候。渴求知识，以及显亲扬名的梦想随之而生。在幼稚走向成熟的重要时刻，再加上知识的积累，我们对身边的事物有了一定的认识。童年时代留在我们脑海中的问题，大都找到了肤浅而朦胧的答案。

父亲对母亲的那种关爱与呵护，母亲对父亲的那种无私奉献与帮扶，我们也有了初步的参悟：有真爱，他们更能声息相通。这也许就是真正的爱情。

随着年龄的增长，虽然对爱情也读懂了一二，但是我们还是没能真正弄懂。也许随着时间的推移，我们会有更深的体会，到时候我们才会明白爱情的真谛。

※※※※※※

叶金贵同学的《爱情感言》是“解读爱情”课堂命题作文中的佳作，言简意赅，自然朴实，写出了青少年对爱情的困惑与渐知过程，真实而可信。拟写这道文题的初衷，是想疏导学生，预防早恋。儿时不懂什么是爱情，只能感觉自己就是父母爱情的结晶；青少年阶段仍旧认识肤浅而朦胧；仍能从父母的相互关心爱护、无私奉献中参悟到真正的爱情也许就是男女之间心心相印、声息相通；要想真正明白爱情的真谛，的确还需时日。作为十六七岁的中学生，能够认识到这一步，实属难得。

山清水秀我家乡

奉　敏

每当跟同学们说到我家乡的名字时，大家都感到很陌生。的确，我的家乡在一个与世隔绝的山区，那里正如陶渊明笔下的世外桃源。

从县城出发，坐大约四五个小时的汽车就来到了我的家乡——新化县奉家山。出了车站，举目一望，首先映入眼帘的是连绵起伏的群山，远山直插云霄，使你顿生不可言示的神清气爽的感觉。出门就是爬山，步步吃紧，一旦爬上山顶，还会产生“九天揽月”的豪情。山是一座挨一座的，村民大多单门独户，背山面水而居，过着“日出而作，日入而息”的生活。山上遍种竹木，颜色大致可以分为绿、黄、红三种：松柏一年四季呈绿色，早春的香樟与翠竹呈淡黄色，红色的当然是秋季的枫林了。

在山间较为宽阔平坦的地方常有古旧的竹木结构的房屋，大都四五户人家聚集一起，相处融洽和乐。当你外出游玩时，常有飞禽走兽与你结伴同行，比如云雀、山鸡、野兔……也许，你一听到这些就会感到稀奇，甚至害怕，可是我家乡的人们却习以为常，能与大自然和谐相处，鸟兽不怕人，人也从不伤害鸟兽。

家乡的水资源是丰富的，几乎每个山谷都有一条清清的小溪。假如办个水厂，将山泉运送到都市，那该多好啊！这里的水质非常好，保险比城里人喝的纯净水还要清纯，假如渴了，蹲到溪边，掬几捧入口，似乎还真有点儿甜呢。在这里，稻田、池塘、溪流中生长着许多鱼虾，要吃鲜鱼挺容易，架锅子等就是，带着渔篓、渔网、渔筌出去打一转就有了。听说，从大山谷流出的一条石底小河中，还有国家二级保护动物娃娃鱼呢。

我的家乡没有高耸入云的豪华建筑，也没有烟囱林立的大型工厂，空气是格外清新的。每次放假回家，一踏上家乡的土地，我就感到轻松愉快，总想尽情地吮吸家乡的空气。

随着旅游事业的发展，家乡人民正在精心装扮我美丽的家乡。紫鹊界的梯田极为雄奇壮观，而且远近闻名，已被列为正待开发的湘中旅游景点之一，近年来，正在日益吸引着不少游客来这里度假游玩。

为了尽快脱贫致富，家乡人民正在大力发展水果生产，见效最快的当然要数桃李。近几年，人们预备开发又一个桃花源，在山坡上、公路旁、房前屋后都栽种了桃树。

有时，我在想，陶渊明笔下的桃花源不就是我山清水秀的家乡吗？但是，我的家乡如今却绝不是陶渊明笔下的“世外桃源”。

※※※※※※

2006年下学期高一第二次课堂命题作文，题为《山清水秀我家乡》。我想，我们的学生大都来自农村，且我们学校原是一所乡村师范改办的中学，学生学习生活的环境的确是山清水秀；我要求学生抓住“山清水秀这一特色”向远方（设想对方是城里人）的朋友介绍自己家乡的自然美景，写家乡山好水好人更好，一方水土养一方人，美好山水养人怡兴，山民的淳朴、勤劳、热情好客，让久居闹市的人们羡慕，让他们心驰神往。可综合运用记叙、描写、抒情等手法，写一篇散文。写这道题的学生占了70%，且佳作多，讲评时我选取多位同学的出彩段落进行点评。比如康超同学文章的开头：“家乡的山高峻、挺拔，连绵不断，像大海中起伏的波涛，时高时低，望不到尽头；峰峦如高高的城墙一般包围着我们的村庄和农田；从半山腰向山顶望去，全是挤挤挨挨的翠柏，一年四季都有鸟儿在林中欢叫，叽叽喳喳，时而演唱合奏，时而也有喜欢卖弄歌喉的鸟儿‘怕你——咋的——’演唱独奏。白天，老鹰在高空盘旋，寻找小鸡、野兔等猎物；夜晚，猫头鹰在旷野的树枝上守候田鼠。山顶那一排排柏树在蓝天的映衬下，像军人站岗放哨一样，排着整齐的队伍，昂首挺胸，笔直挺立着。清晨，太阳像一位用头巾遮住面庞的姑娘，羞涩地渐渐露出笑脸，然后将金色的光芒洒向大地。初升的太阳比火红，如盆大，显得十分慈祥，照耀着大地，好像在告诉山民们：‘又一美好的日子开始啦！’”又如 刘彬同学文章开头写道：“车田江，一个名副其实的山清水秀的地方，用‘青山环抱着绿水’来形容她是再好不过的了，她凭借着车田江水库而远近闻名。那儿住着勤劳善良的人们，他们世世代代过着丰衣足食的生活。而我也因上帝的关照得以降生在温馨祥和，赐给山民幸福的好地方。”奉敏同学当堂交卷，凭借得天独厚的条件，写了自己的家乡——新化紫鹊界，国家4A级风景名胜区的美丽山水、田园风光，我稍加修改后投稿，先后在《中外教育》（2007年第4期）和《娄底日报》（2007年9月8日）刊登了。好像收到过20元稿费。事后她给我孙子买了个（放映海洋鱼类图片的）“高利玩具”，同时还附了一封短信：“潘老师：通过您的大力帮助，我在《中外教育》上看到了我那篇经您精心修改后发表的文章。我真的好高兴！当您将杂志递给我时，我竟然笨得连一声‘谢谢’也没说，我真的好惭愧；所以，就让我借此机会向您说一声：‘谢谢！’祝您：身体健康，万事如意！您的学生：奉敏 2007年4月12日。”真诚质朴的言行让我记忆永存。

最简单的幸福

韩潇慭

最简单的幸福，莫过于活在人间。

人间有温暖。走在路上，总有那么多人。有一声温暖的提醒：东西掉了。一回头，赶忙拾起落下的物品。抬头刚想感谢，那人已没入熙攘的人流。有个修车师傅，属于聋哑人士，起初我并不认识他。记得那个寒夜，雨将窗户劈出一个个小裂缝，触目惊心。临近傍晚，他来敲门。我极不耐烦地关上门，随后回来的父亲却说自己的车落在修车铺了。我立刻赶往，那个寒夜中伫立的身影原来是他。他是修车师傅，他是来问那车是不是我家的。可他为什么大雨天要守着车呢？他的笔尖在纸上写着："怕您晚上用车。"一回神，我刚想感谢，他已消失在街头，只剩下我独自一人，捧着一颗幸福的心。

人间有偶遇。在古风小街，原以为已是山穷水尽，往前走走，又是柳暗花明。雨点猝不及防地滴下。绝望奔走，在小街尽头，偶遇了一个油纸伞小摊。悄悄走过去躲雨，顺便与摊主攀谈。她的手十分灵敏，伞也生动美观。可是伞挂了一桌，却无人问津。我不解地问："一个妙龄少女为何不改行？"噢，原来，她祖辈都是以制伞为生。她说："长期以来家族的女子一直做伞，哪里在意收入的多少呢？传统文化总是要传承呀，伞总是要长做的呀，不然怎么能传递出民族美感呢？"再无言。买一把伞，在雨中伫立。在街头偶遇一份手工匠人传承文化的美好，心里体会到幸福。

人间有烟火。犹记得两年前疫情封控解除后，我摘掉厚厚的口罩，在久违的早餐店里吃包子。香味在鼻尖回旋，满是惬意。身旁的食客，上班族在商讨股市行情，学生正准备飞奔出去赶往学校。凝望着眼前的热闹，比起封控时的孤单寂寞，只觉得自己置身于这烟火气中分外幸福。恍惚间，食客已纷纷散去，只留下幸福而略带疲意的妇人，感叹道:“真好！”我不禁也跟一句:“真好！”

活在人间，置身于种种际遇，你是否感受到了这样也是一种简单的幸福？其实，看似俗气的人间，也有诸多美好值得留恋呢。别害羞，大胆地去感受吧。周围有人做伴，心上有人惦记，身旁有熙攘人流。什么时候想起来，心里都感到幸福。

※※※※※※

韩潇慜，2009 年 8 月出生，是江西师大附中滨江校区初一学生。她的妈妈是南昌医学院的副教授，爸爸是这个学校的领导。她是个勤奋好学、勇于实践、积极进取的女孩，担任班级学习委员和语文课代表。她多次被评为“三好学生”；2021—2022 年度被评为班级“青春榜样”、初一年级“线上学习优秀学生”、优秀少先队干部。她爱好广泛，喜欢读书、写作、弹钢琴和参加体育运动，是学校文学社和合唱团的成员。潇慜是我三弟的外孙女，每逢寒暑假回来看望外祖父母时，照例要来我家，孙辈们在一起闲聊，她却常常只顾到我的书架上找书看，学习非常自觉，爸妈只需提醒她注意饮食、休息、锻炼就行。

小小年纪就能写出如此老辣的文字，告诉大朋友、老朋友：人生幸福其实就是最为简单的人间烟火，诸如匆忙赶路时被人提醒掉东西了、下雨时突然遇到雨伞店、饥饿时走进了包子铺之类的小事儿。

苦 雨

曾鹏飞

清晨，狂风乍起，乌云翻滚，即将喷薄而出的红日隐退了。

看来又要下雨了！同学们叹息道："这鬼天气！今年初夏前夕，连空气都湿乎乎的，寝室干脆腾出来算了，为了免患风湿病，阴雨连绵，不知要到何时才能雨过天晴？"

"咱们就是在大街上搭个向天铺也许比这一楼干燥舒适。"室友愤愤地说，他牢骚一大堆，唾沫简直成了雷阵雨。可牢骚归牢骚，发完了还得躺在床上"呼噜呼噜"梦周公。每次回到这间角落的寝室，便会想到海龟的肚皮，一股比海水腥味更难闻的气息直冲鼻孔，确实让人难受。另有同学拎出一件衣服，在我们面前晃了晃，接着，便有水珠子飞溅。看着这水渍渍的衣服，大家纷纷去翻检自己的生活用品，"啊呀，牛奶粉溶成糊了，梅雨天，真倒霉！"

近来，我们的思维都时刻绷得紧紧的，地面湿滑，生怕有个闪失而摔倒。老天爷，这个没有丝毫善心的，罪恶的怪物自然而然成了大伙迁怒的对象。室友们的废话，脏话也都多了起来，好像造物主创造他们的时候，一定把某个臭气熏天的垃圾场安在了他们的下巴上，而那些唾沫推而广之应该是脏水或小便了吧！谁也料不到，从这些嘴巴里居然喷射出一些有文人意味的"豪言壮语"。

雨暂时还没落下来，大伙就这么肆无忌惮诅咒了老半天，难道就不怕雷打电劈吗？

“啪——哧——”雷电好像憋足了劲儿，发出了山崩地裂的轰鸣，室友们停止了议论，上天有反应了！有同学一个劲地祈祷:“阿弥陀佛，阿门……”接着，天地混为一体，漆黑一团了，如混沌般迷迷茫茫的。大雨像一挂巨大的瀑布，铺天盖地卷了过来，风狂雨骤，夹着电闪，带着雷鸣，它们交织在一起，共同制造着肆虐的恐怖……

它终于来了，耐不住寂寞，终于可以一展其所向披靡的手段了！

阵雨过后是小雨，小雨之后是大雨，已经快二十天了。人们日盼夜盼，盼望老天爷开开眼，好让同学们舒展舒展筋骨，好让农民春耕春播……可人们希望风调雨顺，盼望一个好年成的愿望，却被这场苦雨给击碎了。

人们四处狂奔。劳累了一天的耕牛卸下轭套后格外兴奋，欢快地向堆着青草的牛栏奔去，它们当然高兴了！因为不愁草料的缺乏。可它们的主人们——农民却何其心焦呀！秧苗烂了，良田淹了，春插泡汤了……

当然，田中也还有默默的耕耘者，那些想制止他们的轰隆隆的雷声仍在天空吼叫，时不时把耳膜震麻；特别是那一道道银白的光，狠狠抽打着布满阴霾的天空，老天震怒了，声音也嘶哑了。可他们仍旧倔强地耕作着，心中的不满也便化成嘴角的笑意。他们虽然有些心灰意冷，可他们深信这雨决不会这么不停地下着，说不定明天就会是个大晴天。雨水，汗水迷茫，融为一处，顺着凹凸的脸颊滑下，他们不得不暂时停止耕作，因为雨已经疯狂了。他们骂了起来，什么话一经他们说出，就像白布进入染缸，立即改变了颜色一样，全都沾上了山里人的野味。他们就是这样直率，喜怒哀乐都能充分释放出来，他们常常用这种最原始、最粗犷、最简单的方式来表达自己的不满与愤懑。

在村子西隅，人们正聚在一间潮湿低矮的黑房里，看着王老太太安详地躺在床上。她那浑浊而毫无神采的眼睛垂直盯着房顶，可能在看着更遥远的地方，通过房顶，透过云层，穿越时空，在寻觅，寻觅那个炮火连天的战争年代，寻觅那个令人心惊肉跳的荒唐时代她所失落的梦想……她一生命运坎坷，如果苍天有眼，她也许不会与这孤寂厮守一辈子，人们都深深叹息太阳的光明竟如此冷漠地与她擦肩而过。老人们清楚，她是三十多年前下放到这里来接受贫下中农“再教育”的知青。当时也是满天愁云，也是雷鸣电闪，也是滂沱大雨……这就注定她的命运与这苦雨连在了一起，而今她就要随着这亘古不变、上下轮回的苦雨走了……“踩着湿地摔了一跤，原本不重的外伤，却成了送终的病痛，看来，那个遗忘了一个人的年代正召唤她回去了。听！远处不是在噼里啪啦，轰隆轰隆吗？”人群中不知谁说了一句，王老太太有了反应了，侧过头来，仿佛做过慎重考虑似的，用那双混浊的眼睛深情地环顾了一下四周，便缓缓地闭上了……“这下，她不会有遗憾了，一切都云消雾散，随着这场大雨去了……”又一位老人沉重地说道。

沉闷而凝重的背景在灰暗悒郁的气氛中定格，那种逼人的冷色调，那种揪心的色彩一笔一笔在慢慢渗开糅合、聚集、汇成一处，滴落下来，在天幕上冷却成泪水，悄然滑落……雨过必然天晴，苦雨绝不会永久地遮住阳光，可能明天就是一个璀璨明媚的晴天！

※※※※※※

2007 年上学期高二美术班与音乐班合成一个班，文、理各一个班，总人数未变，200 多人。第 5 次作文，5 月 25 日，我拟就一道选择题：苦雨/喜雨。我国南方春夏之交被称为梅雨季节，经常下雨，有时不分昼夜，连续暴雨，或雷阵雨，造成洪灾。而北方则长时间干旱，雨贵如油。就咱湖南常常更怪，湘北抗洪，湘南抗旱。我要求学生描述久雨不晴的苦况，一可写久旱降甘霖的欣喜。宜写成记叙文，最好能运用象征手法，写出“雨”的象征意义。曾鹏飞同学的文章我给了 78 分，文字功夫还可以，似有华而不实之感，扯得太宽，写了“文革”中类似“苦雨”的政治风雨，有修改价值。我提了两点修改建议：一是从久雨给自己造成生活学习方面的不利写起，写心情，写感受；二是写政治风雨是可通过具体个例遭受打击的不幸，文字不能太长。6 月 5 日他交给我第二稿，我随即在字句上作了较为详细的推敲修改，誊抄后投寄《语文教学与研究 · 读写天地》，如石沉大海。后又改投他刊，10 月 10 日得知《中外教育》2007 年第 9 期刊登了。这种杂志（月刊）每期选登 1—2 篇（诗）中学生的优秀习作，对学生有影响也有吸引力。讲评时，我还特意给学生读了季羡林先生的《有时，放松比刻苦更能让人进步》，文章写的是“喜雨”，下久了，老听着楼上雨滴敲打铁皮的声音，也有心烦讨厌的时候，于是干脆就写“听雨”，抒写由衷的喜悦之情。文中有不下10处古诗词名句的引用或化用，看来读书积累对我们的写作何其重要。

诗仙的路

蔡强波

金碧辉煌的殿宇高耸入云，轻歌曼舞的霓裳羽衣艳丽迷人，金銮殿前，一个白衣秀士正在徘徊不定。

他终于向前迈进了一步，然而，熏人的暖风止住了他前进的脚步，过往的宫人对他毕恭毕敬。他非常清楚：前进，便可获得功名；后退，便会失去利禄。他打算拒绝，立志活得潇洒、自由……可以这样吗？能够这样吗？他奉旨入京，供奉翰林，富贵名利唾手可得。他，就是李白，天子心目中的红人。几曲新词，已是千金难求，御赐的府邸，富丽堂皇……这样的位置，他应当接受，也可以接受。他扪心自问："你快乐过吗？"鱼跃龙门的喜悦已经被驱散不去的愁云所笼罩，挥之不去的烦闷萦绕心头！他曾经慷慨激昂："仰天大笑出门去，我辈岂是蓬蒿人！"他终于走出了"荒野之地"，可以洗刷屈辱和卑微，来到了人人都梦寐以求的天子身边，立马能够赢得高贵与尊严。他知道自己平步青云的时刻到了，可以尽展自己的旷世才华了。他兴奋不已，他张狂无忌。

可是，人生美好的乐章才刚刚开始，却出现了极不和谐的休止符。胸怀远大抱负，竟无法施展；满腹济世才华，却无缘表现。原来，皇上只想让他做个吟花弄月的文人而已，满腹经纶的他，也只能作些浓词艳曲的唱和。于是，他沉思、郁闷，有时也发泄。

李白最终彻底失望了！它满怀愤恨，无可奈何地选择了退隐，毅然走出宫廷，云游四海，纵情山水。他醉酒，他寻月，他狂啸："天生我材必有用，千金散尽还复来”，“安能摧眉折腰事权贵，使我不得开心颜”……他深知，再也无法实现自己的政治抱负了。

当他再度回到那个曾经赐予他诗情画意的自由天地的时候，浪漫的情怀和绝世的天赋立即得以淋漓尽致的发挥。这位谪仙继续谱写崭新的诗篇，在孤寂的苦战中，挣扎沉浮，摆脱束缚，最终吟出了半个“盛唐”，他赢得了“诗仙”的美名！从此，一株绰约的青莲，沐浴着晶莹的露珠、和煦的春风、金色的秋阳，傲然挺立于浩茫的天地之间，直到永远……

探寻着诗仙李白的足迹，我走出了历史的长廊。此时，我想起了一位先哲说过的话：“身体站在高处，眼睛可以望得更远；灵魂站在高处，心面对着世俗就可以超越大自然。”李白最初的努力探索和不懈追求，以便实现自己人生的价值，是无可厚非的。谁不巴望能找一个为国家为民族多做贡献的位置呢？倘若找到了，即便像李白那样碰壁，遭排挤，受打击，也许大都会心甘情愿的吧。而诗仙李白却不然，一身傲骨倔强到底！假如李白当年能够稳立朝廷，尽展自己的才华，那么，历史又怎能成就一个旷世“诗仙”呢？

※※※※※※

2007年下学期我跨年级教高一高二4班语文，每两周安排2课时写作1课时讲评；高一主要训练记叙文写作，高二开始写议论文。首先要求学生深入钻研阅读文本开发写作资源，做到熟读成诵，力争读出自己的感受与体会，提炼出看法、观点；然后将自己的看法、观点写出来，写成诸如读后感、文艺评论、审美鉴赏之类的准学术论文。到了高三要求学生自觉为文，自由写作；主要根据国内外重大事件、时事新闻以及身边的各种司空见惯的社会生活现象谈看法，写杂感、写思想评论，可以褒扬先进新锐，亦可针砭时弊痼疾。高中语文第三册第一、二单元集中学习了从诗经到宋词总共35首诗词，其间安排两次写作，我拟了“爱情的甜蜜与苦涩”“嘉名寄父爱 三恐见忠诚”“殉情可惜不可赞”“文人的执着与无奈”“李白：梦醒之后在东鲁”等8道文题，大多结合课文内容拟一道副标题，且都作了审题指导。李白的《梦游天姥吟留别》是借游仙境来折射现实生活——实际上是天宝三年（744）前后宫廷生活的反映，是首赠别诗，在启程游历吴越时写下这首诗。我们可从思想内容方面写，谈这首诗的主题表达，蔑视权贵。他在哪里“梦游”，“梦”的内容是什么，为何要这么写。也可谈这首诗的艺术特色，诗人通过奇妙的想象与大胆的夸张，即浪漫主义特色表达思想情感。梦醒之后他见到了些什么，有些什么想法和打算。《诗仙的路》按这样的思路写成，我作了点评：通过丰富的想象，采用情境化描写，让古人“活”起来，这是“故事新编”（鲁迅）和“文化散文”（余秋雨）的常用手法。本文自觉不自觉地运用这种写法，再现了李白于天宝元年（742）至天宝三年（744）在京都长安天子身边，战战兢兢度过的三年词客生涯，经历了由希望到失望的思想巨变，饱尝了进退荣辱的人生况味，让我们对诗仙李白有了生动形象的立体化了解。如果换成“李白：梦醒之后在东鲁”似乎更能概括全文内容。文章经荐稿，刊登在《中外教育》2007 年第 10 期上。

友情与爱情辨异

刘一武

漫漫人生路上，我们会为自己拥有智慧的常青树而骄傲，会为自家灵园的鲜花盛开而雀跃，也难免会为青春的纯情自然流露而伤心。

生命原本是一个不知来自何方又要走向何处的奇迹。生命的存在完全是一种偶然，但是，这种偶然就因为有情感的碰撞而美丽，有情感的滋润而成长，有情感的存在而充实。

在情感世界中，真是“情”态万千，各种各样的情感纵横交错，织成一张张复杂的情网，令我们眼花缭乱，神志不清，欲辨不能。其中，最难分辨的恐怕是异性间的感情。

我也曾被这张情网困惑过，彷徨于友情与爱情之间，但是，经过深思之后，我很快就从中解脱了出来。我们中学生正处于花季阶段，对友情与爱情认识不足，理解模糊，体验不深，根本分不清什么是爱情，什么是友情。

其实，要区别友情与爱情也并不难：夫妻之间的感情是爱情，朋友之间的是友情，父母子女、兄弟姊妹之间的是亲情。可问题在于我们青少年同学之间，常常存在比亲情和友情多一点儿，比爱情又少一点儿的第四种感情！那么，到底怎么区分友情和爱情呢？

首先，是前提不同。友情的前提是理解，爱情则是相互吸引、相互关爱。友情最重要的支柱是彼此相互了解，不仅要了解对方的长处，而且连短处、缺点也要清楚，要能理解、宽容和接受。只有这样，友情才会长久。爱情则不然，须将对方美化，视对方为理想的化身。这样，双方才会产生爱恋之情；爱情是贯穿在融洽相处过程中的一种特殊感情。

其次，是要求不同。友谊的双方地位平等，朋友之间无须多余的客套，也没有烦恼的担忧。如果对朋友有了不满时，可以直率地提出忠告，可以义正词严地规劝，甚至可以动怒。朋友之间就是这样，有人格的平等，也有激烈的冲突。爱情则不然，双方必须“一体化”，声息相通，心心相印，身体虽二，心灵却一，彼此不是水火，而是相互融洽。

再次，就是规则不同。友情是开放的，爱情是封闭的。处于友情关系中的双方，都不在乎对方与谁交往，都能泰然处之，而且彼此都能以开放的心态接纳对方的朋友。而处于恋爱中的双方，会对一方在与别的异性交往接触时产生不安、烦恼、嫉妒和苦涩，因为爱情有着强烈的排他性。

又次，是基础不同。友情的基础是信赖，而爱情的基础除了信赖之外，还掺和着不安。真正的友谊具有绝对的信赖，犹如不可动摇的磐石。相反，一对恋爱中的男女虽说充分信赖对方，却时时有着些许不安缠扰：只要对方与其他异性接触，就会陷入烦恼与猜疑之中。

最后，是期望不同。友情有着满足感，爱情则充满欠缺感。当两人成为亲密无间的朋友时，彼此都有一种满足感，但是两个异性一旦成为恋人时，虽然初期会有一时的充足感，可久而久之，就会生出缺失感，总希望有着更为强烈的爱情作为保障，经常有种莫名的“欠缺”尾随着，有着微妙的危机感。

友情与爱情，当然也包括亲情，都是人生情感世界中不可缺少的组成部分，一个人一生如果没能经历一场轰轰烈烈的爱情，必然会留下终生的遗憾。同样，一生没能获得一份真挚的友情，也会使生命失去光彩。

真正读懂友情和爱情，正确区分爱情和友情，有助于我们更好地把握人生，至少可让我们不会因“情”而遗憾。年轻的朋友们，在将爱情进行到底时，可别忘了将友情进行到底！

※※※※※※

写作“解读爱情”这道文题时，高二学生要比高一明显老到一些。刘一武同学的文章原题为“试论友情与爱情”，我以为文题太大，很难胜任和驾驭，建议他集中谈友情与爱情的异同，或专谈二者的区别，干脆来个“辨异”。同时向他推荐了湖北仙桃师范主办的《师范生周报》（大专版）探讨第四种感情”的系列文章，第二稿果真好多了，全文运用比较法，分五点谈友情与爱情的不同，条条是道，简明清晰，俨然是位谈“情”高手！只是略显空泛，没能充分展开论述，作为课堂命题作文，对高二学生来说，我们绝不可求全，能写到这地步，已经相当可贵了。文章后经推荐投稿，刊登在《中外教育》2008 年第 1 期。

珍藏初恋

罗艳君

我和她想必在很久以前就为了彼此的相遇许下了诺言吧。不然，我和她之间怎么还会有故事发生呢?

动人的幸福就这样悄悄走来了。她一定不知道，那一次和我不经意的对视，虽然只是短短的一瞬，却给我悸动的心留下了很深很深的印痕。

我清晰地记得，那天她穿着纯白的连衣裙，披肩的秀发恰到好处地衬托着她小巧的脸盘，文静而秀气。她身影纤细，亭亭玉立，犹如一枝素雅的百合。我俩对视的那一刹那，她的脸红了，微微地笑着走了，而我的心也漂浮了起来，似乎没有了定所。

新学期开始了。让我感到出奇意外的是，她居然是我的同学！我欣喜若狂，我真想对她说：你还记得那次短闪的对视吗？你我想必在很久以前就为彼此的相遇许下了诺言吧。不然，我第一次遇到你怎么会怦然心动呢？我们居然还会有幸成为同窗呢?

慢慢地，我发现，她真的如一枝洁白艳美的百合。她看人的眼神认真但不逼迫，说话格外亲切但不故作近乎，该笑的时候也决不故作矜持，连她沉默不语时也能给人一种静思的定力。

我的世界从此没有片刻宁静，学业的压力和对她的爱恋如两座大山，压得我喘不过气来……

终于，我撑不住了。在一个星期天，我思考了大半天，终于决定约她出去散步。没想到，她竟然爽快地答应了！

面对她纯净如水的目光，我窘迫得不知所措。而她只是轻松自如地说："我给你念一首诗吧。""快乐的男孩总是面带微笑，在他的字典里，忧愁与苦恼早已被抠掉 / 快乐的男孩总是聪慧而又理智，他知道有些事情是没有结果的，深爱的未必一定要拥有 / 快乐的男孩只希望别人拥有幸福，而把自己的烦恼统统忘掉 / 快乐的男孩或许有些幼稚，但他并不在意，他只求拥有真正的自我。"

纯净的声音，清澈如水的眼神，让我愣了很久。原来她早就知道我喜欢她。她目光很安宁，轻轻地说："12 年漫长的准备期，只为了 6 月 7 日、8 日、9 日三天，12 年的日日夜夜，只为了圆我们心中的美丽梦想。我们都应该全心全意为高考而努力，我希望我们都能有一个美好未来。让我们一起努力一起进步吧！"我微微一笑，长长地吁了一口气，点了点头。

此后的日子里，我全身心地投入了学习之中。我的确很喜欢她，可是，我无法摆脱她那纯净如水的目光。它荡漾在我的心里，催我上进，促我奋发。我把普希金的《我曾经爱过你》写在日记里，对自己说：让我们一起金榜题名，你纯净安宁的目光是我去争取幸福的动力。

我知道，这就是初恋。我将把它永远珍藏心底……

※※※※※※

这是命题作文"解读爱情"出现的佳作，青葱少年，遇到热门话题，还真有话可说。

学生早恋的确是一个让老师和家长，尤其是班主任老师最感头痛、最为棘手的问题，劝阻无效，"棒"打不得；只宜晓以利害，进行疏导。班上有学生悄悄告诉我，说班长和学习委员在谈恋爱，我也觉察到他俩似有那么一点儿意思，只是不想捅破窗户纸，免得他们不好意思。但我绝对会管这事儿！1981 年，我在新化三中任教外语班的语文，有一天，班上一位家住县城的男生的父亲跑到学校来，向我打听班上一名来自乡下长得十分聪秀、成绩非常优秀女生的长相、成绩和家庭情况，我及时恳切进行劝说，不得影响孩子们的学习，以免耽误了他们的美好前程。我随即与班主任联系沟通，商量疏导、劝阻这对学生的早恋。我以为是男追女，并断定女生不会怎么动心，尽管男生家庭条件比较优裕。一周后，男生说要到我办公的房间加张床，争取早起一点儿晚睡一点儿，补补英语。我在县人民医院住家，离学校3公里左右，跑通教，便欣然同意，同时约法三章：不准带任何同学来房间，不准乱翻书架、抽屉，不能影响周围老师办公、休息。他一再保证，绝对遵守！我不失时机和他交谈、闲扯，告诉他：中学生谈情说爱，不够条件，没有资本；人同花果，早熟必定早衰，是要付出代价的。他听入了心，充分利用一切可以利用的时间，补习功课。两年后，参加高考，本来上了专科分数线，但他自愿读中专，读了湖南省外贸学校，三年后分在长沙市公安局外事办，从事翻译工作。那女生也心知肚明，班上有男生追求自己，但不为心动，一心扑在学业上，两年后考上了湘潭大学外语系，大学毕业后分在中山大学教外语，之后又考上清华大学读研，后来留在清华任教。这两位学生都有了自己称心如意、令人艳羡的工作，也都各自组建了幸福美满的家庭。想来，他们应该也只能将“初恋”永远珍藏，成了“珍藏初恋”的典范。

讲评时，我在班上讲了这两个学生的早恋故事，本不打算讲读罗艳君同学的文章，在全班同学的强烈要求下，还是读了，未加任何点评，读完后全班同学不约而同报以雷鸣般的掌声。好在罗艳君同学处理题材时做得很乖巧，来了个角色互换，将“我”写成班长男生，将“她”写成女生学习委员，最终让不少懵懂同学云里雾里，分不清文章是写实还是虚构。恐怕这又是惊人相似的“珍藏初恋”的典范。又何必要对号入座，分辨文中人物的真假呢？只要所写不违背生活的真实，写作文，尤其是文学创作是允许并倡导合情合理的虚构的。文章后经荐稿，刊登在《中外教育》2008年第4期上。

和平源自心灵的化解

陈雨湖

世界需要和平，人类呼唤和平，可是，世事常与愿违……

一、耶路撒冷的祈祷

空气中弥漫着硝烟，恐惧的阴云笼罩着城市，人们的脸上写满了绝望的悲哀。“呜——”防空警报再次拉响，随着“轰隆隆”的巨响，几枚航空炸弹又将无数生命夺走，亲人们撕心裂肺的呼喊在耶路撒冷的上空一遍又一遍地回荡。我们要反抗，要用自己的身体捍卫我们的民族！紧接着，又是几声炮弹的巨响，一群兄弟姐妹葬身火光之中。无数次的轰炸，多少自杀式爆炸的反击，中东已经变成一片火海，高大的隔离墙，不仅隔断了经济贸易，更加阻隔了心灵的沟通。苦难的犹太人和悲悯的巴勒斯坦人原本是友好交往的邻邦兄弟。因为历史的原因，中东成了我们共同的家园，耶路撒冷也成为我们共同朝拜真主的圣地……为什么我们不能和睦相处，共同发展呢？难道要让圣城耶路撒冷成为人间地狱，成为战火与血水的海洋？难道“中东和平”只是一纸空文？不！我们的领袖阿拉法特为巴以和平奉献了赤诚的一生，白宫草坪前阿拉法特和佩雷斯的握手表达了我们对和平的渴盼。我们将在耶路撒冷默默祈祷，祈祷一个和谐安宁的中东早日到来！

二、朝鲜半岛的握手

我们说着同样的语言，穿戴同样的服饰，跳着同样的舞蹈……这美丽富饶的朝鲜半岛是我们共同幸福美丽的家园。五十年前的那场令令人不可思议的战争，竟然让同胞骨肉反目成仇，使无数个家庭在“三八线”南北呼喊着，哭泣着……朝鲜的核试验让我们整天生活在战争的恐惧之中，难道我们要继续分治，我们将永远对峙？不，我们需要和平，我们需要幸福！朝韩亲友团的互访已让分隔半个多世纪的亲人团聚，金正日与卢武铉跨跃“三八线”的握手标志着朝韩仇恨的化解，友好随着朝鲜核设施的关闭骤然升温，自韩国对朝鲜援助的开始，兄弟情谊将使我们的双手握得更紧。2004 年雅典奥运会上，我们的运动健儿携手出场，向全世界宣告：我们的友谊一定地久天长!

三、海峡两岸的翘盼

三年内战的耶路撒冷冷冻了你们的心房，50 年的对峙冰封了你们眼中的泪水。近 60 年来，相隔台湾海峡的我们，深情翘望，苦苦地等待着团聚……我们都是炎黄子孙，黄皮肤黑眼睛是我们共同的容貌特征，汉语是我们交流的共同语言，秦砖汉瓦、唐诗宋词是我们共同的文化渊源。我们胸中跳跃着的都是一颗火热的中国心，北伐战壕里同仇敌忾，抗日战场上我们奋勇杀敌……浅浅的海峡怎能将我们永远阻隔？连战、宋楚瑜的破冰之旅送来了台湾同胞的诚意，“团团圆圆”捎去了大陆兄弟的问候，春节台商包机，台湾水果零关税进入大陆市场……这些亲密无间的交往让我们联系得更紧。总归同宗共祖啊，毕竟血浓于水，我们绝不能让“一中一台”“两个中国”的荒诞论调迷了心窍！历史前进的车轮将把制造分裂的小丑压得粉碎！我们只有团结，才能使祖国繁荣富强；只有统一，才能让咱们中华民族屹立于世界民族之林。我们希望彼此宽容，我们盼望祖国早日和平统一。

战争由侵略者制造，由独裁者导演，而战争酿成的灾难却由善良的人民承受。和平从宽容获得，和平源自心灵的化解。我们坚信：分裂终将休

止，“度尽劫波兄弟在，相逢一笑泯恩仇”。鲁迅先生 70 多年前的美好愿景终究会在全人类实现。

※※※※※※

陈雨湖同学是我校初中部毕业的，中考以娄底总分第一的优异成绩考上我省四大名校之一的湖南师大附中。他是一名德智体美劳全面发展的学生，尊敬老师，友爱同学，积极参与校内外的公益活动，常常做主持，表现出色；不偏科，所学课程，几乎所有测试都能得高分或满分；热爱体育运动，早晚坚持跑步锻炼，身材高大结实，可以说是个帅呆了酷毙了的少年哥哥。在省城名校就读三年，高考前回家休息两天。他妈妈胡学桂是我校的语文老师，很担心他语文成绩拖后腿。她跟我说，陈雨湖写作文毛快，字迹也潦草，高考肯定会失分的。我问，他有最近的模考作文不，给一篇我看看。胡老师说，还过两小时乘车去长沙，有时间，我要他写一篇给你。不足半小时，他妈就拿给我连标题都没有的三段图片新闻似的解说文字，我扫读一遍，说“确实毛糙！”他母子腼腆地相视一笑，接着他便拖着行李箱独自去省城参加高考去了。我估计他平时很关心时事政治，不过，高考留给作文的时间大多只有半个小时左右，考生写的大多是“急就篇”。听他妈妈说，他平素最关心时事政治，看新闻联播是每天的必修课。

我觉得文章构思立意都蛮好，读了两三遍之后，便给添了道文题，用三个小标题串联三个画面的文字，稍作删减缀连，从文字到标点作了较为认真的订正和修改，完成定稿投寄出去，很快就刊登在《中外教育》2008 年第 7 期上。

我没有教过陈雨湖，也没有和他交谈过，但几乎天天见到他，在运动场，在演讲比赛、才艺汇报演出的舞台上……自那次分别之后，好像再没见过面。后来他去北京就读对外经贸大学，其间，与导师一起署名在国家级核心期刊发表了专业论文。之后，免试上清华读研，研二去美国哥伦比亚大学学习，获得双硕士学位。学成毕业后受聘香港一家信贷股份有限公司。

向月亮诉苦

刘新科

走在回家的路上，我心里像有十五只吊桶打水——七上八下，老想着：爸爸妈妈会责怪我吗？

正当我忐忑不安的时候，不知不觉已到了家门口，怎么办呢？唉……没办法，只有硬着头皮走进去。前脚刚进门，爸爸的询问劈头就甩了过来：“你买的书呢？拿来我看看。”我不禁冒出一身冷汗。既然已无路可逃了，不如干脆说出来算了。可怎么也没想到，爸妈反应竟然这么强烈：他的脸色立刻凶狠得格外可怕，好像我犯了滔天大罪似的。妈妈呢？则更严厉，一边骂着“不懂事的败家子”，一边拿着扫帚逼近我，正准备抽打。气愤至极，我脚上抹了油似的，一溜烟跑出家门，心中默念：“好汉不吃眼前亏。”

月亮从乌云中蹦出来，冷冷的，只有大地在夜色中睁着朦胧的睡眼，看着我一个人伤心地踱来踱去。想起今天发生的事，我的眼泪禁不住流了下来……

早上，我拿着爸爸给我买书的60块钱欣喜地走出了家门。啊，空气多么清新，天空瓦蓝瓦蓝的，小鸟在枝头自由自在地唱着婉转动听的歌儿……

走过十字路口，快到书店了，突然，一个新搭的帐篷映入我的眼帘，好奇心驱使我走了进去。哇噻！原来里面住着一些衣衫褴褛、面黄肌瘦的人，地上还有许多脏乱不堪的碗筷、衣物。引人注目的是一个个小小的募捐箱，上面写着“灾区人民渴望您伸出援助之手”几个大字，路上三三两两的行人经过时，都往帐篷走去，排着长队，募捐箱里丢下面值大小不一的钱，你 1 元，我 5 元……

看着这情景，我不由自主地把手伸进口袋……捐吧？这钱可是我磨了半天嘴皮子才向爸爸要过来的，我早就想买一本《现代汉语词典》。捐了怎么办？我踌躇了，可是，灾民也实在太可怜了，太需要帮助了。我思考良久，终于鼓起勇气，毅然掏出买书的钱放进了募捐箱。

夜深了，望着那轮洁白的明月，我想，要是爸妈知道我捐款的事那该多好啊！可惜没有我解释的余地呀！我真后悔没有迅速抓住机会，让他们抢先了。我真的很想知道自己到底做错了什么？

月亮啊月亮，实在没办法，我今晚只有向你诉苦了……

※※※※※※

学校兴办普高那几年，领导雄心勃勃，决计将高中做大做强，争取年年都有学生考上清华、北大，那就不愁生源了。没想到，周边县市都不愿意将中考高分学生送到冷水江师范就读。刘新科是理科生，有些偏科，喜欢语文，尤其喜欢写作，高考总分上不去，不能给学校争光，是不被看好的学生。2004 年，我校有一名学生考上了清华大学，学校的宣传橱窗里那张清华大学的录取通知书复印件起码张贴了 5 年，表面严重褪色了才被撤换下来。凡来到学校就读的学生，无论学业成绩优劣都应该一视同仁，平等对待，那些表现好的品行端正的偏科生，我是从不看轻他们的，甚至对他们更加关注。谁能断定他们将来不会成才呢？！

刘新科同学是高五班学生，曾以“尹杏明”署名发表过文章《校园服饰 ABC》（发表于《中外教育》2007 年第 5 期）。这是篇课堂命题作文，我原拟题为“诉苦”。文章写了自己将父亲给他买词典的 60 元钱捐了出去，父母对他的做法不理解，他只好在月夜下向月亮“诉苦”的情景。批改完后，我同他交换了看法，告诉他扶危救困是挺好的，但要量力而行。有个学习不怎么刻苦、学习成绩常在班级末尾的学生袁某，初中读的是民办学校，但他喜欢做好事，喜欢帮助他人。学校成立“救助贫困学生基金会”，他认为父母做生意赚了钱，硬逼父母拿出1000元去学校捐了，成为学校捐款最多的人。他初中毕业时装生病而没参加中考，仅凭突击学习4节美术课的特长生资格读上了省城一所重点中学，读了一年，跟不上班，就自行办好护照，去美国留学一年，花了不少钱，回国后到省城开了奶茶店，之后又开办婚纱摄影广告公司，一直亏损。他结婚后，父母完全不管他们了。夫妻俩便开猫狗宠物连锁店，很快就开始赚钱了。袁某上的是“社会大学”，几经挫折沉浮，慢慢也成熟了。刘新科和袁某完全是两个贫富悬殊家庭的孩子，在捐款方面是不可能同日而语的。作文讲评时，我在班上念读《向月亮诉苦》全文，提问：刘新科同学的捐款行为值不值得肯定？没想到，同学们争相发言，展开了一场较为热烈的讨论。刘新科同学也谈了自己当时的想法。最后，全班同学基本上统一了看法：学生捐款救助他人时要量入而出。

文章从文题到内容都有着鲜明的画面感，且略具诗意美：明月下，一个懵懂少年在思考自己的言行对错，在思考社会人生……可以断定，刘新科同学随着岁月的推移，一定会逐渐成长、成熟，行稳而致远。

文人的执着与无奈

陈碧萍

唐代诗人李白，字太白，号青莲居士，因诗才卓越，后人称之为“诗仙”。

李白的诗作大多充满豪情，想象神奇，具有浪漫特色，因此，他的诗歌代表了唐代浪漫主义诗歌的最高峰。他的诗歌自然隽永、雄奇飘逸，有着超尘脱俗的浪漫情调和独具特色的艺术魅力。读了他的作品，常常感叹唏嘘，不禁拍案叫绝。

纵观古今，但凡优美的诗篇，都是诗人真挚感情的自然流露。因此，诗歌的意蕴就体现了诗人的心境、处境和情感。所以，我们朗读和欣赏诗歌，就先得了解诗人创作的背景，才能深刻领会诗人所要表达的那种浓郁的情感，从而达到读懂、读透诗篇的最佳效果。

天宝二年（743），李白被荐于朝，过了三年狂放纵酒的日子。入京前，他仰天大笑，认为可以实现“济苍天”“安社稷”的理想了，结果却只能供奉翰林，做一辞客而已。此时，李白也就没有了先前春风得意的行色。他自认为是大材小用，不堪淹没，以至醉酒狂呼，“天子呼来不上船”，作文“曾令龙巾拭吐，御史调羹，贵妃捧砚，力士脱靴”的才情也削减了。最终被排挤出朝廷，“赐金放还”，从此，便游山玩水，乐得逍遥。行乐之中却难忘仕途的失意，因而诗篇中曾有抒发自己政治失意的感慨。

诗人当然是爱国的，因此步入仕途，想借以伸展自己的政治抱负。而当他看到统治者的昏庸无能、朝中权贵的你争我夺，致使朝廷中一片乌云密布，国家政治岌岌可危时，却苦于无力改变这一状况而使自己郁闷难欢。最可恼的是，诗人被排挤出朝廷后，爱国心与对权贵的鄙视，使得自己苦闷难遣。为了抒发自己心中的忧愤，诗人把自己融于自然，体会自然的广阔、雄奇与壮美，全用来缓解心中的忧愤。体会自然之余，自然而然地发出许多感慨，从而创作出了许多流传千古的名篇佳构。

诗人李白有才难展，怀瑾握瑜而不能为国为民效力。无奈至极，只好把热爱祖国的情感寄托于对自然风光，名山大川的歌颂之中，从而表达了对自由的执着追求，抒发了政治抱负、美好理想难以实现的忧愤，给后人留下了《蜀道难》《梦游天姥吟留别》等壮丽诗篇。这些绝唱除了抒发对理想的执着追求之外，也表现了诗人在追求理想过程中的极端无奈。

※※※※※※

高二上学期单元集中学习了从诗经到宋词总共35首经典诗词后，我安排了两次写作，拟了“爱情的甜蜜与苦涩”“嘉名寄父爱 三恐见忠诚”“文人的执着与无奈”等8道文题，大多结合课文内容拟一道副标题，且都作了审题指导。我反复强调，要求学生深钻文本，获取异于他人的阅读体验与感受。同时要求学生进行拓展阅读，尽可能多地查阅资料，获取写作资源。这样一来，学生写得比较轻松，老师批改也较为容易。陈碧萍同学的这篇文章紧扣李白《蜀道难》《梦游天姥吟留别》的创作背景，叙写诗人“济苍天”“安社稷”的理想追求，但遭遇挫折之后，便本性不移，依然醉心美好山川，抒发豪情壮志。文章与蔡强波同学的《诗仙的路》题材相同，角度不同，两课时完卷，应属难得的佳作。文章刊登于《中外教育》2008年第10期。

秋声蝶韵

蔡 沅

天空朦胧灰暗，格外低矮阴冷。秋雨淅淅沥沥地下着，雨水落在地上，打在心上，切肤的寒意直让人打战。对阳光的迷恋使我对雨水更添了几分烦恼。得知考试惨败之后，我独自徘徊在校园小道上，心中萌生一种不知何处是归程的想法。

突地，眼前似有一片黄叶飘然坠下，落在一汪浊水中，荡起一层微微的波纹。原来，是一只小蝴蝶——黑色的翅膀上印着几朵紫红色的小花，两根黑色的细小触须不时微微颤动着。我想：可怜的小精灵，你就等着葬身泥海吧！哎，咱们同是天涯沦落人啊！

雨依然下着，四周的泥水都拥向她，好像要将她弱小的身躯吞噬似的。我蹲下身子，观察了好一阵，全然不知什么时候雨停了。这时，小蝴蝶张开翅膀，试图重新飞起。可是，挣扎了好几次，都没能飞离水面，她那被泥水粘住的双翅不时无力地拍打着……对此，我只能无助地苦笑着。

我站在小蝴蝶身旁，想看她究竟什么时候死去。一阵秋风冷冷地吹过，我猛然打了个寒战。只见小蝴蝶根本没有放弃振翅飞舞的意思，她的身体慢慢地往水边挪移，可她弱小的身躯怎么也敌不过雨水的冲力，一次次的努力，均告失败，但她始终没有放弃。我忍不住往前挪步，很想帮它一把。但世事难料，又一阵泥水冲了过来，小蝴蝶完全被淹没了……我想，这下肯定完了。

不料，几分钟过去，小蝴蝶又露出了水面。她一点一点地往岸边移靠，挣扎着似的，终于爬上了泥岸。她停下来，顿了顿，或许是体力不支，或许是在为自己的成功感到骄傲。然后，她抖了抖身上的泥水，颤颤巍巍的，似乎很冷。可她仍然努力着，几经振翅之后，终于飞了起来，飞向了广阔的天空。我心中为之一震，很欣慰的一震！足足有半个小时，她坚持试飞，一直没有放弃，最终圆了飞舞的梦！而我仅因一次考试失利就这么萎靡颓唐——这等小小的打击算得了什么？我决不能自乱方寸，应当重新再来！

雨霁云销，金色的阳光倾泻大地。这时，小蝴蝶又飞了回来，总在我面前不远不近地盘旋飞舞。她全身抹上一层金晖似的，越发显得婀娜多姿。她在我面前盘旋了好一阵，最终飞开了，飞向了远方……她似乎在向我告别，我心中阴霾顿消，眼泪差点涌了出来……谢谢你，我美丽的蝴蝶。

※※※※※※

蔡沅是一位读写非常勤奋的学生，间或一次课堂写作，交两篇作文给我。《秋声蝶韵》就是课外自觉挤时间写成的极富诗意的佳作。首先是文题出彩，吸引我急不可待地一口气读下去，“不错！不错！”我差点夸赞出声来了。许多时候很多学生因为一次考试考砸了而伤心落泪，阴沉好几天，无情地折磨自己。其实，只要不是决定前途命运的考试失利，是大可不必的！即算是攸关前途命运的考试考砸了又何妨，因为人生绝非就这么一次考试，而且实现人生理想追求的路径多着呢。蔡沅同学见到秋雨中，泥淖里一只黑色的小蝴蝶拼命挣扎逃生的全过程，受到启发，从考试惨败中振奋精神，决计不乱方寸，重新再来。这才是积极可取、奋发有为的态度和做法。他最先看到小蝴蝶振翅挣扎的情景，心想:“可怜的小精灵，你就等着葬身泥海吧！哎，咱们同是天涯沦落人啊！”这似乎有失轻重，但与心绪不佳也还是合拍的。后来小精灵还真的差点儿被泥水淹没了，几经奋力挣扎，终于爬出泥水，展翅飞走了！的确让“我心中为之一震，很欣慰的一震！”这样的独特体验、感悟、启发，大概只有作者才能心领神会。文章最后写蝴蝶又飞了回来，似乎特意向痴心关注过自己在困厄中逃生的作者告别，多少带有点儿神幻色彩。此时，作者心中因考试失败的“阴霾顿消，眼泪差点涌了出来……谢谢你，我美丽的蝴蝶。”看来，充满诗意文章完全可以作诗意的解读。后来我推荐投稿，刊登在《中外教育》2009年第3期。

为悲剧英雄项羽歌一曲

欧阳韦

大千世界，英雄辈出，有替父从军的花木兰，有一统天下的秦王嬴政，有受奸佞小人暗算陷害的岳飞，因长期与秦桧的不和，以致被宋高宗连发十二道金牌强召回京，最终屈死风波亭。说起英雄，其实我最为欣赏的是西楚霸王项羽的那份霸气，那种能让人所景仰的英雄气概。或许有人会说，既然项羽已经拥有了这些别具一格的风范，可为什么在楚汉之争中还是会输给刘邦呢？是啊，我心中的英雄项羽为什么会战败呐？正因为他比刘邦更讲信用；正因为他有刘邦所没能拥有的勇敢；正因为他不能像刘邦小人得志般猖狂！

项羽是非常有才智的。他的智慧在年少的时候就已经体现出来了，他十八岁熟读兵法，精通剑术，从年轻时就说到做到，以致许多年轻的子弟都对他心服口服，都很自愿归附其门下。正因为如此，他才成功地做上了楚军的主帅，而当时刘邦又为何同他争天下呢？尽管刘邦后来统一了战乱的局面，成了西汉的开国皇帝，但是他的一切也只不过是借助项羽的力量才发展起来的。

项羽心地好，心肠直。正因为他如此，所以在鸿门宴上他放走了刘邦，而不是听从范增多次暗示而去杀害刘邦，而他却是“君子一言，驷马难追”，放走了刘邦，因而为自己日后一统天下埋下了隐患。他是如此豪情万丈，刘邦却一肚子坏水，在鸿门宴上他一进门就跪地，请求谢罪，简直像狗一样地摇尾，嘴里说的全是奉承的话，面对项羽他大气也不敢出，说起项庄舞剑，他更是吓得屁滚尿流，如果换作是项羽，他会那样卑躬吗？再说，如果没有张良出谋划策，他刘邦终究也成不了大器。

项羽是英雄。在最后的危亡时刻也没有抛弃他最心爱的女人，尽管在“四面楚歌”的情况下，尽管全天下人都以为虞姬是个只会拖累项羽的包袱时，他也并没有想过要丢下她。虞姬在泪中自刎，使一向坚强的西楚霸王也生了几分脆弱。那时的他定是心如刀绞，然而“四面楚歌”不允许他有过多的悲伤，因为他的生命里不仅只有他最爱的虞姬，他还要为他同生共死的兄弟负责……项羽的责任感是如此强烈，而刘邦呢？在被霸王几次打得弹尽粮绝的时候，他是那样的没有主心骨，他被打得落荒而逃，他嫌车子跑得不够快，竟把自己的亲生骨肉踢下车去，当随从捡起他的孩子时，他竟又想再踢，这两者之间存在着多大的距离啊！

项羽是英雄，在战败的情况下，临死前，他也不肯向人低头，仍保持他的那份傲骨精神。他无法向人们说他痛苦，只是说“无颜见江东父老”，最后自刎乌江。倘是刘邦，遭遇这种状况，恐怕就跪地求饶了吧，西楚霸王的傲气，这种宁死不屈的精神是刘邦永远无法企及的。

看日出日落，望江河奔腾，时间已慢慢过去，而西楚霸王已成为历史，只是他的英勇无畏，满腔热血是亘古不变的，他将永远活在我们心中！

※※※※※※

课内学完《鸿门宴》之后，欧阳韦同学对刘项争夺天下的历史故事特别感兴趣，课外借阅《史记》，反复研读了《高祖本纪》《项羽本纪》两篇，还观看了影视作品《霸王别姬》，为写作《我心中的西楚霸王》做了充分准备。正统史学观对刘邦与项羽的楚汉之争是有定论的，肯定刘邦奋力扫除割据势力，一统归汉；而对项羽多是停留在痛惜层面，称之为英雄——悲剧英雄。司马迁写作刘项争霸这段史实时，始终摆脱不了身陷囹圄、遭遇平生奇耻大辱的宫刑的阴影，笔下明显流露出贬损刘邦，褒扬项羽的倾向。欧阳韦同学完全因袭了司马迁的观点，对比手法的运用都呈现惊人的相似。话又说回来，刘项相比，“项羽的确具有更多的英雄特征。

他勇猛善战、不畏艰难、性格直爽、恩怨分明、爱惜属下、将就大一，有‘力拔山兮气盖世’的美誉，但他的这些性格特征皆被他的刚愎自用抹掉了”（王志刚编著《性格决定命运 · 男人篇》2001 年 9 月第 1 版，第 78 页）。他没有刘邦的雄才大略，缺少刘邦的柔韧、冷静、果断和博大，所以，最终只能成为可歌可泣的悲剧英雄。打开网页，“我心中的西楚霸王项羽”及类似题材的文章如虫蚁般涌现，为避抄袭嫌疑，加之文章是与传统史学观唱反调的，因而干脆不如将原文题“我心中的西楚霸王”改成《为悲剧英雄项羽歌一曲》，似乎要好些。校刊《星光文学》（2010 年 5 月 1 日）刊登了这篇佳作。

我有三个名字

谢一华

说来大家也许会觉得奇怪，我有三个名字，同一个读音。为什么呢？是因为派出所上户口的打字员犯了一个美丽的错误。

按族规我是“华”字辈的，大堂姐叫“谢淑华”，二堂姐叫“谢晓华”。爸爸费尽心机，翻烂字典，找到个“祎”字，给我取名为“谢祎华”。爸爸去派出所上户口时，那个打字员竟说电脑里没有那个“祎”字，先用拼音代替，然后在户籍卡上用笔添上个“祎”字，再加盖公章。沉浸在喜悦之中的爸爸拿着户口本就回家了。直到后来，我上初中了，爸爸觉得应该为我另办一张户籍卡，要不然老师就会误以为那个“祎”字是我们自己添上去的。

爸爸从派出所回来后，我才知道，我的名字莫名其妙地变成了“谢一华”！旁人夸张地笑了起来，我气得牙齿痒痒的，还失手打碎了一只玻璃杯。看着周围人逗傻子似的嬉笑言说，以及家里人错愕的样子，我哭了。爸爸沉默着，嘴巴动了动，什么也没说。

那时，我忽然明白，我的小学毕业证上的名字是“谢伊华”，而中学寄给我的录取通知书上却是“谢祎华”。到学校报名时，老师问我户口本上的名字，我支支吾吾地说是“谢一华”，又补充说就是那个最简单的一横的“一”，中华的“华”。老师眯眯一笑，脱口而出：“一字，不错嘛，学习争第一名，一鸣惊人；华就是花，一朵鲜花。”我很不好意思地笑了，第一次听到有人这么解释我的名字。

开学后，班主任来班上核对姓名。他问我户口本上的名字中间那个字是“伊人”的“伊”，还是“一二三四”的“一”。我点了点头，说是那个一横的“一”。这时，有同学开玩笑说是站起来的“1”，于是全班同学都笑了，也许是因为名字太俗了吧。后来，我成了一班之长，而且连任三年。

记得，正式上课不久，教我们英语的谢老师问了我的名字后，说她以前教过一个男生也叫这个名字，而且他的妹妹叫谢二华，弟弟叫谢三华……没等老师说完全班同学们便哄堂大笑。还有人起哄:“是不是还有四华五华六华七华八华九华啊！”同学们笑得前仰后合，还有同学望着我，笑出了眼泪。打那以后，班上便有同学时不时用“二华三华四华五华……”这些离谱的名字来喊我，取笑我。

不管同学们怎么取笑我，我却从内心里喜欢这个俗不可耐的、男生气十足的名字。在试卷和作业本上，我写的是“谢一华”，私人物件、课本上写的都是“谢伊华”。而户口本上那个“谢祎华”，因为有人念成“谢伟华”，也很少有人知道，便自然成了尘封的往事，遗忘的美好。大概只有我还记得，它曾经存在过吧。我想，爸爸的初衷想必是要把他的美好祝愿送给我，希望我有一个美好的前程，他哪里会料到日后却给我带来这么多烦恼呢?

朋友，当你看到“谢伊华”或者“谢祎华”的时候，请不要怪讶疑惑，也不要抓耳挠腮:“这是谁的名字呀？”我可以斩截地告诉你：这都是我的名字！我有三个名字。我就是全世界独一无二的谢一华！

※※※※※※

中师并轨8年后，我校根据2007年湖南省委、省政府“关于建设教育强省的决定”精神，从2008年起又重新开始招收初中起点的五年制师范类包分配的小教大专班，3个班共200名学生。这些学生大多是来自乡村初中学校品学兼优的教师子弟，在校学习4年，待岗实习1年，再签协议分配到山区小学服务5年以上才可异动工作单位。尽管这规定有些许“残酷”，但还是很有吸引力的，因为孩子20岁不到就可端上“铁饭碗”，家长乐意，不蛮懂事的孩子在父母亲友的诱哄下也表示同意。录取指标分到全地区各个县市，很多人，尤其是那些很想当教师的尖子生连消息都没听到，就告知录满了。谢一华同学是2009年入校的354班学生。开学第一次作文，我拟了两道文题：1.说名解字；2.上学路上。总共作了10分钟不到的简单审题指导。要求自我介绍似的说说自己名字的来历，有什么寓意。十几岁的孩子，且几乎清一色女孩，虽说离家只有几十、最远不过百把公里，来冷水江师范就读，可能应该是第一次出远门吧，请如实写下上学路上所见所闻所感。两课时下课铃一响，全班60多个学生除了几个没誊抄完的，都交了卷。我很高兴，因为这是教普高、职高根本不可能有的事，每次总有半数以上学生拖欠作文，或干脆不交。全班都交齐了也恼火，批阅记录，备课讲评，教两个班，工作量太大。好在大专班学生基础齐崭，文字表述清楚，批改较为轻松，遇上立意独特，表达新奇的好文章，不怎么需要修改，还真有一种享受感。谢一华这篇文章开头就卖了点关子，说自己有三个名字，是上户口时打字员犯下的“美丽的错误”。“祎华”本是父亲翻烂字典才给取的名字，上户口是因电脑打不出“祎”字而招致麻烦；读小学时可能有人将“祎”字读成wěi，又改成“伊”，上初中后才正式确定为简单通俗的“一”，没承想又招致师生的解释、调侃或取笑。同一个人竟取了三个名字，娓娓道来，又不乏起伏波折。文笔幽默风趣，读着读着，还真让人有些忍俊不禁。日子久了，心地淡然，任由别人怎么喊去！反正我的名字我做主，就这么定了：叫“谢一华”！我就是全世界独一无二的谢一华！我将文题改成《我有三个名字》，字句稍作了修改，投寄《现代教育博览》，于2009年第12期见刊。

毕业后谢一华同学在冷办中心小学执教一年，实为待岗实习，然后分配到家乡铎山镇中心学校教小学，语、数、外、音乐什么课都教，三年后去初中部担任语文、英语、思政等课程教学。

第一次出远门

黎永瑶

初中毕业，我考上了冷水江师范小教大专班。我庆幸自己能有机会告别偏僻的山村，第一次出远门，到异地的城里去求学。

9月1日开学那天，我早早起床。当东方刚刚泛出鱼肚白，月牙儿还在天空斜挂的时候，我便匆匆赶到县城的汽车站。虽然离开车时间还早，但车站已经人头攒动，拥挤不堪了。面对这拥挤而嘈杂的人群，我很自信地挤了进去，那充沛的精力可与即将奔赴战场的士兵相比。可是，我毕竟是一个初中刚毕业，又从未出过远门的小女生呀，夹在混乱的人群中潮涌般挪动，心中实在有点儿恐慌。正在情急之中，我的一只鞋子又被人踩掉了。我连忙弯腰去寻找，可怎么也找不到，又生怕被人挤倒，我只得划袜任人推移。这时，我心急火燎，格外慌乱：难道真的就穿一只鞋子去学校报到吗？那多难堪，多丢脸呀！肯定会被同学笑话，太没用了……怎么办呢？无奈之下，我大声喊道："我的鞋子，我的鞋子！谁看到我的鞋子了？"我沮丧地低着头，眼泪都差点掉了下来。忽然，有人轻轻地拍了一下我的肩头说："小妹子，这鞋子是你的么？"我抬头一看，是一位和蔼可亲的老伯，他手上那只红布鞋正是我的："啊，是我的！"我狂喜失态，从老伯手中接过鞋子，迅速穿上，还没来得及受我一声"谢谢"，他便转身不知了去向。

车来了。乘客实在太多，我费了九牛二虎之力，总算挤上了车，可背上的行李包却夹在车门外，这时，不知谁嚷了一句："喂，大家互相让一让，往过道中间挤挤！”接着，只听得“呼啦”一声，车门一开一合，关上了，我的背包也进来了。“嘟嘟——”车子启动了，摇晃了几下，乘客松动了，也安静了。

为何在如此令人烦心的环境中，我的心情也能一下子由急躁、慌乱变得格外舒畅起来呢？是老伯为我捡回了丢失的鞋子，让我能踏踏实实前行么？还是由于陌生乘客们的配合，关好车门，让我能安全抵达目的地么？两者都是，又不全是。在这严重超载的车上，间或听到“对不起，没摔倒吧”“谢谢”“没事”之类的相互体谅关照的话语；司机和售票员时刻都是一副甜甜的笑脸；所有乘客的烦恼都被欢欣取代了，个个面带喜色，毫无怨怒。

我搭乘的这趟车只有一个多小时的路程，就能到达冷水江市中心，进站后，我还得再转市内公交车去学校。我正这么想着，不知是路况不好，还是有突发情况，司机猛踩油门，一个急刹，车上所有人都往前倾倒，我也一个趔趄，险些摔倒。这时，一只强有力的手一把拽住我的手臂，一股暖流倏忽涌遍我的全身……我回头一看，是个花格衬衫，满脸胡须，一头长发的叔叔！要是平素看到这种人，我一定会心生厌恶，肯定会鄙夷地斜觑着他，可这时我没有，反而用一种感激的眼神定定地望着他。下车后，我正要回头说几句感谢的话，可那位“阿姨”般打扮的叔叔却已经走远，消失在人流之中　找不着了……

第一次出远门，留给我深深的印象。长辈们常说“在家靠父母，出外靠朋友”，这话还很有道理。不过，我以为，只要人人都有一颗爱心，那么，朋友到处都是！那样一来，我们无论走到哪里，也不管离家多远，即使在天涯海角，我们也都能从“朋友”那里得到父母般的关爱。同学，倘若不信，你也不妨出一次远门，去亲自体验和感受一下我们这古老民族淳朴民风和乐于助人的美德吧！

※※※※※※

黎永瑶同学是新化桑梓镇坪烟一所九年一贯制学校初中毕业的，记忆中第一次出远门应该是由班主任带队去离家10多公里的县城参加中考，成绩优异，2009年考入我校包分配的五年制小教大专班就读，分在355班。我校师范类学生一直实行月假制度，这些学生十四五岁就得开始集体寄宿的独立生活学习了。来校第一次作文，我拟的文题是“上学路上”。她的文章写的是自己来我校学习途中的见闻与感受，文题改成《第一次出远门》，应该与内容更为贴切。一个不到15岁的乡下女生，第一次离开父母，独自前往离家30多公里的异地求学，中途至少要换乘两次车。自理能力还是足够让爸妈放心的，乘车拥挤被人踩掉了一只鞋子，自己呼喊，求人帮助，幸好被一位和蔼可亲的老伯捡到还给了自己。背包被挤在车门外，司机大叔重新开启一次车门，终于挤上了车。满车乘客都能相互关照，让自己第一次出远门感受到了“我们这古老民族淳朴民风和乐于助人的美德”，文章投出不久，刊登在《现代教育博览》2010年第1期上。黎永瑶同学毕业后分配在家乡母校教小学，在山区服务连待岗实习1年总共8年以后，考进了娄底市一所直属学校任教。

乡下外婆家

张志如

听惯了车马的喧嚣，看惯了高楼林立的都市繁华，心情很久没有这么宁静祥和了！伴着声声狗吠虫鸣进入梦乡，迎着布谷鸟的欢叫醒来，看满园清翠繁茂，细嗅泥土青草芳香，这就是乡下外婆家，一个值得永远怀念的地方！

不知绕了多少圈山路，看了多少稻谷金黄，几经辗转，终于到了这里。群山簇拥着山脚下的一个小村落，几处三层楼房并排一起。屋前是池塘；屋后是牛栏羊圈；屋旁是外公栽的一片果园，大多是杨梅和桃李；边上随意套种着些丝瓜、豆角之类；苦瓜、南瓜自然分布在四周的空地上；池塘边搭了个架子，那些藤蔓就会爬上去，舒展着枝蔓，挂满了丰收，便成了一道独特的风景线。在这些藤蔓上，蜜蜂辛勤地劳作着，它们围绕着花蕊忙碌地采集花粉，而美丽的蝴蝶则围绕着花丛嬉戏曼舞。

田野间，随时随地都能看到造化的自由和谐，想开一朵花儿，就开一朵花儿；想结一个瓜儿，就结一个瓜儿，在季节的芬芳里无拘无束地生长着。在外婆的餐桌上，丝瓜、豆角是备受欢迎的，我常常采摘回家。至于冬瓜、南瓜们，就任它们在那里无限疯长着吧！没人去理会它们。苦瓜脾气挺大，一晚点剪摘脸就红了，被外婆顺手摘下扔到池塘去了，还有那些“长歪了”的生了虫子的瓜儿，都变成了鱼虾们的美餐。再走远点，你就会惊奇地发现一排排被早出晚归的外公开辟出来的疆土：几垄辣椒，一畦空心菜，还有远处的几丘稻田……采收劳动成果是件无比快乐的事情，能让人感受到丰收的喜悦。乡下是不愁没有菜的，更多的是将它们送给在城里镇上的儿女亲友们。

哦！我读懂了下雨时外公那立于窗口的身影，眺望远方的焦急，因为那是他的劳作成果，那是一项伟大的发明，是容不得马虎的。庄稼人是靠天吃饭的，下雨了或阳光灼热时，乡下人是坐不住的。外婆则打理着家里的一切事务：养鸡，喂狗；洗衣，做饭。只有忙完一切后，才有空闲坐在门口捡着黄豆，剥着豆荚，与我们拉家常……好一幅“男耕女织”的和谐画面！

去的时候正赶上“七七”节，院子里热闹非凡，亲人们都回来了，厨房里则忙得热火朝天，主妇们正施展着烹调身手。我们踏进了房门，原本热闹的厨房简直沸腾了。人们脸上都绽放着喜悦的笑容，外婆开心地迎上前来，拿出五颜六色的水果、瓜子、花生和棒棒糖，笑眯眯地端详着我，不停夸赞着。无论是在厨房里忙碌，还是在饭桌上的团聚，外婆总是乐得合不拢嘴，一脸的笑意，因为看着儿孙们聚在一起，便是她最大的欣慰和满足。

临别时，外婆又在车前一再嘱咐，然后就站在那里，目送着我们远去，蹒跚的身影拉得很长很长。那一双挥动的手，慢慢消失在群山里。

这就是乡下外婆家，一个值得永远怀念的地方！

※※※※※※

返聘5年，才真正退休，2014年暑期我便搬回乡下老家居住，过着“读写、种菜、带孙、打牌”——每天率性而为这四件事的优哉游哉的自由生活。

学校最初的水电管理员，后来的保卫科干事刘道云先生，自1984年就开始文学创作，曾经发表过小说、诗歌、散文，沉淀静寂20多年，至2011年起接连出版了《山之魂》《老腊树下》《第一书记》《大矿山》等多部长篇小说。“潜伏”得深啊，真是出乎全校所有领导员工的意外！学校突然冒出一位大作家，应该是一件值得骄傲值得庆贺的事。道云先生是学校文学社最优秀的指导老师，他曾多次开车到我家，有好几部小说付梓之前都很信任我，让我成为第一读者，我从内心里感到高兴。他得知我计划出本指导中小学师生写作方面的书，打算收入历年来一些学生的优秀习作，记叙说明文章的写作过程。他便陆续发给我周琼、张倩、张志如、周海容等十来个学生的作品。

中考凭着优异成绩考入我校小教或幼教大专班的学生，由于减少了应试、就业压力，大多对任课教师布置的课堂读写训练并不怎么感兴趣，更喜欢课外自觉读写，也许是从小就立下了追求“文学梦”使然。其中张志如最为典型，热衷于学校文学社的讲座、采风、演讲等课外活动，平素写作极其勤奋刻苦。三年级下学期凭借处女作《乡下外婆家》加入冷水江市作协，并担任理事，继而又凭借写作硬实力成为娄底市作协会员，曾参加毛泽东文学院第18期创作培训。张志如是我校2018届5年制包分配小教大专班毕业生，执教于冷水江沙办中心学校，全身心投入基础教育工作，教书育人成绩出色。张志如外公外婆年过花甲，身板硬朗，老当益壮，生性豁达乐观，睦邻友好。他们在乡下发展养殖种植业，鱼肉荤腥、时鲜有机瓜果、蔬菜自给有余，真正的田家乐生活实在令人羡慕！说实在的，人到老年，不辍耕耘，肯定老得慢些。在城镇上班的儿女甥孙、亲戚朋友节假日来乡下老家，像鬼子进村似的“抢劫”老人家也无所谓，甚至还巴不得，有时迎送无暇，忙不迭地说“请都请不来呢”！如今农村在城市化进程中奔小康，水泥、油砂公路通达家门口，家家户户都拥有自己的楼房。农民能过上如此和乐甜美的幸福日子，怎能不让在喧嚣的城里生活成长的孩子永远怀念和向往呢！2015年11月28日《娄底晚报》刊登了这篇优秀习作。

有时，去治愈；常常，去帮助；总是，去安慰——爷爷的有时、常常和总是

周子衿

我喊他老中医，这不是对他职业的尊称。我的意思是他确实有点儿老，胡子又长又白，头顶中央却敞亮地光着，只剩下鬓角几蓬白发杂草似的迎风飘扬，整个脑袋看上去颇有几分拨云见日的画面感。可他不谦虚，第一次见，他就说自己显得很年轻，不是年纪轻，而是显得年轻，假象一种。老中医说："关键看气质，知道吗？中医年轻的时候一般显老态，可等到老的时候，又会显年轻，我们大多精神矍铄、鹤发童颜，就颇有几分仙风道骨的气质了，我现在实际岁数已经很大了，你知道吗？"

我头痛。我指的是一种生理病症，太阳穴旁边非常胀痛，像是一万粒植物种子将要从这里发出芽来，我几乎以为再过上一夜脑袋上就会有密密麻麻的春草荡漾了。我捂着自己的一颗脑袋来到老中医面前，像是一只正在过街的老鼠，但我觉得很有必要跟他凶一凶，我怨气不小："嘿！老中医！你不是说按时喝药就会好的吗？我怎么喝着喝着头都要炸了呀？"

他慢悠悠地捋了捋自己的胡子，好像刚被我的大喊大叫给吹乱了似的。然后，老中医不为你着半分急，慢慢说道："那我倒问你，你按时喝药了吗，你按时睡了吗？一般通宵到几点呀？消夜烧烤啤酒一样没少吧？"完了，我从一只战斗鸡被他一句话泼成了落汤鸡，我支吾道："我……我没

喝啤酒呢！”他翻我一个白眼。嘿！怎么没点儿老人家的样子！

“医生，你救救我吧！”我悲从中来，变成哭腔。

只见他突然变得满脸严肃，我热泪盈眶地看着他替我号脉、听诊、量体温……我想这套流程大概就是中医里的望闻问切吧，令人惊奇的是，看似粗糙的老中医竟会有一双如此柔软温暖的手，他替我揉按太阳穴，像是给大脑里注入春风和阳光，我是真的忍不住有点热泪夺眶。我听见他说：“你不健康的作息和饮食导致你病情加重，你现在头痛是非常正常的。你现在的情况最好针灸。”我立即想起《还珠格格》里容嬷嬷恶毒地用针扎紫薇手指的情景……接下来的五分钟里，我一连用了“鲜血直流”“皮开肉绽”“锥心刺骨”等成语表达了我对扎针的拒绝。老中医乐了，然后又花了多我两倍的时间解释了针灸是怎么一回事，可是我心中仍有担忧，非得这样治疗才行么？“非得这样才好么！”他说：“我觉得针灸对你是最好的治疗方法，假如现在生病的是我的孙女，我也会如此给她治疗。”这一句，力量之大，让人无比心安与信赖。

对于大多数人而言，生病、治病绝非愉悦的体验，身体受到摧残带来的煎熬之感，绝对是打击人意志和达观的一轮重锤。我年纪不大，也不如何善感，但是当躺在陌生的病床上、看见棉布包上插满许多长长细细的银针时，我想象它们将要扎进皮肤的感受让人头皮发麻。于是，便紧张到要哭。老中医却不搭理，他说让我闭上眼睛，接着便问起我许多问题来，你读书到什么阶段了？小时候怕过老师没？小时候干过什么坏事没？爷爷奶奶外公外婆都陪你做过什么难忘的事？给你做过什么好吃的？你都给他们惹过什么麻烦？爷爷奶奶谁更疼你……一通话下来完全不像个医生了，像是陪我长到大的发小。可是当我睁开眼，他作为一个医生的活儿竟都干完了！针灸完毕，大脑如释重负！

接下来的半年里，我断断续续在老中医的病房里针灸了数次，慢慢体验到人生某种境遇下的奇妙感受。原来，生病治疗时的闲聊能减去许多未知的紧张；原来，病痛时安抚你生理疼痛的那双手竟也能使你产生心理的眷念；原来，一些平时毫不起眼的问候竟然也能带来许多被关怀的温暖。当老中医问：“现在好些了吗？”“今天胃口还好吗？”“水是不是要温的？”……我会感觉财富、地位、荣耀什么都不该是幸福人生的真谛，有人知你忧喜、为你担忧、与你共渡难关才是关键。我想，我以后也要细心坚定地去对待他人、亲友，还有需要帮助的陌生人。

“所以，谢谢你，老中医，谢谢你帮助我这个陌生人。”冬天来临的时候，我病愈。他似乎情绪有些低落，他引以为傲的“鹤发”不再像雪花光洁亮白，像那日的天色，苍苍茫茫灰沉低落。他似乎愣在那里，我又喊了他：“嘿！老中医！”他这才缓过神来，接上的却是我之前的话，他说：“孩子，你不是个陌生人，你长得很像我孙女。”

“你孙女？她人呢？”

“哦，被她妈妈带到国外去了。”

“她妈妈呢？”

“她妈妈跟她爸爸离婚了，我已经很多年没见过她了。”

……

后来我陪他坐着，我以为他需要安慰，他却勤劳地接待起下一个病人，他对一个老人给了同我一样的关切眼神，他同样给他最真心的建议：“你的情况跟我差不多，要慢慢调养，这半年我每天都喝着这剂中药……”

为了不打扰他工作，我临走前问道：“老中医，我以后还能找你来看病吗？”

“孩子，我希望你以后都没灾没病，不要再来看我。”

我再没看到他，不是因为我没再生过病，而是我过了两年再去找他的时候，诊疗室里已经换上了另一个医生。我问他老中医在哪儿？他说：“这个医院的医生老的不少，实在太老的又都不在这里了，你找哪位呀？”

那天，我本是想来告诉他，我爷爷过世了，我觉得我难过到需要看医生。但是那天，我没有见到那位老中医，最后，我在夜晚读了一段文字给我天上的爷爷：

> 打我记事开始，爷爷就是个老头
> 他那么老，好像从来不曾年轻过
> 他那么老，好像生来只为了做我的爷爷
> ……
> 他的一生我也知道得很少

他说过一些，我记不大起来

就像他爱我很多，我只是喊他声爷爷

※※※※※※

周子衿，女，1994年生，湖南新化人。毕业于娄底幼儿师范学校，湖南省作协会员、毛泽东文学院第十三期学员、冷水江市作协副秘书长。2010年入读师范时开始文学创作，先后于《百花洲》《深圳青年》《娄底文学》《冷水江文艺》等刊物发表文学作品数万字。2015年5月出版了26万字的长篇小说《故里此去三十年》，获娄底市2017年文学艺术奖。

周子衿学籍名周琼，2010年中考以新化第一名的优异成绩考取我校五年制包分配的小教大专班。她父母都是地道农民，但对孩子的读书学习极为关心，竭诚提供方便，从小学五六年级开始就让她独自搭中巴车去离家近20公里的县城图书馆读书。她经常找老师同学借书读，利用寒暑假泡图书馆，初中毕业前几乎读遍了中外文学名著。她深信，“书非借不能读也”。在校学习期间，从不落掉任何一门功课，同时还自修中国古代文学，真可称得上“书痴”。一动笔就收获满满，不断有小说、散文见诸报刊。

长时间伏案读写，年纪轻轻，导致颈椎压迫神经，进而引起头痛，便是情理中的事了。这篇《有时，云治愈……》写的也许可能应当是自己的亲身经历。先是另类而别致的文题给人以怪怪的感觉，“有时”“常常”“总是”三个时间副词组成一个简省了的排比句，立即激起阅读兴趣。“我”头痛，就诊于一位老中医，得到了很好的治疗，半年里经过数次针灸，包括闲聊似的心理治疗，被他神奇地治愈。文章开头，凸显老中医的形象：长着长长而茂盛的白胡子，秃顶，鬓角白发飘飞。老中医自我解嘲似的叙说“老态”与“年轻”辩证关系，流露出十分乐观、自傲、不服老的情形。治病过程也稍有波澜，“我”按时喝药头痛不见缓解，怒怼老中医；他却反唇相讥，你改变了那些熬夜、乱吃的不良寝食习惯了吗？当老中医提出扎银针对“我”来说是最好的治疗方法时，“我”更是吓得不轻，立即想起来容嬷嬷用针扎紫薇的情景。老中医扎针时有意跟“我”闲聊，分散“我”的注意力，让“我”在不知不觉中接受治疗，头痛倏然消失，实在高妙，实在令人敬佩！两年之后“我”爷爷过世，难过得需要看医生，去找老中医却没有见到。隔代亲情让“我”永远铭记老中医，即爷爷对后辈竭诚无私的关爱和付出。回头再去品味文题，恰好高度提炼了全文内容根本不怪，就用破折号后边的“爷爷的有时、常常和总是”为题也无妨。这篇佳作刊载于《深圳青年》2017 年第 5 期。

周琼同学 2015 年师范毕业后分配在老家新化西河镇中心学校教初中语文，是一名深受学生欢迎和爱戴的好老师，也是一位小有名气、前途无量的青年作家。

忽遇凤凰

张　倩

去湘西凤凰旅游，只不过是突如其来的想法——原本琐事缠身，烦扰不堪。可那一瞬间，脑中闪过，便来了个“说走就走的旅行”，当天夜里，我们就自驾抵达了凤凰。

一路上，从午后艳阳高照、碧空如洗，到黄昏霞光温柔，再悄然入夜、华灯渐渐相伴，本来翻涌的心绪渐渐平静了下来，我们也踏入了凤凰这个在我心中一直神秘旖旎的存在。

乍到凤凰，恰是夜景正好的时候。我们迎着沱江低沉的涛声一路上行。脚下润湿的石板，在我走过的瞬间悄悄然依上了我，不知不觉竟早已沾湿了我的裙角。满目尽皆华美——夜幕沉沉，层山若隐若现，凤凰这座小城倚靠山脚，任昏黄的灯光缀满那临江的楼阁。微漾的江面将水中的小城晃得摇摇曳曳，直让人心神也随之荡漾了起来。

正走得惬意时，天空竟飘起了小雨，细细碎碎，丝丝缕缕，带着初夏微微的凉爽。行人三三两两，或立于店铺前，或坐于小亭中，或迎着微雨款步小桥……施施然如入画卷。凤凰是温柔的，连带着人也婉约了几分。细雨洒在江面，氤氲出一层薄薄的烟雾。江上的游船，船头大红的灯笼，隔江楼阁的灯火，便都朦胧了起来，只眼前的美景还看得真切。突然，游客中传出一阵阵惊呼。我定睛望去，却是一叶小小的竹筏，顺着江水漂流直下，竹筏上立着一位红裙飘飘的女子，撑着一把红色的纸伞，自薄烟淡雾中款款而来，宛若九天上的神女飘然而下，透过了时光，打这人间望一眼。她在江中翩翩起舞，手中的伞宛若着了火一般鲜艳夺目。我想，这莫非就是翠翠，走出纸页，走过时光，来到了我们面前么。恰巧天公作美，搭建了如此仙境一般的舞台，简直美得不可方物，着实让我痴迷。

雨停了，烟散了，翠翠也离去了，我们一行人顺着古城墙这一坡岸继续慢悠悠地走着，饱览夜色。

第二天，我们在晨曦中再一次邂逅了一个不一样的凤凰。卸去昨夜辉煌的灯火，白日中的凤凰一砖一瓦都透着古朴。就像是刚参加完舞会的大小姐，褪下一身华丽的礼服，洗净浓浓的装扮，便将她那最平实却也最真切的样子一一展现在你眼前。

许是夜间下过雨的缘故，今日的天气恰好，白云青山，绿水人家。我们乘了游船，一名船夫撑着竹竿，小舟悠悠荡荡，缓缓而下。我们坐在船上，不时掬一把微凉的江水，不时观看岸上的游人。值得一提的是，此时我坐在船上看着岸上的人，与昨夜走在岸上看着船上的人，真真是不一样的感觉和享受。只是不知我将他们看作风景，他们是否也将我们看成是风景呢?

从船上下来，我们便去参观了沈从文先生故居，自山上下来后便寻了个临江的小店用餐。江风轻缓，拂过发梢眉眼，让人连骨头都酥软了。用过餐，再随心随性地走着看着，反倒是凤凰八景，我们一个也不曾去，许是为下次再会留点念想罢。约莫着到了下午四点，我们便驱车前往此次凤凰之旅的最后一站——观赏《边城》实景演出。

演出从晚上八点开始，全程近两小时。自进场后，我便被舞者绝佳的演出带入了翠翠和傩送兄弟凄美的爱情故事中。此时提笔再写，更恨文辞浅薄，竟找不出任何词语来表述我的震撼与感动。不论是翠翠最初的活泼纯真，还是怦然心动时的少女情怀，不论是变故突来时的惶然无措，还是悲剧酿就的惨淡结局，甚至是最后翠翠一袭嫁衣茕茕孑立，美艳绝伦之下掩藏的孤苦落寞，都让人心神俱动，为之乐而乐，为之悲而悲。整场演出，落针可闻，没有一人喧闹。近千人都沉浸在这场演出中不可自拔，我甚至能听到几声隐隐的呜咽——这样的演出，我想，若非是亲身经历过，任何文字都显得无力乏味。哪怕是等到落幕、演员纷纷谢幕，观众都久久舍不得离去，仍在回味，仍旧沉醉在故事之中。

这次突如其来的凤凰之行，虽说来得匆忙，却是尽兴而归。想来，“说走就走的旅行”快乐就在此吧。及时行乐，莫让烦心琐事打扰了人生短短几十年光景，活得轻松恣意潇洒一点，岂不快哉！

※※※※※※

微聊中，张倩说：教书三四年来，由于教学工作繁忙，加上老是走不出母亲过世后的阴影，实在没有动笔的心思，似有江郎才尽之感，几乎没有写过任何东西。今年五一小长假期间，她陪外公外婆去南岳还愿。“我对神佛虽不至于不敬，却也总是不太相信的。加之一路颠簸，在南岳玩耍时还遭遇宰客、闭门谢客等诸多不开心的事儿，一同前往的几个年轻人甚至心生怨怼。”于是，他们将外公外婆送回家之后，掉转车头就直驱湘西凤凰。一路上风景很美，心情也逐渐开朗、舒畅，乃至兴奋至极。凤凰的确是个风景如画的旅游胜地，尤其是璀璨辉煌的夜景，吸引着无数中外游客旅游观光。他们赶到凤凰，刚好观看了一场美好的夜景，顿觉心情格外美好。第二天，再游玩一番，心情愈加美好，什么烦心事儿全都抛之脑后。凡有文学细胞者，游览凤凰，绝对不能错过沈从文小说《边城》的场景剧演出。看过演出之后，用最美好的文字来赞誉凤凰都当之无愧。之前，她总认为，电视上的广告，只不过是为了宣传，招揽游客而已。两天的凤凰之行，张倩饱览凤凰美好风光，几天后她以饱满的激情，优美的文字，一气呵成，写下来这篇赞美湘西凤凰的游记散文《忽遇凤凰》。乍看文题，还难免产生错觉，以为作者会叙写一个美梦，写自己睡梦真的遇到了传说中的神鸟凤凰。读完全文后，觉得文题正好概括了全文内容，包括动笔前的思想情绪都很自然地表达了出来。竹筏上的撑伞女子翩翩起舞，有如仙女下凡，画面美得让人惊呼，痴呆。《边城》场景剧的演出能够让游客，也能让读者永存记忆。

张倩同学2017年学成毕业，分配在涟源市安平镇中心小学教学一线岗位任教，迅速成为一名深受学生喜爱，备受老师、领导称许的优秀教师。

天突然就黑了

周海容

读小学的时候，班上有一位叫“傻子”的同学。她原名叫杨沛琼，在那个充斥“红”“婷”之类名字的时代，这个名字显得高大上。

她家比较穷，父母离异，由多病的奶奶抚养。她 8 岁才上一年级，坐在教室比我们高出一大截，她总是坐在教室靠后的角落里，一言不发，久而久之便被我们孤立了。偶尔跳皮筋缺人，我们也会拉上她，但在我的记忆中，却从未出现过她巧笑嫣然、足尖舞绳的画面。班上搞大扫除，她便自觉承担起了倒垃圾的义务。似乎只有在这些时候大家才会好颜对她。

那时候，连情爱都不懂为何物的我们，羞辱一个人最简单粗暴的方法，便是把她推到他身上，然后大笑起哄：“她喜欢你！”在锐利的笑声中，她羞涩地红了脸庞，似乎有融入小集体的小欣喜，又有小女孩的小做作。这些都被围观的人故意曲解，大家一副了然于胸的样子，意味深长地齐声道：“噢……”这其中也有我。

我说不上对“傻子”有多讨厌，但也谈不上喜欢，会这么做完全是随大流。尽管偶尔也会对她有几分怜悯，但我把这点小情绪隐藏得很及时，谁愿意被群体排斥呢？因此，没有人站出来，至多只是沉默着，因为怕自己成为下一个“傻子”。

偶也有年轻女老师看不过，把带头者叫到办公室训斥一通，并在班会课上告诫大家要团结不要搞小圈子。明面上大家皆受教，不再开她的玩笑，暗地里，在老师管不着的地方，大家可抓住了她不会告状的软肋大肆嘲弄她，比如在回家路上扯她的书包。

这样拿她当笑料的状况，一直持续到六年级下学期。我至今依旧清晰地记得那是3月的一天下午，乍暖还寒时，有微微凉意。课堂上，她突然猛地站起来，拍打着课桌，怒吼道:“谁在我椅子上洒了水！”大家从未见过她这般，都愣住了。坐在邻组的女同学眼尖地盯着她的椅子尖叫道:“血，是血！”此言一出，仿若一颗深水炸弹，不安与恐惧以“傻子”为圆心在班上蔓延开来。老师有些惊慌地走到“傻子”座位边，仔细瞧了瞧，微皱了皱眉头，又仿佛知晓事态般轻舒了口气，然后把她叫到办公室，不知说了些什么便让她回家去了。大家纷纷猜测她是不是得了重病，老师也不解释什么，继续上课。

她再来上学已是一周后的事了。大家都像看怪物一样看着她，想从她躲闪的目光中挖出些究竟，未果。再看她，比以往愈加沉默地坐在角落里。之后一段时间她没再出过状况，大家也逐渐忘了那件事，一切还像从前一样。

谁知到了4月，同样的事情再次发生，这次不只是椅子、裤子，甚至连地上都滴上了几点血渍。她手足无措，站也不是，坐也不是，在大家异样的目光和指手画脚的议论声中逃出了教室。接下来连续几天她的座位都空着，按说在教室的角落里空着也造不成什么影响，却出乎意料地像是少了一道调味剂似的，课间突然就静了下来。

再有一天上课时，老师突然被一位步履蹒跚的老奶奶叫出了教室。我坐在窗户边隐约听见老师与老奶奶的对话，心里不由得一惊：她不肯来上学，老奶奶是来给她办退学手续的！我突然就很难过，倒不是因为她，只是从未经历过分离，那点小伤感像石子抛进湖面般在我心中被一圈圈放大。也因为从未经历过分离，所以大家都很当回事。

照毕业照的那天，老师特地打电话到她家请她回学校与我们合照，她却怎么也不肯。我也似乎明白她是不肯原谅我们的冷漠与嘲笑，心里不免沉重。

毕业后，再无她的消息，周围人也不曾提及。只去外婆家的路上，时常会看见她蹲在公共井边洗衣服，我从不向她打招呼，也不敢。我以为她的一辈子都会这样过去。

12月放月假，我从学校回到家，听母亲无意提起她，说她洗衣服时两眼发昏栽进井里溺死了。我像是想摆脱什么似的转眼望向窗外。天突然就黑了。

※※※※※※

周海容同学是我校2013级幼教大专班学生，正值豆蔻年华。大概是读三年级那年寒假回家，听妈妈偶然说到自己一位小学同学坠井溺亡，心中猛然惊悚。随即，与那位同学相处的往事影视镜头似的映入眼帘。于是，她立即伏案疾书，一口气写成2000多字的散文《傻子》，下午5点多动笔，写完正好天黑了！文中仅将同学名字改换姓氏，叫杨沛琼，其余都是真实的。《傻子》先后在学校文学社公众号平台和双峰文学爱好者“土著民”的公众号平台发表了，在一定范围内产生了较大影响。她信心满满地投稿，不久就见刊了，居然收到了162元稿费。文章被编辑老师删去了300多字，文题用了最后一句，改成《天突然就黑了》。编辑老师慧眼识珠，点铁成金！从《傻子》到《天突然就黑了》确实是一个令人悲怆的故事，能够具体真切地告诉我们：文章是怎么写成的。原本学幼教专业的周海容同学，顶岗实习一年，于2018年正式毕业，如今成了双峰杏子铺中学一名优秀的初中语文教师，其中的勤奋、努力、付出是可想而知的。《中学生百科》2016年第12期刊登了这篇佳作。

“筷”议世间千年味

曾飘逸

2018年11月21日，央视新闻发布的一条老视频再一次刷爆网络。视频以“一双筷子”为题材，通过一双双筷子的故事倾诉了不同的人生和情感。

小孩通过筷子第一次尝到人生的酸甜苦辣；

老人通过筷子尝到了儿孙满堂的幸福滋味；

孤独的人通过添双筷子找到了人情的温暖；

相守的人通过筷子找到了彼此心灵的依靠……

其实，这个视频是2015年春晚的一则公益广告，之所以被拿出来刷屏，是因为近日有外国不良商家涉嫌故意制造“辱华”事件。央视反应迅速，主动出击，用事实说话——你真的懂中国的筷子吗？温柔回应，尽显大国风范！

是啊，我们真的懂筷子吗？

筷子，是咱中国人吃饭的标配。而对于筷子的禁忌，是我们作为中国人从小就被长辈反复教导的。小时候，爱吃零食，对吃饭有着莫名的抗拒，一到吃饭的点，就想着如何躲过去，很少自己吃饭，更别提用筷子吃饭了。

终于，历经艰难险阻学会了使用筷子，也学会了很多用筷子的规矩，比如：吃饭时不能敲击碗筷；不能以筷指人；不能在菜碗里翻过来扒过去，夹菜时要用碗在下面接着；不能把筷子插在饭里，会被视为咒人早死；失手将筷子掉落在地上，等于惊动了地下的祖先，这是大不孝，等等等等。

现在，长大了，发现筷子看似简单，讲究倒是不少。一双筷子，不单仅是饮食餐具，更承载了许多中国传统文化，凝固了许多古人的智慧。

筷子，古称“箸”。据考证，“箸”最早可能在商代出现，距今至少3000年，是中国饮食文化于世界文明的象征。

在中国，“一头圆，一头方”的才能叫筷子，它所代表的“天圆地方”是中国最古老的哲学观，表达了中国人对天地、对食物的敬畏。

除此之外，中国人用筷子是一双或一对，代表的是阴阳。使用筷子时，一根为主动，另一根为从动。主动为阳，从动为阴，此为两仪之相。太极是一，阴阳为二，一分为二代表着世间万事万物都是由两个对立面组成的，阴阳辩证哲学观是我们中华文化的根。

手持筷子时，大拇指、食指在上，无名指、小指在下，中指在中间，是为天地人三象，是中国人对人和世界关系的理解。

标准的筷子，身长七寸六分，代表人有七情六欲，以示与动物有本质的不同。因此，吃饭时使用筷子也时刻提醒着人们要克制自己的不良欲望。

“天圆地方点八卦，阴阳一体两相仪；三才之象天地人，七寸六分克己心。”就很好地诠释了筷子包含的文化。大道至简，筷子就是中国人宇宙观，世界观，阴阳两级最朴素的体现。

现在越来越多的人使用筷子，越来越多的国家重视筷子。日本，把每年的8月4日定为筷子节，在韩国，小学开设一门使用筷子的必修课。整个东亚地区，包括越南等很多地方都在使用筷子，有人甚至把“东亚文化圈”称作“筷子文化圈”。

但是，作为筷子起源地的中国，越来越多的人使用刀叉；越来越多的西餐厅在中国盛行；越来越多的人认为去西餐厅吃饭才称得上高档气派有面子；越来越多的国人对筷子的态度到了遗忘、漠视的地步。

在近代史上，曾有侵略者扬言，若要灭亡中国就要先断其文化。而文化内核的流传载体恰恰就是我们民族生活中最具同一性的事物。筷子，是中国人的历史记录，跨越千年，日日使用。筷子，代表着华夏民族的尊严，代表着中华文化。习近平总书记在十九大报告中曾指出："中华优秀传统文化是中华民族的精神命脉。"故此，培育、弘扬与践行社会主义核心价值观，不能离开中华优秀传统文化。而作为中国人的我们，应该重视本国传统文化的精华，使之发扬、传承。

筷子，从遥远的历史走来，未曾沾染一点风尘，其中蕴含的中国文化历久弥新。它，寄托着中华文化的温情，象征着中国人的历史，承载着中国数千年的情感。

用筷子吃中国菜！

※※※※※※

曾飘逸同学2016年涟源市斗笠山镇中学初中毕业，中考以995.5分（总分1090分）的高分考入我校小教包分配的五年制大专班。父亲是数学老师，可她偏偏喜欢语文，从小就喜欢阅读名家名著，常常废寝忘食，因而语文成绩特别好，老师经常在班上念读他的作文。在师范学习期间，曾担任学校文学创作组组长，"星期五文学论坛"坛主。完成课业之余，利用一切可以利用的时间，勤奋笔耕，先后在《娄底日报》《锡矿山报》《今日冷水江》等地方报刊发表《年味儿》《祖师岭的瀑布》《向山走去》《卷帷望月空长叹》等散文。在冷水江市阅读协会举办的"致敬，最美逆行者"征文比赛中荣获二等奖。

曾飘逸得知"第十四届中国中学生作文大赛征文启事"的信息时，心中萌动，极想参赛。几番纠结之后，毅然决计参赛，一试钢火。咱中国传统文化源远流长，该从何写起才能展示我国文化博大精深呢？思来想去，决定以小见大，从身边最常见不过的"筷子"入手。从网上搜查阅资料，看文化纪录片，询问祖辈老人，构思整理出大概的轮廓，拟题为"筷子的自述"。之后，打开电脑，敲击键盘，可说是一挥而就，并改定文题为《"筷"议世间千年味》，初稿将近3000字。冷却之后，只好忍痛割爱，删去一大半，又听取指导老师的意见，仔细修改两三遍，于2018年12月21日最后完成定稿并按征文事项要求提交了电子文档。又觉得文章似乎还没有充分表达出自己的思想感情，待心情平定，自我安慰，参与了就行，管他能否获奖。这篇文章可说是集筷子知识之大成，不枝不蔓，娓娓道来，可让读者长见识呢。倘能去上海民间民俗藏筷馆看看，或到网上查阅更多有关中国筷子博物馆方面的资料并消化，也许文章会写得更出色。2019年上学期开学不久得知征文结果，还真让她十分惊喜，文章《“筷”议世间千年味》获得第十四届中国中学生作文大赛国家级三等奖、省级一等奖。这次征文参赛，斩获大奖，极大地鼓舞了曾飘逸同学行走在写作征途上的勇气和信心。

如今，曾飘逸同学圆满完成学业，并在斗笠山中心学校顶岗实习一年，正等待正式分配，即将成为光荣的人民教师。

记念二爷爷

伍石松

我想起来的这个人，是二爷爷。

二爷爷姓邹，而不姓伍，他来自外地。是我二奶奶的第二任丈夫。我的亲二爷爷我也没有见过，他离开的时候，我父亲才出生。听说是因为当时没什么东西吃，误吃了某种带毒性的草根而死的。而如今，我这位二爷爷也在上个月的一天，结束了陪伴我二奶奶走过三十多载岁月，驾鹤西去，享年65岁。是疾病夺走了他的生命，他生前一直有肺病，而且喜欢喝点白酒。他走的前一个月才真正放下烟嘴和酒杯。二爷爷的一生，是平凡的一生。但他给我留下了深刻的记忆。

二爷爷生前很疼爱我，尽管我和他并没有血缘关系，但他把我当作嫡亲的孙子一样看待。听说很久以前，我家和他家是连在一起的，是古时候的一个大屋场，住着“伍”姓的几代人。后来，一场火灾，房屋全毁。而各自独立门户，我家只和四爷爷一起，大爷爷二爷爷都在离我家较远的高处建了房子……发生这件事情的时候我还没有出生，我母亲都还没有嫁过来。

上小学时，我每天放学回来都要去我二爷爷家玩，在那里吃了晚餐后，天际挂起了星星，二爷爷就会送我下来。从二爷爷家到我家，路途算不上遥远，但要跨过一条小溪。没有桥，小溪中间只有大人才能够跨过的的跳石。上去的时候，我一般走很远的山路避开这里，这也是我家人和二爷爷最担心的事儿。我只要去他家玩，他都会送我到家，春笋时节，家家户户都忙着做笋片，二爷爷也会送我过小溪，目送我安全踏上回家的大路才转身往回走。二爷爷家的每一个角落都留下了我的脚印，记得二爷爷家里留下来的用来舂谷和捣辣子粉的“臼”，是我最喜欢玩的。二爷爷一般特意等我回来才去用“臼”，虽然，他知道小孩子不仅没多大力气去帮他舂碓，但他知道，我的一只脚加上他的一只脚一起踩下去、同时松开来，我就会给他带来甜美的笑声，且久久地露出笑脸。那时候，似乎，那舂碓发出的声音伴随着我的笑声，就会在乡间飘飞很远、很远。仿佛，这是二爷爷心中最为甜美的声音。

二爷爷生前是一个很勤劳的人，一米八几的身板，长着一张国字脸，脸颊两侧长满胡须。他经常和二奶奶一起，一前一后，在田间地头不停地劳作。有时，一个人在地里头，二奶奶回家做饭，他到很晚才回家。一年中，三月到九月，一般不穿鞋子，脚上的老茧比一般的鞋底还厚，这也是我二爷爷独有的特点。二爷爷有两丘水田在我家房屋下，每年春种秋收，都会来我家借犁耙工具和扮谷的扮桶，我家的扮桶一般要两个人才抬得动，他却一个人扛在肩上就走。他年龄比我爸大 20 多岁，而力气则不相上下。

二爷爷还有显著的特点就是喜欢抽旱烟，无论是在地里劳动还是在地头休息，总能见他嘴里叼着个“竹棒棒”。说起“竹棒棒”，其实是一个自制的烟斗，用细竹根做成的。半拱形，五寸长，前面用利器钻出个漏斗形状，用来装旱烟，而二爷爷的这个“漏斗”要比别人的大一倍。后面则是一个用来放在嘴里吸烟的竹管，二爷爷的烟嘴管也要比别人的大得多。村里人都拿这个取笑他，说他是村里“最大号”烟嘴。要是有人旱烟“一斗”吸得多，就铁定有人会说:“第二个老邹在这里。”随后，总是伴随着阵阵嘻哈笑声。也许正是这个烟嘴害了他，三年前，他就查出患有肺结核。儿女都劝他不要再吸烟，二奶奶也曾为这事跟他吵过架，客房里那几个用塑料纸补上的窗户就是最好的见证，但他每次放下烟嘴，绝对不会超过五天就会又重新抬起，烟瘾大着呢。

二爷爷离开的前一个星期，我特意去看了他。一进门，见他躺在门对面的椅子上，闭着双眼，身体消瘦得很，脸上和手上的皮肤没有了光亮，呼吸很不均匀。房间内安静时，他急促的呼吸声很响，每一个呼吸，都牵动着喉结翻滚着。回来时，我特意绕行小时候二爷爷经常送我回家的小路。经过小溪时，在那个二爷爷无数次背着我用脚踩过的跳石上坐了会儿，望着远去的溪水，似乎我又回到了童年，回到了二爷爷的背上……小溪的冷风无数次地掠过我身上，一只乌鸦突然从我头上飞过，撕开嗓子“呜哇——呜哇——”地叫着，我的内心就开始惶恐起来……

随后的一个星期里，我一直深感不安。直到周三中午的一个电话，告诉了我所有的牵挂——二爷爷走了。顿时，我满心抽搐不已，我原以为我早有了思想准备，不会太伤心的。但是，那天傍晚，望着西去的白云，我还是止不住地留下了泪水。

和二爷爷相伴度过的日子，是我童年生活中的一部分。二爷爷虽然没有给过我太大的资助，也没有教给我为人处世的道理，但，他带给我的童年的快乐和温馨是任何人无法替代的。

这次回家，我又去了二爷爷家一趟。一进门，见到神龛上摆放着他的遗像，面容安详，我强忍着我内心的难过，抑制住泪水……二奶奶从房间里出来，往我口袋里塞了个东西。我来不及反应，后面二奶奶对我说，是我二爷爷留给我的。我打开一看，是二百块钱。二爷爷临终前交代，要给我的，说我是学生，让我留着买点学习用品。我很难想象，在二爷爷心中，原来我还占据着这么重要的位置。此时，我再也忍不住满眼泪水，任其流淌。我抱着二奶奶伤心地哭着，二奶奶哭得比我更伤心……

二爷爷，感谢生命中有您。愿您在天堂安好，待到明年清明时节，我一定回来，给您磕头。

※※※※※※

伍石松1995年出生在新化最偏远的山区，离县城八十来公里的天门乡，父母都在乡村务农。他家离天门中心学校还有一小时车程，家境并不怎么好，上学跑通是够辛苦的了。有时放学回家，还得帮父母干些力所能及的农活和家务，除了按部就班完成学校的正常课业外，根本没时间，也没条件聘请名师辅导、参加课外培训和进行有效阅读的。2012年中考成绩优秀考入我校，就读小教大专班。因中小学语数外基础好，读师范又是加深拓展基础知识，而且男生在学习上大多有潜力也有后劲，所以学习极其轻松，学业成绩从不落后。这就给自己留下了大量时间专修文学，他如饥似渴地阅读古今中外名家名著，特别喜欢读路遥《平凡的世界》。学校文学创作小组的调查、采风、讲座等活动，从不缺席。著名作家王跃文、韩少功、汤素兰，教授学者罗欣茹等都曾应邀来学校讲学，这似乎点亮了伍石松等众多写作高手的文学创作心灯。原本不太喜欢写作，尤其不喜欢课堂命题作文的伍石松同学便开始发疯似的写作，写儿时趣事、写家乡往事、写见闻随笔，在老师的辅导、推荐下，居然间或有文章见诸地方、市省级报刊，还能得到些许稿费。

《忆起二爷爷》是一篇回忆性散文。二爷爷姓邹，来自外地，是二奶奶守寡后招进门的第二任丈夫。他勤劳质朴，非常疼爱关照“我”这个并非嫡亲的孙子，却因无节制地吸烟喝酒而患上肺结核不治而逝。在“他离开我们这段时间里，时刻觉得生活总是缺失了点什么。有一天，我突然执笔，以曾经的点滴生活碎片为载体，为他写下了这篇文章，算是给他，同时也是给自己一个交代”。当“我”从二奶奶手中接过二爷爷生前给“我”积攒的二百块钱求学费用时，“再也忍不住满眼泪水，任其流淌”。不久，便写成此文，但以此纪念二爷爷！全文语言朴实无华，情感表达诚挚深沉。文章最初拟题为“想起一个人”，似乎冷漠无情，只是突然想起而已。后改成“忆起二爷爷”，也仅仅是忆起罢了，仍旧不免冷淡。事实上，自从勤劳、朴实、善良，一直陪伴、关注、牵挂着“我”成长的二爷爷病逝后，“我”又何曾忘记过呢，往事时刻涌现脑际。文题应当体现简明、醒目、新颖、传神的审美特征，我以为，改成“记念二爷爷”似乎更好，记念就是记叙、回忆，怀念、铭记的意思。

人面桃花映春时

李天舒

初春催化冬雪的脚步唤醒了一树树桃花，真可谓桃红柳绿，茶更艳，把那一树鸽子般的小玉兰花，平添了一抹殷红。合着初春草丛的碧绿、迎春花的鲜黄，昭示着这寰宇的轮回来了。

迎春的礼花送走了寒冬，迎来这一季的轮回，让料峭的我喜上眉梢，淘气的我提起春风，随手一扬，刹那间吹开樱花园一树星辰，让无数人驻足惊叹！

春阳让人懒散，你瞧，那树旁躺着一只慵懒的猫咪。尽管樱花的颜色是淡的，但它是淡雅的花神，它犹如我一般冷艳，却也迷倒原野，与迎春般报春时，不经意间抖落一地泛黄的白。我时常怜悯它，花期有如昙花一现，便被这春风收了去。但我又赞美它，春寒料峭，你给我带来的是春的美丽。

随手在墙坎边捡拾一朵鲜红的月季，有如情人节里收到玫瑰的惬意。尽管落地的月季花瓣上稍有泛黄，我却视它为亲吻母亲大地太用力。或许是它坠入了爱河，极力地摆脱枝头的束缚，向伊甸园奔跑，摔了一嘴的污泥。尽管如此，它还是月月把鲜艳夺目的美丽奉献给赏花人。

二月的春风剪去一地枯槁，桃花姑娘醒了。文人骚客咏桃花的诗不计其数，却诉不尽其美。常把桃花比作如我般清纯美丽，“桃之夭夭，灼灼其华”，桃花寄托了人们对美好生活的向往。

桃花是透着季节的芬芳纷至沓来的。它娇美而不媚俗，高傲而不清高，它更如美丽的姑娘，举手投足自有其绰约风姿。一树树、一朵朵，人面桃花别样红。

在乡下，那年桃花映雪的美景让我记忆犹新。早春的桃花还只含苞待放，雪花姑娘便和它来约会了。雪花飘飘洒洒，桃树也在这漫天的雪花中绽放了。雪花洒在桃瓣上，宛如待嫁的姑娘披着洁白的婚纱，是那样的婀娜娇羞，层层叠叠仿佛把云霞都穿在了身上，让人禁不住感叹：何处彩霞落人间呀，总是让赏花人眉梢眼角藏一抹风情。

我喜欢春天，我喜欢看万物复苏的景象，我喜欢听竹笋破土拔节的清韵，我更喜欢春天那一树鸟儿鸣唱的歌声。即便是春眠不觉晓的我被它们唤醒，也是快乐的。

※※※※※※

李天舒是一位勤于读写的文学爱好者，几乎每次文学活动后都会有新作交给指导老师。他写这篇文章时正值万物复苏的春天，桃红柳绿，鸟语花香。他说：我漫步于学校的行知广场上，看花开烂漫，赏人流如织，人们纷纷赞叹花儿的美丽，让我萌生了写作这篇文章的想法，静下心来，一个多小时就完成了初稿——如实记录了这个春天最美好的时刻。

看　见

曹　垚

五月中旬，太阳似乎被冬日闷久了，乍获光明，拼命散发着光和热，天地间似乎笼罩着闷热。初夏炎炎，炙烤着大地。

田家向来少闲月，五月初旬人倍忙。炎热是一样的炎热，蝉声还未响起，农民们便已经开始耕作在地里。天空高远，烈日当头，看不见蓝天，只感觉一片白色茫茫。黄土厚重，锄头似乎挖不进了，撬不开这千年的板结，砸不碎这倔强的坚硬。

我看见，七旬老人站在那茫茫黄土上，双臂挥动，不断扬起长长的锄头，发着狠劲往土地砸去。一弯，锄头进地，他的背弯成了拱桥；一扬，双手高举，锄头挥起，他站立如劲松。这一弯腰，这一挺立，我看着他似乎只有这两个动作，反反复复。烈日当空，不断弯下的是脊梁，不断挺立的是尊严。

走近，走近。因为常年曝晒在太阳下，他的肌肤已经打上阳光的烙印，枯树枝干一样的古铜色，蔓延全身，岁月留下的痕迹使得苍老的脸庞沟壑纵横，嘴唇皲裂，高挺的鼻梁已经萎缩，连耳朵都已经干枯了。鬓发花白，身躯干瘦，大滴的汗水仿佛是从身体里渗透出来一样，淋湿他的面庞，悬在眉毛上，睁不开眼睛。足蒸暑土气，背灼炎天光。

在乡村，这其实是一个很平淡见惯的场景。小山村里还有放牛的孩童、挑粪晃悠的老人、炊烟里炒菜喊吃饭的女人、在门口耷拉耳朵趴着的老黄狗。奔波劳碌一生的农民，操劳落得一身病的老人，守着一亩三分地，鞭打着水牛犁田。

也许你不喜欢他们满身的汗臭味；也许你厌恶着他们的深褐色皮肤和泥点斑斑的裤腿；也许你经过他们时会悄无声息地屏住呼吸或用手遮掩鼻子；也许你听着他们用听不懂的，夹在喉咙里讲出的方言聊天时，会飞快地看一眼他们，然后头也不回地赶紧逃走，眼神里满是晦涩。也许你轻视他们、嫌弃他们、厌恶他们、害怕他们，也许你还不知道如何才能捧出光洁的米粒，可我，却永远尊敬着他们。

从小背着李绅的《悯农》，“谁知盘中餐，粒粒皆辛苦”张口能背，摇头晃脑背诵之后，全然忘得一无所有。那是因为你没有见过春天烟雨蒙蒙里，他们背着蓑衣插秧的模样，那是一卷淡黄色的书画。蓑衣下精壮的身体，倒映水中。滴落的汗水是劳动的证明。秋天收稻，他们被稻芒呼啦一身，又痒又干，日复一日，年复一年地耕作在田野里，挑着担子走在田埂上，顶着寒冬，汗水在一滴一滴滑落，冻得通红的手脚却皲裂开来，行走在天地间。

无数次弯下自己的背，才能用汗水换来粮食，又无数次挺直腰杆，才能用双手争取着生活。他们比任何人差吗？不，连人类都是以劳动的方式在进化，他们不卑不亢，用自己的劳动换取所需，独立又自强。

如果说，美是一种视觉享受，那么劳动的人们充满着生命的动态美。汗水里飞扬的是生命的动力美，肌肉线条里蕴藏着巨大的潜能，生命不止，运动不息。劳动仅有视觉美感吗？劳动更是为我们描绘了人类的良好精神面貌，也持续激励我们面对生活。劳动，使人强大。我将无限崇尚那些能用双手创造生活的劳动者。

夕阳西下，老人的影子拖得很长。一把磨得发亮的锄头，愣是砸碎了一片荒芜。

我在校园里，似乎时时刻刻看见一幅宏伟壮丽的图画……

※※※※※※

曹垚这篇文题为《看见》的文章，实际上既是眼前所见过之景，又是内心回忆之样。文章中的老人其实就是“我”的爷爷，一个极其平凡的庄稼人，在大山里与土地做了一辈子的抗争。小时候，“我”曾坐在黄土坡上看爷爷在不远处挖地，一方面觉得爷爷很辛苦，一方面又认为这是一种伟大的劳动。他不断地弯腰，挥锄，从地里捧出粮食，含辛茹苦将子女养大。同时，“我”也曾见过一部分人对底层阶级的人的轻蔑，这种轻蔑让“我”很难过，所以提笔写下这篇文章。“我”希望人人都尊重劳动，体谅农民，体谅工人。

心中最美丽的风景

曾飘逸

世界上有太多的文字，书写着不同的遇见。

发黄的帆布鞋渴望踏上阿拉斯加的海岸，渴望跨越北极上空那一抹静谧的极光，渴望一路走过硝烟与战火、走过霓虹千盏灯，踏碎一地琼瑶碎玉，道一句“鲜衣怒马少年郎”，少年的好奇与躁动总是一场内心的兵荒马乱，直到初遇你们。

初遇，阳光正好。

那年盛夏，栀子花开，知了在树间不停地吟唱。也曾忆起那日阳光正好，岁月不惊，那日的教室很静，待到阳光洒满窗台、占满教室，点红了脸颊。我背着书包进门，抬眼就是你们，我知道将要与你们一起度过最美好的青春。

十几岁的年纪，豆蔻枝头俏，花信亦尚早。我不信缘分，然而与你们相遇，概率很小却成了可能，想必这就是冥冥中的缘，与你们有缘。

相熟，惊艳了时光。

张爱玲说：“人的一生注定会遇到两个人：一个惊艳了时光，一个温柔了岁月。”而我很幸运，曾经的我与你，惊艳了时光。

教室里不停旋转的吊扇吱吱呀呀，我与你划过试卷的纸笔沙沙作响，包裹在我苗条身段上显得臃肿的蓝黑校服，以及专注板书时老师鬓角偶然蹦出的白发和铃声乍响时雀跃涌动的身影……

青葱岁月里所有的雀跃与沉寂、酣畅与失意，都将被装进记忆的酒坛，飘着纯净的芳香，待经年后再去品尝，定会回甘唇齿。

尽管三点一线的生活总是匆匆忙忙，但并不影响我在洗衣时开演唱会；尽管“国考”形势紧张，卷子连着卷子，但并不影响我把错题做成与手账媲美的集子，还用各种套卷作插图；尽管总在路上，奔走在情趣与爱好的各大社团之间，但并不影响我在月光下与小姐妹轧操场……

对于住宿生来说，宿舍承载了一半的校园记忆，一个简单的门牌号背后承载着无数悲欢。有的宿舍趣事不断，一个让人觉得很“二”的室友能让整个宿舍哭笑不得，拉低了整层楼的智商；有的宿舍冷若冰霜，生活在同一个空间的几个人，仿佛是最熟悉的陌生人。

都说心有猛虎，细嗅蔷薇。

年少就是这样，心有乳虎啸谷、志在四方的豪迈，也有偶然花开、雨落停足的轻愁，可那又怎么样呢？

你年少，是岁月的宠儿，人间的浩然。你有日月牵衣袖，你有春秋抚眉头。

从初遇到相熟，岁月流转，我们的情感渐渐发酵。曾经的我们，嬉笑、打闹，漫步在夕阳中的校园，望夕阳西下、观飞鸟投林，静静许下最美的愿望。在微风中，我们站着，不说话就十分惬意。

记得曾经哭泣的我，独自漫步在校园中，天空毫不留情地下着冷雨，轻轻地抚摸着我的额头，深情地告诉我什么叫疼痛。曾经的你们会为我撑起一把伞，直到雨点不再敲击身前的地面。回头，才恍然惊觉，是你们教会我勇敢，告诉我去寻找希望。

在偌大的校园中，我们总是会搀扶着前进。我们手牵手，坚信一同经历的煎熬终将成为人生征途难忘的过往，成为永远，于是相熟的我们一同惊艳了时光。

遇见你们，相处四年，构成我此生心中最美丽的风景。

※※※※※※

曾飘逸同学在师范毕业离校之际饱含激情地写下了《心中最美丽的风景》。她说：“遇见是所有故事的开始。临近毕业，来自四面八方一起生活了四年的同学也都将互相道别，可我们的人生征途才刚刚起程。为了给学校生活留个纪念，对成长足迹做个回望，对离别的难分难舍，更是对自己和朋友的激励以及对美好未来的憧憬。于是，一时兴起，提笔写下了自己内心最为真实的感受和体会。”文章起笔不凡，用“世界上有太多的文字，书写着不同的遇见”总领全文，然后层次分明地抒写“初遇，阳光正好”“相熟，惊艳了时光”，情感闸门一打开，倾泻而下，文后点明热切期待重逢，同时紧扣文题点明主旨，年少同学，相处四年，“构成我此生心中最美丽的风景”，全篇呈现出“总—分—总”的最佳结构。文章原标题“丹青水墨，描不尽年少”，我总觉得文题太大，题与文不相称，我们在聊天时商定，就以文章最后一句为文题，篇末点题，戛然收束，恰到好处。

走进花期，冲出雨季

吴慧琳

春雨连绵，身旁阵阵微风拂过，还颇有让人瑟瑟发抖的寒意。今年自立春以来，这阴雨天气便占了主场，纵观未来 15 天的天气预报，着实让人烦闷。

在柏油路上，雨水缓缓地从脚下流过，平日里一向走路带风的我，都得踮着脚尖儿，生怕将鞋子、裤脚溅湿了去。我手撑一把普通瓦格小伞，不禁轻声吟诵起戴望舒的《雨巷》:“撑着油纸伞，独自彷徨在悠长、悠长又寂寥的雨巷。”毫无违和感，意境十足。林荫道高大挺拔的桃李树上，摇摇欲坠的雨滴，在不经意间，倏地滴落到发根，顿时一阵寒意由上至下，浸透全身。偶尔间，还能偶遇到闲散的老人带着自家的宠物狗，在行人道上踱步，此情此景，似乎都被融化在这绵绵春雨里了。

近日独爱赏花，也许是因为无聊，也许更是因为这雨后天晴时节颇能陶冶我爱花的性情罢。然而上午下了点儿小雨，不过很快就停了，只剩湿漉漉的地面，与朋友相约在这林荫道上遛遛，感受这久违的惬意。在路旁，一对儿身影好像在嘀嘀咕咕着什么，声音由远及近，忽大忽小。

“你到底想干吗？”高大帅气的男孩用力地甩开女孩拉扯他的手，急躁地吼道。

“我想干什么！你怎么不看看你干了什么！”女孩并没有因男孩的生气而避让，反而表现得更加狂躁。

“我们不就是叙个旧，聊聊天嘛，都是些朋友！”男孩不耐烦地解释道。

“是，都是些朋友，只是朋友吗？哼！一准是她回来了吧。”女孩声音又弱了下来，带着委屈的哭腔说道。

“你真是不可理喻！”男孩听到这，显得有些惶恐不安，抛给女孩一句话，就匆匆走了，他没有回头。

女孩一直站在原地好一会儿，看着男孩挺拔的身影，一直等男孩走过拐角，不见了身影。她失魂落魄地蹲在了那湿漉漉的树根下。我和朋友就在距离她不足咫尺的地方，目睹了他们争吵的全过程，此刻真不知该如何是好，上前去劝解一下吧，怕弄巧成拙，视而不见吧，又放心不下，毕竟我俩也正值青春年华。

我纠结了好一会儿，扯起身边的朋友，上前拉起小女孩。她一抬头，那双闪着光亮的大眼惊奇地看着我们，两颗硕大的泪珠，有如断了线的珠子，夺眶而出。

我们领着她到前边的小亭子里坐了会儿，这才让我们了解了事情的原委。这个稚嫩的姑娘正值豆蔻，她所谓的男朋友正是她的初恋，刚开始的时候，小男孩主动向她示好，她也懵懵懂懂，情窦初开，便迷迷糊糊地答应了，至此他们在一起共度了许多美好时光。他们闹矛盾也并非一两次，绝大多数次都是因为那男孩所谓的“前任”。都说年少懵懂时所谓的谈恋爱是要在跌跌撞撞中长大。

安慰好了小姑娘，与朋友返回的路上，我的心里却千头万绪，朦胧中大有一种“剪不断，理还乱”的惆怅。每个人的一生都在不断蜕变，不断成熟，终其一生都是为了追寻更好的自己。

我忽然觉得，人生一定要坚持所爱，心之所向，执着于当下，纯粹于未来，怀揣梦想与温暖，定可重新出发。花季雨季的朋友，我们不要错过花季，更要冲出雨季，向着美好未来，奋勇前进！

※※※※※※

吴慧琳2018年9月考入娄底幼儿师范，怀揣着文学创作美梦，就读于小教大专班。平素最喜欢阅读现当代文学作品，比如，贾平凹的散文、老舍的《骆驼祥子》《四世同堂》、巴金的《激流三部曲》、林海音的《城南旧事》等。《走进花期，冲出雨季》是一篇即兴之作。她依稀记得，入校不久，正当校园丹桂飘香时节，连续下了一个多星期秋雨，整个校园满是阴沉迷蒙景象，让人产生莫名的惆怅。于花季女孩来说，即算是再恶劣的天气也不能阻挡她们漫步校园赏景的热情，于是相约三五好友在校园里信步。吴慧琳同学有一个爱写见闻随笔的习惯，生活中看似平淡无奇的见闻感受都会概无例外地被她记录下来。创作灵感一经触发，便一气呵成写下了这篇文章，作为例行作业交给学校文学创作小组指导老师刘道云过目，并恳请指教。刘老师真诚给予肯定、表扬、鼓励，同时做了一番字斟句酌的修改，推荐给《今日冷水江报》，很快就刊登了出来。

当然，一种观念的形成和改变是需要一个过程的，师长也还是要相信孩子们的自制能力。春天来了，百花开了，只是雨水太多，势必影响花期。沐浴春风春雨，邀约朋友，撑伞漫步是极富诗情画意的。正当消受久违了的惬意时，意外见闻了一对花期同学为“爱”争吵的情景，女孩吃醋，男孩霸道甩手而走。经过一番纠结之后，我和朋友向女孩了解到他们争吵的原委，进行了劝慰。青苹果是苦涩的，谈情说爱期间偷尝禁果是要付出代价的，后悔药永远医治不好心灵创伤！文章最后运用呼告手法收束，照应文题，点明题旨：“花季雨季的朋友，我们不要错过花季，更要冲出雨季，向着美好未来，奋勇前行！”

采茶在春末

奉 娟

家乡没有成片的茶园了，若想采茶，必须得上山去找长辈曾种下的茶树。因茶地里后来栽种了新的树苗，年复一年成了树林，那惹人喜爱的茶则被掩藏于荒草丛生的山野。倘若你碰见一树春末新生的嫩茶，定会忍不住悄悄凑近它的身子，吸一抹清香入鼻，暗自欣喜一番方肯罢休。

我对茶有一种特殊的情愫，每次提起茶总会想起家，想起奶奶揉捻茶时那双满茧的手。所以每次离家，总不忘带些自家的茶叶。虽不懂品茶，却钟爱于茶，爱它清新脱俗，爱它身上家的味道与温暖。

又至春末，簇簇新茶争相从旧叶间探出头来。再也按捺不住心中对茶波荡许久的思念，择一日阳光明媚去采茶，携家中弟弟妹妹，三三两两走在山间小道。原本静谧的山间，被我们这一行人扰了清静。偶遇几只落地觅食的小鸟会心生爱意，也会被那突然从茅草里冒出的蛇吓得惊慌逃走。这一路上有爱有憎，最期待的是尽早见到那满树的嫩茶。

即使山路很陡，少年们仍是脚下生风毫无倦意。心中不由有些窃喜，现在我算是一个孩子王了，正领着我的小伙伴们去完成一个有意思的任务。只是毫无礼貌地突然造访，是否惊扰了传说中的山神呢？

离目的地不远时，我们被挡了去路。因为许久无人问津，进山的路被横冲直撞的茅草封锁。不过，这对自小在山里长大的我们来说算不上什么难题，没过多久，就凭着记忆找到了自家种的茶树。

遍野的嫩茶着实惹人喜爱，个个娇嫩得很！可它生于荒野不免带点蛮气，拨开茅草挺直腰板立在那荒草丛间，要让这春天看见它的得意。奶奶说采茶有法，不能伤了它的势头。手心向下，大拇指和食指夹住嫩茎，轻轻向上一提方可。这样采茶能再留养一树新茶，达到增产的目的。采茶的方法虽然简单，却是件需要耐心的活儿。静下心来采茶，不失为一种修身养性的法子。弟弟妹妹不懂采茶，不到半小时，就在山间打起激烈的“游击战”来，扰了这难得的清静。

经我一番劝和，才肯认真采起茶来。正值晌午，阳光毒辣得很，虽有树林荫蔽，但茶垄无风，十分闷热。我们采得入迷，顾不上这些。时间在茶叶无数次摘落的过程中悄悄流逝，不经意间竟已近日落。茶叶装了满满一篓，一行人心满意足地回家了。

因为父母常年在外打工，奶奶总忙着田间农作，做饭算是我从小练就的本领，回家后生起炊烟，为家人做一桌可口饭菜，摘好的茶叶摊放在簸箕里，夜幕早已降临，星垂天际。

晚饭后，奶奶加工茶叶，我们在一旁做小帮手。先倒进热锅里翻炒，再放入竹编的簸箕里揉捻，最后架在烧有木炭的砖灶上烘干。每个步骤都特别讲究，奶奶一直忙到深夜才完工。

睡梦里，我梦见又一季新茶，只是曾在山间打闹的孩子褪了稚嫩的模样，眼神里亦添了几分成熟与稳重……

※※※※※※

奉娟 2014 年中考以 960 分的高分考入我校，就读于小教大专班，毕业后回原籍新化奉家山双林中学教初中语文，当班主任，兼教两个班的历史，工作够辛苦的了。双林是新化最为偏远的山区，离学校有 4 个多小时车程。在校学习期间，注重全面发展，不放松任何一门功课，一有时间就读书，无论什么书都喜欢翻阅；时不时写点生活见闻感受，常有文章在《今日冷水江》《娄底晚报》发表。自 2017 年起接连在山东《齐鲁文学》发表《与爸爸时隔多年的一次牵手》等散文。这年谷雨节适逢学校放月假，正好遇上采茶，父母常年在外面打工，家里年迈的奶奶既要忙农事，又要做家务。就吩咐姐姐奉娟带着弟弟妹妹上山去采摘谷雨茶，回家后就帮奶奶制茶。文章以最质朴优美的语言写了纪实散文《采茶在春末》，发表在《齐鲁文学·秋之卷》。

蔷薇花又开了

龚凌洋

暮春初夏，蔷薇花开，一簇又一簇明亮鲜艳的蔷薇花在街角悄悄地绽开花蕾，我听来来往往的人们道尽她的美丽，却始终不愿亲自去看一看。

我记忆中也曾有过这样明媚的一树蔷薇藏在深深庭院里，她姗姗来迟，来赴最后一场春宴，温煦的阳光沿着墙角葱郁的花丛落下，投下丝丝点点斑驳的光影，粉嫩的蔷薇花瓣被阳光照射成半透明的姿态，使她的娇艳多了一分脆弱的美感。

我和几个要好的朋友常在花树下小憩，一同在蔷薇花香中醒来，抬头便是满眼春光明媚，燕子呢喃。少年人的情意总是躁动，把承诺当作对未来的唯一解释，我们约定：让树成树，让花成花，让我们自由而随意。大概花和承诺都是这个世界上最留不住的东西，没有花朵不会枯萎。

小尹说，她不读书了。我们一群七七八八，各有所好的人里只有她学习最踏实，她说这话就像有人对我们说太阳明天不会升起似的，让人难以置信，如果这已经足够让我们震惊，那她的那句“我要结婚了”，更无异于深海炸弹，平静下藏满了浪翻涛涌的动荡不安。小尹和我关系最铁，我清楚地记得我们头挨着头讲悄悄话的时候，她轻声又笃定地对我说：“我要考法大，去北京。”我明白那不是一句玩笑话，因为她的目光是那样坚定。可同样也是这个怀揣着大学梦的女孩告诉我说，她不读书了，她要嫁人了！

为此我们大吵了一架，她放弃她的梦想，因为家里供不起两个孩子上学，更何况，她还有父亲的赌债要还，一直资助她家的亲戚要讨媳妇，她想报恩。我本应该是最理解她的人，偏偏也是最不能接受的人，因为我们都明白这样的选择只能解决眼下的困顿，只有读好书才能拥有美好的未来。可是她说："生活不是只有花和自由，有时候就是这么现实得让人头疼。"

我不服气地辩驳："你可以一边读书一边工作，只有学到更多东西你以后才有更多选择的可能。"然而她什么也没说，只是斜斜地瞥了我一眼，我就泄了气：我不能站在理想的制高点去评断他人的生活。

她还是嫁了人，很快就成了一位母亲，她用事实推翻了我的理想主义，我却毫无招架之力，在现实面前这样的坚持难免会显得可笑。于是，我报读了离家更远的师范，每次看蔷薇，都像是过往生活对我的天真赤裸裸的嘲讽，我索性不再看。

年年蔷薇花复开，岁岁光阴人不同。听人说，今年蔷薇开得特别艳美，我突然想起她已经是两个孩子的母亲，我们很久没见面了，只偶尔从朋友的闲谈中听得一点她的消息。我想，今年的花开得这样美好，我应该邀约小尹并肩去看看满园蔷薇，听闻清风拂衣袖，在庭前拾落花。

她果然应约前来，在迟暮的春光里，我们静静地走在花园中，和风吹拂，花阴依旧，仿佛我们从未分开过。她留了温婉的长发，手上握笔留下的薄茧被更厚更实的老茧覆盖着，我问她后不后悔，她只是淡然一笑："说到底，花儿不只是开在园子里的，而且有枯有荣才能有血有肉。"

我终于学会平静地接受一朵花儿的盛开与凋零，生活的选择就如蔷薇花瓣上纵横交错的经络一样，无论选择哪一条，终究都会到达我们既定的终点。而做出了选择的人却没有资格回头看，因为花开一年又一年，不会再开那年花。

※※※※※※

龚凌洋来自涟源市，是一个城里长大的女生，2018 年初中毕业考入娄底幼师小教大专班。她素来喜欢阅读文字优美，能引人深思的小说。这是一篇课堂命题作文，因为题材不限，她便将乡下远亲的女孩早婚早育的真事敷衍成一篇“真假莫辨”的千字文。文章初步立意为“学会接受”，初稿写定后，修改两三遍，便成了《蔷薇花又开了》。文章所写的故事在偏远山区并不罕见，还没到法定婚龄就已经生育两三个孩子的情况，人们都见怪不怪，习以为常。小尹和“我”是最要好的同学，当她突然告诉“我”：因为家庭经济困难，还要给父亲还赌债，“不读书了”“要嫁人了”。“我”极度震惊，并和她发生争吵，竟然输给了她。她欣然接受了残酷的现实，很快就成了两个孩子的母亲。两三年后，同学相约见面，她竟能坦然面对命运的安排，根本不后悔，并反过来劝慰“我”。文章有一定的故事情节，小尹形象的果决坚强的性格特征也比较鲜明而突出，我们完全可以将文章当作一篇小说来阅读。又因为文章景物描写细腻、唯美且极具质感，又带有哲理性思考，最后一段揭示了全篇主旨：蔷薇花盛开与凋零，年复一年，但绝“不会再开那年花”。这就意味着将这篇文章当作即景抒情的散文来赏读也无妨。

见习归来的顿悟

谢紫英

时间如白驹过隙，似水流年匆匆逝去，我们告别了青春，也有了必须承担的责任。

有人害怕长大，害怕会失去无忧无虑的生活、要成日里为生计奔波，害怕成为自己最讨厌的人。也有人喜欢长大，期盼没有家长束缚和限制的日子。

至于我，作为师范生，我的未来是可预见的。教书育人将是我生活的主旋律，因此，我对“长大”与“工作”这些字眼并没有太大的感觉。已知的、既定的事实，又有什么好值得惊奇的呢？

然而，一场见习完全颠覆了我的认知。

见习期间，我被分配到了二年级的班级。二年级的学生懵懂无知，我得知这一安排时，颇有些头疼。纵然我已经知道将来的路途，真正面对时，倒有些茫然无措。

在前往见习学校的车上，我仍有一种不真实感，理论知识是学习了不少，实践却有如刘姥姥进大观园。我该怎么面对二年级的小朋友呢？该怎么和他们相处呢？

真正见到他们时，一张张稚嫩的脸庞带着羞涩的笑容，他们善意地迎接我。我不禁感到责任的重大。这些学生，都处在最纯真的年龄，他们就如同一张张崭新的白纸，而教师，则是用笔在白纸上留下一个个符号的人。最终，白纸也许会被描画为美丽的画卷，也许会被抒写上感人的诗篇。他们未来的蓝图，从教师手中的粉笔和那三尺讲台中徐徐展开。

一想到一个人的未来，可能就取决于我的知识修养水平，甚至包括我的举止言行，我更觉得心悸。我与学生打交道时，一字一句，都是三思而后言，坐姿都下意识地端正起来，以严格的准则要求自己，恨不得为学生们呈现一个完美的、无可挑剔的教书先生。

好在学生们也很欢迎我。他们常怯怯地看着我，像无害的小动物，看着我这个新成员。他们小声地喊我“谢老师”，这个称呼仿佛都被镀了金似的，给了我奇异的感受，使我心潮澎湃。

见习期间，我有幸上了三堂课。第一堂课是道德课，见习第一天我便临阵磨枪，上了讲台。在台上授课与在台下听课是截然不同的感受，听课时看老师们侃侃而谈我不觉得有什么，而轮到我上课了，才发现我词汇的贫乏与口齿的笨拙，太令人失望了。面对那一双双求知的眼睛，我应该怎样才能讲得生动活泼，不致让他们感到无趣呢?

于是，后来那两堂课，我绞尽脑汁去设计，费尽心机地考虑学生们的感受。当真正认可了一个职业时，全身心投入便成为顺其自然的事情。我尽全力上好每一堂课，担心学生们囫囵吞枣，不理解我讲的内容，也享受学生们恍然大悟的神情。

怎样才能做好一个老师呢？怎样才能做一个好老师呢？怎样才能做一个让学生喜欢的好老师呢？……这些问题突现在我的脑海里，久久不能散去。我在压力和焦虑的笼罩下，渐渐沉静下来，默无声息地进行“学生—老师”角色的转换和心灵的蜕变，一个普通学生即将勇敢挑起人民教师的重任。

也许这些问题需要我用很长时间去找寻答案，但是，这是我的责任，是我心魂之所向。

一个人的成长，离不开的是什么？父母亲人的引导、师长的教诲以及同学、朋友的关注……这些都是未来成长中不可或缺的一部分。我有幸能成为一名诲人不倦的人民教师，参与许多孩子未来人生的修炼。这是我的幸运，也是值得我为之不懈前行的动力。我想，为人师者，理当运用毕生心血去铸造师魂！

※※※※※※

谢紫英同学出生于农村，一个有父母弟妹五口人的家庭。家住新化县曹家镇梅花村，那是一个山清水秀的小村子，从小在偌大的梅花洞水库边长大，于是偏爱美景，更喜山水。只是从上小学起，父母外出务工，她便在爷爷奶奶亲戚家里四处寄住，多次转换学校，结识了很多新人，忘记了更多旧人。念初中时，父母亲回家务农，爷爷奶奶身体尚且健朗，那时种了许多作物，她也常常会去地里帮忙，近些年来，老人家身体状况欠佳，连带着家里的地也荒芜了，每次回乡村看到杂草丛生的荒芜景象，都会生出几许凄凉之感，能勾起回忆的东西也似乎越来越少了。2017 年中考，她以全县文化分数第一名的优异成绩考入娄底幼儿师范就读于包分配的小教大专班。起初，还尚有怀才不遇的自傲，认为将来当孩子王有什么可难的，只要将自己所学一股脑儿教给学生不就得啦。好在后来遇见了不少比自己更为优秀的同学朋友，思想也逐渐成熟起来。她从小就喜欢读书，养成了一个善于阅读的良好习惯。小学时读课本，初中时整日整日流连在书店、图书馆，一见到书报杂志仿佛蜜蜂嗅到了花朵的甜蜜，一进书店就如饥似渴地阅读，往往要在书店关门时才惊觉饥渴。她阅读广博，可谓五花八门，几乎无所不读，比如，杨红樱的少儿读物、沈石溪的动物小说、古今中外的大部头名著……有段时间，她还特别沉迷于侦探破案之类的推理小说。她很能沉浸在这些书籍当中，往往一看便忘了时间，身心都被书中的人物所牵动。她读《穆斯林的葬礼》时，一边痛恨韩子奇没有担当，又怜惜新月遭遇悲惨;《哈利波特》算得上是她最喜欢的一套书，里面对人物情绪的描写细腻真实，让人如身临其境般地体会感受到书中人物的喜怒哀乐。因为爱读书，所以平日里她也学着随手写见闻随笔，以期用语言文字表达自己的内心想法，抒发自己的独特情感。

见习结束回校后她写下《师之魂》，算作见习总结。毫无疑问，应该是她见习期间的独特感悟。起初，她并不想当老师，尤其不愿当小学老师。然而，当真正站在讲台上，面对着台下那一张张求知若渴的脸庞时，她的心灵受到了极大的震撼。那是一种非亲自面对很难以想象描摹出来的感觉。做一个好教师，绝不仅仅是我们平常轻飘飘的一句“为人师表”能够涵盖得了的。她本身也很喜欢孩子，孩子算得上是世上最单纯、最可爱的生物了。她和孩子们度过了短暂的一个星期，临走时，笑着与他们告别，但一转身，眼泪控制不住地在眼眶里打转。尽管只相处了短短七天，她却是认认真真地付出了心血，又觉得不能让这七天就这样过去了，于是提笔，写下此文。初稿自然不甚完美，通读几遍，稍加修改，便在手机上打成电子文稿，再送给指导老师刘道云过目。刘老师指出了些许不足，再进行修改，最后又读了几遍，至此，才算是完成了这篇文章的写作。很快便在《今日冷水江》上刊登了。写成这篇文章，也可算作完成了她人生一次小小的蜕变。最初她并没有树立教书育人的理想，可是真正经历了这些事情之后，才会找到自己人生的努力奋斗方向。她本来对当老师毫无兴趣，自认为不期待平凡、不热爱平庸，但渐渐地，随着人生阅历的增长、尘世生活经验的积累，才真正会意识到，平凡的人生才是最美好、最让人期待的，如果能够无波无澜地生活着，每天拥有平淡的幸福，也许是大多数凡人所追求的吧。

我以为，文题《师之魂》还是太大了点儿，题和文有点不相称，于是，我把它改成《见习归来的顿悟》，想来，她也许会接受。再顶岗实习一年，谢紫英就会圆满完成学业，成为一名正式的人民教师，期待她能欣然接受这一光荣称号，并且竭诚去实现自己的诺言："为人师者，理当运用毕生心血去铸造师魂！"

那些我们渐渐消失的灵性

陈佳丽

前几天有一个朋友跟我说，她觉得自己现在都没有灵性了。我曾经也有过这样的想法。

那些我们觉得自己有灵性的片刻，究竟是什么样的呢？

小时候，有一天清晨，天还没亮的时候，我突然就爬了起来。妈妈也跟着我爬起来，只见我打开美术书，那时候的美术书还是方块形的，里面有各种各样的图画。我打开一幅画，画面上有几个女人坐在一起，聊天，做针线活。我就照着那幅图开始画，画完，竟然画得和那幅图一模一样。

灵性，在某种程度上，意味着不经训练便能喷涌而出的创造力。

在青春期，我们听过的很多歌曲，大多都是比较伤感的。倘若悄悄喜欢某个人，也必定是能在日记里大写特书的。要是和朋友闹了一点小矛盾没有解决，恐怕内心总是无法平静下来。一朵落花，可能会在我们的心中激起波澜；一个老人，也可能会令我们浮想联翩……悲伤是嘴里长的一个水泡，它很疼，但你总喜欢去弄它，因为又疼又爽快。悲伤是嚼着的口香糖，越嚼越没味，但我们总停不下咀嚼的嘴巴。

灵性，意味着敏锐的感知、丰富的感触。不过，年少的我们，这种敏锐的感知，往往体现在对于悲情的感知。

青春期的我们，灵性渐长，从幼时的快乐主导，开始变得有心事。就像影片《头脑特工队》所说的一样，假如我们的头脑中也有快乐、悲伤、恐惧、厌恶和愤怒五个“小人”，到了青春期，主导我们的，就不再只是快乐了。

而如果我们同时还具备一定的表达能力，能够把这种灵性具象化，那么，多年以后的我们回想起来，就会不由得感慨：曾经的自己是多么有灵性！

多年以后的我们是什么样的呢?

多年以后的我，上美术课，虽然自己画得也不差，但一步一步地跟着画，总感觉受束缚。成年后，有了更多的人生经历，曾经青春期那些令人伤感的事情，似乎也不是那么重要了。工作后，有时候成天到晚地忙碌，对于身边的风景也不那么注意了，哪怕生出一些感触或想法，最终也会让位于身体的疲惫，从而在时光中悄无声息地湮灭。再接着，年岁逐增，不为生活发愁的日子将彻底远离，买房、买车、赚多少钱、做成一件什么事情……很多很多实际的目标开始成为生活的重心。

我想，这就是我们的灵性“消失”的缘故吧。于是那些安静而又波澜起伏的日子，就成为心中的洁白月光，在每一个疲倦的夜晚，它就悄悄地映上窗。

然而，我是自己主动结束掉我的“灵性”的。

我清楚地记得初中毕业后，我一个人去寝室收拾东西，看到窗外的槐树开了满树淡黄色的花，一种伤感油然而生。回去之后，我写了一篇文章，我隐隐约约地发现，在伤感之中，我竟还有一丝满足感，这令我感到惊讶，还萌生一种恐惧。

当悲伤与满足感建立起联系，它就有可能成为致命的毒药。假如快乐与幸福挂钩，那么悲伤就与浪漫挂钩。我发现我就一度沉沦在悲伤的海洋里。虽然我对海子了解不深，但我曾妄自揣测过，他或许对于精神上的剧痛过于迷恋，从而放弃了生命。

当我意识到这一点，我就决定 要让自己做一个世俗的人。哪怕是“艺术”浪漫而高尚的诱惑，也抵不过我对尘世幸福的向往。所以，很长一段时间，我都不曾写作。因为我不想重复悲伤，更不想深刻悲伤。我就想开开心心地吃饭、安安心心地睡觉，我想，一定有更好的路可以走。

现在的我，重新认识了“灵性”。灵性这种东西，它不会消失，只要你愿意它存在。

我们仍然可以保持我们的创造力。技巧的训练，短时期内可能会让我们觉得不够自由，但从长远来看，它是我们的必经之路。

我们也仍然可以保持我们敏锐的感知。只是我们不再停留在比较自我的“伤春悲秋”的层面，而是多层面多角度感知：对自然、对社会、对人生、对生命……

不忘初心，不等于总是怀念过去。过去的自己很好，现在的自己不赖，以后的自己肯定也会很棒。人生的钥匙握在我们自己手上，虽然门没有那么多。追求事业，珍惜感情，感受生活，我们的“灵性”会带领着我们去创造，去感受生活中的酸甜苦辣。

正所谓：“看山是山，看水是水；看山不是山，看水不是水；看山还是山，看水还是水。”

※※※※※※

陈佳丽来自新化偏远山区圳上半山村，父母都是农民，2010年初中毕业考入我校，就读于五年制包分配的小学教育专业。作为乡村女孩，十四五岁就能解除就业压力，应该是值得庆贺的事；艰辛务农的父母自然也喜之不美（方言，指特别高兴），女儿不到20岁就可以凭教书养活自己，天下哪有这等好事。陈佳丽在校学习期间格外勤奋刻苦，一有时间就静心阅读，专心写作，陆续在县市级地方报刊上发表文章。2015年6月正式毕业，分配在原籍新化县半山中学教初中语文和英语。几年来，在跨学科教学，还当班主任的情况下，陈佳丽仍然坚持读写，阅读教辅资料、做读书笔记、批改作业，写教学类随笔、写见闻时评，等等。这是一篇思辨性散文，随着年龄的增长，很多人的灵性，即聪明才智，的确会逐渐消失。文章起笔就紧扣文题，“觉得自己现在都没有灵性了”。接着，就用生活中习见的实例，对抽象的“灵性”作了通俗易懂的诠释。再用“然而”一转，进行反思，“我是自己主动结束掉我的‘灵性’的”，又用三小段加以印证。最后，断定灵性是不会消失的，“只要你愿意它存在”。文章末尾引用宋代禅宗大师“看山看水”的参悟作结，全文不足2000字，分成20个自然段，结构略显松散。

红色精神耀我行　时代青年践初心

许艳萍

人们是否还记得那城市沉重的呼吸声，人们戴着蓝色口罩想抓住最后的希望。医院里是肉眼不可见的病毒、无力的病人、心力交瘁的医护人员，这就是 2020 年的序幕。

马路边人们面对面地肆意交谈，商量着一起约看那城市美丽的樱花，空气里满是春季的芳香，城市似乎又活了起来，生机勃勃的这番景象，是 2021 年。这一切不得不归功于我们伟大的中国共产党！

谈起中国共产党，心中的敬佩与自豪感油然而生。从老上海的石库门到嘉兴南湖，在那一艘红船上十几个坚定共产主义信仰的革命先行者们激烈地探讨着如何拯救苦难中的中国。于是，伟大的中国共产党就在那一艘小小红船上诞生了！从上海小楼到南湖起航、从南昌的枪声到巍巍井冈、宝塔山的晨曦洗掉了风尘……此后的中国共产党，越过急流险滩，穿过惊涛骇浪，成为领航中国行稳致远的巍巍巨轮。

共产党人的使命初心更是令人敬佩！“到前面来开枪！共产党人要死得光明正大，绝不能在背后挨枪，我要亲眼看着敌人的子弹是怎么打死我的！”这刚劲有力的言辞，是共产党人吉鸿昌在刑场上临刑前对刽子手说的最后一句话。随后一声枪响，吉鸿昌先生倒在了那一片鲜红耀眼的血泊中，吉鸿昌的时光静止了，但属于共产党人的时光之河却永远奔腾着向前！

时代更迭，一代又一代的接力棒薪火相传，老一辈们用艰苦卓绝、不惧艰难险阻的红色精神掀起了时代浪潮。

回顾我们自身，作为新时代的青年，身上则承担了更多期待的目光。记得前段时间，网上有个帖子热度一直居高不下——“‘00后’是不是被毁掉的一代？”帖子下面一条条醒目的言辞大概都是说很大一部分“00后”青年沉迷于虚拟的网络世界，只顾享受前辈们艰苦奋斗来的成果，并没有担起年轻人该承担的责任和使命，大抵是令人失望的。但在2020年这个不平凡的一年中，很大一部分医护人员都是“90后”和“00后”的这些年轻人，他们用行动证明了自己的担当和价值；他们用行动体现了新时代所需要的红色精神！

新时代的青年已然成为了国家的骄傲和希望，将来也定有能力成为国家的脊梁！所以没有被毁掉的一代，只是各个时代所要承担的责任和使命不同罢了。历史的接力棒已传入我们新时代青年的手中，我们应把这交付在我们手中的使命担起！红色精神耀我行，时代青年践初心！让我们用自己的生命来创造历史的又一个辉煌，不负热血的青春，不负伟大的党！

※※※※※※

许艳萍来自新化，2018年9月考入娄底幼儿师范，就读小学教育专业。注重学业修成，一有时间就啃读中外大部头文学名著，诸如梭罗的《瓦尔登湖》、斯蒂芬·金的《肖申克的救赎》、雨果的《悲惨世界》、钱锺书的《围城》、路遥的《平凡的世界》……文学大师们细腻的笔触给读者展现了不一样的大千世界。边阅读边思考，不知不觉便养成了动笔记录现实生活的习惯。

在中国共产党成立100周年的喜庆日子里，不写点东西，总觉得欠了笔债似的忐忑不安，却又不知从何落笔。有一天，偶然从网上看到“‘00后’是不是被毁掉的一代”的帖子，便再也按捺不住写作的冲动，一个多小时便完成了《红色精神耀我行，时代青年践初心》的初稿。指导老师刘道云看了，认为文章从当代青年观察时代现状的角度，审视历史进程，能让读者明了“没有共产党就没有新中国”的道理，能从无数先烈身上充分认识到中国共产党的伟大、光荣、正确，同时明确了时代青年的使命与责任。刘老师当即予以肯定、鼓励并提出修改意见。她回去秉着严谨求精的态度，逐字逐句反复修改，才完成定稿，并发表在《今日冷水江》报。

下　编

老师文章52篇，我们又是怎么写成的——

说句实话，一直认为教书并不是我最好的选择，但我却站了40年讲台。常见学生多考了几分，有时仅仅多了0.5分，而改变了人生走向时，我心中窃喜，深表祝贺。自此决心铁定教书，随之信心倍增，浑身是劲。然而，个中甘苦有谁知啊！

我1964年初中毕业考上冷水江一中，最喜欢上语文课，作文经常评为甲等，被老师作为范文在班上念读。语文老师罗守让是作家、教授，著述颇多，执教多所中学、中师和大学，80多岁了，仍坚持读写。读了一年多点，“文革”开始了，我不参加任何造反派组织，甘当“逍遥派”。每天翻越我家对面的野鸡坡，常常赤脚步行，往返近20公里跑通学。去学校点个卯，看看铺天盖地的大字报，下午肚子饿了，就匆匆赶回家。学校“停课闹革命”，哪里还能读书！于是，我便刻意搜集民间医药偏方，抄写《中药四百味白话解》，预备将来当个乡村郎中。这样，在学校混了将近两年，直到1968年才拿到高中毕业证，农家孩子只能回原籍务农。快20岁了，成了十足的劳力，犁田耙田、开荒种地、扒粪积肥、拖板车、挖煤窑，等等，哪样重活、脏活都干过。年底，我终于获得了一个暂时跳出“农门”的机会，幸运地当上了“铁建民兵” 参加三线建设，修筑湘黔铁路。抬石头、砌护坡、挑道渣、扛枕木、铺铁轨、炒油砂、扎道钉……超强的苦和累。当湘黔铁路全线贯通之后，我们便转战地方，修筑冷水江境内的电厂、铁厂、碱厂、氮肥厂的4条铁路支线。再入“农门”，队里一位绰号“老狡猾”的村民送我一个“二狡猾”的诨名，当众嘲笑我：“二狡猾，认命吧，到农村里当一辈子农民算了。”

1971年底，我意外得到了一个推荐保送去医学院读书的机会，公社学区文教支书陈历朗通知我去人民医院体检。12月26日上午，我拿着介绍信前往，起先遭拒，几经解释，据理力争，才获准暂时体检。没吃中饭，下午在新华书店二楼写了一个起码3000字的《我的自传》就赶回家，再也没去管这事了。在家务农时，只要有空，我就到处借书，很多都是线装的，大多是开头末尾少了页数，只能从书脊上才知道书名的书，比如，《小癞子》《家》《清史稿》《斧破冰融》《玉台新咏》，等等。有天上午工休时，我在啃读一本缺了几十页的《水浒传》，大队支书猛然来到我身边："老二，你在读什么书，啊！古书，你还在搞'四旧'！"不由分说，那本并不完全的《水浒传》就被他没收了。唉，我这人咋就这么倒霉呐，恐怕这辈子再也没有读书的机会了！

1972年3月2日，我正在挑牛粪堆集苗床，预备培育秧苗，满身粪水、泥浆，堂弟拿着一封拆开了的信，跑到我家，喘着粗气，说："二哥，要你去读大学，看，是湖南师院中文系寄给你的录取通知书！"我接过看了一遍，走到母亲面前，说："妈妈，我明天不出工了，要去办户口迁移手续。"说完之后，眼泪潸然而下……母亲侧身背着我，估计也流了泪，她说："好的，儿子，明天莫出工，抓紧去办好你要办的事。"

前一年队里年终办决算时，我只分得380斤稻谷，200斤红薯，却去粮站卖了580斤稻谷才准许迁出户口。想起这事，心中常常隐隐作痛，因为我多占了父母兄弟姊妹的口粮。我用3天时间办好了卖粮、户口迁移、团组织关系等手续，于1972年3月8日，挑着一床篾席、一条粗布印花被、一口木箱，踏上了去省城求学的路。

作为首届工农兵学员上大学，我们自然受到了浓重的欢迎和热情的接待。入住宿舍之后，庆幸自己将在麓山脚下度过三年书香醉我的日子。我们是春季入学的，在校学习名义上是3年，除去学农、学工、学军、参加修建湘江一大桥等义务劳动的时间，实际上只有两年多。其间，给我们授过课的有羊春秋、马积高、饶东原、王昌猷、叶幼明、唐树芝、叶雪芬、李熹喜、车振华、黄钧等众多名师。不管哪位老师讲授，我都会认真听课，而且尽量做笔记，课后再按老师提出的要求和开列的书目进行深读和拓展阅读。三年内，我囫囵读过《诗经》《论语》《左传》《战国策》《史记》等古籍，读过鲁迅、巴金、高尔基的众多作品，读过莎士比亚、巴尔扎克、雨果、托尔斯泰、莫泊桑、契诃夫、欧·亨利、勃朗特、德莱塞等外国作家的名著。也许是出于职业的压力和紧迫感，我每天利用午休时间，用毛笔抄写《庄子》《唐诗三百首》《红楼梦诗词选》，一为练字，二为增强记忆。从1972年5月开始，我以“读书与随笔”的形式写日记，偶尔在院刊上发表诗文，于是暗自做起了文学美梦。

没想到，分配学习班结束，1975年1月25日听取宣布，我被分配到新化师范。3年后，又被突然调至新化三中，教学任务更加繁重。我曾在5所学校兼课，周课时多达55节，中午很想休息一下，眼睛一闭，云抬走了似的，便赶快咬住舌头，咬醒自己，继续备课、改作业。成家后，生存压力更大，每月36块钱工资，拿了整整10年，岳父母、妻儿三代一间房，时不时有乡下亲戚登门，生存都难以为继。哪有时间和心思读书写东西！写了十几年的日记，停了，诗歌不写了，小说、散文都不写了；搬了几次家，许多资料都被当成废纸卖掉了。

1987年下学期，我被重新调回新化师范，女儿快两岁了，新化计生委给我们追加了一个“违反计划生育”的处分：夫妻双开除，留用察看一年，每月工资39元。4年后，妻子也调进学校当校医，我们住进讲师楼，日子过得愈益温馨惬意。家人从不干涉我买书、订阅报刊，也从不打扰我读书、写作。稍有闲暇，我便写点教育随笔、经验总结，这应该是正业，也是本行，或许更靠谱。认准主攻方向之后，我开始深入研读教材、查资料、做卡片，写点教学管见，做点教法探讨，计划每年至少见刊一篇文章。果真奏效，此后，便陆续有文章在中语界专业报刊发表。退休之前，居然因“长期从事教育工作，成绩卓著”，获得湖南省“特级教师荣誉称号”，幸甚至哉！

写作金针藏在写作过程中

黄奇文　潘久泰

写作实在没有什么不可告人的秘密和诀窍，要有也完全潜藏在写作过程中。全程参与写作过程，不厌其烦地苦写、硬写，反复修改，日子久了，只要想写，自然能够写出绝妙文章。

每篇文章都是一个故事，每个故事都会告诉你文章是怎么写成的。学生会写文章，绝对不是老师教的，而是自己学的。老师出个题目，指导学生应该怎么怎么写，其实，老师是写不出的，我敢说，绝对写不出好文章。如果写得出的话，自己为何不先写一篇去发表呢？那本是名利双收的事。我以为，老师能教给学生的只是最一般的写作常识，学生通过阅读完全可以积累并学到；只是老师教的要略微全面、系统、完整一些而已。老师只能评点、批改学生的文章，告诉他们文章“不应该那么写”，而当学生问及老师“到底要怎样写”呢，老师大抵只能无奈地说，“拿起笔，从左至右写”。心有余而力不足，老师也实在写不出啊！因为仅熟悉写作知识和技巧，甚至背得滚瓜烂熟，也还是写不出文章来的。

鲁迅先生曾经在《不应该那么写》一文中告诫凡是有志于创作的青年，不要相信那些专掏青年腰包的“小说作法”“小说法程”之类的话。他说：“从‘小说作法’学出来的作者，我们至今还没有听到过。有些青年是设法去问已经出名的作者，那些答案，还很少见有什么发表，但结果是不难推想而知的：不得要领。这也难怪，因为创作是并没有什么秘诀，能够交头接耳，一句话就传授给别一个的，倘不然，只要有这秘诀，就真可以登广告，收学费，开一个三天包成文豪学校了。以中国之大，或者也许会有罢，但是，这其实是骗子。”他认为最为切实的方法就是“多看大作家的作品”。“凡是已有定评的大作家，他的作品，全部就说明着‘应该怎样写’。只是读者很不容易看出，也就不能领悟。因为在学习者一方面，是必须知道了‘不应该那么写’，这才会明白原来‘应该这么写’的。”他还进一步强调：“应该这么写，必须从大作家们的完成了的作品去领会。那么，不应该那么写这一面，恐怕最好是从那同一作品的未定稿本去学习了。在这里，简直好像艺术家在对我们用实物教授。恰如他指着每一行，直接对我们这样说——‘你看——哪，这是应该删去的。这要缩短，这要改作，因为不自然了。在这里，还得加些渲染，使形象更加显豁些。’这确是极有益处的学习法，而我们中国却偏偏缺少这样的教材。近几年来，石印的手稿是有一些了，但大抵是学者的著述或日记。也许是因为向来崇尚‘一挥而就’，‘文不加点’的缘故罢，又大抵是全本干干净净，看不出苦心删改的痕迹来。取材于外国呢，则即使精通文字，也无法搜罗名作的初版以至改定版的各种本子的。”

那么，创作究竟要怎样做才会好呢？鲁迅在《答北斗杂志社问》时指出：“一、留心各样的事情，多看看，不看到一点就写。二、写不出的时候不硬写。三、模特儿不用一个一定的人，看的多了，凑合起来的。四、写完后至少看两遍，竭力将可有可无的字、句、段删去，毫不可惜。宁可将作小说的材料缩成速写，决不将速写材料拉成小说。五、看外国的短篇小说，几乎全是东欧以及北欧作品，也看日本作品。六、不生造除自己之外，谁也不懂的形容词之类。七、不相信《小说作法》之类的话……”鲁迅还谦虚地说自己“虽然做过二十来篇短篇小说，但一向没有‘宿见’，……不过高情难却，所以只得将自己所经验的琐事写一点”。“答问”的第五条喜欢“看外国的短篇小说”云云，是说他自己最爱看东欧北欧的作品，也看日本小说。除这一条是个人经验之外，其他各条可以说都是写作必须遵循的玉律。

尽管鲁迅先生所谈都是文学创作，严格地说，是小说创作经验，但是对“写作”还是普遍适用的，无论写小说，还是散文，或者诗歌，哪怕作一副十几个字的对联也都管用。综观鲁迅的写作经验，有两点必须强调：

一是阅读名作，向名家学习；二是勤奋写作，亲历写作过程。简言之，就是两个字：“读”和“写”。读和写是相辅相成，互相促进的。如果只将阅读作为一种享受、一种消遣，那么，就会懒得动笔，久而久之就不会写作了；如果将阅读当作写作的前提，认为阅读是为了更好地写作，那么，就会越写越好。第二点常常被人有意无意地忽视，因为写作毕竟是一件非常辛苦，甚至是痛苦的事，非有超强耐得寂寞、坚守孤单的能力不可。人有一种天然的惰性，很难克服，“好逸恶劳亦犹夫人之情也”（黄宗羲《原君》），世间有几人愿意去承受写作之苦呢？写作像种地、打工一样辛苦，甚至更辛苦。一篇文章、一本书，从搜集素材、积累资料、计划酝酿、构思立意、起草属文，到推敲修改，到最后完成定稿，必须经历一个艰苦，甚至是痛苦的，处心积虑、冥思苦想、搜索枯肠的过程。鲁迅主张学习写作，多读名家的作品，最好是手稿，名作的初版以至改定版的各种本子，是在强调，文章写出草稿之后，再仔细修改直到最后改定“过程”的重要。而且，有志于写作者要长期坚持勤奋写作，才能成功，那更是难上加难的事。季羡林先生（1911—2009）6 岁入私塾，读《百家姓》《千字文》《四书》识字；12 岁读中学，读《左传》《战国策》《史记》等，课余学英语、德语、俄语等；十六七岁开始写作，一辈子写了上千万字的作品，90 多岁还信心满满地向世人宣布“我不能封笔”。在视力差到不能分辨放大数倍的字迹笔画，手不能把握运笔走向的情况下，拒绝口述，仍然坚持自己写作。95 岁高龄时，他在《封笔问题》（见《季羡林百年散文精华》国际文化出版公司 2013 年 9 月第 1 版）一文中说：“像我这样的老知识分子，差不多就是文不如司书生，武不如救火兵。手中可以耍的只有一支笔杆子。我舞文弄墨已有七十来年的历史了，但毕竟不能算多。我现在自认还有力量舞弄下去，我怎能放弃这个机会呢？我不能封笔。”像季老那样吃得写作苦的人，恐怕世上难寻第二个！

20 世纪 80 年代以来，以美国为首的西方国家兴起一种“过程写作”教学理论和实践热潮。过程写作教学法将写作视为一个心理认知、思维创作和社会交互的动态循环过程，注重写作的全过程。“学生通过写作前、写作中和写作后的一系列协商、监督、互评等交互活动，提高交互能力和书面表达能力。过程写作教学法将写作分为若干环节，如信息搜集、制定计划、写作阶段、同伴评价和同伴编辑等，注重构思、立意、写作、修改和定稿等所有写作环节。在这一过程中，教师负责组织、协调和指导学生将写作过程变成一种协作性的学习过程，使其理解和内化写作的每个步骤，从而掌握有效的写作技能，而不再以学生是否能交上一篇按规定写好的作文为教学目的。”（倪岗 杜少凡《注重过程 强化修改》，见《中学语文教学》2010 年第 12 期）。南京十三中著名特级、教授级高级教师曹勇军和美国佛罗里达大学教授，2015 年在《语文学习》开辟“中美写作教学对话”专栏，就中美基础教育写作教学中一系列热点难点问题展开对话和讨论。一共刊登了 11 篇对话，其中第 9、11 期上的《写作课堂里的计划、过程和激情》《美国写作教学名家及其代表作》两篇介绍了“过程写作之父”唐纳德·莫里（Donald Murray，1924—2006）和唐纳德 · 格雷夫斯（Donald Graves，1930—2010）的建树和影响，还特别介绍并评析了美国模范教师凯利（Kelly），以及公认的美国中学一线名师凯特（Kate）、南希 · 爱特维尔（Nancie Atwell）、琳达 · 瑞夫（Linda Rief）的实践和成就，他们的勇敢探索和执着追求值得钦佩，他们的宝贵经验值得我们学习和借鉴。傅丹灵和曹勇军在《寻找写作教学专业成长的心灵种子》的对话中，讨论了会不会写的问题，曹老师说，“会写”的人要符合三个基本条件：“第一，应该是有写作的意识和习惯，愿意用写作来表达自己的思想感情。第二，具备一整套写作策略，了解真实写作的规律：也许开始我写得并不好，但我知道文章是一步一步由不好到好磨出来的，我没有畏惧感。第三，应该经常写，而且有写作的自信：我不断挣扎，不断修改，不断学习，相信自己能写好。”（见《语文学习》2015 年第 10 期）这是写作学习步入正途最为通俗易懂的箴言。

深受“鸳鸯绣出从君看，不把金针度与人”（《五灯会元 · 芙蓉楷禅师法嗣》）的传统保守思想影响，我们有许多从事写作教学的教师不愿在学生面前“露丑”，只愿将自己写得好的文章给学生看，缺少将草稿、将写作过程展示给学生的勇气。这除了使写作神秘化、让人钦羡之外，更为重要的一个原因是，写作能力确实不是老师教会的，而是自己学会的。当然，也有不少教师实在无“丑”可露，因为他们自打走上讲台之后就很少，或再不写作；甚至有少数教师懒到连教学计划、工作总结、述职报告都要抄袭、请人代写交差的地步。有时竟然还站在讲台上大言不惭地指导学生，文章应当如何如何写，这哪里还有“为师”“为范”的尊严和信度可言。我现在辑录我和我的学生们写的部分文章和诗作等，以故事的形式叙说每篇文章的“写作过程”，尽量还原写作前、中、后各个环节都做了什么、是怎么做的，算作“露丑”，也就是说传授写作“金针”。读者或许能从中得到某些许启发、感悟，学到方法和技巧，也希望能够帮助读者有效提高写作能力。

※※※※※※

黄奇文是我校师范类包分配的电大中文班学生，我曾经教过他们班汉语、写作、文学等课程，并担任他们班三年班主任。在校学习期间，他学习很刻苦，成绩很优秀；喜欢写作，天天练毛笔字，写得很好；常常独处静思，有些特立独行的个性。毕业后分配原籍双峰三中教语文，6 年后调入一中，很快成为名师，擅长作文教学指导。咱们师生对写作教学很有共同语言，长谈之后，就“写作就是讲故事”达成共识，认为文章的“写作过程”可以提供选材立意、布局谋篇、翻新出奇，等等许多写作经验、技巧。我很快写成初稿，并结合他的意见修改，完成定稿《写作金针藏在写作过程中》，投寄《作文教学研究》，刊登在 2016 年第 2 期。有次正月他来我家，说“还想发篇文章”。我说“不难”，关键是要确立一个比较新鲜点的论题，拟就三五个要点，再填充例子，敷衍成 2500 字左右就行；不过杂志社要收取越来越贵的版面费；因为发表专业论文已经成为职称评聘的敲门砖。他说，如今这已经是公开的秘密，办杂志要自负盈亏，人家也要吃饭，总不能让人家自掏腰包为他人作嫁衣裳，只要不是狮子开大口，一般还是承受得起的。我说，这是典型的中国特色，发表文章不仅没稿费，还须支付版面费；毕竟编辑们的思想也还没有崇高到免费服务他人的道德境界，或天地境界。我要他结合自己作文教学经验，拟就至少三个提纲，拿出初稿，我再来修改。于是我俩再次合作，写成《高中作文教学策略探讨》一文，发表在《教学与研究》2016 年第 2 期上。

仿写失败的启示

潘久泰

教完碧野的《天山景物记》后，我让学生以“家乡景物记”为题搞了一次仿写，结果全班38名学生竟有34名这样开头和结尾：“朋友，你到过我家乡吗”，“朋友，如果你没有到过我家乡，我可以当你的向导”。但就这两句而言，实属学舌，全班竟如出一辙，而且所写内容大同小异，真是“英雄所见略同”。这完全是一次失败的仿写！由于审题指导时，我只着重讲了“应该这么写”，而忽略了“不应该那么写”，以致造成此种令人忍俊不禁的雷同。细想起来，这次仿写失败，至少可提供给我们三点有益的启示。

一、仿写要有层级性

所谓仿写的层级性，就是指从简单到复杂，从低级到高级，根据范例模仿写作的次序。中小学低年级常常进行仿词、仿句、仿段训练，到了年纪就得进行仿段仿篇训练，而高中阶段一般只搞仿篇练习且只可偶尔为之。碧野以浓郁的激情，如数家珍似的向我们介绍了天山十数种景观和物产，热情歌颂了景色绮丽、物产丰饶的祖国边疆，抒发了热爱祖国美好山河的深情。同时也激起了读者对天山的心驰神往。全文近5000字，且又有4个小标题，让学生仿写，一般很难过选材关。大多以“朋友，你”怎么怎么开头和结尾，中间堆砌十来种家乡景物，内容庞杂，绝对驾驭不了，也绝对写不透彻，自然只能浮光掠影，轻描淡写了。因而，我们只能要求学生择写家乡一两种，最多三五种景物，限于时间和篇幅，甚至只写一种也无妨，不过要写好。这样学生便可以根据课文的某一节仿写，或写小溪大山，或写火枫翠竹，或写峡谷清泉……

二、仿写要力求神似

一般说来，仿写只求形似是比较容易的，因为这是简单低级的模仿，无须花费多少心血。要做到神似就比较困难了，因为这是复杂、高级的模仿，必须付出些许艰辛的劳动。文章的“形”和“神”是紧密相连，不可分割的，如果放写出来的文章，思想内容毫无可取之处，则徒有其“形”文章就显得格外苍白枯涩，甚至令人发笑；泛指，思想内容表达好，或者出色，则其“形”就根本不显眼，也就看不出模仿的痕迹了，这才称得上“神似”，算是成功的仿写。至于要想达到“无技巧”自然境界，则还需一番努力。关于仿写问题，周振甫先生在《文章例话》一书中的《摹仿与脱胎》一文里列举了好些后人模仿前人成功的例子，并深刻阐述道：“摹写是仿效写法，脱胎是继承用意；前者是用意不同而写法同，后者是写法不同而用意相似。”他还说：“脱胎是从旧的文章中孕育变化而创作新的文章。它从旧的文章中来，是有所继承的；它又经过孕育变化，是有发展的。脱胎是继承发展的结合。脱胎的写法是值得肯定的。”可以说，仿写的神似和脱胎是一回事。如果有学生能仿效《天山景物记》的写法和用意，或移步换景，描写家乡数处迷人的景色，或驻足换形抒写一处景观的秀色可餐，或用对比的手法叙写家乡的巨变，或以时间为序，反映家乡父老辛勤劳作，改造穷山恶水，并使她异彩纷呈……那么，有谁能说那不是“神似”仿写呢？

三、仿写要避免造情

文章成败的关键在于思想感情表达是否真实，是否自然。“朋友，你”怎么怎么，从修辞角度讲，这是用了呼告的手法。运用这一辞格，常在行文中出现第二人称，作者有意缩短自己与读者的心灵距离，似乎在面对面地直接对话，能给人以格外亲切的感觉，以引起读者的强烈共鸣。刘勰在《文心雕龙 · 情采》篇里说：“盖《风》《雅》之兴，志思蓄愤，而吟咏情性，以讽其上，此为情而造文也。诸子之徒心非郁陶，苟驰夸饰，鬻声钓世，此为文而造情也。故为情者要约而写真，为文者淫丽而烦滥。”虽说这是论及文学创作的范畴，但仍可借鉴。仿写也自然有一个思想感情的表达问题，即使达不到“为情而造文”的高度，也起码应当尽量避免“为文而造情”的毛病！否则，仿写还有何意义？收集这次仿写的反馈信息时，有些学生说，我的家乡实在太平常了，没什么景物可记；有学生说，我发誓要离开我那愚昧落后的家乡，可说对家乡无丝毫爱意可言；还有学生说，由于贫穷、闭塞，我最恨自己的家乡了……分析起来，除了动笔之先的情感撩拨和写作欲望激发不够外，主要还是学生们缺少审美发现，还不真正了解自己的家乡，对家乡缺少挚爱之情。相反，却在那里虚假地、辛苦地“为文而造情”，也就自然写不出佳作了。

※※※※※※

文章第一段所写的确是件真事儿，1983年我教的外语班38名学生，习作水平总体都比较好。可是这次作文仿写出现的机械似的“仿形”，却完全出乎我的意料，开头、结尾雷同得令人捧腹；讲评时学生也都大笑不已。师生交谈时，大多说了内心话，基本上是不喜欢自己贫穷落后的家乡，自然也就写不出赞美的文章。我认为这不是根本，也没说到点子上，不知道“仿篇”应当如何“仿神”。这年高考实行筛选，有22人参加高考，结果全都上了专科以上分数线，个个都录取了。高考作文题是看图作文：看漫画《挖井》，写一段介绍漫画的说明性文字；根据漫画的内容，写一篇800字以内的议论文。想必学生的语文成绩、作文分数没有拖后腿；学校公布的高考各科成绩数据也证实了我的猜想，我们班语文成绩比文科班高出6分多。数他们班的同学最有出息，有一个当了部级领导，有三个留在大学教书，有好几个做了地处级、省厅级正要。我一直耿耿于怀那次失败的仿写，直到十几年后，我才从中梳理出三个要点：一是仿写要注意层级性，二是仿写要力求“神似”，三是仿写要力避为文而造情。这正是文章的写作提纲，写完定稿之后，我将文题“一次难忘的仿写”改成“仿写失败的启示”，誊抄后交给湖南师大的同学周庆元教授，当时他正在我校带实习学生，他说：“文章可以，我带去看看能否找家适合的刊物登一下。”两个来月之后收到了杂志和稿费，事后我连“谢谢”都没说一句。

工作帽与简·爱帽

潘　迈

日前去某医院就诊，见当班护士的工作帽后檐都破开了寸许，而且高高地戴在头顶；乌黑的卷发披散于肩背；身穿束腰白大褂；脚趿高跟鞋，走起路来，“咯噔咯噔”，那模样实可与夏洛蒂·勃朗特笔下的简·爱相媲美。

内行自然清楚，这是不符合无菌操作规定的，因为一个人的头发最容易粘附微生物和灰尘油垢。戴工作帽是为了防止头发上的病原微生物及灰尘掉落而污染无菌器皿和清洁创面。同时，也可保护自己免遭病菌侵染。所以，医生护士戴工作帽时，务必将头发全部遮没。无独有偶，前不久，在书店给孩子买了本连环画，那《会说话的猩猩》中有位“中华医院”的护士装束也是如此，我不禁犯了疑：是不是简·爱那顶令人艳羡的帽子丢了，被我们的艺术家拿来张冠李戴了？殊不知，这是极不科学的。然而，它与现实生活中那种将工作帽当作简·爱帽戴的现象，又何其相似乃尔，这到底是艺术影响了生活，还是生活制约了艺术？我分辨不清。但是，有一个问题，我感到我们可以思考一下：戴简·爱帽的护士同志，您的心中到底多了点儿什么又少了点儿什么呢？恕我直言，您多了点儿“洋气”，却少了点儿全心全意为人民服务的精神。

我想，为病人着想，为自己考虑，为真的艺术起见，护士同志切不可将工作帽当作简·爱帽。

※※※※※※

本文获湖南省首届专业报纸好新闻评选（评论）一等奖，《大众卫生》1986年4月5日头版以“湖南省首届专业报纸好新闻评选揭晓　本报获得满堂红的好成绩”为题作了报道。

我妻子1974年于邵阳卫校护理专业毕业，在新化人民医院工作了整整20年。她有一次参加专业操作“滴注”比赛只得了个第二名。她说，比第一名完成操作至少快3分钟，原因是消毒棉签掉在注射盘内，没能换一根扣了分。这事留给我很深印象。我教过的学生在人民医院当医生、护士的有20多个，几乎天天相见。交往中，我注意到偶有护士给创伤患者消毒不严的现象。1983年7月10日构思酝酿，写成了《工作帽与简·爱帽》初稿，有1000多字，最后修改定稿成500多字。我妻子长期订阅《中华护理杂志》《大众卫生》等报刊，我每期篇篇文章都看，读得懂的认真读，看不懂的，只是随便翻翻。我在这两种报刊上抄下编辑部地址，先后将文章投寄出去，就没管它了。8个月后《大众卫生》发表了，得了6.5元稿费，又意外获奖，而且是个省级一等奖，奖金30元。那个年代，我毕业后月工资36元，整整拿了10年，直到1984年才第一次涨工资，每月增加7元。学校没任何人知道“潘迈”是我的笔名，收发室杨老师问我：“学校老师只有你姓潘，这里有一张汇票和一封挂号信，是不是你的？”我一看，说“是的”，“快两个月了，我们正准备退回去了”。我连声道谢。

“其可怪也欤”异译

潘久泰

我们查阅了不下二十种资料，发现人们对韩愈《师说》中“其可怪也欤”一句的译法各异，译文也不尽相同。大致可归为三类：一、难道不是一件奇怪的事吗？二、这是一件多么奇怪的事啊！三、恐怕是件奇怪的事吧？孤立地看，好像都说得过去，也都可找到一定依据，但从句式和具体语言环境看，似乎都有不确切的地方。

首先，我们必须肯定，这是个反诘句，“其”可译成“难道”。这在韩文以前，尤其是先秦的古籍里不难找到证据。如：“天之所以置，其可废乎？”（《左传·鲁僖公二十八年》）“以子之所长，游于不用之国，欲使无穷，其可得乎？”（《韩非子·说林上》）“今郑人贪其田，不我予，今我求之，其予我乎？”（《史记·楚世家》）以上各句中的“其”与“其可怪也欤”中的“其”用法相同，均可译为“岂”“难道”“莫非”等副词。显然，无端加译“不”字，就与原意相反。译成与否定反诘句意同的陈述句（即按第二类译法译），也与原意相悖；古人惜墨如金，承前蒙后省主语的情况很多，译成指示代词实属累赘。至于译成“大概”“恐怕”之类，则与译成陈述句意思也很切近，同样不符合原意。关于“其”的这种用法，许多文言语法著作都有详明论述。

其次，韩愈写这一反诘句的本意不是为君子之智不及巫医乐师百工之人而奇怪，而是为君子耻学于师感到痛心。所以，在阐明“道之所存，师之所存”观点后，用了大段文字批判耻学于师的危害性，目的在于倡导

“师道”。他对魏晋南北朝以后人们不从师的倾向和唐代中期耻学于师之风发展到登峰造极地步的状况了如指掌，也颇为疾首，怎么会感到奇怪呢？从师就会聪明，不从师就会愚钝，不是明摆着的事吗？那些士大夫之族不但不从师，反而耻笑不耻相师的人，其智不及他人，则是可想而知，也是不值得大惊小怪的了。

最后，是作者对那些不耻相师的人和那些盲目清高、自命不凡的所谓“君子”是褒贬分明的。如果按上述各类译法翻译，势必美化所谓“君子”，不管从师与否，反正其智得胜过巫医乐师百工之人；其智不及巫医乐师百工之人就使人惊奇，岂不说明“君子所不齿”的人只能永远愚笨吗？这样一来，褒贬颠倒，上下文也失去了有机的联系。这完全是“智愚不移”思想的翻版，是剥削阶级的传统偏见！韩愈是少有的，至少在《师说》里看不出。而人们以为封建文人——韩愈必然站在剥削阶级立场上说话，那么，他奇怪“君子”之智不及巫医乐师百工之人则是理所当然的了。看来，这不能不说是一个疏漏。

因此，我们将“其可怪也欤”字字落实，直译成“难道值得奇怪吗？”是最为恰当的。

（原载广西大学《语文园地》1985 年第 5 期）

※※※※※※

韩愈的《师说》我能全文背下来，备课时几乎查遍了所有教辅资料，对文章主题和个别词句有自己的不同看法。主题不是论述为师之道，而是从师生关系角度，抨击时弊，倡导师道。我对“其可怪也欤”一句中的“其”字的理解翻译与众不同，陆续搜集了 40 多个例句，于 1983 年暑假拟题“‘其可怪也欤’译文商榷”，选用 20 个例句对比分析，写成一篇 4000 字的文章。与同组资深语文老师王汉一商讨，他很赞成我的观点，说文章太长，要删除一些相似例句才行。高考阅卷时，我与留校任教的大学同学商讨，他不同意我的观点，说《古文观止》上的注释是绝对正确的，是绝对权威，根本不会出错的。秉着学术问题是可以商榷的原则，我对文章作了大修改，删去一大半，留下8个例句分析。我反复思考，筛选例句作为佐证不是重点，重点应该放在对全文的思想内容的理解把握上。最后仅保留3个极具代表性的例句，忍痛割爱，删成1000多字。文章分三点进行阐释：首先，肯定“其”通“岂”，用3个例句比较分析，以增强说服力；其次，紧扣课文内容分析，认为韩愈对耻学于师世风根本不奇怪；最后，叙说文章的写作背景，是篇写给后学李蟠的赠序，便顺理成章得出结论。

我从学校图书资料室翻阅杂志，随便抄下一个投稿地址，自然投寄，不到一个月，便收到两本杂志和10元稿费，好让我惊喜！一篇千来字的论文，从发现问题，搜集资料，到构思立意，写出初稿，再到切磋探讨，几经修改，完成定稿，到最后选择刊物，投稿见刊，这一过程经过了起码三年时间。看来，写文章还真难呐！同组一位年轻的戴老师玩笑着说：“潘老师，请客！”我二话没说，立即掏出10块钱，买了啤酒、饼干、鱼米花生，关门对饮，庆贺我第一次在省级刊物发表教学论文。

诗人梦的破碎（诗八首）

潘久泰

我自从上大学起就开始写诗，写新诗、律绝、长短句，写了上百首，发表的却寥寥无几。

蔡家岗的春晨

雾薄，星稀，月朦胧，
晨风里，
似有阵阵春雷滚。
凝神听——
却是“铁牛”闹春耕。

渠满，秧绿，苜蓿红，
田埂上，
一字长蛇送肥人。
壮语飞——
“一季超千斤！”

（原载《湖南师院》院刊 1973 年 5 月 12 日）

岸柳和堤岸

江边有位年轻的女人,
新烫的卷发遮住了眼睛,
清风撩起她的衣衫,
遍体皂色满是皱纹。

假如你实在闲得无聊,
也没有必要这么卖弄,
当你在轻风中狂舞,
我已经看不清你的面容。

我爱你——年轻的女郎,
希望你在堤岸上深深地扎根,
因为堤岸就是我宽阔的胸脯,
我会给你无限的爱情……

（原载《新蕾》1983 年第 1 期）

串起生活的珍珠

生活并非预想的那般美妙,
命运似乎常操在别人之手。
于是有人颓废，有人怒骂,
其实这人乃是愚笨的懦夫。

在不停的拼搏中前进,
这是人生不可回避的规律。

不愿付出毕生的代价，
休想获得终生的幸福。

生活中有不少闪光的珠宝，
也有无数尘封土埋的珍珠。
我们应当拾取，善于发掘，
决不让它们轻易地消逝。

快用金线把珍珠串起，
小心地藏在心灵深处。
不然我们将失去前进的勇气，
也将在人生的征途迷误。

（原载《词刊》2008年第7期）

劝 学

溽暑难消六月天，晨风习习正好眠。
黄金日子等闲度，终成乞丐有谁怜。

（2007年11月10日）

看 桥

悠悠资水向西流，流到布溪古渡头。
手持彩练通南北，江涛滚滚不再愁。

（2007年11月10日）

咏　牛

负轭勤耕地千顷，何曾轻易上田塍。
只等牙落荒丘里，烂煮骨肉好作羹。

（2007 年 12 月 10 日）

幸　福

爸爸妈妈总认为：
我是世上最幸福的人，
不愁吃，不愁穿，
只要读好书就行。

可我总觉得：
日子过得并不轻松，
自从上学那年起，
每天起床最早的人是我，
书包最重的人是我，
作业最多的人是我，
每晚睡觉最迟的人是我、是我、还是我！

亲爱的爸爸妈妈，
如果这也是幸福的话，
我想让你们再幸福一次。
敬爱的老师们啊，
如果这也是幸福的话，
我想让你们天天幸福，永远幸福！

（2000 年正月初八）

我爱家乡冷水江

山清水秀，
民康物阜。
世界锑都我家乡，
美丽又富庶。

开门见山啰，
山高林密鸟相呼；
提步过溪啰，
溪清见底鱼相逐。
冷水江哟江不冷，
江水沁凉润心都。

满山溢情啰，
雾岚扑面霞飘拂；
遍地流金啰，
煤炭钢铁无重数。
锡矿山哟山无锡，
路桥绵延贯锑都。

仁智乐土，
群英汇聚。
世界锑都我家乡，
美丽又富庶。

（原载《今日冷水江》报 2009 年 8 月 6 日）

※※※※※※

1973年3月21日，我们从长沙乘船去全省农业学大寨的先进点常德蔡家岗公社学农，接受贫下中农的再教育。这是我平生第一次坐四层大客轮，夜过八百里洞庭，只顾看风景；累了就倚坐船头驾驶舱板壁边，拿起纸笔写诗。中文系主任龚竟成老师看到我写的《春晨》，拿去读了一遍说："要得，还不错。"他带回师院，稍许作了改动，刊登在院刊上。此前此后几乎天天用诗歌当日记，日里夜里都梦想做一位诗人。毕业后教书仍旧坚持，有时写散文，还写小说，疯狂地写作，可是，起码10年没有发表一个字！1983年终于在《新蕾》第1期发表了反复修改过五六稿的《岸柳和堤岸》，竟然收到2元稿费，写诗有稿费还是头一回；似乎又燃起了写诗的热情。学校兴办幼师，征集校歌，我写了《春华秋实》，自认为不错，却落选了。1983年我在新化三中校刊《晓声》发过《串起生活的珍珠》《鹅毛与石子》等几首诗词，自我感觉蛮好。20多年后，我在学校教务科办公桌上偶尔看到一本中国音乐家协会主办的《词刊》，是专门登歌词的，心想，一首诗要是能让作曲家配个曲子传唱，那才倍儿爽！于是我大胆投稿，《串起生活的珍珠》终于见刊，且有30元稿费。2000年正月初八学校教职工举行春节团拜会，主持人按程序安排，要员工唱歌、吟诗、表演节目，我即兴胡诌了一首《幸福》，完全仿照高林生演唱的《牵挂你的人是我》，表达对无端增加中小学生课业负担的不满，多少有些调侃味儿。《劝学》《看桥》是在月考监考时写来用于课读的，《咏牛》是想表达教师的无私奉献精神，三首七绝合不合律，我没多考虑，以念起来顺畅为准。《岸柳和堤岸》写的是失恋者用作疗治心灵伤口的。冷水江市建市40周年市歌，我写了《世界锑都我家乡》，后改题《山清水秀我家乡》，定稿为《我爱家乡冷水江》，歌词评选进入前五名。

人到中年热情冷却，诗人梦被残酷的现实击得粉碎，一提及写诗就摇头叹息。当然诗心从未死去，只因缺少了年轻时的激情，诗人美梦也就自然而然地破碎了。

是夏季？是冬季？

李振兴

这是夏季?
不是，因为
没有初夏的凉风,
也无盛夏之炎热。
但明天
就是大雪节气。

这是冬季?
似乎也不是，因为
不见入冬的冷雨,
也不见三九的寒风。
只有午后
的阳光轻吻着行人和大地。

漫步红日岭
醉闻香樟气
枯枝树叶落山溪
金菊花开味不稀
游人摆 pose，把夕阳美景收集

更哪堪放生的野雉冲天而起！

三生有因果，
四季会更替。
流水落花非本意，
菩提无心不染泥。
寒来暑往，秋去春回谁惜？
冬非冬，夏非夏何须问上帝！

（2016年12月23日）

※※※※※※

诗人在大雪节前一天的早晨，登上红日岭，把这一座城的美景尽收眼底，红日岭上虽已是江南的冬季，萧瑟中却仍绿意盎然，晨练的人们、游山的情侣把这一山的寒意都温暖了去，忽然间，草丛中，一周前诗人亲手放生的野雉腾空而起，在空中翩翩起舞。似乎在告诉所有的人们，感谢诗人让它重获了自由。三生有因果，四季会更替，便有了那极富禅意的诗句，“流水落花非本意，菩提无心不染泥。寒来暑往，秋去春回谁惜？冬非冬，夏非夏何须问上帝！”

李振兴以曾担任《冷水江工作》主编，微信昵称“翁雪”发表过多篇政论文和诗歌。《归来仍是少年——2017年暑假随笔》就是他人生最为辉煌壮丽时期的艺术再现——

“时隔三十年。她，来了，在不经意间。”

“经坎坷风雨，把栏杆拍遍；看花开花落，历世间变迁！江河依旧在，日月仍高悬。地不老，天不荒，沧海变桑田。转身时，已过天命之年。

“打点行囊，前往关中，当培训学员。阳光灼灼迎远客，热风暖雨洒江天；十三朝古都，丝路起点，名不虚传。孟郊看花后，得意也难眠。华山靠智取，黄河一壶衔。古今多少事，都付笑谈间。

“辞别帝都，再上雅天。九龙潭，渠江源。稻花香里说丰年，听鸟语蛙声一片。仰望星空，看天上繁星点点；晓风吹拂，观乡村袅袅炊烟。河塘萌钓意，板桥话先贤。煮得天池半壶水，了却人生一段缘。天门如画，多少游客称仙。

“使命在肩，回归校园。几束莲花，半亩荷田。鱼游浅水邀日月，桂开深秋映山川。摇篮好，师魂健，何愁梦难圆。

“起点，终点，几道轮回；见与不见，散与不散，一切随缘。心有乾坤，放飞自然。

“归来恰似少年！”

读着读着，便觉得确确实实有一位壮怀激烈、豪气干云、满腹才情、魄力非凡的翩翩少年如立目前！他说：“1986 年入校从教，1988 年离开讲坛从政，2016 年再度回到学校——娄底幼师，恰逢学校升专机遇与挑战；本想休息下半场，却在众多的鸡汤里，忘了自己的一切，包括年龄，又出发了。”诗中“何愁梦难圆”，抒写的就是只可意会无可言示的学校升专的情怀啊！

昨夜听雨

照　云

雨来时，我刚刚将鼠标按下发送键，窗外的雨便稀里哗啦地倾盆而下，雷声在闪电的簇拥下，震得推拉窗一片颤抖，狂风摇曳着屋外的香樟树上枯枝老叶在风雨中漫舞。

我起身走到窗前，关窗时，借着马路上路灯的光亮，望着那一地的落叶，浮在雨水上，顺着路面向远处飘去。我注视了许久，说实在的，历经周章，在大矿山上深入细致地调研、走访，这样的雨夜我不知道遇到过多少次了！无论是初春的细雨、入夏的暴雨、连绵的秋雨，还是入冬的冷雨，都没有像今夜这般给我留下深刻的记忆，让我放松心情，伫立窗前听雨。

今夜下的这场春雨，伴随的自然是春风，扫去树上的枯枝老叶，自然就少不了“二月春风似剪刀”的诗句了。而我看着这雨点儿，却似我写在纸上那密密麻麻的文字，每一滴雨点儿都有它深刻的含义，我似乎感觉到了滴水汇成小溪的凝聚力，又汇聚成团结一心奔向大海的勇气，我仿佛又听到雨滴的呼唤，似乎它们在呐喊着：“我从天而降，是为了滋润大地，复苏万物。”

它们似乎又在说：“我们是来汇集，让干枯的河床能乘舟而行。”是的，在大矿山创作的日日夜夜里，每每听到窗外的雨声，我都会如沐甘露般地笔下生辉，是雨点儿打破了那夜的寂静，伴我畅游在文字的海洋里。

今夜这雨，又让我想起了岳高岭上的风、想起坝塘山下小溪的激流、想起那座承载着厚重历史的石拱桥，那独石厚重的桥板，历经风雨，勇搏激流，坚实的桥墩，还有那似乎还能感觉到温度的留在石板上的足痕，冥想着在这样的雨夜里，昔日那运锑驼马在雨夜里艰难前行的画面，似乎我还能听到脚夫们那一声声划破长空的吆喝声，闪电把他们的身影印在冬茅草丛中，又蒙太奇般地在山路上这里一闪那里一现。我不知道，一担烟煤在雨中是否被洗刷成洁白，但我一定知道，一路上，从挑筐里流出的墨汁都在书写着辛劳与艰辛。

风雨中那母女蜷缩在蓑衣里，前行的脚步又是那么地坚定，展示着那风雨中前行永恒的信念。

伫立窗前，我的脑海中突然有了肖石月站在肖家湾平民学校的讲台上给劳工们书写镰刀、锤头的画面，在这雨夜里又是那么刚劲有力，掷地有声，把屋檐上的积水凝聚了。那初心与信念，更如这春雨般孕育着这岳高岭的姹紫嫣红。

（2021 年 6 月 16 日）

※※※※※※

照云，是娄底幼师刘道云先生的笔名，作家，湖南省作协会员。1975 年毕业于中国人民解放军 89208 部队子弟学校，同年回湘下乡。1977 年应征入伍，1979 年参加对越自卫反击战并荣立战功。自 1984 年出版长篇小说处女作《山那边的小屋》，沉寂 20 多年后，竟一发而不可收，陆续出版《山之魂》（2011）、《老腊树下》（2013）、《那月霜花》（2015）、《第一书记》（2019）、《清风徐来》（2020）、《大矿山》（2021）等 10 部长篇小说，共计 500 多万字。现为冷水江市作协主席，娄底市作协副主席。

《昨夜听雨》是照云先生在长篇小说《大矿山》创作间隙中写作的一篇短小精悍的美文，首先是画面清新激烈的春雨描绘，能让读者惊悚，继而喜悦，预示着春风春雨即将吹拂滋润着广袤大地的万紫千红；文字的优美能给我们以如饮甘露的沁快舒爽。而最主要的是文章形象地告诉读者：

文学创作有着一言难尽的艰辛，也有着回味永久的甘甜。想来，正在做着文学美梦的青年学子，除了获得美好的阅读享受之外，还能从中获取些许启示。

我的花期我的梦

黄　卉

睡意朦胧间，窗外似乎响起了簌簌的声音，不多一会儿，便停了。下雨了？恍惚间，又睡了过去。

六点整，闹钟准时响起，我翻身而起，摁掉闹铃，生怕扰了我身旁熟睡的宝宝，轻轻掩上房门，简单洗漱后驱车匆匆赶往学校，只因昨日答应陪我的学生出早操。

立在操场，人呢？瞄一眼手机，刚好呀！哦，恍然大悟，昨夜下了雨，学生直奔教室早自习了。踏着湿漉漉的田径跑道，走入教学楼，隔窗扫视了一眼班上的学生，我突然有了一种莫名的成就感。琅琅的书声让我不忍心走进去，怕扰了那份曼妙的意境。

漫步清晨的校园，空气格外清新。虽已是深秋，然而校园依然郁郁葱葱，道路两旁的香樟树排列整齐，散发着淡淡的香气；绿地似乎还没有感受到秋的寒意，依旧披着浓绿；昨夜的雨，洗净了山茶树上的叶子，在晨曦中比往日更加色泽鲜翠。

鸟儿鸣叫着，一会儿在樟树上，一会儿在花丛中跳跃着，翻飞着，落在林荫道上，或在石阶上跳来跳去，叽叽喳喳地，嬉闹觅食，伴着教室里琅琅的书声，还有艺术楼里悠扬的天籁，汇成了一曲和谐的娄幼交响！

我走着，看着，似乎总感觉还少了点什么。我四处张望，回忆着，寻找着，哦，桂花！

已是九月了，校园的桂花年年都会如期而至，她是令我引以为傲的校花！她的花香让校园挂起了全国400佳园林单位的牌匾，娄幼一直都以桂花种植品种全、数量多而享誉锑都，开着一串串小喇叭的金桂，清香四溢的银桂，一树花开三色的老桂，秋天如果少了她们的香味，我总觉得是不够圆满的。

我不知道是厄尔尼诺现象，还是别的什么？今年，我窗前的那棵金桂一直不肯绽放她的芳华，吐露芬芳。我的记忆总是把我引向窗口，凭栏远眺，期望着在那绿叶间寻觅着米黄色的花蕊或带着洁白如星点般的花苞，揣测着还要多久，还要几时，才能一睹桂花的芳容，闻到她那淡雅而绵长的芳香。伫立良久，我默默地数着叶片、叶脉，乘兴而来，败兴而去！

焦急的心情让我忍不住向窗下修枝的园艺师傅打探桂花开放的消息，他漫不经心，赔着笑脸，扬起头嘿嘿道："这秋天旱，雨水少，二十四个秋老虎一直不肯归山呢！"他又调侃般地嚷道："你没看网上的段子吗？打败你的不是天真，而是天真的很热！"几句话把我逗笑了。没有闻到桂花香的怨气，这会儿似乎有如闻到了花香。

不由得庆幸，也许是我昨日的承诺感动了上苍，给我那美丽的校园送来了一夜甘露，我期待的桂花想必喝饱聚足了天地的养分了吧？

太阳爬过了树梢，把校园照得通亮，温暖的秋阳带来了些许暖意，我心里不觉有了一种无限的渴望与期待，晒一天，我明天一定早早地来，这满园的桂花一定绽放了。因为我在窗前已看清了花骨朵……

怀着期待，我一反常态，陪着我心爱的宝宝玩到了月挂枝头，盘算着我出门的时候，他肯定还在梦乡，我好赶去完成我与学生晨练的承诺。

一觉醒来，我精神抖擞，一路狂奔赴约，刚刚驶入校园，一股记忆中的花香扑鼻而来，竟是那么的熟悉，开始是淡淡的，越来越馨香，越来越浓烈，让我顷刻间心旷神怡，眼前一亮，驻足停下来，米粒大、金黄色、细碎的、密密的、一丛丛的桂花从树林之间、绿叶丛中冒了出来，一朵朵、一串串晶莹剔透，香气四溢呀！在阳光的抚慰下，整个院落都笼罩在飘溢的花香中。

金黄色的桂花有四片花瓣，将花蕊包得紧紧的，凑近一闻，深深地呼吸，让花香由鼻而入，直沁心脾。她不开则已，一开竟如此热烈、芬芳，整个校园都沉浸在馥郁的香气中，这香气还带着丝丝甜意。

秋天可以行走在这样一条香气四溢的路上，这一刻，我感觉到的是幸福、宁静与祥和。

桂花其外形，说真心话是含蓄的。花树枝繁叶茂，常年披着绿衣，但在我的记忆中，桂花的香是醇厚又持久的，自古道“桂花香飘千里，独占三秋压群芳”。难怪宋代词人柳永的《望海潮》中有这样唯美的词句流传至今:“有三秋桂子，十里荷花”，它描写的是那会儿杭州的繁华富庶，竟引得当时的金主完颜亮看后“遂起投鞭渡江之志”。传说真实与否无须深究，至少光看三秋桂子，十里荷花的美景就够浮想联翩的了。

古语云:“一分耕耘一分收获。”春华秋实，每一种花都有自己的花语，每一个季节都有自己的辉煌，寰宇间生灵都有自己的物候。即使是校园里迟来的桂花，也是在积蓄与等待，只为在最美的花期里，尽情绽放自己的光彩！那我的那群孩子们呢?

我还在沉思着，急促的上课铃的音乐声响了，催促着我走进教室:“同学们，我们今天的作文题是‘我的花季我的梦’……”

（2021 年 10 月）

※※※※※※

黄卉，女，1987 年 6 月出生于冷水江。2012 年 6 月湖南师大中国古代文学硕士毕业后回到家乡，应聘入职娄底幼儿师范。在语文教学园地里默默地耕耘，积极参加市省级各类教学比赛，取得了优异的成绩；在《中学生作文指导》《新时代教育》等省级以上刊物发表《握住笔尖，畅意抒写》《中职语文教学中存在的问题及对策探究》等论文十来篇。

2012 年 9 月，在学校行政、教务科的大力支持下，与刘道云、周本海等老师一起创立了文学创作组作为“第二课堂”，带领学生们在文学的海洋里遨游，在娄底幼师这方沃土上，培育了大批文学爱好者。从文学创作组走出以周琼、周海容、张志如为代表的一大批青年作家活跃在省内文学领域，近年来，先后推荐学生作品发表在国内各大报刊 200 余篇，国家选题出版作品两部，推送毛泽东文学院学员深造 3 人：周琼、周海容、张志如。

《我的花期我的梦》是一篇散文，也可说是与学生同题写作的一篇“下水作文”。文章记录了作者的工作日常和对周围环境的观察，也融入了自己对生活和生命的思考，字里行间流露出对校园的喜爱以及深深的眷恋。2021 年是不平凡的一年，这个秋天也是特别具有纪念意义的一个季节，在全体师生的共同努力和奋斗下，学校成功通过升专验收，迈向新的征程。校园变化特别大：老楼披了新装，道路更加宽敞了，但校园那些久经岁月、充满智慧的桂花树有幸保存，绽放着自己的芬芳，继续陪伴着娄幼学子成长。

相伴的铃声

刘婷园

校园里，极有规律报时的铃声，是陪伴我成长记忆中最动听、悦耳的音乐，因为，孕育我的母亲就住在校园里，胎教最长久的旋律便是校园里的铃声。

清晨，铃声把我从母亲那温暖的怀抱里唤醒，跟在忙碌的母亲屁股后面在厨房里打转转，母亲上班要赶点，常哄着我，“快一边玩去！快打铃了！妈妈要迟到了！”母亲不在学校里上班，要骑自行车往市区里赶，似乎不论是工厂还是学校，院子里的铃声一响，都有如上班一族的冲锋号角，催促着劳作的人们奔向各自的岗位。

娄幼校园里的铃声伴随着我从孩童步入小学，走进高中，考入大学，校园里这铃声刻进了我的生物钟，同时，我也与这铃声一道见证了娄幼的兴衰与发展，娄幼这铃声也见证了我的蜕变与成长。

娄幼是我的家啊！母亲常对我说：“襁褓中的你不管哭闹得多么凶，走廊上的电铃一响，你的哭声就会戛然而止，静静地等十分钟，课间休息完，再次响起上课铃时，你便会咿呀呀地笑了。学校放寒暑假，铃声不响了，只要到了那个点，你也定会安静地等候……”久而久之，那铃声似乎早已成为我生活中的计时器，承载着我的喜怒哀乐……

大学毕业了，我很荣幸地回到了娄幼，成为一名名副其实的人民教师、娄幼的园丁。校园里那悦耳的铃声，更是伴随我劳作与生活不可缺少的天籁，起床的铃声唤醒我急匆匆地奔向操场，踏着音乐的节拍与我的学生们一道迎接着黎明；早自习的铃声，会让你在校园里听到那不绝于耳的书声朗朗；早餐铃响起时，你走出教室在马路旁驻足时，一定会被学生们那嬉戏时的欢声笑语所感染，愉悦的心情会让你回家后味蕾顿开、食欲大增；上课的铃声再次响起时，教学楼是静谧的，只有老师们的授课声，连树上的鸟儿都入迷得忘了亮一亮它们那清亮的歌喉；琴房里传出的那“do、re、mi、fa、sol、la、si”的音阶练习，高低起伏的男女合声，催开了娄幼校园里那四季的花草，竞相绽放、姹紫嫣红。

也就是这校园里的铃声，把渴望知识的学子，从四面八方汇聚在这个具有 70 年办学历史的教师的摇篮里，求学深造，也是这铃声把一批又一批优秀的学子培养成了优秀的人民教师以及各行各业的建设者，走向社会，走向各类学校，成为孩子们的圆梦使者。

我庆幸，我是这娄幼校园里的园丁，能常与铃声相伴，见证着娄幼从中师步入大专行列的艰辛与辉煌！

※※※※※※

刘婷园，女，娄底幼儿师范高等专科学校舞蹈讲师，曾任校共青团委副书记，现任教务科副科长，带领学生参加省级、国家级的各类大型专业比赛，获奖频频。在几代娄幼人的不懈努力下，娄幼升专成功喜讯传来之时，笔者恰好踏着上课铃音乐节拍走进教室，把娄幼升专成功这一好消息告诉自己的学生，赢得同学们喝彩一片，教室里掌声雷动，而作者却突然想起来那伴随自己成长的铃声，在刚刚那一刻是如此的曼妙，有如天籁。

我看“为了忘却”

潘久泰

鲁迅的《为了忘却的记念》自选为教材以来，人们对题目的含义全面而深刻的引证和阐发，有持“反语说”者，说“忘却”“就是不能忘却的反语”（秦亢宗《鲁迅作品教学问答》）；有持“战斗说”者，说“忘却”“两字的真实含意是‘战斗’”（蒋成瑀《“忘却”释》，《语文学习》1980年第10期）；有持“释愤说”者，说“为了忘却的记念”“也就是为了释愤的”（王尔龄、夏康达《鲁迅作品难句解》）。人民教育出版社出版的（1985年印本）“教参”则融合了后两说的观点，认为“忘却”“就是要‘摆脱’悲哀的重压，即不能光用悲痛来‘记念’死者”。以上几说尽管都能自圆，但多旁征博引，阐幽发微，似乎都有些离“题”，与其说是解释课题，倒不如说是分析课文。凡解释课题首先必须紧扣字词注释，其次才是分析文中直接点题的词句，或有关内容。否则，越引证越显得烦冗，越分析越觉得牵强，也就越使人感到空蒙。

如果“忘却”是反语，那么题目的含义当是“为了牢记”，“不能忘却、也不愿忘记的记念”。这不仅啰唆重复，而且寄寓在题目中的深沉的悲哀与不可遏止的愤恨几乎荡然无存。同时，课文中也找不出这种正话反说的证据。开篇点题，作者特意强调，“照直说，就是我倒要将他们忘却了”；结尾进一步点题，“我不如忘却，不说的好罢”。将这两处的“忘却”说成反语，就会发生矛盾，上下文就无法衔接。谁都不能否认，本文的写作目的有作者自勉，也有告诫人们要化悲痛为力量，用战斗去纪念死者的意思，但别的、凡是缅怀先烈前辈的纪念文章又何尝没有这种目的呢？将“忘却”释成“战斗”，就会使文题失去新颖别致的吸引力，也会削弱其有别于它题的独特性。同时，查遍字典辞书也找不出这条释义，因而多少有些附会。“释愤说”与“教参”上的解释有相通的地方，前者说是“释愤去悲、减轻感情上的重负”，后者说是“要‘摆脱’悲哀的重压”。革命者、正义的人们一旦了然青年作家遇害，就会顿生悲愤之情；一旦摆脱了悲哀就会无从“愤”起；一旦“释愤去悲”，就会懒散消沉，没有了创作欲。恩格斯说：“愤怒出诗人！”一个人写作是有原动力的，鲁迅写作本文的原动力就是对青年作家的遇害有着浓郁的悲哀，对国民党反动派的屠戮有着满腔的愤怒，只要释去了悲愤、摆脱了悲哀，或者减轻了一些悲愤和悲哀的重压，那么，后人就断乎读不到这篇字里行间洋溢着悲愤之情的“记念”了。的确，“长歌当哭，是必须在痛定之后的”，可是鲁迅先生并非那种因悲愤交加而啼哭，甚至失去理智的人；即算是，也无抹干眼泪，抑制感情而写“记念”的必要；和着血泪赋诗著文者又何尝少呢？正因为两年以来，“悲愤”从未释去些许，才激起鲁迅作此“记念”。值得注意的是，文章开头并不是说，先得冷静一些，轻松一下，才好写，而是“写一点文字”之后，就可了却一件心事，可“算是竦身一摇，将悲哀摆脱，给自己轻松一下”了。这就足见鲁迅写就文本之前从未“释愤去悲”，也从未“‘摆脱’悲哀”。

我看，“忘却”就是它的本意，即“忘记”的意思。只是作者巧妙地运用“忘却”与“记念”意念上的矛盾，磁铁般地吸引了读者，也迷糊了一些读者。按照常规，只有永不忘怀才有纪念可作，可鲁迅“为了忘却”也有“记念”可写。此外，细读全文，才又知道题目旨在突出、点明本文独特的写作目的，因此，“为了忘却”作为“记念”的定语，有三点含义：（一）为了快被人们忘却而写；（二）为了下意识忘却而写；（三）为了将来不被人们忘却而写。

几位青年作家遇害后，当时上海的报章都“不敢”“不愿”“不屑”载这件事，这充分说明“文化围剿”的严酷与反动势力的猖獗。“不敢”载的是指进步的、革命的刊物，为保存实力，以利再战，在当时必须改变斗争方式，“不敢是为上策”。“不愿”载的是指想保持中立态度、不想踏入是非圈子的刊物，怕惹麻烦，怕引火烧身，“不愿”是可以原谅的。“不屑”载的是指反动报刊，除有意隐瞒，混淆视听外，还恶意中伤青年作家是“危害当局”而被处决，是罪有应得，“不屑”是应当诛伐的。于是，时过境迁，人们对这件事渐渐淡忘，甚而至于“忘却”了，这委实是一种不幸，而且又给知情的正义者平添了不少悲哀。尽管当时也还有不愿屈从、不甘寂寞的刊物，敢于出版“纪念战死者专号”（“左联”机关刊物《前哨》），或“隐约其辞”地披露白莽被捕的消息（靠拢“左联”的《文艺新闻》），或刊印外国木刻《牺牲》以纪念柔石（“左联”机关刊物《北斗》），但鲁迅以为那都不过是少数人知道而已。所以，为着团结更多的文艺战士在“左联”周围，为着唤醒更多的民众起来战斗，为着尽情抒写心中的悲愤，鲁迅在时隔两年之后仍然作此“记念”。只有这时，才算摆脱了一些悲哀，轻松了一下。但是，要写“记念”，谈何容易！因一纸印书合同从柔石口袋里搜出而遭了通缉，鲁迅只好避逃在客栈和英租界里。在“禁锢得比罐头还要严密的中国”，那时是“确无写处的”；即使是避逃两年之后，黑暗仍在继续，也“还是没有些处的”。想“记念”不行，因有反动当局查禁通缉；不“记念”又不安，因为有“悲愤”时时攻心。在这种几乎无可告语的情势下，鲁迅寄希望于未来，只好暂时违心地屈从——强迫自己，下意识“忘却”。这是一种愤慨的说法和做法，其中自然有着难言的悲愤，有着潜在的反抗，也有着必胜的信念。当读至“夜正长，路也正长，我不如忘却，不说的好罢”时，此种感受更加深切。写纪念文章，于死者确实“毫不相干”，但其目的在于激励生者，让生者化悲痛为力量，去完成未竟之业。当然也有类似于写日记、记大事记以备忘的因子。既然当局不让正经八百地“记念”他们，也就作罢，暂且记上一笔以备忘，好让将来的人们去“记念”他们吧！

所以，本文以“早已想写”，但一直不能写，最后只好“写几句”，这种极度悲愤的感情为线索，采用“链条式”手法，回忆了作者同五位作家的交往，赞扬了烈士的可敬可爱，揭露了当局的卑劣残忍；题作《我看“为了忘却”》，实在高妙！它既概述了写作目的，又浓缩了全文内容，如此而已。

（原载广西大学《语文园地》1986 年第 6 期）

※※※※※※

写文章除了需要一定天赋外，还要有恒心和毅力，厚积薄发，得来不易。第一篇教学论文见刊后，便觉得平素教学中的存疑、得失，资料卡片、作文教案……似乎都可以写成文章。于是，我粗粗拟就十来个文题，预备抽空爬格子。执教鲁迅先生的《为了忘却的记念》一文，首先碰到的难题就是如何释题，我对教参上的种种解释都不太认同已久，打算写篇唱反调的商榷文章。1985年已经调入上梅中学，这年暑假刚开始，妻子决计趁假期学校补课之前带着孩子回家看望父母。我说："好的，你们母子俩先走，我明天赶回来。锅里有碗剩饭就行。"妻儿先行回家，我独享清静，伏案写到天亮，终于完成两篇文章初稿：一篇是《〈为了忘却的记念〉释题商榷》，另一篇名为《多重复句分析有新法》。我走到阳台上，扭动扭动身子，深呼吸一会儿，漱完口，用冷水洗把脸，便匆忙乘车，赶回了20多公里外的老家。写作热情冷却后，反复思考，再慢慢修改，文题改成《我看"为了忘却"》，定稿完成，分别投寄两家不同杂志。很快见刊一篇，另一篇却如泥牛入海。

我综述学界对《为了忘却的记念》文题的三种不同解释，逐一辨析，联系时代背景，紧扣课文内容解读，得出结论："为了忘却"作为"记念"的定语，文题有三层含义：一是为了快被人们忘却而写的记念；二是为了强迫自己下意识忘却而写的记念；三是为了将来不被人们忘却而写的记念。其他解释都不甚准确。适逢上梅中学50周年校庆，一张八开的《上梅中学简报》用1/4版面转载了这篇文章。有位资深语文教师老校友，说："文章写可以，就是题目不太好，有点傲气。"我说："你这么说，他那么说，众说纷纭，我偏这么看，正好凸显个性。"

笑话中的“逻辑错误”

潘久泰

一般来说，我们写文章、说话要做到正确表达思想，是不能出现逻辑错误的，可是，笑话这种短小精悍、内容丰富深刻、形象鲜明生动的文学样式却常常凭借逻辑错误收到良好的艺术效果，而且错误愈明显，笑味愈浓烈，揭批、讽刺、劝谏愈有力。因此，在教学中有意识地选取一些古今笑话作例子，仔细展现、分析其逻辑错误，既可增强教学效果，又可加深对逻辑知识的理解和对学习逻辑知识重要性的认识，从而更好地掌握和运用逻辑知识。

我们从概念、判断、推理等方面，对几则笑话分别试作分析，以期收到预期的教学效果。

> 甲：“‘北京人’距今约有五十万年的历史。”
> 乙：“哦，那么南京人呢？”①

这里的“北京人”是指一种中国猿人，他们生活的时代距今约有四五十万年。1972年，我国考古工作者在北京周口店附近龙骨山山洞中发现了化石，所以称之为“北京人”。某乙却以为是现在出生、成长、生活在北京的人，因而产生了“南京人距今有多少年历史”的疑问来。

① 仇国良、陈淦生：《新笑话集锦》，上海：上海文艺出版社，1985年，第131页。

编辑：你的稿子我们看过了，总的印象是艺术上还不够成熟，显得幼稚些。

作者：那你们就当作儿童文学发表吧！①

这里的编辑所说的“幼稚”是指艺术上不够成熟，而这位作者却理解为年纪小、心身发育上不够成熟，同时以为儿童文学即儿童创作的文学作品，因而傻乎乎地请求编辑奖自己艺术技巧低劣的作品当作儿童文学发表，实在傻得可爱。

以上两个笑话之所以让人发笑，就在于作者故意让笔下的人物使用不明确的概念。

父子俩去郊游。父亲对儿子说：“要小心啊，此处有种蛇叫‘五步蛇’，被它咬伤走五步就会死。”“没关系，万一被五步蛇咬了，我只走四步就不再走了。”“好！聪明的孩子。不过你那样做太危险，离死只差一步了。”“那怎么办？”“一步也不要走才最保险。”②

这父子俩机械地理解五步蛇名称的含义，因而作出了错误的判断：一个说被五步蛇咬伤只走四步就不会死，另一个说一步也不要走才最保险。事实上，人被五步蛇咬了，可能在极短，即仅需走五步的时间内死去，而不是说走五步就会死去。显然这是夸张了其毒性危害的，只是极言时间短暂而已，倘真如此，我们实在为这对自恃聪明的父子担忧。

上边两个笑话是由于作者笔下的人物判断不正确而闹出来的。正确的判断来源于对事物深入细致的调查研究和全面透彻的认识理解；望文生义，凭空臆断，只能作出不恰当、错误，乃至荒谬的判断。

---

① 薛宝琨：《笑的艺术》，天津：百花文艺出版社，1984 年，第 253 页。

② 仇国良、陈淦生：《新笑话集锦》，上海：上海文艺出版社，1985 年，第 5 页。

某人举着小纸包对围着他的人群起劲地喊："这是我家世代祖传的专毒老鼠的特效药。再猖狂、再厉害的老鼠，只要沾上一点我的老鼠药，立刻就会死。"听众问："这药怎么使用！"这人回答说："简单得很，只要把药抹一点在老鼠嘴巴上就行了。"①

老鼠"只要沾上一点我的老鼠药"和"只要把药抹一点在老鼠嘴巴上"，这两个概念的内涵是不同的。前者指老鼠自食，后者指老鼠不会自食，要人捉来老鼠往它嘴巴上涂抹。鼠药贩子故意玩弄偷换概念的把戏，一为骗钱，二为毒不着老鼠准备退路。没想到他的"广告"宣传前后矛盾，露出了马脚，再怎么胡吹，人们也不会上当的。同时，人们反而会为他的拙劣骗术而忍俊不禁。

课堂上，老师问学生刘云："《红楼梦》作者是谁！""是女作家曹雪芹呗！"刘云刚说完，同学们哄堂大笑起来。刘云莫名其妙。老师奇怪地问道："你说曹雪芹是女作家有根据吗？"刘云振振有词地说："有两条根据。第一，'芹'字只有女性才用；第二，书上的曹雪芹不是拖着一条长辫子吗？"②

刘云的思维过程是一个简省了的直言推理：凡名字用了"芹"字，拖了一条长辫子的人都是女性（大前提），曹雪芹的名字用了"芹"字，他又拖了一条长辫子（小前提），所以，《红楼梦》的作者曹雪芹是女性。这个三段论的大前提是虚假的，人名用字与性别大多无关，清代的男人被迫留辫子，所以，结论是错误的。刘云同学知其一而不知其二，又偏要好表现，自然免不了同学们的哄笑。

汉武帝时，有贡不死之酒者。东方朔窃饮焉。帝怒，欲

① 仇国良、陈淦生：《新笑话集锦》，上海：上海文艺出版社，1985年，第82页。
② 仇国良、陈淦生：《新笑话集锦》，上海：上海文艺出版社，1985年，第136页。

杀之。朔曰："臣所饮，不死酒也，杀臣，臣必不死；臣若死，亦不验。"帝笑而赦之。（明乎白斋主人撰《雅谑》）

东方朔偷喝了进献皇上的贡品——不死酒，自然属于僭规越礼的事，是要杀头的，但他运用假言推理替自己辩护，使武帝笑着赦免了他。他的推理过程可以简化成如下形式：如果谁喝了不死酒，那么，谁就不会死去（大前提），东方朔喝了不死酒，东方朔会（被杀）死去（小前提），所以，不死酒是不灵验的。东方朔的机巧善辩，不仅使自己免除了杀身之祸，而且戳穿了一个欺君的骗局。谁不为之高兴呢？

昔有官，上任之初，向神发誓曰："左手要钱，就烂左手；右手要钱，就烂右手。"未久，有以多金行贿者，欲受之，恐犯前誓。官自解曰："我老爷取一空盘盒来，待此人将银子摆在内，叫人捧入，在当日发誓是钱，今日却是银，我老爷又不曾动手，就便烂也只烂得盘盒，与老爷无干。"（清石成金撰《笑得好》）

新官走马上阵，信誓旦旦不要钱，而实际上却心痒、手痒，爱钱如命。言论与行动截然相反，满口廉洁奉公，实际徇私枉法，这是一切贪官污吏的惯技。老爷不要钱，是清官，不会烂手；老爷虽然要了钱，但是用盘盒接的，所以仍是清官，仍不会烂手。看，新官老爷的逻辑就是如此滑稽可笑！谁用手接钱，谁就会烂手，这个充分条件假言判断是不成立的。唯物主义者不相信，只有唯心主义者才信奉。于是，新官老爷想出了"两全其美"的法子来——用盘盒收受贿金。不过，用手接也好，用盘盒接也好，反正都是受贿，本质上毫无区别。同时，钱和银都是货币，都是财富，只是表现形式不同而已。看来，这位新官老爷还很会玩弄偷换概念的戏法，故意增加概念的内涵，以便违反同一律，替自己受贿进行辩护。

他的推理过程如下：凡是用手接钱的人就会烂手（大前提），我没有用手（而是用盘盒）接钱（小前提），所以，我的手不会烂（结论）。好笑就在这里，大前提是虚假的，小前提也是错误的，用盘盒接的钱仍归老爷花销，结论自然也就不会正确。也许会烂手呢！——这位新官老爷正是这样考虑的，生怕犯誓而烂手，所以才别出心裁，叫人改用盘盒捧入，就让盘盒倒霉去吧。正确的思维不仅要求概念明确，判断恰当，而且要求推理符合逻辑。笑话却往往相反，作者有意让笔下的人物使用不明确的概念，作出不恰当的判断，推理违反思维的一般规律，使读者明显地不合乎情理，逻辑上有错误，用以达到抨击、讽刺、劝谏、教育的目的。从某种意义上说，笑话的创作者完全是"明知故犯"，有意让人们从展现其笔下的人物思维的种种逻辑错误中，获得无穷的乐趣和教益。这就给教学逻辑知识提供了许多妙趣横生的实例。

种种逻辑错误都可以从笑话中找到，适当选取，略作分析，不仅对教学逻辑知识大有帮助，而且对欣赏、创作笑话也不无裨益。

（原载《语文月刊》1987 年第 1 期）

※※※※※※

高中语文课本中编入了概念、判断、推理等简单逻辑常识，许多老师不教，因为抽象乏味，学生也不喜欢听。我觉得这样处理不好，自己没学好也确实讲不清楚，就买了《中学逻辑教学》（1982 年 9 月天津版）《逻辑入门》（1984 年 2 月人社版）阅读，还自修《普通逻辑》（1986 年 5 月上海人社版），并扎扎实实做完每一章后边的思考题。教学中我发现学生最喜欢听笑话，恰好笑话是有意利用"逻辑错误"制造笑点的。观点既成，我又借来《中国历代笑话选》，购得《新笑话集锦》《笑的艺术》边读边思考，做了 100 多张卡片，构思如何运用古今笑话教学逻辑知识的问题。拟好提纲，理清思路，选取 10 个笑话，写成将近 4000 字的初稿；与同行好友交流，征求意见。定稿是围绕概念、判断、推理选用 2、2、3 共 7 则笑话印证。将文题"巧用笑话教学逻辑知识"改成《笑话中的"逻辑错误"》，删去 1000 多字。查日记才晓得，文章是 1986 年暑假写成投稿的。1987 年上学期开学不久，听新化十四中陈毓舒老师说，我有篇文章发在华南师大《语文月刊》上，封面上还列为 4 篇要目文章之一。文章投出 8 个多月，才得知见刊消息。我向编辑部写信，索要杂志和稿费，很快收到了30元稿费，却未收到杂志，再不好意思麻烦人家了。后来，班上有位女生订阅了这种杂志，她指着文章说："老师，这篇文章是你写的么？"我说："是的，我没收到杂志样本。""那么，就送给你吧！""好的好的，太谢谢你啦。"我连忙说。

杂文难写我不敢写（三篇）

潘　迈

一、师德、人格及其他

有位中学教师以关心为名，诱奸了一名女学生，受到了法律的制裁。自此，学校领导无论大会小会都必谈“师德”，而且还制定了严格的防范措施：白天与学生谈话不准关门，晚上不准找女学生谈话，不准单独与女学生外出……这种做法虽然简明高妙，但却过于简单。

师德，是指教师在从事教育教学工作时所应遵循的行为规范和必备的品德；人格，是指人的能作为权利义务主体的资格。师德和人格分属不同的道德范畴，前者内涵大外延小，后者内涵小外延大，两者有着不同的使用范围。教师诱奸学生，属于“丧失人格”的行为。也就是说，其道德品质败坏，到了失去做人资格的地步，根本不配做教师！学校领导却有意无意、轻描淡写地用“违反师德”去批评，这是极不恰当的。须知，“赏罚不正，则忠臣死于非罪，而邪臣起于非功”（《诸葛亮集·赏罚》）。如果领导意在正告其他教师，以防类似事件再发，则又似乎不是时候，因为教师中的败类毕竟是极少数，又何必大会讲，小会讲呢？

犯法者已进了牢房，守法者却被耳提面命受训，而且被当作流氓防范，这多么不公平！同时，此种做法对广大教师的人格也是一种侮辱，多少有些令人或伤心，或反感，甚至抵触。也许说者无意，可听者有心！一旦偶尔违反了那几个“不准”，就有“流氓犯罪”的嫌疑，于是，谁还敢找女学生做耐心细致的政治思想工作，谁还愿意帮助成绩落后的女学生补习功课呢？长此下去，广大教师，尤其是班主任的人格受辱、工作积极性受挫、师生间的正常交往中止，实在有碍教育教学工作的正常进行，恐怕损失可谓大矣。

由此看来，学校领导在使用批评武器时，必须有鲜明的针对性，在制订有关规章制度时，必须深思慎取，而不可简单粗暴。

（原载陕西《教师报》1989 年 12 月 17 日）

二、用人如用牛

唐太宗曾说过一句很被后人称道的话：“用如器，各取所长。”我以为这比喻也有不恰切的地方，因为器具是没有生命的，用与不用无所谓，用得顺与不顺无反应——根本不能调整、修正自己，以适用者之需。而牛是有生命的，只是不会说话而已，驯服到家之后，可会用者之意，顺用者之手，领用者之情，甚至还可报用者之恩。因此，我以为，如果将这比喻改为“用人如用牛”，就最为恰当了，因为牛是最能通人性的动物。

先前，人民公社的时候，生产队养了一群牛，作田把式精心照料，春夏时节，到水草最肥美的地方去放牧，秋冬季节，先备足草料，遇上冰天雪地，完全不能放牧时，就关在牛栏里，将草料切碎，煮熟，敲几个鸡蛋，掺碗米酒喂养。于是，每头牛都被服侍得毛光水滑、膘肥体壮。这目的自然是想让牛群长膘发体，以便来年发狠犁田耙田，作好一年的阳春。没想到，牛群中除了老实巴交听凭役使的，也还有调皮捣蛋不听使唤的。社员个个都喜欢老实的，你牵起去犁田，我也牵起去耙田，累得连吃草、进料的时间都没有。调皮的谁也不愿去役使，因为给它套好牛轭，犁不上三两圈，就会歪走横行，一点儿都不听使唤，时不时跑到田塍上去了；弄得不好，连犁耙绹绳都给背断了，不仅人累得要死，而且又得不到定额工分。于是，社员们就一起商定，干脆就让这头背时牛天天吃好、睡好，养尊处优，专门去配种算了。

我想，每个人，当然皇帝除外，一生下来就注定会被人使用的。如果我们有机会被人器重、役使的时候，则不妨想一想：我到底是去犁田呢，还是去配种呢？

三、奇怪的“先进”

有所5000多师生的县属重点中学荣获了地区“先进后勤单位”称号，校级领导将锦旗悬挂校门上，飘扬了好些日子，真是光荣之至！

而学校的实际情况如何呢？师生伙食很糟糕，饭菜质量差，卫生也不好；教学经费卡得极紧，很少添置图书器材。摊贩坐贾行商云集，耍狡卖乖，无所不为，校园俨然成了对外开放的“经济特区”。尤其严重的是，经纪检部门清查，发现近三年内，就有四名总务、财会人员贪污挪用，数额相当惊人，粮票一万多斤，钱一千多元。其中有个总务在不到两年内竟然贪污四千多斤大米，三百多块钱。这怎么够得上先进呢？

这确实是个奇怪的“先进”！

由于个别领导擅长隐恶扬善——用凸透镜找优点，用凹透镜看缺点，使后勤组先后评上了县里、地区的先进。随之引来了外县市、外地区虔诚的取经者，也时不时招来了上级主管部门热心的“指导工作”者。他们一来，照例三五个菜、七八大碗热情款待，照例只收二两粮票、一毛五钱餐补费。这时学生亦可得到些许优待，或饭足、或菜好，或喝汤不收餐票。于是，说好说丑的都有。

学校一切工作要以教学为中心，后勤组理所当然要为教学服务。可是像这所学校的一些后勤人员，却带着生意人的眼光，奸商似的视广大学生为印钞机器，黑心克扣伙食，他们把为教学服务置之脑后。如此弄虚作假，名实不副，不为情理所不容！学生在校学习，理应接受良好道德品行教育，理当受到美好思想言行熏陶，而弄虚作假，谋取“先进”荣誉，学生受到了什么教育呢？丑恶行为在校园公行，得不到应有惩处和有力制止，又将给学生什么影响呢？这显然是对学生灵魂的毒化与污染，无形中教给他们弄虚作假、牟取私利的思想和手段。学校办食堂即算不贪污挪用，每月伙食“结余”太多，也会直接影响学生的健康成长，进而影响学习效率。还侈谈什么培养德、智、体、美全面发展的社会主义新人。对此，学校领导和老师是有不可推卸的责任的！

我们不禁要问：这种学校的后勤单位究竟“先”在哪里，到底要“进”向何方？

（1983 年 11 月 20 日）

※※※※※※

针砭时弊、指正他人错误的杂文一般都只有几百字，看似简单却很难写，实在忍不住才偶尔动笔，因为，最先写杂文受过老师批评，遭亲友反对，说弄不好影响安定团结，所以，不敢轻易写作。当然最根本的还是思想起点不高，眼光不远，看不到问题的本质，提不出纠正的措施，说了也等于白说。待到老成、世故些了，则见怪不怪，变成典型的好好先生了。

《师德、人格及其他》评说的事情是发生在我曾经工作过的一所重点中学，那位畜生不如的老师教过语文，时任教导主任，制订奇葩校规的领导是新来的校长。文章写成后用笔名投寄了远在北方的陕西《教师报》，不久就登了。县进修学校的同学订阅了这份报纸，读了文章，猜想是我写的，我没做声；因为那件事闹得满城风雨，城区中小学老师无人不知。《用人如用牛》写成后也没投过稿，作家刘道云先生要我将文章发给他，后来有老师看到、告诉我才知道，却不知刊发日期。《奇怪的“先进”》所写也是我曾经工作过的一所学校发生的真事，学校领导最会做表面功夫，伙同总务主任用货车装大米去乡下赶集出卖，将购粮发票拿回学校销账。教导主任、书记作风不正派传得满城风雨，后县委、县政府派工作组进驻学校，清查、整肃，所有涉事领导一锅端，全部撤换、调离，才使学校工作逐渐步入正轨。得知情况后，我立即写了这篇《奇怪的“先进”》，确实找不到发表的报刊，加之所写太真实，问题比较严重，有些令人不敢相信，又担心有人对号入座，因而一直未曾投稿。我还写过《为刁民存照》等好几篇评论身边真人真事的杂文，仅作练笔而已，懒得投稿。我自知投了，一般报刊也未必刊登。这种负面的东西还是少写、干脆莫写为好。

写第一篇就顺利见刊，满是自信，有时校长都敢顶撞，甚至局长也不怕得罪。后来，遭到同事朋友的真诚劝告与极力反对，只好“话到嘴边留半句”，有时，真有“欲说还休，欲说还休”的况味。其实，杂文是一种“论时事不留面子，砭锢弊常取类型”（鲁迅《伪自由书·前记》），最讲道理的思想评论文章，只要看准了问题症结所在，能提出矫正措施，又有何不敢写的呢！

兰蕙诗词选析（三篇）

潘久泰

一、题令狐家木兰花

白居易

腻如玉指涂朱粉，光似金刀剪紫霞。
从此时时春梦里，应添一树女郎花。

从徐凝《和白使君木兰花》（“枝枝转势雕弓劲，片片摇光玉剑斜。见说木兰征戍女，不知那作酒边花。”）可推知，白居易这首题赠诗当写于文宗太和初年（827）。其时，诗人已有元和十年（815）得罪权贵，被贬为江州司马的不幸；又有目击宦官擅权，政治昏暗，自请外出，历任杭州、苏州刺史的经历。三任京官，几经沉浮之后，诗作中有时不免流露出消极厌世、退隐山林的思想感情。但是，作为力主“文章合为时而著，歌诗合为事而作”的讽喻诗人，却又不甘寂寞，常常以诗会友，相互唱和，用诗歌“补察时政”和“泄导人情”。自然，诗作中又常常融入对美好事物的无限赞美之情，从而表现了对未来所抱守的乐观进取态度。

诗题中的“令狐”是指诗人令狐楚（765—836），他与刘禹锡、白居易均为贞元进士，又是同好，宪宗时官至中书舍人、知制诰，敬宗时官至尚书仆射，历任诸镇节度使。他与刘、白等名家交往甚密，唱和甚多。在人生征途上似乎比刘、白稍微幸运些，至少是少了贬谪之苦。白居易登门造访时，在见到他家一树盛开的木兰花之后，便写下了这首《题令狐家木兰花》相赠。

这首诗开头两句便紧紧抓住木兰早春时节叶萌前开花的特点，连用两个十分特切的比喻，状写木兰花的感觉形象和视觉形象。娇小的花萼，细腻温润，恰如女人洁白如玉的手指，又好比是刚刚涂抹过胭脂水粉，这感觉只有通过触摸才能获得；外边紫色、里边白色或粉红色的花瓣，鲜艳夺目放射出耀眼的光芒，与晴空的云霞相辉映，犹如剪刀在着意裁剪，这感觉只能通过视觉获得，自然，当借助丰富的想象。这两句还能给人一种“似花非花，似人非人”的朦胧美感，其意极新，其语甚工，堪称千古绝句。诗人之所以这样处理，实际上旨在为自然带出第三、四两句作铺设，也就能让读者自然联想起女扮男装、代父从军 12 年的爱国英雄花木兰。这两句是写诗人的猜想：种植木兰者有如此浓厚的雅趣，如今鲜花盛开，艳美绝伦，应当是赏花的时候了。白天怎么也看不足，那就留待梦中去思念吧。“女郎花”既巧妙点题，又含义颇丰。至于诗人为什么不直接写“应添一树木兰花”，而要曲说成“女郎花”呢？这是因为古乐府《木兰诗》中有“同行十二年，不知木兰是女郎”的诗句，且相传女英雄木兰姓花。于是，一石双鸟，既指称花木兰，又指代令狐家的木兰花。此外，除略含对种花人友善的戏谑外，更主要的还在于对这位年轻貌美的爱国女英雄花木兰的由衷颂赞！至此，诗人的心志也就含而不露地得以表达。

（原载胡正山、陈立君主编《花卉鉴赏辞典》，湖南科学技术出版社，1992 年，第 425—427 页）

二、种　兰

苏　辙

兰生幽谷无人识，客种东轩遗我香。
知有清芬能解秽，更怜细叶巧凌霜。

根便密石秋芳草，丛倚修筠午荫凉。
欲遣蘼芜共堂下，眼前长见楚辞章。

人们栽种花卉，主要用来美化环境，供人观赏，以陶冶性情，其价值是无法用金钱来计算的。这首七律形象地介绍了这方面的知识，使我们能够明了栽种花卉的价值所在。

首联写兰花的生态习性。《孔子家语》上说:“芝兰生于幽谷，不以无人而不芳。君子修道立德，不为困穷而改节。”轩（xuān），窗户。遗（wèi），赠送。兰草自生自长在幽深的山谷芬芳四射而无人知晓；饶有雅兴的门客将它们移植于园圃，它们便从窗口赠送我浓郁的芳香。兰花便被喻为君子，本来生长在幽谷山林，由于芳香浓烈而被人供养。之后，仍香气袭人，于是，人们便苦心栽种，以修身养性。

紧接着，颔联写兰花的品德性情。秽（huì），肮脏，丑恶；此指私心杂念。怜，爱惜，喜欢。我深知兰花的清香能够去除杂念，净化灵魂，可我更爱那细长的叶片，即使备受风霜的吹打欺凌，也仍不改青苍。兰草备受青睐就在于芬芳永驻四季常青，能在栽种过程中呈芳献翠，给人们以美好的享受。兰叶经霜而不凋，能给人以蔑视严寒、藐视邪恶的启迪，“泣露光偏乱，含风影自斜。俗人那解此，看叶胜看花”（张羽《咏兰叶》）。诗人之所以“更怜细叶”，全在于有此超乎常人的更深一层的切身感受。诗句道出了栽种兰花，实际上，也是栽种花卉的作用和价值之所在，这是诗人的体会，也是众人的心声。

颈联写兰花的生长环境。便，适宜，安适。修筠，长竹。兰草的根须能够安于石缝之中，一进入秋天，便开放出无数鲜艳的花朵，散发出阵阵醉人的芳香；一丛丛翠绿的兰草倚靠、簇拥着青翠的长竹在烈日当空的正午，也许还能消暑乘凉。尽管兰花是一种珍贵的名花，但绝非养尊处优的骄子，所以，其生长环境也不见佳，常常生长于乱石中、修竹旁。

尾联更进一步写兰花的品性和对诗人的熏陶。遣，支派，调遣。蘼芜，香草。楚辞，诗集名。全书以屈原的作品为主，兼收宋玉、刘向等人的作品，以其运用楚地文学样式和方言声韵，叙写楚地风物，具有浓厚的地域色彩，故名“楚辞”。苏诗中的“楚辞”指代爱国诗人屈原。他的代表作为《离骚》,《离骚》中有“扈江离与辟芷兮,纫秋兰以为佩”的诗句,意思是用佩戴香草来比喻德才的进修。所以,诗人便由秋兰自然联想到屈原其诗其人。我要调遣江离和秋兰一起生长在屋檐下,到那时,我便能长久地看到爱国诗人屈原的高大形象,并从他身上获得进取的力量。

(原载胡正山、陈立君主编《花卉鉴赏辞典》,湖南科学技术出版社,1992 年,第 869—870 页)

三、玉 兰

文徵明

绰约新妆玉有辉,素娥千队雪成围。
我知姑射真仙子,天谴霓裳试羽衣。
影落空阶初月冷,香生别院晚风微。
玉环飞燕元相敌,笑比江梅不恨肥。

作者文徵明是明代著名书画家。时人认为他的山水花卉画体现出苍润秀雅的风格,后人也多公认。作为山水花卉画家,用诗歌来吟咏花卉,自然也就充满了水墨渲淡的意趣。这首七律用传说中的仙女和历史上著名的美女来比玉兰花,酣畅淋漓地描写了玉兰花无与伦比的色香,能最大限度地激发读者美好的感受。

诗的开头两句,描写玉兰花在春光明媚的日子里盛开,散发出夺目的光辉,呈现出雄奇壮观的美景。绰约,姿态柔美。素娥,即嫦娥,也指泛月宫中的仙女。早春时节,一树树盛开的玉兰花,如同姿态柔美的仙女,她们穿上美丽的衣裳,全身装扮一新,像美玉一般放射出耀眼的光芒;一丛丛洁白的玉兰花,如同无数仙女从月宫中走出,来到人间,她们时而翩翩起舞,时而簇成一圈。这情景使人目不暇接,美不胜收。如果说,首联是在集中写玉兰花的静态美的话,那么,颔联则着重写玉兰花的动态美。

姑射,“射”字,读 yè,古代传说中的名山。《庄子 · 逍遥游》载:

“藐姑射之山有神人居焉，肌肤若冰雪，淖约若处子。”后人便以“姑射仙姿”形容女子貌美。霓裳，洁白美丽如云霞一般的衣裳。羽衣，用鸟羽制成的衣服。颜师古注：“羽衣，以鸟羽为衣，取其神仙飞翔之意也。”颔联的意思是，我原只知道姑射山上有美丽的仙女，没想到如今的玉兰花竟然也有着姑射仙姿，上天送给她云霞一般美丽的衣裳，试穿在身，有如穿上鸟羽制成的衣服一样随时都有可能凌空飘飞。一个“试”字，活灵活现地写出了一簇簇洁白的玉兰花在春风吹拂下的动态美。

颈联着力写玉兰花的浓烈的芳香。当夜幕降临，明月当空之际，玉兰树的影子倒映在空荡荡的台阶上，这时，人们也许会倍感冷清孤寂。可是，当阵阵晚风吹来，将玉兰花那馥郁的芳香送进了远处深深的庭院，这时，人们必然会平添无限温馨。

尾联又从整体上表现玉兰花的形态美。玉环，即杨玉环，以美貌著称。白居易在《长恨歌》中用铺张手法详尽地描写过她的美貌：“回眸一笑百媚生，六宫粉黛无颜色……”杨玉环通晓音律，初为玄宗子寿王瑁妃，后入宫得玄宗宠爱，天宝四年（745）封为贵妃。后人以杨玉环的美为代表富态的美。飞燕，即赵飞燕。汉成帝皇后，能歌善舞，她被废为庶人，自杀身亡。后人以赵飞燕的美代表轻盈的美。元，通“原”。敌，匹配，相称。江梅，一种野梅，花萼单瓣，有清香。最后两句以人比花，又以花比花，描写玉兰花的迷人体态，它艳美绝伦，原可与历史上的杨玉环和赵飞燕相媲美，兼有富态美和轻盈美。玉兰花完全有资格耻笑那清瘦的江梅，它无论如何也开不出肥硕美艳的花朵。

这首诗浓墨重彩，尽情地描写了玉兰花绝美的色香和体态。在写法上也有较为别致的地方，那就是交错使用以虚衬实、化虚为实的手法，极为成功。前四句用传说中的仙女比玉兰，用清瘦的江梅比玉兰，同时，又由树影、初月联想到冷清，这是化虚为实。这样一来，虚实相生，玉兰花的色香美和体态美都被充分衬托了出来，能给读者以清新、艳丽、雄奇、壮观、朦胧、隽永的美感。

（原载胡正山、陈立君主编《花卉鉴赏辞典》，湖南科学技术出版社，1992年，第414—416页）

※※※※※※

1989年11月2日，我邂逅冷江六中校长陈立军，他是1977年6月新化师范43班毕业的，后在湖南教育学院获本科学历，在冷江一中校长任上退休。他告诉我，正与冷水江党校校长胡正山策划出版一本100万字的《花卉鉴赏辞典》，缺少“花卉诗词鉴赏”写作人手，问我能否帮忙至少写10篇，千字左右一篇。我说自己还住在新化师范那边，教一个电大三年制全脱产包分配的中文班，兼班主任，还教了民师班的写作、书法、劳技等好几门课。第二天，他找到我家，说再忙也得帮个忙，或另外推荐写手。我不好意思推辞，接受了撰写“兰蕙诗词赏析”任务。周末，我又跑到冷江师范图书馆借了明代王象晋编著的三卷本《群芳谱》，加班加点翻阅，择选60多首，凡是诗题有个“兰”字的都摘抄下来，做成卡片，作好注释。再购得《唐宋诗词鉴赏辞典》作参考，几乎是夜以继日地写作。好不容易才写成6篇，催稿又急，我只得找忘年交新化三中的邹息云老师帮忙，他写了2篇；到截稿时我写成8篇，一共完成10篇，总算没食言。《花卉鉴赏辞典》1992年3月由湖南科技出版社出版发行。后来得到样书1本，稿费150元。作者不必羞言稿费，凭艰辛的脑力劳动谋食，正本当行。知识分子既无土地又无体力，凭什么本事养家糊口！

我选取唐代白居易《题令狐家木兰花》、宋代苏辙《种兰》、明代文徵明《玉兰》共三首七言律绝的赏析，作为诗词赏析类文章的代表。

春兰凌寒空嗟怨

——陈子龙《念奴娇·春雪咏兰》赏析

况志东　潘久泰

念奴娇 · 春雪咏兰

陈子龙

问天何意，到春深，千里龙山飞雪①？解珮凌波人不见，漫说蕊珠宫阙②。楚殿烟微，湘潭月冷，料得都攀折③。嫣然幽谷，只愁不听啼鸩④。

当日九畹光风⑤，数茎消雪，纤手分花叶。曾在多情怀袖里，一缕同心千结⑥。玉腕香消，云鬟雾掩，空赠金跳脱⑦。洛滨江上，寻芳再望佳节。

（选自《陈忠裕公全集》）

【注释】①南朝宋鲍照《学刘公干体》诗有“胡风吹朔雪，千里度龙山”之句，“龙山”在今辽宁朝阳县东南。②解珮:《韩诗外传》有江汉女神解珮赠郑交甫的故事。凌波：指曹植笔下的“凌波微步，罗袜生尘”的洛神（见《洛神赋》)。二典合一，借喻当时已流亡海上的南明鲁王。鲁王在绍兴监国时，曾授词人以兵部尚书之职，“解珮”或指此事。“蕊珠宫阙”是指道教传说中的天上仙宫，此处当借指绍兴的鲁王故邸。③词人作此词时（顺治四年三月），清军孔有德、郑玉攻取湖南，“楚殿”三句是对此事的悬想。“攀折”指蕙兰被摧折，隐喻作为华夏国魂的抗清义士多罹难殉国。④鴂：即鶗鴂，tíjué，古书上指杜鹃。⑤九畹光风：《离骚》：“余既滋兰之九畹兮，又树蕙之百亩……冀枝叶之峻茂兮，愿俟时乎吾将刈。”《楚辞·招魂》：“光风转蕙，氾崇兰地。”“九畹”指代大片土地。⑥同心结：古人将锦带编为菱形连环之结，以象征恩爱，称之为“同心结”。⑦跳脱：即条脱，手镯的古称。南朝梁陶弘景《真诰·运象》有仙女萼绿华将金、石条脱送给羊权的故事。

陈子龙（1608—1647），字卧子，号大樽，南明文学家，抗清将领。松江华亭（今上海松江）人，进士出身，官至兵部给事中。他博贯经史，重视时政，曾与夏允彝、徐孚远等结成“几社”，与“复社”呼应，以复兴古学相号召，企图挽救南明王朝。清兵破江南，他起兵太湖抗清，兵败，乘隙投水殉国，年仅 39 岁。后人评价其诗风“悲愤苍凉”“神韵天然”，实不为过。《近三百年名家词选》（龙榆生编选，上海古籍出版社 1979 年 10 月版）中有陈子龙小传：“词学衰于明代，至子龙出，宗风大振，遂开三百年来词学中兴之盛，故特取冠斯编。”足见其在文学史上有不可低估的地位。

这首词以春雪为背景，句句咏兰，却处处体现作者感伤国难，悼念死难英烈之情，袒露自己忠贞不渝的抗清意志，寄胜利希望于未来，余味无穷，于凄婉之中兼有昂扬振奋之气。既具婉约派的艺术美，又兼有豪放派的爱国主义激情，堪称咏物词中的杰作。

开头三句，作者以无限悲愤的心情问天，为什么在春深的时候，大好神州，仍然飞舞雪花，让严寒覆盖着大地啊？写春雪也就暗写了雪中之兰，这春天里的兰花正冒着严寒傲然开放。兼寓清铁骑侵凌，山河破碎之悲怆。

“解珮”二句，借用汉江神女与洛川女神的故事，既以美人比兰花，也借喻抗清志士。暗示中原江汉地区早已沦于敌手，神女名花不可再见，更不必说居住着仙子、广植着名花的美丽的宫阙花苑了。荆棘铜驼，故宫禾黍，无边感慨。“蕊珠宫阙”一句，也可理解为怀念监国鲁王，因此时鲁王正被清兵追逼，逃亡海上。“凌波人不见”，更何况故居的宫阙？

“楚殿”三句，借湖南盛产兰花的典故，用烟寒月冷，象征寂寞凄凉，在这种环境中，料想兰花定然遭到无情的摧折。此时清军正大举进攻湖南，这一带忠义之士肯定遭受重大牺牲，作者以无限深情，关注着他们的命运。

“嫣然”二句，以空谷幽兰美好地开放，比喻作者组织的太湖义军，怕只怕像听鹧鸪的叫声——“行不得也”一样，是一次不成功的奋斗。作者以此二句收束上阕，借景抒情，慨叹当前国步艰危，感时忧国之情跃然纸上。

词的下阕笔锋一转，从回忆写起，仍用象征手法抒情寄意。开头三句，“当日”以下点明作者曾置身于风光绮丽的兰圃中，晨露晶莹，数茎兰花袅娜地开放，美人拂叶而来，纤纤玉手采撷她所心爱的花朵。这是一幅多么美丽的图画！作者曾中崇祯十年进士，这几句抒写他怀念被君王赏识选拔的恩情，写得缠绵清丽而又灵动美妙。

“曾在”二句，紧接上面，美人采花藏在怀中袖内，从此兰花和美人形成了不可分割的关系——“一缕同心千结”。这是作者的誓言，他决心与明政权同呼吸共命运，战斗到最后一息。

“洛滨”二句，笔势回复，照应开头。洛川凌波的女神和江汉解佩的神女啊（也比喻兰花）！我们将在胜利的节日里归来，重寻你们的踪迹，和你们再次相见。这两句以自己对未来充满必胜的信念作为全词结尾，于清婉中寓振奋之气，哀而不伤，悱恻宕折，余意不尽。

明末国势衰微，内外交困，顷刻即亡，致使无数仁人志士无力回天，有如春兰凌寒空嗟怨！

（原载《考试报 · 教师版》2005 年 8 月 19 日，第 151 期）

※※※※※※

这篇文章最先是应《花卉鉴赏辞典》主编陈立军先生约稿而写的。

1989年1月9日陈老师来信说，打算收录这首词的赏析文章，写了6条注释，建议参考《金元明清词鉴赏辞典》。信末嘱我："12月底很快就要来了，请您抓紧时间动笔。"很遗憾，因没赶上截稿日期未被收录，后来几经修改，添加了像模像样的正、副标题，投寄《考试报》，刊登了。说句实话，我自喜标题有点儿出彩，简明精准，紧扣全词，歌咏春雪中的兰花与盛赞民族英雄陈子龙融合如天衣，"嗟怨"二字能体现兰花与英雄的坚强与无奈，至于内容赏析，套话而已。

多重复句分析新法

潘久泰

关于多重复句的分析方法，《中学教学语法系统提要(试用)》和中学语文课本中介绍过，许多语法专著也有过阐述，那都是从分句间的结构联系入手，由大层次到小层次分两步或者三步逐层划分的，被称之为“结构分析法”。1985年第4期《语文教学通讯》上曾经介绍过一种“思维分析法”，那是“依据多重复句内部所包含的逻辑思维进行分析，而后变形，加以划分的”。诚然，这些都是行之有效的好方法，而且很适宜于分析结构层次整齐而对称的多重复句。但是，在实际教学中也常有使用不方便的时候，那就是，当碰上三重或三重以上，而且结构层次并不十分整齐对称的多重复句时，往往很难找出最大层次，又由于分句繁多，即使读上三五遍也不明了全句大意，更谈不上理出思维线索，因此，难于正确分析。

分析多重复句的目的是为了迅速而准确地把握作者所表达的意思，探求思维和表达的规律，以便指导语言实践，因从分句间的意义联系入手，由小层次到大层次，逐层分析，也是很有道理的。多重复句中各个分句所表达的意思比较简单，容易把握；几个分句合起来表达一个比较复杂的意思，就难于弄清了。如果先将每两个意义联系极为紧密的分句合并成一个整体，同时标明关系；再将这个整体与其前后相邻的分句或整体合并，也标明关系……这样依次合并，使意义逐渐扩充，小大层次逐渐明晰，自然，整个多重复句的意义也就明白了。尽管一个多重复句所表达的意义比较复杂，但分句间在意义上是有内在联系的，这种内在联系又直接体现了作者的思维线索。同时，分句间在结构上又构成了某种逻辑事理关系。既然可以从结构联系和思维线索入手进行分析，那么，也可以从意义联系入手进行分析。况且，多重复句中各个分句的意义是具体的，简单的，而分句间构成的逻辑事理关系是抽象的，层次关系从小到大是愈益疏阔的，分句的意义体现出来的线性也是愈益清晰的，因此，从分句间的意义联系入手进行分析，则正好顺应了人们认识事物的普遍规律：从具体到抽象，从简单到复杂。其实，运用“结构分析法”或“思维分析法”分析时，往往也是先在思维过程中由小层次到大层次考虑定妥之后，才划定最大层次，或者才“变形”，再逐层细分的，同时检验层次划分是否正确，也是由小到大逐层逆推的。看来，恐怕只有这样分析才算真正找到了分析多重复句的正确途径。因此，我们姑且将这种从分句间的意义联系入手，由小层次到大层次，逐层合并，分析多重复句的方法，叫作“意义分析法”，意欲使之与其他分析法并存。

运用“意义分析法”与运用其他分析法一样简便，易学易会。首先，必须弄清多重复句由几个分句组成，并用序数词在句末标明。然后，由小到大，逐层分析由几个层次组成，并用竖线和文字标明层次关系。这一步的具体做法是，先将相邻的两个分句一一合并成一个整体，并比较各个整体的分句间意义联系的相对疏密关系，最紧密的为最小层次，用一根竖线和文字暂时标明层次关系，再比较这个整体与其前后的分句或整体间意义联系的相对疏密关系，稍微紧密的为稍大层次，也用一根竖线和文字标明，但必须在前一层次处加根竖线。这样逐层合并比较，找出其他各层，每找出一层，都先用一根竖线和文字标明，再到前边各层次处一一加根竖线，直到找出最大层次为止。这样，由易到难，由简到繁，由具体到抽象，逐层分析，轻松顺畅，划分极为正确。

下面请看例分析：

(1) 我们要有计划、有选择地引进资本主义国家的先进技术和其他对我们有益的东西①，|(转折)但是我们决不学习和引进资本主义制度②，||(并列)决不学习和引进各种丑恶颓废的东西③。(邓小平《坚持四项基本原则》)

(2) 我喜欢这绚丽灿烂的秋色①，|(因果)因为它表示着成熟和繁荣

②，||(并列) 也意味着愉快和欢乐③。(峻青《秋色赋》)

例 (1) 由三个分句组成，先将每两个分句合成一个整体，再比较分句间的相对疏密关系，立即就会发现②与③关系紧密，为并列，划根竖线，标明关系；①与②③关系疏远，为转折，划根竖线，标明关系，再到②③间加根竖线就行。例 (2) 也由三个分句组或，经合并比较，很容易清楚②与③关系紧密，为并列，划根竖线，标明关系，①与②③关系疏远，为倒置的因果，划根竖线，标明关系，再到②③间加根竖线。以上是二重复句，比较容易分析。

(3) 鲁迅是从正在溃败的封建社会中出来的①，|(转折) 但他会杀回马枪②，||(总分) 朝着他所经历过来的腐败的社会进攻③，|||(并列) 朝着帝国主义的恶势力进攻④。(毛泽东《论鲁迅》)

(4) 居住在这些城堡中的主要的是军队①，||(并列) 也有小商人和手工业者②；|(转折) 但这些小商人和手工业者是依靠军队生活的③，||(因果) 只要军队撤退④，||| (条件) 这些城堡也就废弃了⑤。(翦伯赞《内蒙访古》)

(5) 在旧时代苦难的日子里，劳动人民自然不是都能欢乐地过年①，|(转折) 但是贫苦的农户也要设法购张年画②, |||(并列) 贴对门联③, || (并列) 年轻的闺女也总是要在辫梢上扎朵绒花④，|||(并列) 在窗棂上贴张大红剪纸⑤。(秦牧《花城》)

例 (3) 由四个分句组成，经合并比较，不难发现③与④关系最紧密，为并列，划根竖线，标明关系；②与③④关系紧密，为总分，划根竖线，标明关系，再到③④间加根竖线；①与②③④关系疏远，为转折，划根竖线，标明，再到②③和④⑤间分别加根竖线。例 (4) 有五个分句，经合并比较，也不难发现，④与⑤关系最紧密，为条件，划根竖线，标明；①与②关系紧密，为并列，③与④⑤关系也紧密，为因果，它们在同一层次上，分别划根竖线，标明，再到④⑤加根竖线；①②与③④⑤关系疏远，为转折，划根竖线，标明，再到①②、③④、④⑤间分别加根竖线。例 (5) 也是五个分句，经合并比较，就会发现②与③、④与⑤关系最紧密，且在同一层次上，都是并列，分别划根竖线，标明；②③与④⑤关系紧密，为并列，划根竖线，标明，再到②③、④⑤间分别加根竖线；①与

②③④⑤关系疏远，为转折，划根竖线，标明，再到②③、③④、④⑤间分别加根竖线。以上为三重复句，分析也并不难。

这种“意义分析法”，从分句间的意义联系来看，是由简单到复杂，逐渐扩展的；从层次关系来看，是由细密到粗疏，逐渐明晰的。因此，只须顺着作者的表达所体现的思维线索推导，即使碰上再多层次的复句，也都可以准确无误地进行分析。

(6) 几百年之后，我们当然是化为魂灵①，|||(总分) 或上天堂②，||||(并列) 或落了地狱③，||(转折) 但我们的子孙是在的④，|(因果) 所以还应该给他们留下一点礼品⑤。(鲁迅《拿来主义》)

(7) 1509 年，他已经写好《天体运行》的提纲①，|||(转折) 但是他知道天动学说从亚里士多德建立以来已经有一千八百年的历史②，||||(并列) 又有教会的拥护③，||(因果) 如果发表跟天动学说根本对立的地动学说④，|||(假设) 一定会到种种非难和攻击⑤，|(因果) 因此他决定谨慎而小心地进行观测工作⑥，||(目的) 务使他的理论能和实际观测相符合⑦。(竺可桢《哥白尼》)

例 (6) 有五个分句，经合并比较，便清楚②与③关系最紧密，为并列，划根竖线，标明；①与②③关系紧密，为总分，划根竖线，标明，再到②③间加根竖线；①②③与④关系疏远，为转折，划根竖线，标明，再到①②、②③间分别加根竖线；①②③④与⑤关系最疏远，为因果，划根竖线，标明，再到①②、②③、③④间分别加根竖线。例 (7) 有七个分句，经合并比较，知道②与③关系最紧密，为并列，划根竖线，标明；①与②③和④与⑤在同一层次上，关系都紧密，分别为转折和假设，都划根竖线，标明，再到②③间加根竖线：①②③与④⑤和⑥与⑦也在同一层次上，关系都疏远，分别为因果和目的，都根竖线，标明，再到①②、②③、④⑤间分别加根竖线；①②③④⑤与⑥⑦关系最疏远，为因果，划根竖线，标明，再到①②、②③、④⑤、⑥⑦间分别一一加根竖线。

分折多重复句的方法有多种多样，我们不可拘泥于某一成法，各种方法都掌握了，便可信手拈来，灵活自如地运用。有时，一个多重复句表达的意思极其丰富深刻，层次关系也异常复杂，作者则用分别断开，或用大量关联词语表明逻辑事理关系。凡分号处一般为最大层次，关联词语大多前呼后应使用，这给我们分析提供了许多方便。

(8) 至于我的喊声是勇猛或是悲哀①，|||(并列) 是可憎或是可笑②，||(解说) 那倒是不暇顾及的③；|(转折) 但既然是呐喊④，|||(因果) 则当然须听将令的了⑤，||(因果) 所以我往往不恤用了曲笔⑥，||||(解说) 在《药》的瑜儿的坟上凭空添了一个花环⑦，|||||（并列）在《明天》里也不叙单四嫂子竟没有做到看见儿子的梦⑧，|||(因果) 因为那时的主将是不主张消极的⑨。(鲁迅《呐喊〈自序〉》)

例 (8) 由九个分句组成，分号处为最大层次，是转折关系，先划根竖线，标明，同时在每两个分句间都一一划根竖线。然后用“意义分析法”分析，先分析分号前三句，再分析分号后六句。①②关系最紧密，为并列，划根竖线，标明；①②与③关系疏远，为解说，划根竖线，标明，再到①②间加根竖线。⑦⑧关系最紧密，为并列，划根竖线，标明；⑦⑧是对⑥进行解说的，关系紧密，在⑥与⑦⑧间划根竖线，标明。再到⑦⑧间加根竖线；④⑤和⑧⑨在同一层次上，关系疏远，均为因果，分别划根竖线，标明，再到⑥⑦、⑦⑧间各加根竖线；④⑤与⑥⑦⑧⑨关系最疏远，为因果，划根竖线，标明，再到④⑤、⑥⑦、⑦⑧、⑧⑨间一一加根竖线，就分析完了。这是个五重复句，再多层次的复句就不多见了。

当然，方法的优劣是相对的，运用是否顺手，与操作熟练程度有关，我们不可刻板地硬套。无论采用何种方法，只要能迅速地理解复句的意义就行。如果我们对各种方法都能透彻理解，熟练掌握，综合运用，不管碰上如何复杂的多重复句，也都能得心应手地进行分析。

（原载《湖南人文科技学院学报》1992 年第 3 期）

※※※※※※

1985 年 7 月 2 日，我独自在家伏案一整天，又熬个通宵，写了《我看“为了忘却”》和《多重复句分析新法》两篇文章，都先后见了刊。这篇文章于 1985 年 10 月 27 日改定，投寄山西师院《语文教通讯》，两个多月后收到编辑部退稿附回信，原稿经编辑改动 3 处，可能打算刊登；信上说，“因版面有限，只好‘璧还’。希望继续赐稿。”不久，我在《语文教学通讯》读到赞同我的观点与做法的文章，其中有两三百字对“意义分析法分析多重复句”稍作了介绍。此后，我心记默记修改这篇文章，一有机会就与同行商讨，与组内资深现代汉语教师讨教。断断续续经过5次较大修改，几十张卡片都差不多被我翻烂了；文题也换5次，才完成定稿。我一直不断投稿，差不多投了6年之久，终于在《湖南人文科技学院学报》刊登出来，随即收到80元稿费。文章提出了虽与当时通行的专家、学者的观点、做法相悖，但我给中学生，包括电大、函大的学生授课、演示分析多重复句时，总是备受欢迎。其时，中学现代汉语语法教学已经淡出课本多年，真没想到竟被大学学报编辑如此错爱。后来，文章又意外由《中外文化新视野 · 语文教育学新论》（戴剑平主编）一书收录，1993年12月由安徽黄山书社出版，新华书店销售，定价10.08元。出版社要我以8.5折购买30本，除了留5本送人外，其余都卖了，收支两抵，总算没亏。

中师作文教改异说

潘久泰

长期以来，中师作文教学形成了一种“学生作，老师改”的局面。这样一来，修改权似乎完全被任课老师垄断了，中师生——未来的人民教师，不仅要会写作文，还要会修改、讲评作文，这就要求中师作文教学必须尽快、彻底改革，打破这种“学生作，老师改”的局面，而将“作、改、评”三个环节紧密结合起来，才能有效提高学生的写作水平，也才能体现出中师作文教学的师范性特点来。

先说“作”与“改”的结合。

很多老师都是在上作文课的时候给学生命下一道或两三道题目，让学生在两节作文课上写好交上去。由于时间紧，能按时写完就不错了，根本来不及修改。能写出“急就篇”的学生总是凤毛麟角，也有部分同学是交愿了事，草率成篇的。这样，就使大部分同学的写作能力处于停滞状态，久而久之，就会失去作文兴趣，甚至产生厌倦、畏惧情绪。哪能谈得上提高作文水平呢?

“好文章是改出来的。”这说明修改作文的重要性。虽说中师的写作只是一种练习，但这和正式写文章也是一个道理。即使少数同学偶有灵感，一气呵成，自以为写得很不错，但过了一段时间就会发现文章存在许多不足——这是必然的。如果每次作文课只让学生写，于是就把“作”与“改”分割开来了，老师的修改不一定能完全与学生的思维、表达吻合，就算完全吻合，甚至更好，却又窒息、扼制了学生修改能力的养成和提高。这还不如让学生去修改以前的作文。以前的作文，经过了一段时间的“冷处理”，随着习作与生活阅历的加深和认识水平的提高，必然会发现其中存在的问题，在这个基础上加以修改就会使作文日臻完美，甚至可达到发表水平。

再说“作”与“评”的结合。

老师对学生的作文大可不必全批全改，因为耗时费力，收效甚微；半批改半查阅，也太机械，说不定有遗珠之憾，或给偷懒学生以可乘之机。我以为，每次作文，只要从中抽出不同水平的一本或几本，予以评改就行了。其余的都可利用上课的时间由同学们相互评改，同时教给他们评改作文的方法。这方面，“快速作文之父”杨初春老师的做法是很值得我们借鉴的，他是当堂作文，当堂批改，效果极佳。同学之间由于年龄相仿，水平相近，加上各有自己练笔甘苦得失，反而容易改得准确，评得实在得体些。最后，老师可选出经过学生批改的作文，就其得失之处予以讲评，从而提高学生的评改能力，并为学生将来从事小学作文教学打下良好基础。

以上虽是“异说”，但请同行不妨一试，也许会收到意外的实效和佳绩。

※※※※※※

学校教务科规定每学期结束必须写个教学总结，这项任务还真难不倒我。有几次领导在上面讲话，我貌似认真做笔记，实为写个人工作总结，千把字，大会一结束，我的总结也写完了。这篇文章就是在此种“一心二用”的情况下写成的。例行工作总结不可吹牛，只需用朴实的语言照录一个学期来的实情，力求略有新意、纲目清楚、语句通顺即可。修改誊抄两份，一份交差，顺利通过，还得了表扬；一份择选适合的报刊投稿，竟然意外见刊于《中师语文报》（1997 年 11 月 1 日）。真可谓“名利双收”。

粗批略改重讲评

——我的作文教学观

潘久泰

作文教改，在很大程度上可说是如何使语文老师从繁重的作文批改中解放出来。二十几年来，我一直采用“粗批略改重讲评”的方法进行教学，也还颇有效果。

每次作文命题，我总要尽量结合单元写作训练，至少拟出三道难度有别、文体不限的题目。此外，还允许学生自由命题写作。我认为，这样做既注重了“中间”，又照顾了“两头”，让人人都有“文”可作；既可大大激发学生的写作兴趣，又可普遍提高学生的写作信心和能力。比如，教完第一册第一单元《灯》《谈谈记忆》《善于建设一个新世界》几篇课文之后，我要求学生写一篇记叙文，便拟了《上学路上》《灯光下》《星光下》三道文题，让学生择写。结果全班除 4 人自己命题写作外，每道题都有十来个人写，而且文章都普遍有质量。由于平素对文题有些考虑，并积累了一些资料和卡片，所以，完成命题环节还比较轻松，费时也不多。

作审题指导时，只重点讲述一道，估计大部分学生可能写的，即有中等难度的文题，其余文题只略作解说，或不作指导。最后，要求学生量力而为，择写自己最有把握写好的一道文题。完成这一环节，只需 15—20 分钟。几分钟之后，全班学生几乎都可以迅速进入“写作”状态，而且每道文题都有人写。这样全班作文，往往题材多种多样，内容丰富多彩，技法也多有讲究，尤其是思想感情表达比较真实和自然，有时一班竟会出现十几篇佳作。比如，教完第五册第三单元几篇小说之后，我曾拟了《雪花》《红霞朵朵》《故乡，一个春天的早晨》《从别里科夫的“套子”说起》共四道文题，重点指导了《故乡，一个春天的早晨》。一位学生写这道题，内容是大年初一正逢雪后放晴，他与弟弟去自己曾经念书的小学玩儿，只见校舍破败不堪，几乎全是危房。而学校对门山坡上的祠堂却修葺一新，祠堂不远处的大路旁还新盖了一座富丽堂皇的水庙。清晨，乡民们络绎不绝地去祠堂和水庙烧香拜佛。文章写出了一种独特而深沉的感受：不少乡民稍事富裕之后，总舍不得花钱学习文化科学知识，孩子念不念书也无所谓，却乐意大把大把花钱去求神拜佛。这不能不引起人们深深的忧虑！这篇文章选材立意都很好，只是表达比较粗糙，几经修改润色之后，我建议他投寄一张省报，结果很快就刊登了。

在完成以上两个环节时，如果老师操作较为顺利，调控比较得体，而且学生也能密切配合，那么，批改一班或两班这样的作文，虽说不一定是一种美好的享受，但起码可以避免单调和枯燥，至少不会感到劳累和痛苦。

作文批改最为吃劲，几乎所有语文老师都叫苦不迭。尽管不少同行探索、总结出了不少成功的经验，但在实践中却很难推广和运用。有些学校规定，对学生作文可以批改一半查阅一半，老师的负担虽然减轻了，但效果并不佳。学生将自己辛辛苦苦写成的文章交上去之后，总希望得到老师的恰切评断。如果老师看都不看，仅写一个“查”或“阅”字了之，又怎能了解情况，作出评断呢？显然，这是对学生艰辛劳动的漠视和不尊重。老师的批阅评点是很重要的，有时甚至是一字之师哩！文章究竟好在哪里，差在何处，如果老师不看，那么，学生始终不得而知。况且大多数学生总认为自己的文章是写得很好的，所以才交上去；而事实上，缺点错误总是难免，不经老师或同学指出，只能蒙在鼓里。其结果常常造成两极分化：少部分基础较好，勤奋刻苦的学生文章越写越好；一部分基础较差又缺学习方法的学生就会越写越糟糕，即使再怎么努力也很难有长进。就连那大部分成绩中等的学生，也会认为反正交上去老师也不看的，于是便可能由惰性驱使而随便写几句交差，或干脆不写，久而久之大都视作文为畏途。如果老师对每个学生的文章都得精批细改，都得全面而准确地指出优劣得失，那也是既不可能又无必要的。

我对学生的作文历来是每篇都看，只是采用“粗批略改”的方法进行。一般是先将学生的作文拿来，迅速看一遍，然后凭最初的大概印象，或第一印象下一个简要的尾批，或给三两个眉批，多肯定优点，指出不足，有时也只画一些有特定含义的符号，如横线、箭头、问号等，多提示学生自己去推敲、修改。至于文中的明显病句、错别字、标点符号使用不正确等，则随手改正或标示出来。这样，粗略批改一篇作文大致需要花5—12分钟。于是，除正常上课之外，利用一两天内零零碎碎的时间便可在不知不觉中，轻轻松松地批改完一个班的作文。

说到这里，我们不妨看一看大中专招生考试中作文评卷的操作情形，或许可以获得些许启示。那是有严格评分标准的，而实际操作时，谁也不会去从思想内容，到结构布局，到语言表达等，一项一项地去死套，大多凭粗读印象给个分，虽然难免随意，难免遗珠，但绝大部分评判是客观、公正而准确的。我曾经半开玩笑似的公开宣称自己有一条最易操作又最为实在的评分标准，那就是：读一篇文章能留下深刻印象，就给85、90分，乃至满分；如果一篇文章有一句写得精彩，就给75、80分；如果一个词儿用得好，就给65、70分。此外，字迹工整秀气，卷面整洁，加5分；字迹潦草，错别字多，减2分。不管反驳我的理由如何冠冕堂皇，但我敢肯定，他实际上也是如我一样地操作的。因为写作是一个人多方面能力和水平的综合反映，与思想觉悟、生活阅历、知识结构、语言技巧等多种因素密切相关，所以说，凭感觉、凭印象，即全面而综合地评判一篇文章的优劣得失也是很有道理的。

问题在于这样操作仍然难免高耗低效。为了优化批改环节，我对新接手一个班的前面三五次作文的批改要精细一些，到了第四、五学期，就让学生自行修改；最后完全达到“自能作文，不待老师改”的目的。这时，语文老师也就基本上从繁重而艰辛的作文批改中彻底解放出来了。

在批改过程中，我常常作一些摘录，为讲评准备材料。待全班作文批改完了之后，再用三五个课时备一堂作文讲评课。讲评作为作文教学的重点环节，不可不精心设计。首先，选出三五篇写得比较好的，再反复看一两遍，认真修改润色一番，准备到班上宣读。最多念两篇，其余只点名表扬，让同学们课后传阅。在班上念范文，要经常变换，决不老念一个，或那几个经常写得较好的同学的文章。有明显进步的，有时可念写得成功的一段，或念写得精彩的一两句，或分析用得好的一个词儿，以便普遍激发写作兴趣，全面调动写作积极性。然后，再选出几篇写得比较差的，每篇只摘抄一两句，最多摘抄一段，不点名，只用小黑板出示，或临时抄到黑板上，师生一起分析、查找毛病，推敲并修改。最后，从批阅记录中拟出几个要点，到班上讲评。这些要点，一般都是在批改过程中逐渐形成的。比如，有次批改中，我先后形成、整理并拟定如下7个要点：1. 写作态度认真；2. 题材丰富多彩；3. 技巧不乏可取之处；4. 炼意上花功夫不够；5. 叙述平淡，毫无感情投入；6. 有偷懒抄袭嫌疑；7. 基础知识方面不够扎实。讲评时，着重讲第1点和第7点。肯定成绩时，一般比较全面；指出缺点和不足时，一般一次只重点评一个，而且估计这缺点或不足是学生下次作文时大多可以改正或者会引起重视的。比如，有次讲评，在肯定成绩之后，我只讲了一个“表达严重不清，不注意炼词、炼句”的问题，演示几个例子，师生一起讨论修改，学生听后，很有收获。有时只重点讲评一篇文章的优劣得失，如上面提及的那篇《故乡，一个春天的早晨》，从选材立意到布局谋篇，到表达修改，都讲。同时，还请那位学生谈写作体会。结果使全班同学很感兴趣，很受启发。

总而言之，作文教学是一项十分繁复而艰辛的工作，如果我们能够在实践中不断摸索、总结，一切从实际出发，那么，不管采用什么方法，都能收到预期的良好效果。

（原载《中学语文教学》1997年第12期）

※※※※※※

从教二十多年，我初步形成了“三读三问重理解”和“粗批略改重讲评”的读写教学观，而且写出了经验总结式的文章。这篇《粗批略改重讲评》是对自己二十多年作文教学实践的总结，全是“干货”，说的都是掏心窝子的话，方法实在又好用。如实记录自己的做法，完全是得心应手事。写完稍事修改，便定稿誊抄，先后投寄了三四家刊物，或退稿，或如泥牛入海。最后，我贸然大胆投寄《中学语文教学》，没想到，很快就见刊，随即收到了杂志和75元稿费。很为遗憾的是，那位写《故乡，一个春天的早晨》的学生，名叫吴竹山，一个学期内在省级刊物发过两篇文章，后来却弃教经商，被同学戏称为“儒商”。有学生听说，他在深圳发了大财；不知他还坚持写文章没有。

立人：语文教育的终极追求
——基于价值观对语文教学目标定位的思考

李仁咸　潘迈翁

教育的价值是什么，教育要培养什么样的人，教育史上，始终存在两种对立的观点：一种是从人的完善化来评价教育，确认教育在形成个人完善的内在性格和丰富的精神世界方面具有巨大的塑造力，教育应该致力于唤起人的灵性，培养人的情操，发挥人性，成为仁人。法国哲学家卢梭就说过，人的价值不在于有知识，有智慧，而在于他有道德本性，这种本性本质上就是感情。教育的终极目标就是培养完善的人，“他既不是文官，又不是武将，也不是僧侣，他首先是人”[①]。这种价值观被称之为“人的教育”。另一种是从社会的需要来评价教育，确认教育在促进社会发展进步方面具有不可估量的影响力和作用。教育的一切应该服从于社会需要，教育的目的在于培养和训练具有生产生活技能的公民，工人、农民等，这种价值观可视为“人力的教育”。前者指责后者反人道、非人道，压抑人性发展，不是把人看成一个具有活力和能力的个体，而只是造就不同型号工具的原生材料，因而使人物化、异化。而后者则认为前者把教育抽象化、理性化。教育应该培养对国家、社会、民族有用的人。

这两种观点理由似乎都非常充分，前者由于对人的生存、发展价值

① [法] 卢梭著，李平沤译：《爱弥儿 · 论教育》（上卷），北京：人民教育出版社，1985 年，第 9 页。

和意义的珍视，而被当作教育的“理想价值”，内在价值，亦称非功利价值。后者由于对社会与人的发展关系的深刻理解，被当作教育的工具价值、外在价值，亦称功利价值。实际上，两种价值观都把人的发展同社会发展对立起来，各自表现出了极大的片面性，从终极意义上说，人的确永远是目的，绝非手段。但同时，人永远是具有社会属性的人，教育始终要受到社会的制约。因此，合理的价值观应该是功利性和非功利性价值观的统一，即在承认教育的社会价值的同时，也承认教育在满足个人丰富的精神需要和完善的个人独立个性方面，具有的巨大的内在塑造力，承认教育不仅是促进人社会化的过程，也是促进人个性化的过程。对价值观认识上的不同，反映到教育的具体形态及各个层面，便导致了教育观念和思想、方法以及内容上的差异性。纵观我国当代语文教育思潮，我们可以较为清楚地感受到这种影响和作用。

我国当代教育思潮实际上分为两大流派：一是“工具派”，一是“情感派”或“审美派”。这种流派的划分是基于一种静态分析问题的需要，实际上，当代中国语文教育思潮呈现出你中有我、我中有你，色彩纷呈、风格各异的局面，所谓各家各派仅仅是侧重点有所不同而已，绝非井水不犯河水那般泾渭分明。

作为对“文革”期间语文上成政治课的否定，20 世纪 70 年代后期强调语文科工具性，一直是当代语文教育思潮中的主导潮流，迄今仍兴盛不衰。这派理论认为，语言是人类最重要的交际工具，“设置语文这个学科为的是教导学生运用语言这个工具，语文科的任务是由语言是工具这个性质决定的”[①]。因此，“制订教学大纲，确定每个年级教学任务以及选编教材时，应该考虑的第一要素是社会性、实用性，也就是把作为现代人类社会中的一个成员所需要的最基本的语言能力作为教学的最基本任务来落实。这种能力概括起来说有三种：吸收（读听看）、表述（说写）和思考”[②]。思想教育、陶冶情感等是语文教学的辅助功能，“决不能高于、更不能替代

① 蒋仲仁：《语言是工具——语文教学的一个基本概念》，载《教育研究》1982 年第 2 期。

② 陶本一：《要加深对语文教学自身的认识》，载《语文导报》1987 年第 5 期。

语文教学的主要任务，它们都只是可能服务于语言训练这个主要任务。”[①]上述见解使“加强基础，培养能力，发展智力”作为语文科主要任务，研究语文教学的合理结构（包括语文知识结构、能力结构和与之相适应的教材结构、训练结构），实现语文教育的科学化成为语文教改的核心：诸如教材的逻辑化，建立起明确的知识学习（传授）和能力训练体系；教学方法上突出学生主体地位，突出培养能力，注意养成学法；教学过程对语言和内容作透析、准确理解分析等。一方面使语文教育获得了长足的进步，同时由于它忽略了语言的人文内涵，人的感受、体验，造成了片面化的后果。

几乎在“工具派”出现的同时，“情感派”便相随而生，只是“工具派”表现为一种全局性的、群体性的特征，而“情感派”基本上是一种个体的、局部的特征，始终未能成为整个语文教育思潮中的主流。它没有系统的纲领，大致表现为这样一些特点：强调语文课知、情、意的统一；强调语文教师的人文情怀与真挚爱心，师生主体投入；强调学生表达要有真情实感，真切体验；强调教师要创造一种情境氛围，以及在语文教学中引入接受美学、模糊美学、格式塔完形理论，等等。从价值观方面反观以上两大流派，“工具派”大致侧重于“人力”培养，注意从现代社会生活与语文的关系入手，对语文的基础工具属性进行了充分的探讨，并摸索出了一条语文教育科学化的路子，力图寻求科学化的语言训练序列；从语文方面培养具有适应现代社会生活的能力来看，“情感派”则恰恰弥补了“工具派”在非智力因素培养、情感熏陶、品行修养方面的缺憾，更多地考虑到了语文教育的非功利价值。而两派双方各有优势，因此，假如它们能融合互补，将使语文教育价值观得到合理而充分的实现。同时，也将带来语文教育实现新的转机。值得欣慰的是，这一构想已在当代教育思潮中的“人文派”理论中初步体现。

诞生于90年代，由“新生代”语文教师提出并掀起的强调语文学科人文性，我们姑且称作“人文派”，语文教育新思潮，预示着语文教育改革将出现美好灿烂的前景。

---

① 陶本一：《要加深对语文教学自身的认识》，载《语文导报》1987年第5期。

“人文派”主要表现出如下特点：其一，从科学主义和人文主义哲学角度，透视中国现代语文教育，认为“五四”以来，中国语文教育的总体失误就是把“语文”、语文课仅仅当作工具，而不把语文同时视作主体精神和文化本体，造成科学主义和工具理性泛滥，人文精神消遁，而语文教育改革的总趋势，是追求人文精神的渐趋回归。面向21世纪的中国语文教育应强调人文精神与科学意识的融合，文化精神与语言学习的融合，培养“人力”与养成“人格”的融合。其二，对语文教育的属性作了科学认识，提出人文精神（即以人道、人生、人性、人格为本位的知识意象和价值意象）是语文教学的基本属性。“语言本身不仅仅是一种工具，还是人本身，是人的一部分；它不是一种外在于人的客体，而是主体；比仅仅是‘器’用，还是‘道’体，它满含主体情感，充满人生体验，因而人文精神是语言的基本属性。”其三，充分认识语文教育的价值观，既反对“文以载道”（把含义深宏的“道”简化为狭义的空头“政治”），语文课等于政治课；也反对把语文当作纯交际的工具，即认为语文课就是交际工具的观点，两者都是把语言和语文课当作单纯的工具，机械地服务于其他。[①]其实，“文”和“道”应该是一体的，语文既是一种工具，又是人的精神和民族文化精神（道）。学习一种语言，即是掌握一种工具，历练听（听话）、说（说话）、读（阅读）、作（作文）、写（写字）、思（思维）的能力，运用于社会交际，同时又是“安身立命”和接受祖辈传承的文化精神价值，在潜移默化中陶冶心灵，养成人格。鉴于此，语文教育应是“中国文化的语文教育”。其内容即学习汉语知识，历练运用汉语的能力，同时又接受中国文化精神的熏陶，养育与时代精神相和谐的中华文化的心理和人格。显然，这种“中国文化的语文教育”提法，既区别于过去定位于“政治”，又区别于当今实践中定位于“交际”，同时它承认并包容、整合了“工具派”和“情感派”，可以说，这一理论是“五四”以来意义相当深远的语文教育新论。爱因斯坦曾说过：“只教给人一种专门知识是不

---

① 韩军：《限制科学主义，张扬人文精神——关于中国现代语文教学的思考》，载《语文学习》1993年第3期。

韩军：《语文是工具，又是文化本体》，载《语文学习》1994年第3期。

够的，专门知识和技术虽然使人成为有用的机器，但不能给他以和谐的人格，最要紧的是人要接着教育得到对于事物及人生命价值的了解和感觉，人必须对从属于道德性质的美和善有亲切的感觉，对于人类的各种动机、各种期望、各种痛苦有了解，才能与别的个人和社会有合适的关系。”[①] 在这个商品意识、科技意识、纯技能意识向社会各领域全面渗透的技术化的时代，这位伟大思想家的话令我们深省。教育是“人力”的教育，更是“人”的教育；语文教育的终极追求就是两个字：立人。

※※※※※※

反思自己从事中学语文教学二十来年，始终未曾弄清楚教育的价值何在，教学的目的是什么，也从未想过，几乎每天都是糊里糊涂，听从分配安排，按部就班度日。为了让自己的教育教学有点高度，有点成绩，我们粗粗梳理了一遍当代语文学界流派、思潮，以及名家的观点，想有所借鉴，以利于自己的工作。经过这番梳理之后，稍许明白、清醒了点儿，无论哪个国家、哪个民族，首先都必须学好自己国家、民族的语文。1996 年 5 月便写成初稿《语文教育价值的思考》，认为教育的价值、目的全在于培养“人”、训练“人力”，让每个学生都能成长为德才兼备的“人”。对于这个问题，很多教师始终没能明白，于是，我们几经修改，写成这篇《立人：语文教育的终极追求》。我们自知才疏学浅，又不是名师，而且所述多是拾人牙慧而已，因而一直不敢投稿。直到 2021 年再次翻出旧稿，最后完成定稿投出，终于刊登在《教学与研究》2021 年第 11 期（总第 545 期）。

李仁成是我校电大中文班 1991 届毕业生，我曾教过他们班三年文学、汉语、写作等课程，并兼班主任。全班 42 人，他当班长，品学兼优，曾被评省级优秀学生。毕业后他分配在双峰洪山殿子弟学校教初中语文，当过教务主任、校长、督学工作站长，35 岁就评上了中学高级教师。现在除了担任部分领导工作外，仍处教学第一线，在洪山殿中心学校担任初中语文教学兼班主任，快乐地忙活着。

① 刁培萼主编：《教育文化学》，南京：江苏教育出版社，1992 年，第 75—76 页。

蝶鳞的妙用

陈 瑜 潘久泰

蝴蝶全身长有容易脱落的鳞片，我们利用这一特性可以制作不完形胶印蝴蝶标本。这种标本既具有完形标本的功用有利于学生学习昆虫知识；又能给人以粘贴画的艺术美感，可用于美化居室或收藏。

传统的做法是，捕获蝴蝶后，展翅、整形、风干，用昆虫针或大头针将其钉于昆虫盒内。那样，由于标本很脆，加之体内容物没有掏出，很难长久保存。而我们介绍的不完形标本的制作却不受时间、场地等条件的限制，非常简便而又最易操作。

捕获蝴蝶后，轻轻挤压头部、胸部，将其处死。取 16 开绘图纸（或白色硬板纸）一张，在半张上均匀涂上范围比蝴蝶展翅后形体稍许宽大的透明胶水。稍干后，用手或镊子将蝴蝶的四翅展开，将背面平贴于胶水范围内，一贴就不要移动，以免留下叠痕。再在蝴蝶身上覆盖一张较薄的白纸，用拇指或食指沿蝶体轻轻地、均匀地挤压一遍，拿开白纸，然后轻轻揭开蝴蝶，蝶鳞全部粘脱，绘图纸上就留下了清晰的蝴蝶背面的印痕。用同样的方法在绘图纸的另一半上印上蝴蝶腹面的印痕。蝴蝶触角上的鳞片较少切削，较难留下清晰的印痕，可剪下粘上，或用铅笔绘出。最后，在绘图纸右下角贴上填好的标签。于是，一份不完形蝴蝶胶印就制成了。有条件过塑的话，这种不完形标本还真有些立体感呢！此法亦适用于蛾类不完形标本的制作。

※※※※※※

晚餐后，我养成了在校园内林荫道散步的习惯，有时遇上其他科任教师，常常问我“怎样才能写出专业论文”的问题。陈瑜老师是教生物的，在省级报刊发过很多文章，仅1998年就在省级以上刊物发表8篇。他也问过我同样的问题，并很谦虚地说自己发的多是“豆腐块”。我以为，文章不在乎长短，只要有新意，有深度，见解独到就行。听说，北大生命科学院一个讲师在新疆旅游时偶然发现了小鲵，即娃娃鱼，写了篇500多字的报道，说明我国内陆河也能使鲵生长繁殖。这项发现填补了生物学上的空白，那位讲师就凭这一成绩破格评为教授。武汉大学28岁助教宫哲兵能读懂湘西的女文，凭这一成果破格评为教授。我是地道农民出身，教过8届民师班的“劳动技术基础”课，教材中的种植、养殖、标本制作，家电维修，等等，我都略有所知。我经常和陈老师闲聊，认为理科老师有好多东西可写，只要有心、思考、积累，根本不愁写不出好文章。学校有个占地面积两亩左右的生物园，里面种植300多种花卉竹木，不挂牌，很多师生不认识。藤蔓植物的藤是从什么方向攀爬的，昆虫标本是怎么制作的，等等，都可写成带科普性质的好文章。我说，学校宣传橱窗里蝴蝶标本很精美、很好看，是怎么做成的？晚自习后，陈老师就写了《如何利用蝶鳞制作蝴蝶标本》，要我修改。我很快改定，取题《蝶鳞的妙用》。第二天，就托苏美华老师将文章和一份过塑蝴蝶标本，带给他的同学《科学启蒙》的编辑孙利军，文章于1997年第6期刊登。这篇文章对他35岁顺利评上高级讲师起了决定性作用。我没想到陈老师将我署名二作者，还将稿费20元全给了我。

汽车转弯的物理学思考

刘力平　潘久泰

受经济利益驱使，汽车严重超载、超高、超长、超速已是司空见惯。汽车像火车似的从身边呼啸而过时，让人心惊肉跳；而一旦发生惨烈的车祸，却又让人顿生感慨：唉，何必“超”啊!

在驾驶技术中，汽车转弯是一门必须研究和掌握的技术。弯道行车或超车，随时都有可能发生意想不到的车祸。驾驶员如果熟知汽车转弯的物理学原理，谨慎驾驶，便可避免车祸造成的财产损失和人员伤亡的事故。汽车转弯在物理学上称为物体做圆周运动。做圆周运动的任何物体需要适当的向心力来维持。向心力就是物体所受的沿半径指向圆周中心（即圆心）的合力。当提供的向心力大于所需要的向心力时，物体就做近心运动；当提供的向心力不足时，物体就做离心运动；向心力完全消失时，物体将沿切线方向飞去。汽车在平坦路面转弯时，靠地面提供的横向摩擦力作向心力。当驾车上、下坡转弯时，路面横向一般是内低外高，像火车弯道是内、外轨有适当高度差一样。此时，除地面的横向摩擦力外，还有车身侧倾所受重力和地面支撑力的合力来提供向心力。人跑步、骑单车、驾驶摩托等转弯时，一定要适当向弯内侧身，倾斜车体，且速度越大，倾斜角度越大，才能顺利通过。

由向心力公式 $F=mv^2/r$ 可知：转弯半径 r 是衡量弯曲度大小程度的物理量，在车体质量 m 速度 v 不变时，r 越大，转大弯时所需向心力越少；r 越小，转小弯、急弯时所需向心力越大。假如不超载超速时所提供的向心力不足，且路况差，如湿滑、结冰、积雪等，就最容易发生侧向翻车。

当转弯半径 r 一定即弯度不变，且按规定车速 v 转弯，但车体质量 m 越大，即严重超载超速超高超长时，汽车所需向心力越大，而能提供的向心力不足时最容易翻车。同理，当弯度 r 和质量 m 一定（即不超载）时，车速 v 越大转弯所需向心力就越大而所能提供的向心力不足，就会使车体做离心运动而造成车毁人亡的重大车祸。

平坦路段尚且如此，若是上下坡，盘山公路急转弯时，则更容易发生翻车、撞车、撞人等危险事故。所以，驾驶员除了严守交通规则之外，还要运用相关的物理常识，根据路况、车况调适车速，方可确保安全行驶。

※※※※※※

刘力平读新化三中时，是我的学生，各科成绩都很好，高中毕业后以工代干招进师范做了物理实验员。这项工作最适合自学深造，做学问，环境清静，时间充裕。她想评个职称，又担心学历文凭不被认可、外语考试难过关、拿不出像样的成绩。我一再鼓励她，先莫考虑那么多，慢慢来，一项一项攻关，写文章我可以帮忙。她工作认真细致，有些实验操作烂熟于心，很受学生欢迎。有一次她拿篇文章，对我说："潘老师，还要请您帮我改作文呢"。改定自由投稿，刊登在《发明与创新》2014 年第 4 期上。不久，她又写了篇关于"静电的产生和危害"的文章，我稍事修改，换了道文题投稿，后来刊登在《实验教学与仪器》2012 年第 3 期上。

单元教学三题

潘久泰

自1988年人民教育出版社正式推出全部按单元编排的语文课本之后，“单元教学”的实践和研究则比以往更加兴盛起来。在实施单元教学方面，中学要比中师略微领先一步。从理论上说，单元教学是提高语文教学效率的至善设想；从实践来看，单元教学的确是培养自学能力，提高教学效率的有效措施。可是，为什么至今还有不少语文老师仍然抱守传统的“单篇教学”不放，一篇一篇地精讲：在教学改革的大路旁蜗行呢？这除了不能摆脱传统教法的束缚，生怕落得个邯郸学步的结局之外，最主要的还是对单元教学缺乏足够的了解，缺少充分的认识，因而也就不敢或不愿轻易涉足了。为了端正认识，并勇敢尝试单元教学，以推动语文教学改革向前发展，本人不揣冒昧，略陈管见。

一、单元教学是一种教学的行为过程

关于单元教学的界说，散见于各种专业报刊和专著中的不下10种，有认为是一种“制度”的，有说成为“结构形式”的，也有解释成“教学方法”“教学单位”“教学阶段”“教学模式”的……所有界说者都试图领异标新，给广大语文教师提供一种易于操作的万全良策。其中最具代表性和权威性的有两种：一种是《中学语文教学参考》1991年第6期上的《单元教学，深化语文教学改革的必由之路》一文概括为“以一个单元作为一个基本的教学单位来作总体设计，对学生进行语文听、说、读、写能力及语文知识能力综合训练和进行思想情感教育的一种教学结构组织形式”。另一种是《语文教学通讯》1995 年第 12 期上的《单元教学的回顾与思考》一文说，单元教学“是运用系统方法来编排教学内容，组织教学过程，指导学生自学，以便从总体上提高教学效率的一种教学模式”，它“不是一种具体的教学方法，而是包括教材建设、教法改革和学法指导三个子系统的系统工程”。以上二说都有值得肯定的地方，只是前者太单一，除增加了对一个单元的课文进行“总体设计”之外，与传统教法强调在传授知识的过程中进行思想情感教育并无二致；后者太纷繁，太宏大，为大多数语文教师力所不胜，望而却步，实际上，绝大多数语文老师没条件也不可能自编教材或参与教材编写。同时，二者都只着重强调教学过程中作为教学主导的教师的“教”的一方面，而忽略了作为教学主体的学生的“学”的一方面。显然，这是将“教学”简单理解为“教书”所致。如果学生不愿配合或不能配合，那么老师再怎么讲得天花乱坠也无济于事。好老师不一定能教出好学生；只有严师才能出高徒，这“严”就严在激发、指导、督促学生自学上。

此外，倒是湖南《芷江师范校刊》1996 年第 8 期上成世铁《着力培养自学能力，提高课堂教学效率》一文中的定义较为准确：“所谓单元教学就是以一个单元作为基本的教学单位，根据大纲和单元教学要求，从单元的整体性出发，确定单元教学目标及重点，统筹安排教学形式，把读、写、听、说知识教学统一起来，组成一个连贯性的教学过程。”这一概念除同样强调了“教”的一方面之外，内涵还是太大了点儿，它将操作过程中的有些环节也囊括了进去，似无必要。我们认为，单元教学既不是一种较为简单、易于操作的“教学结构组织形式”，也不是一项极为复杂、难于驾驭的“系统工程”，而是一种教与学的行为过程，即面对一个单元的课文，老师教什么，怎么教，学生学什么，怎么学的过程。在这一过程中，必须坚持“老师为主导、学生为主体”的基本原则。教师应该教给学生正确的语文基础知识，演示和传授良好的学习方法，并给予健康、高雅的思想情感的熏陶；而学生则必须积极主动配合老师，领悟储存、掌握运用、总结提高，最终实现“具有相当水平的独立阅读和写作能力”为目的。单元教学就是这样一种教与学的双边活动过程。只有承认这一点，才具备完成教学大纲要求的前提，也只有承认这一点，才不致使广大师生在五花八门的诠释中感到无所适从。

二、单元教学的实质在于优化课堂教学

如果对近年来单元教学的实验成果和理论探讨稍加分析、思考和研究，就不难发现一个既具共同性又带普遍性的问题，那就是几乎所有语文学界同人都在着力寻求和摸索提高语文教学效率，培养学生自学能力的途径和规律。毋庸置疑，这是单元教学的根本宗旨和理想追求，同时也充分反映出了单元教学的实质性问题。

随着素质教育被重新重视和教学改革的深入发展，中小学也不再以追求升学率为唯一目标，公开违背教学大纲要求，随意砍掉副课和非考试篇目的现象也基本上不存在了；至于中师，由于历来没有什么“升学压力”，还是比较重视学生基本素质的培养的，如今则更加重视学生全面素质的提高，于是，一个以全面培养和提高学生素质的崭新局面正在逐渐形成！当素质教育的各项措施得以全面实施和落实之后，课时减少了，容量增加了，再加上教材内容的更新，于是，传统的教学观念和方法便被人们重新审视，并面临着严峻的挑战。一个星期三五个课时，还要包括作文，一个学期五六十个课时，面对一本或两本厚厚几百页的语文教材，教师教些什么呢？学生又能学到什么呢？这不能不使广大师生焦虑！单元教学便在这样的形势下应运而生了。过去那种因课时紧、内容多而随意删去一些课文不教的做法是很不足取的，一个学期下来仅教那么十几篇，有时甚至是几篇课文，这对迫切需要扩展阅读面的青少年来说，的确是一件憾事！看来要想严格按照大纲要求，不折不扣完成教学计划，已经别无选择，唯一的办法就是向时间要质量，想方设法提高每一个课时的“含金量”，即优化课堂教学！这恰好是单元教学的实质所在。具体来说，就是要改变以往那种从材料到主题、从语言到表达等文章构成要素，篇篇都精讲细嚼，生怕贻误学生“前程”的耗时费力的做法，力避散碎凌乱，无序列、无层级，面面俱到的重复讲授和训练；对学生进行有序列、有层级、循序渐进的知

识传授，激发学生的学习兴趣，竭力培养学生的自学能力，包括良好的学习习惯和科学的学习方法。简言之，就是要在最少的课时内，让学生最大限度地获益。

单元教学是时代发展的产物，是“深化语文教学改革的必由之路”，已基本上成为语文学界的共识。面对现成统编语文教材又无选择余地，最多只能提些建设性或建议性意见，那还有什么理由抱守传统、犹疑观望、不敢尝试、不愿改革的呢？广大师生唯有了解、熟悉、适应、实施而已。

三、单元教学的操作必须从实际出发

关于单元教学的具体操作方法，首都师范大学饶杰腾教授编著 1992 年 5 月开明出版社出版的《中学语文单元教学模式》一书收集了 30 多种，有四步骤多课型教学模式、四环节智能训练、五课型、五步骤、五步三课型反刍式单元教学法，等等，这些来自语文教学第一线的宝贵经验很值得我们借鉴。但我们以为不管采用何种模式或方法，都必须从教材、教师、学生的实际出发，才能收到良好的效果。

1. 教材实际。1996 年下半年才出齐的中师新版语文教材《阅读和写作》6 册 40 个单元共 116 篇课文，40 节基础知识 93 个知识点穿插其间，另有两个文化常识附录，每个单元由学习要求、基础知识、课文和练习 4 个部分组成。学习要求是大纲要求的具体化，是检测、衡量实现教学目标的尺度和标准，也是统率整套教材读、写、听、说训练的线索，备课执教时必须先行了解，对每册乃至 6 册教材也必须有一个通盘的考虑。遗憾的是，我们不少老师忽略了这一点。基础知识是关于文体学、文章学、写作学、朗读学以及听话、说话等方面的常识，一般多从课文中抽取出来，有着较强的概括性和指导性，是各个单元课文的统帅，也是解读课文的钥匙。让学生预先阅读，或由老师先行讲释，解读课文就会轻松容易一些，通过课文讲读，再印证一遍，学生领悟就会深刻一些，掌握、运用也就会牢固、自如一些。课文是“对学生进行系统的语文基本训练”的例子，与基础知识中的有些知识点是个别与一般、具体与概括的关系，在阅读教学中，要以语言文字表达训练为主。备课要一个一个单元备，要根据学习要求将知识分为记忆（字词、常识等）、理解（重点、难点等）、迁移（写法、技巧等）三个层次进行讲授，不必面面俱到。练习分为文后练习与单元练习两部分。文后练习有些是预习、自读、讲读课文的向导，有些是为复习、巩固教学内容而设计的。单元练习有较大的难度，多为阅读分析（小学课文）和写作练习，是对学生的水平和技能进行综合检测和训练的材料。与《阅读和写作》配套使用的还有6册《课外阅读文选》40个单元250篇课文，多是名家名篇，传统经典，大多来自高中语文课本，内容丰富多彩，具有浓郁的时代气息，是检测水平，拓展知识，提高能力的最好读本。由于课时紧，考试又从不涉及等原因，一个学期下来，不少学生连书本也未打开过，有的甚至不知丢到哪里去了，实在可惜！

2. 教师实际。教师实际包括知识功底、治学态度、执教情怀，对教学内容烂熟于心，有着独特的教学风格，健康的人格，以及正确的人生价值取向，等等。每个语文老师都必须正视自己，对自己有一个正确的评价，究竟具备了哪些基本素质，学识水平如何，教学能力怎样……不足的地方，要通过自修尽量填补。每位老师都会各有所长，有的长于娓娓动听的朗读，有的长于鞭辟入里的分析，有的长于情感的撩拨，有的长于思维的启迪……教学中应该充分发挥自己的长处，应该追求一种既不模仿别人，也不重复自己的独特的教学艺术风格。风格的形成是一个语文教师成熟的标志！全国一些著名语文老师上课，看似漫不经心，很随意，其实每一步骤都是经过精心设计的，自然而协调，因而能够得心应手，左右逢源，在不知不觉中将学生一步一步引入“彀中”。也正是由于他们都具有独特的教学艺术风格，才能在语文教学的自由王国里驰骋。魏书生创造“六步教学法”（定向、自学、讨论、答疑、自测、自结），每节课讲一课书，一册书不管有多厚都能在两个月内“扫”完，剩下的时间全用于补充教育心理学、国内外科技动态、名篇时文、学习方法等教学内容，学生语文学得很好。他从来不留作业，也不批改作文，学生文章写得很漂亮。这对操惯传统教法的老师来说，简直不可思议，却又是千真万确的事实！看来，语文教学的确是一门艺术，而艺术是要求创新的，只有创新，才能充满生机，充满活力。有些老师讲析《鸿门宴》花6个课时还要压堂，《记念刘和珍君》讲授6个课时还未讲练习，听这种课虽说是一种享受，但学生的品读、鉴赏、自学能力能得到多少训练和提高呢？很值得怀疑，老师越俎代庖，“营养”都由自己吸收了，学生得到的便只是“渣滓”了。此种不思改革，不求创新的教法，最容易形成套路，形成模式，是为语文教学的大忌。

3. 学生实际。实施单元教学成败的关键在于是否了解学生实际。就个体而言，学生实际是指每个学生的知识水平、认知能力、学习方法等智能因素和兴趣爱好、性格气质、身世经历等非智能因素；就整体而言，它是指一个班级的整体知识水平、认知能力，以班纪、班风等客观条件和环境。个体“实际”千差万别，整体“实际”可分上、中、下三等，这就决定了单元教学的具体操作方法也是丰富多彩，变化无穷的。对此，老师必须了然于心，方可根据因材施教的原则，制订切实可行的教学目标，以便采用相应的具体操作方法。魏书生教改之所以成功，全在于切合学生实际，与学生息息相通，配合默契，并能创设一种充分自由民主的教学氛围。对适应并习惯于单篇教学的学生实施单元教学，或一节课讲一篇，或讲一篇带多篇，或层层激疑，适时点拨……开始也许会出现囫囵吞食的现象，难免食而不化，但是，随着老师高屋建瓴的调控和圆活灵巧的驾驭，久而久之，学生的咀嚼、研磨功能必然会得到有效锻炼，也就自然会消化、吸收，甚至还会主动找“食”吃了。作为教师必须充分估计、相信并竭力挖掘学生的这种由渐变到飞跃的巨大潜力。这正如小孩学步，开始扶着走，继而牵着走，然后自己走，最后跑步走，前进的速度也就快了。

单篇教学偏重知识传授，常把学生当作接纳、储存信息的容器，往往调教出高分低能者，老师教得艰难，学生学得辛苦，难免心力交瘁而厌教厌学。单元教学注意学生自学能力的培养，是将学生视为活生生的“人”，旨在充分发挥人的智能作用、能够造就开拓、创新、进取型人才，老师教得轻松，学生学得自由，定会身心愉悦而乐教乐学。二者相比，单元教学有着明显的优势，我们为何不可以大胆尝试和实施呢？

※※※※※※

1996年5月湖南省中师语文年会在芷江师范召开，主题是“单元教学实践总结”，我有幸参加了，收获颇多。我是第一次参加这样高级别的学术研讨会，也是最后一次，因师范很快面临“并轨”，中师语文学会也会随之自行解散了。会前，学校教导主任要我写篇文章：“如果教研组长都不写，那还有谁写？估计只有你才能写得出。”我临阵受命，翻阅了个把星期资料，拟好三道小标题，写了两三天才完成初稿，修改定稿后打印了50份预备开会时上交。没承想竟然获得了一等奖，学校竟发了150元奖金。我将文字寄给了首都师大饶杰腾教授，希望他能推荐发表，没有音信。我又做了些许修改投给《语文教学与研究》，很快收到回复，“文章已通过审稿，拟收入《全国语文教师论文大系》第三辑，1997年9月华中师大出版社出版”。但须缴纳300元出版费。我疑心又会上当，果不出所料，文章被删成不足2000字，挤在一个版面内，连句子都不太顺畅了。1999年《冷水江师范》校刊刊登了《单元教学三题》全文。随着教改的不断推进，单元教学实践与研究被“群文阅读教学”课题取代了。这篇文章命数已定，再无修改、投稿的必要了。

谈谈幼师生说话能力的培养

胡学桂

孩子上幼儿园主要是“听”老师“说”，因此，幼儿教师必须具备良好的说话能力，才能肩负启蒙教育的重任。苏霍姆林斯基说：“教师的语言修养，在很大程度上决定着学生在课堂上的脑力劳动的效率。”这意味着幼儿教师要想上课轻松，让孩子学得愉快，唯有具备良好的口头语言表达素养，才能收到预期的教学效果。

幼儿教师的语言，首先，必须是规范性的，即语言符合语法、逻辑，语句完整、简洁，说话要有中心、有条理，能说比较标准的普通话；仪态大方，教态自然，口齿清楚。其次，是要有精确性，要求语句简明、扼要、清晰、精练、准确、透彻。再次，就是要有趣味性，教者口语既要抑扬顿挫，又要生动形象，叙事状物，绘声绘色，妙趣横生；或抒情或议论，动人心弦；辩论或演讲，富有感染力，能激起学生的共鸣。最后，就是语言要突出职业性，教学时，要使用儿童语言，饱和激情，具有亲和力。这是幼师语文口语课程设置的初衷，也是课程标准对幼师学生说话能力培养的基本要求。

《礼记·学记》篇在谈到善歌者能使人乐于效仿，以继声继志时说：“善教者其言也，约而达，微而臧，罕譬而喻。”意思是说，教师的语言，要简练而透彻，精确而完美，比喻少而意思明了。看来，教师口头语言表达技能的优劣强弱，直接影响学生对知识的吸收程度和学习积极性的激发，进而影响到学生逻辑思维能力和语言表达能力的发展。况且，尚不识字的幼儿在幼儿园主要，几乎完全是“听”老师“说”的，因此，幼师生的口语表达素养极为重要，语文教学必须着重学生“说”的能力培养。在语文教学中，字词、句、篇知识，加听说读写能力，的确等于基本功，我们也不否定全面提高综合能力而进行听说读写序列训练的重要，但从幼教角度考虑，将“说”的能力培养摆在头等重要位置，无疑是正确的。张志公先生曾经在语文教改研讨会上强调过“说话”。他说，近百年来我们太忽视说话，跟国外比，我们的说话能力不只是差的，而是让人感到痛心。这不责怪孩子们，因为我们从来就没有训练他们说话。他用自己小时候的亲身经历现身说法，感谢当年三年级那位语文老师曾经针对他不会说话、谈笑的毛病，指定他当班长，鼓励他参加演讲比赛，扮演《麻雀与小孩》中的小男孩角色。在多次实践中，改变了他的性格，使他从一个不会说话，不敢说话的人变成靠说话吃饭的人。可见，教学成败，教师起决定性作用。幼师生对于基础知识与读写能力的提高，经过自学，不是太难的问题，而“说”的能力的培养，确实是关键，是重点，而且应该是重中之重。

如何扎实提高幼师生“说”的能力呢？我们以为，可以从如下三个方面进行。

第一，更新观念，注重课堂教学，以提高学生“说”的素质为核心。面对公办幼儿园极少，一个县市仅有一所，民办幼儿园竞争激烈的现实，各行业、各单位都施行公开招聘或引进举措，幼儿园都会对能说会道的幼师毕业生优先录用。因而幼儿师范学校领导应当适应形势需要，注重学生基本素质和综合能力的培养，尤其要把“说”的能力培养摆在重要位置，对学生进行有效培养。至于语文学科，无论是必修课《阅读和写作》《汉语基础知识》，还是选修课《幼师口语训练》等，理应突出“说”的能力的训练。比如，我们在进行《幼师口语训练》教学中，不管是检查复习旧知识，还是启发自学新知识的环节，都紧紧围绕一个“说”字进行。坚持每堂课一开始，便先请两名学生走上讲台答问，其后再请学生评分。其标准依据内容——正确、完整、简洁、具体，与形式——举止（教态）大方、自然、亲切；言语准确、流利，先总后分或先分后总，叙述清楚。最后，由教者裁定计分。新课教学中，也是这样要求启发学生精思竞答，旨在全面提供学生练习口头语言表达的机会。

第二，改革考评方法，突出幼师特色，为提高学生“说”的素质创造条件。竞争时代是人才的竞争，人才需要新知识与高智能。我们要彻底改变评价观念，真正将应试教育逐渐改变为素质教育。教师更需要知识丰富和智能高强，才能在竞争中立于不败之地。我们要采用将单一的笔试改为笔试与口试相结合的办法。比如，我们在期考中，曾采用面试的方法，依据教学内容，临时出题叫学生即兴口答表演，答后由群众评分并指出其优缺点，然后以平时作业分数，课堂答问分数，与期考口试分数按比例综合评分所得作为期评分。这样，对于学生学习口语和提高素质具有极大的推进作用。

第三，开展多种活动，为提高学生“说”的素质营造氛围。“说”的能力的培养，不是一朝一夕能够做到的，只有循序渐进才能逐渐做到做好。光靠课内，时间有限，必须充分利用课外一切能够利用的时间，自习的 15 分钟的“文化晚餐”中每天安排两名学生围绕主题即兴表演，在演讲中竞争、挑选，积极组织学生参加演讲比赛、才艺展示活动。这些都为培养和提高学生“说”的素质创造了良好氛围，提供了练习的机会与场所。

此外，还要抓住试教与实习的大好时机，在实践中抓紧对学生“说”的能力的训练，只要长期坚持这样做，收效一定会明显。

纵观语文教育史，历来提倡听说读写能力培养并重。这固然很有道理，但是，对于幼师生来说，我们以为“说”的能力尤为重要。目前，教育界都在强调素质教育，气氛很浓，形势很好。我们在这种氛围中来谈“说”的能力的培养，也许会赢得更多赞同者。只要我们大家都来重视培养学生“说”的能力，在教学实践中扎实开展教学工作，并持之以恒，那么，我们培养出来的幼儿教师，一定会备受欢迎，一定会成为幼儿园招聘见面会上的佼佼者。

※※※※※※

胡学桂老师是湖南省娄底幼儿师范高级讲师，在《中学语文》《教师》《特立学刊》《语文学习》等专业刊物发表《山水游记写作指津》《朗读中的入境与出境》等文章。胡老师长期担任中师普通话训练和幼师口语训练课程的教学，对幼师生加强"说"的能力培养的重要性阐述简明而透彻，并水到渠成地提出改进三点极具建设性和可操作性的措施：一是更新观念，注重课堂教学，以提高学生"说"的素质为核心；二是改革考评方法，突出幼师特色，为提高学生"说"的素质创造条件；三是开展多种活动，为提高学生"说"的素质营造氛围。实际上这是她对自己教学工作的认真反思与科学总结，文章写成后投稿《课程教育研究》，很快刊登在2017年第13期上。

教学管理不宜表格化

潘久泰

不少中小学将厂矿企业的管理机制直接引入教学管理之中，对教师实行严格的坐班制，每天工作八小时，一切都与经济挂钩。于是，一周之内，老师上了几节课，写了多少页教案，下了几次班，改了多少本作业……全都造表登记，月底便按铁定的标准算出每位老师的所得工资。这种方法操作简便，也颇能见效。一切都按市场经济规律办，教育也不能例外。不是有人倡导“将教育当作经济实体来办”吗？许多私立学校，尤其是“贵族学校”都是按此种管理模式办学的。其优劣姑且不论，不过近年来，唱赞歌的似乎少了。在表格化管理之下，教师为图个爽快，有钱的事就做，钱多的事就争，也就理所当然，难免浑身铜臭的俗气了。殊不知，这种表格化的管理模式完全忽视了教书育人、塑造人类灵魂工作的特殊性，实在弊多利少。

第一，管了量管不了质。表格化管理偏重于量化考核，很难对“质”进行科学考核，况且“质”的优劣又很难在短时期内作出正确评价。由于有量化考核的压力，迫使不少老师先求数量而忽视质量，甚至只图数量而全然不顾质量。数量多少很难反映质量优劣，徒有数量而毫无质量的工作效果等于零。

第二，管了教管不了学。教学是一项整体性极强的工作，它包括密切配合、相互促进的教和学两个方面，管理不可偏废，考核必须综合。教的效果常常要从学的方面进行检测，学生学业成绩的优劣——实际上就是分数高低——往往并不与老师劳动量的多少成正比，它与班风学风，学生基础，学习兴趣、习惯、方法等诸多因素有关。老师教得很认真、很刻苦，学生配合好，效果自然佳；倘若学生不配合，或者跟不上，常常费力不讨好。仅凭考核教师所得的种种“硬指标”评优劣、定奖罚，既不科学也不全面。

第三，管了人管不了心。人在曹营心在汉，工作效果自然差。老师早晚签到两次，堂堂课签名，领导一天查岗三四次，稍有不慎，就有可能“犯规”，人人都很辛苦，很紧张，签到查岗又常常只是形式而已。事实上，这是不相信绝大多数老师的责任心和自觉性的做法，完全将领导和老师之间的管理与被管理（严格地说，是服务与被服务）的关系视为一种监督与被监督的关系。用人不疑，疑人不用，这是管理工作的基本原则。如果领导处处防着老师，甚至监视老师，势必造成逆反心理，甚至产生对立情绪。也许人被管“死”，心却没能管住。领导和老师之间产生戒备，有了隔阂，也就很难同心协力，抓教改，促教研，又怎能搞好教学呢？

第四，管了勤管不了懒。勤奋的老师，也是绝大多数老师都能保质保量完成工作任务，管得太多，管得太死，反倒成了一种负担，一种束缚，一种压力，由于忙于应付种种流于形式的检查，还要签字、盖章，自由支配的时间相对少了，工作的主动性、积极性也就自然差了。清贫的教师最怕罚款，也经不起重罚，于是人人只有像别里科夫一样执教才不至于挨罚。而懒惰的照样可以偷懒，取巧，在形式上可以做一只完美无缺的苍蝇，实际上多在弄虚作假，到头来还能评优得奖。这既不合理又不公平。

第五，管了内管不了外。坐班时间内，我服你管，人在屋檐下不得不低头；坐班时间外，我有我的自由。而老师的工作在班内是绝对完成不了的。说能完成的，是应付，是扯谎，班外不看书、不备课、不改作业……肯定是在混日子；节假日家访、辅导、自修……这些无偿的劳动不在考核之列，不能得到起码的正视，难免使人心灰。事实上，凡严格实行坐班制的学校，学生成绩也并不见佳，甚至反而差些，为什么？也许与老师班外少了责任心不无关系。

总之，表格化的教学管理，除了能加强师德养成，强化纪律意识，体现领导权威，易于操作之外，并无什么大益。说到底，教学管理就是人才的使用，这是一项极为复杂而又艰辛的系统性极强的工作，绝非周末或月底一纸八卦图式的表格所能济事！那些将表格化管理奉若神明，将经济处罚作为杀手锏的学校领导，还是莫图简单，多花点心血，多动点脑筋为好，因为只有制订一整套科学而完善的考核方案，再加上耐心细致的政治思想教育工作，才能收到良好的教学效果。

※※※※※※

1990年我给学校提出兴办自考辅导班的两点建议，尽管遭少数老师反对，后经领导研究还是被采纳实行了，学校开全省中师办自考班先河。大部分学生中师毕业便可同时顺利拿到专科文凭，更重要的是学到了知识，受益匪浅。2001年学校开办普高和贵族初中时，我也向领导建议：杜绝使用与教材配套的同步练习册和高考、中考复习资料和配套的月考试题。雅礼中学语文特级教师刘建琼年年主编高考复习资料，他调入省教科院之后，声言那些每年一本的“高考复习指导”全都是垃圾。抓教学的主管领导是教数学的，开口闭口“用数据说话”，他根本听不进，也听不懂，强制推行“篇篇清”的月考制度，认为语文只要作同步练习就可以学好的。严格规定教师每周批改附有参考答案的“同步练习册”的次数，每课时教案不能少于3页，要经教务科职员检查、盖章才能拿去上课。最为恼火的就是月底凭这些考核数据，计算发放绩效工资。我极为反感，写成《教学管理不宜表格化》。恰好我在教务科办公室看到一本北京教育学院主办的《中小学管理》杂志，便立即抄下地址，投寄出去。2002年第10期刊登了这篇文章，然而，删改太多，文题被删去了“教学”二字，内容删去了三分之二。责编用“笔者认为，表格化管理模式实在是弊多利少”一句领起，接着，摘取中间5条弊端的概述，干巴巴的仅剩几条筋。这样一来，虽说多了点儿普适性，却少了具体的针对性。这篇文章曾经获得市教科所2002年度论文评比二等奖。

交际中的“时空道德”

潘久泰

交际的确是一门艺术，其中有不少学问，即使活到老，学到老，也还会有三分学不到。

记得，二十多年前，我和校车司机李师傅去湘运车站要车给学校运煤，见了派车的领导，我们同时递上一支“长沙”烟，可人家不接，而且一声不吭，头也不抬。我想，该不是碰上个哑巴了，只好将烟重新装入烟盒；而李师傅却将烟放在桌面上，过了一会儿，又将烟移近那位领导一码：“师傅，抽根烟……”可人家还是不理不睬。我们呈上单位介绍信，自报家门，陈说原委，坐了阵冷板凳之后，那位领导终于起身、离座，叼上了那支“长沙”烟。经过一番软磨硬泡，问题终于得以顺利解决。

这么一件小事儿为何留给我如此深刻的印象呢？是因为李师傅超常的忍耐力和非凡的交际手法比照出了我的急躁、木讷和笨拙，也多少扫除了我清高孤傲的呆气！要知道，当时的教师是没有地位的，而且是我们去求人家，求人家帮忙。也许人家刚刚派完车，或许人家正在赶写一个重要材料，兴许人家生性寡言鲜语，说不定人家正想借此考验考验我们的耐心、真诚与理智……总之，我们没有任何理由去苛求人家，说人家不礼貌，不热情。第一次打交道，既不懂底细，又不知原委，怎能心非人家官架子大，瞧不起自己呢？

道理很简单：一个人要想别人尊重自己，自己首先必须尊重人家，以礼待人，以诚待人。这样，办事就会少些麻烦，成功的把握也就会大得多。

不过，有时待人接物过分礼貌，过于谦恭，几近啰唆烦琐，恰似逢迎巴结、谄媚阿谀，也不好，也令人讨嫌。这又使我记起了三十几年前，还在读初中时发生的一件小事儿。

一天中午，我和一位同事去买墨水，遇到一位起码四十好几，穿着很入时，长相并不怎么样，甚至有点丑的女售货员，我便面带微笑走上前，说:“请您老人家给我们拿瓶墨水……”“是吃你的饭老的！”没容我说完，她便硬生生地甩给我一句很不中听的话，虽然转身取来了墨水，却重重地放到柜台上。我面兮兮的，多么尴尬，多么难为情！我们在轻蔑与羞辱中，脸红心悸地付了钱，很不高兴地出了商店。路上，我们一个劲地埋怨自己没有口才，太不会说话，自然也就没有理由去责怪对方没有礼貌，不讲职业道德了。同时，又猜想对方心里肯定也很不舒服，人家并不老，怎么能称人家为“老人家”呢？平素父母，师长都教诲我们，对人要有礼貌，自己满以为礼多人不怪。却不料一到实际运用便碰了一鼻子灰，更没想到姑娘们，尤其是上了年纪的女士们最希望自己年轻，永远年轻。直到好多年之后，我才真正懂得个中奥秘。

打那以后，凡与人闲聊，即使再没有话说，我也从不打听对方，尤其是女性的年龄，如果对方一定要我猜她或他的岁数，那么，我绝对要在慎重估准之后的基础上至少减去 10 岁相告。这样，对方听了才会从心底里高兴出来，心里甜滋滋的，脸上乐开了花。同时，自己也会得到对方的些许恭维或钦敬。

其实，称素不相识、上了年纪的人为“您老人家”，只不过是一句有口无心的客套话而已，正如生活中许多问候、请安、留客之类的话一样，是大可不必当真的。清代沈复《浮生六记·闺房记乐》中说:“余性爽直，落拓不羁。芸若腐儒，迂拘多礼。偶为之整袖，必连声道‘得罪！’或递巾授扇，必起身来接。余始厌之，曰:‘卿欲以礼缚我耶？’语曰:‘礼多必诈。’”在这里，沈复将迂拘多礼的妻子视为腐儒，将交际中的繁文缛节看成束缚人的绳索或枷锁，还真有点儿“大行不顾细谨，大礼不辞小让”的大家风范。看来，礼多人也怪；所怪在于应付、不诚、有诈。因此，交际中过分施礼不仅有损自己的尊严，不能赢得对方的尊重，反而会令人嫌烦，遭人鄙视。

从理论上讲，交际必须把握一个讲礼貌的“度”，即待人要有礼貌，但也不可过分，要根据具体情况，灵活运用。而在实际运用中，这个“度”又偏偏很难把握，绝非订几项硬邦邦的规章，背几条死板板的经验所能济事。我们只有在实践中不断摸索总结，才能准确掌握和娴熟运用那些让不少年轻人艳慕不已的公关学中的交际艺术。

以上两件小事儿，准确地说是两个令人难忘的细节，还可让我们悟出一个更重要的道理：交际应当遵守“时空道德”。首先，我们必须清楚：交际是一种双向的行为，只强调其中某一方的职业道德是片面的，行不通的，双方都必须遵守各自应当遵守的道德规范，才不至于发生摩擦。其次，我们还必须明白：道德准则不是僵死的教条，而是一种鲜活、流动的意识形态，它是一个人、一个国家、一个社会与其所处时代的文化水准、科学知识、思想素质、精神风貌等的直接体现和综合反映。可是，在以往的精神文明建设中，我们常常着重强调交际个体的职业道德，而忽略了交际过程中的“时空道德”，这恰恰是发生误会，产生矛盾的症结所在。其实，有识之士已经看到了这一点，早在十几年前就阐述并呼吁“时空道德观”的构建。遗憾的是，长期以来极少有人应和，也无人重视，似成孤掌。所谓时空道德观，就是指在特定的时间和地点，交际双方都必须在理解、体谅对方的基础上，从自己职业或身份的角度，严格遵守的行为准则和规范。简言之，就是讲文明礼貌，讲道德规范，首先必须从“我”做起，然后再去要求对方。

由于社会分工不同，工作性质各异，有些不便亲身体验的工作，应当进行“换位思考”，通俗点儿说，就是要将心比心去感悟：“假如我是对方……”比如店员，一天要站七八个小时，人家累不累？始终要保持“微笑”服务，能不能？作为店员也应当想一想：顾客欢欢喜喜，远道而来，左挑右选，才下定决心买下急需的物品，满不满意？如果受到冷遇，或羞辱，舒不舒服？又比如门卫，天天七八个甚至十来个小时，迎来送往，开开关关大门小门，烦不烦？当然，门卫也得替来客着想：无事不登三宝殿，人家费尽周折，找人，会友，访亲，难不难？……倘能如此，倒真可以高呼“理解万岁”！事实告诉我们：交际双方一旦产生矛盾，老指责对方，却不检查自己，结果只能激化矛盾。

有则幽默说：两个朋友指着地上一个数字，一个说是“6”，一个说是“9”，闹得面红耳赤，争得死去活来，只好请别人做裁判。别人看了看地上的数字说：“你们俩换个位置看看。”两人互换位置一看，脸红了，都不争了，原来地上写的的确是对方说的那个数字。生活中许多矛盾的产生都类似于此，由于无知、误会、偏执、不理解、不体谅对方，常常导致闹纠纷，翻脸不认人，甚至反目成仇而给工作造成不可挽回的损失，这太没必要，也太不应该了。许多问题老是站在自己的角度看，就总认为自己对，如果能站到别人的角度，设身处地想一想，就会觉得别人也有理。这自然是辩证法的胜利！

由此看来，在日常交际中，严格遵守时空道德规范是避免纠纷，化解疑难，获得成功的最好办法。唯其如此，我们的生活才会充满欢愉，充满温馨，充满阳光！

※※※※※※

1999年下学期，学校工会举办征文演讲比赛，我写了《交际中的“时空道德”》，得了个一等奖。我生性不善言辞，不会交往，有时一句话就得罪领导、老师、亲友。我3岁的时候，直呼一位白胡子爷爷的名字，遭到母亲的严厉训斥，终生难忘。我以上初中时去商店买墨水的往事，和参加工作后出差给学校联系运煤的经历，采用叙议结合方式行文，开头结尾略有点儿理性认识，和展望美好未来。全篇着重强调，交际中双方务必讲求“时空道德”。文章几经修改润色，定稿有2300多字，先后投寄《演讲与口才》《做人与处世》两家杂志，一个多月后收到《演讲与口才》编辑回信，说文章太长，请删改成1500字以内再寄来。我立即着手删改，去掉一个例子，只剩1000字，改题为《礼多人也怪》，投了出去，静静等待好消息，却再无下文。心有不甘，很想为“她”找好婆家，10年后，竟意外在《中外教育》2008年第5期刊登了，且安排在卷首。

时代的颂歌　历史的检阅

——佳片《高山下的花环》有约

况志东　潘久泰

影片《高山下的花环》（以下简称《花环》）围绕我军某部九连对越自卫反击战中的生活进程，在从军队到地方的广阔时代背景和从抗战到社会主义新时期的深远历史背景上，一纵一横，展开广泛描写，塑造了大批可歌可泣的解放军将士和勤劳坚忍的人民群众形象，谱写了一曲雄浑而悲壮的时代的颂歌，进行了一次深刻而严峻的历史的检阅。

在军事题材的创作上，影片同小说一样都有重大的突破，那就是对正义战争做了悲剧式的处理。但它给人的感觉是：激昂、义愤和乐观，而不是消沉、恐怖和悲观。以往许多反映战争题材的影片虽然也能做到这一点，但总没有《花环》这么鲜明、清晰和强烈。勤劳朴实、坚毅果敢的连长梁三喜为了保护战友赵蒙生而饮弹；光明磊落、谠言直率的副连长靳开来为了解救焦渴的战友，去搞甘蔗而踏响了地雷；胸怀大志、才华出众的小“北京”——雷军长的儿子雷凯华连发两颗“臭弹”而倒在了越寇枪弹的攒射中……所有这些留给了我们多少沉痛的思考。战斗一打响，他们就这样接连牺牲了，而且是牺牲在曾经接受过我们大量无偿援助的邻邦手下。知错就改，激流勇进的指导员赵蒙生去炸毁敌人的地堡而身负重伤，不省人事……多么壮烈，何其惨苦啊！

其时，解放已经三十年了，由于“左”倾路线的干扰和破坏，广大人民群众仍处于极端贫苦落后之中，但为保卫祖国、建设祖国尽了最大的努力。老根据地沂蒙山区的群众梁大娘三次表示：大儿被日寇用刺刀挑死，二儿“文革”中死于非命，小儿三喜血洒疆场。这打击是够惨重的了，但她以异乎寻常的毅力承受着，至于去部队途中的艰辛、吃食的粗陋、欠账的压力就根本算不了什么。梁大娘真可谓是我们民族传统美德和崇高精神的化身，也是我们民族的骄傲！

此外，影片在主题的纵深开掘上也做了极大的努力。与民主革命时期相比，人民军队的战略战术水平确实大大提高了。作品对此做了充分的反映，但并没有表现我军的辉煌胜利，而是竭力刻画人物的思想言行，以反映我国军民一贯的无畏气概和高尚风貌。军长雷刚和吴爽同是从抗日战场走过来的，前者能永葆革命青春，后者却意志衰微。从这两个人物身上，可以看到我军优良作风仍在发扬光大，也在被少数人淡忘、抛弃或践踏，同时也不难看到军队成长过程中的曲折和斗争。影片客观地反映了这场战争，这正是它真实感人之所在。对越寇的地雷、竹尖、施毒等战术，我们应当早有所知，可勇猛有余，心细不足的副连长靳开来却偏偏踩响了地雷；“臭弹”与《甲午风云》中的“沙弹”何其相似，这实在令人痛心；就连英勇善战、身先士卒的连长梁三喜也在搜索前进时中了来自暗堡的枪弹……凭着吃苦耐劳、强攻硬取，花费巨大代价才拿下一个无名小高地。对此，我们除了敬佩之外，谁能不为之悲痛叹惋呢？

吴爽和梁大娘两家几乎有相同的遭遇和经历，但由于解放后所处地位和生活际遇的不同，而表现出了思想言行上的极大差距。一家已是相当富裕奢华，可还不知足；一家虽比过去好不了多少，却毫无怨艾。吴爽竟凭着自己的神通广大，将后门开到前线指挥所去了，她的思想境界与梁大娘、雷军长相比，真是如隔天壤。赵蒙生道出了母亲落伍的真正原因：“解放了，我们进城了，离人民远了。”是的，军民团结、官兵一致是胜利的保证，可三十年来，干群之间曾经出现过鸿沟，军民之间也曾有过裂缝。这是直接影响军队战斗力，不容忽视的因素！告别宴上，梁大娘说的几句话是很有深意的：“我喝。早年间，陈老总在俺鲁中军区开支前庆功大会，我喝过一回酒，三十多年了。”“我哪怕只看到这一个，总算看到了。”这里边既有对过去的深切怀念，又有对现实的委婉批评，也有对未来的美好希望。“这一个”就是雷军长，是一位襟怀坦荡，浩气永存的宿将。

《花环》尽管没有展示我军全局上的胜利，也反映了我军不很适应战时需要的某些薄弱环节和厌战情绪，但它仍能催人奋发，不乏感人的思想艺术魅力，仍能告诉我们一个深刻道理：我们的军队是无敌的，我们的人民是伟大的，胜利一定属于我们！

时过二十年，在海峡两岸局势紧张之际，重约《花环》这部爱国主义影片，是不无教益的。

※※※※※※

原先电影票只有两三角钱一张的时候，每逢周六全校师生都要看场电影，爱国题材的片子人人都得看，看了之后要求写观感。1985 年 4 月 15 日，我看了对越自卫反击战题材的影片《高山下的花环》。新化影评学会的安敏老师约我写篇影评，我没有推辞，写了这篇观感，主要分析作品的主题。后来得了湖南省军区颁发“《花环》影评征文纪念奖”，同时获得新化影评学会颁发的“《花环》影评征文”三等奖，有纪念品，还有 15 元奖金。电影票涨成天价，几十几百元一张的时候，老百姓消费不起，电影院萧条、冷清，关门了。《高山下的花环》电影剧本（节选）1986 年入选幼师《阅读和写作》（第三册），确实不好教，唯有组织学生看电影。我与同组年轻教师况志东都有同感，很想写点儿文字，探讨《高山下的花环》及同名电影的主题。我翻出《时代的颂歌 历史的检阅》一文，重新修改，加了副标题，写成 1600 字，投稿《湖南工人报》，不久刊登了出来，这是将近 20 年后的事儿。

休将娇宠当关爱

——佳片《阿混新传》有约

潘久泰

父母爱子女是天职，然而，在施爱过程中常常误将娇宠当关爱，于子女成长极为不利，甚至难免使“爱”变成“害”。关爱有度，过犹不及，况且偏偏只是旁观者清。关于这个问题，重约由著名喜剧表演艺术家严顺开主演的《阿混新传》很能激起我们有益的思考。作为青少年学生，应当明白：人生难免不顺、挫折和失败，纵然苦不堪言也绝无轻生的理由。作为长辈，应当知道：家境再好，也要让孩子学会自理、自立、自强，哪怕只有半个崽也不可娇生惯养。

影片中饲料厂厂长杜孟雄的独子杜小西是严顺开饰演的，他以“混”度日，人们都叫他“阿混”。在一连串的“混骗”过程中出尽洋相，最后因考试舞弊露馅之后，他竟然感到无地自容，独自月夜出走，投河自尽，但又因有着强烈的求生愿望而老是鼓不起勇气。的确，自杀是需要勇气的，可是勇于自杀也并非真正的勇敢，而恰恰是懦弱的表现。人生时刻面临求生和死亡的恐惧，当求生的恐惧超过死亡的恐惧时，就自然选择了死亡。对这个问题，残疾作家史铁生的认识最为清楚：“一个人，出生了，这就不再是一个可以辩论的问题，而只是上帝交给他的一个事实；上帝在交给我们这件事实的时候，已经顺便保证了它的结果，所以死是一件不必急于求成的事，死是一个必然会降临的节日。……剩下的就是怎样活的问题。”（《我与地坛》）也许阿混原本不想死，加上河深最多不过齐肩，他才没有葬身鱼腹，而且意外而又乐观地活了下来。这时，女友肖梅英不期而至，她说："在我心目中，阿混早就死了，而杜小西应该活下去。"这话颇具哲理意味，杜小西应当与"阿混"彻底告别，应当重新振作，急起直追，凭着自己的聪明才智，是完全可以跟上时代前进的步伐的。作为一个幽默诙谐，感人至深的艺术形象——阿混也完全可以永远活下去。

阿混从动荡岁月中过来，该长知识的时期全被耽搁了，该学本领的黄金时代又因长辈的宠爱而错过了；到了新时期，尤其是生存竞争异常激烈的改革开放时代，自然，就"混"不下去了。从某种意义上说，阿混似乎成了时代的"弃儿"。然而，党和人民对"阿混"这一代人，并没少过关怀，总是想方设法为他们创造条件，给他们以补救的机会。时代并没有作弄和抛弃他们！特别是家庭、长辈对阿混的确做到了关怀备至的地步。身为厂长的父亲，为了让儿子的文化考试顺利过关，最先将考试信息告诉他，并最早给他复习题目。显然，这种关心中已经流露出了些许徇私的成分，目的是想让儿子今后名正言顺地晋级、转干。作为少有文化的父亲，这样"关心"儿子，情有可原；作为经历坎坷的厂长，如此"厚爱"职工，咎不容辞。而这种"关心"和"厚爱"却只能撩拨和助长阿混投机取巧的邪念，致使他一个劲地追问："爸爸，你告诉我，哪道题是要考的？"看来阿混已经幼稚到家了，同时，也给他老爸出了个难题。

奶奶对阿混的关爱更是反常而出格，已经到了溺爱，甚至坑害的地步。她让孙子闭门复习功课，而孙子却潜心喂养蟋蟀；她擅自拿出全家的生活费，让孙子更换学习环境，去素有人间天堂之称的杭州西湖复习，而孙子却醉心于游山玩水。阿奶真的是朴实得可爱！至于她和外甥女从废纸篓里费心巴力地替阿混拼凑考题，则完全是徇私舞弊、弄虚作假的行为，已经落到了很不光彩的地步。就拿阿混的自杀来说，也可以视为她奶奶教的！阿奶时时事事袒护阿混，经常以"上吊"要挟全家人屈从于阿混。在闹分家的矛盾激化后，她眼见阿混失势，不能在姐姐面前占上风时，便干脆搬来板凳，慢吞吞地松下晾衣竿的绳套，声言："你们不要吵了，还吵，我就上吊了……"这哪里是在寻死，完全是在"演戏"！要是真想死，应当悄然去实施；而这样大喊大叫"上吊"，真正目的是想让别人来劝阻，安慰，最终让全家人迁就阿混。阿奶作兴的这种邋遢名堂，完全是在给阿混上示范课，是在教唆阿混。阿混投河与奶奶上吊的情形何其相似乃尔！月夜，阿混赌气出去，也想学奶奶“死”一次给大家看：他发现没人来救他，便在小桥上高兴地唱着歌儿：“小呀小鸟飞……”唱完，有如田径运动员助跑似的，准备纵身跳河；但他又怕跳得太猛跌断了筋骨，继而改为翻越栏杆，步行下河。这时，女友露面了，她不但不劝阻施救，反而尽情地奚落他这种轻生遁世的懦夫行为。阿混只好硬着头皮一步一步地走向河心，待到安然蹚过小河时，又全然忘了自己是在做什么。可以说，阿奶用“自杀”来慑服家人的手段，阿混已经学到家了。

关爱后代，无可非议。问题在于有些“四二一”结构家庭中的父母、爷爷奶奶根本不懂得如何关爱后代的身心健康成长，当儿孙胡闹撒娇、蛮横霸道时，只知道一味地迁就，而善良的人们也都会难辨褒贬地劝慰：“爹爹妈妈爱满崽，爷爷奶奶疼头孙。”这“名言”不知出自何典，也不知来自哪家庭训，反正朝朝代代这么“疼”下来，极少有人提出异议。自然，疼是要疼的，为了社会，为了将来，做爹娘的，做祖父母的理当承担起抚养儿孙健康成长的责任，但务必讲究方法：疼爱不可少，溺爱不可施。尤其是对那些从逆境中走过来的后辈，长辈更得注意教育方法，弄清楚什么是真正的关爱；决不可以从一个极端走向另一个极端。休将娇宠当关爱，用有识之士的话来说，就是“再富也要苦孩子”。否则，像“阿混”这样的时代“弃儿”，很容易于无形之中无奈地成为时代的“娇子”，那就麻烦了。

“无情未必真豪杰，怜子如何不丈夫。知否兴风狂啸者，回眸时看小於菟。”鲁迅先生这首《答客诮》充分体现了关怀后代成长的殷殷之心和拳拳之情。自然，这诗也绝非专为“爱子”而作，从鲁迅思想发展的全过程来看，他对后代的成长教育是极为关注的，曾经主张对后代“施以狮虎式的教育”，让其健壮、活泼、勇敢，唯此才能生存、抗争、奋战，于将来有望。已为人父和将为人父的老少朋友们，我们不妨学学鲁迅，也来思考一个问题：我们现在怎样做父亲。

※※※※※※

1985年春节，新化县城西纵街电影院送票请我看电影，前提是看后要写影评。不久，严顺开主演的最新影片《阿混新传》上映，教学工作繁忙，为着放松一下，我前往观看。回家后就写了这篇观后感交差，居然得了预付稿费2元。20年后清理旧稿，扫读一遍，觉得还可以，很有修改价值。文章从写前准备，到构思立意完成初稿，再到修改定稿，最后是投稿发表，经过了20多年。真难啊，这让我记起了王安石游褒禅山之所得："有志与力，而又不随以怠，至于幽暗昏惑，而无物以相之，亦不能至也。然力足以至焉，于人为可讥，而在己为有悔；尽吾志也而不能至者，可以无悔矣，其孰能讥之乎？"看来，写文章正如登山，需要"志"与"力"，还需有"恒"。我与扶植桂老师合作写成《休将娇宠当关爱》，添道副题"佳片《阿混新传》有约"，投寄《中国教育教学研究》，2006年1月见刊。这篇文章旨在强调长辈关心后代子孙成长，绝不可娇宠、溺爱，因"中学生情商培养研究"课题需要，我修改成《从〈阿混新传〉看如何教子》，刊登在2006年6月20日《娄底日报》上。

现代诗歌教学有待改进

喻志青　潘久泰

【摘要】现代新诗入选中学语文课本篇目极少，严重影响新诗美育功能的实现。除选篇与考试缺失，解读理论滞后与教学方法单一之外，其重要原因是新诗研究界，尤其是教师对新诗教育的重要性认识不够。改进这种现状的有效途径是：用好现行教材，采取多种方法进行教学；扩充选篇，拓展阅读空间；利用课外活动，开好现代新诗选修课。

【关键词】现代诗歌　教学现状　新诗美育　改进建议

我国是一个诗歌国度，自古以来，诗人之众，作品之多，实属罕见。中小学语文课本中诗歌一直占据主要部分。但是，从各个版本的教材来看，都有厚古薄今之嫌，这种现象，尤以高中语文教材为甚。一提到现代诗歌，学生所知寥寥。由此可见，语文教材在编排上，就已经存在偏废现象。本文拟就中学现代诗歌教学的现状进行反思，并提出有待改进的几点建议。

一、现代诗歌教学现状分析

1. 教材选编存在严重偏废

2010 年人教版高中语文教材，选入的篇目总共 3 首，分别是：徐志摩的《再别康桥》，戴望舒的《雨巷》和艾青的《大堰河——我的保姆》。

从篇目上看，高中必须五本教材，共 66 课，而现代诗歌只有两课三首，所占比重只有 3% 左右。2012 年修订的人教版新课标初中语文 6 册课本，入选古诗词，包括课外背诵的总共 89 首，而现代新诗仅 11 首。中学语文教材选编，厚古薄今倾向非常明显。

2. 高考对新诗考查的缺失

首先，是高考作文对新诗的回避。长期以来高考作文都有“文体不限，诗歌除外”的规定，这就给学生一种误导：诗是和高考无关的，甚至连一道论述性文题，本来很难写成诗，也还要强调“诗歌除外”，为什么不规定其他某种文体除外呢？这正是导致现代新诗长期不被重视的原因。以这样的方式暗中抑制学生对现代诗歌的重视，甚至喜爱，是极其不合理的。其次，是阅读理解对新诗的回避。命题者认为高考阅读理解考新诗不合适，理由是意蕴太深，考生不容易把握。而忽视新诗的考查，则导致学生更加不重视新诗。我们认为，相对于小说和散文，新诗自有其他文体不能比拟的意蕴和美感。比如，北岛的经典一字诗《生活》只有一个“网”字，却充满了无限的意蕴。让学生解读这样的诗歌，更能体现学生的主体性，更能激发学生的想象空间，更能提高学生的审美能力。而这样的功用绝不是阅读小说和散文能够达到的。可是，高考命题专家们，也许太不喜欢这种自由体式，总是命制一些能用固定格式套解的试题，这对激发学生的创造性严重不利。

3. 新诗解读理论滞后与教学方法单一

由教材缺失和高考不重视带来的现代新诗教学现状，就是教学上的不重视，具体表现在三个方面。

首先，有些中学语文教师，尤其年龄偏大的教师，对现代诗歌的认识有很多局限，对现代诗歌存在一定审美隔膜，从而在教学中普遍认为有些现代新诗过于朦胧和晦涩。他们自己不懂诗，不爱诗，不能真正走进诗歌的内核，体会不到诗歌丰富的内蕴，还不愿意提升自身的素质，只能照本宣科，流于“应付”，自然不可能引领学生走进现代诗歌的美学世界。譬如，海子的《面朝大海，春暖花开》看似平实质朴、明白如话，可真正读懂并不容易。一般解读多定位在“抒发了诗人对幸福美好生活的向往”上，而联系诗人的身世际遇、生存状况，按照“新批评”理论进行深层解读时，却认为这首诗是海子弃世时的临终谶语。“从明天起，做一个幸福的人”，意味着今天并不幸福，当“明天”隔夜又成了今天，于是“幸福”就成了人生可望而不可即的永远的追求。面对大海，按理说应该是波涛汹涌，或蔚蓝壮阔的雄浑景象，而诗人感受到的却是“春暖花开”的幻象，一种遥不可及的幻境而已。因此，诗歌所表达的是一种错杂、多层，甚至矛盾的情感体验：孩子式的天真与成人的现实感，对幸福的向往与幸福的实际遥远，对尘世的留恋与“弃世”的决断，日常的人伦细节与超现实的高蹈追求，自我的沉溺与和他人的真切关联。所有这一切，都随着诗行的起伏，被纳入到一种有机的情感结构当中，也正因为如此，这首朴素的短诗才一唱三叹，绵长而真挚。

其次，中学语文教师普遍缺乏一种语文本位、文学本位意识，解读理论严重滞后，没有把诗歌作为诗歌来教，“重意义、轻审美”，甚至把诗歌审美赏析上成简单的思想教育课，脱离了文学和诗歌本身，也脱离了语文学科自身的教学目标和要求。长期以来，中学语文教学的“通病”就是偏重思想教育，忽视并脱离语文本身的教学目标。在教学诗歌时也如此，主要目的在于指出一首诗的思想意义，而且对其思想意义的理解又过于简单；更有甚者，在多年来的惯性作用下，依然把文学教学、诗歌教学政治化、意识形态化。这样就使诗歌失去了本身的美感，显得枯燥乏味。比如，解读戴望舒的《雨巷》，很多教师将其定义为一首政治抒情诗，这在很大程度上消解了这首诗的朦胧美。作为朦胧诗的代表作，我们认为其主题是多义的，与其生搬硬套地扯到政治上去，还不如放手让学生自主思考，进行个性化解读。这样的教学所带来的审美享受，是以思想教育为目的的教学方法所无法企及的。

最后，课堂教学方法单一滞后。因为教师没有真正走进诗歌，教学只能走过场，有的根本放弃新诗教学；有的即使教学，也只是读读诗作，介绍作者，讲讲背景，让学生记一记诗歌主旨之类而已。这样教学新诗对学生毫无吸引力。所以，诗歌教学的空间还远远没有拓展，语文课堂离“诗教”的传统愈来愈远。比如，我们阅读《再别康桥》，就得先理解游学康桥是徐志摩一生的转折点，了解 1922 年前后徐志摩曾在康桥度过了一段美好的时光。可是教师在教学中就寥寥几句，说他曾经留学剑桥，然后就再无补充，那么，学生又怎能理解徐志摩对于康桥的深沉眷恋呢？

二、现代诗歌美学价值叙录

培根说："读诗可以使人灵秀。"新诗和古诗一样，不但能陶冶情操，提高文学审美情趣，而且能培养良好文化素养。但是，新诗和古诗又是有着极大差别的。这种差别不仅体现在形式上，还体现在思想内容和艺术手法上。

从形式上来说，新诗采用的是更接近我们语言环境的诗歌语言，在形式上更加自由，不拘泥于格律。那么，对中学生来说，尝试创作新诗，远比创作古诗来得容易。

就内容而言，古诗以对国家的忧思、对家乡的思念、对朋友的离情等为主，而新诗所表现的内容取材更广，而且更加注重作者自身的情感变化。比如，徐志摩的《再别康桥》，选取他所熟悉的事物进行创作，那么，同样地，这种关注个人本身的写作理念，就拉近了学生与诗歌的距离，他们也可以学习诗人，戴上一副诗意的眼镜去观察周遭的事物。这对于学生的审美能力提升，是大有益处的。

从思想上来看，新诗是"五四"文化思潮后渐渐兴起的，经历了"自由、民主"思想的洗礼。有别于古诗所承载的中国传统文化，新诗更加注重个人的情感价值，崇尚自由，重视创作个体的内心变化。当然，因为时代不同，有的诗歌也承载了一定的教化功能，但是更多的优秀的诗歌所表现的思想自由对于塑造一个完整的人，具有重大意义。从这个层面上来说，新诗更有利于激发学生探索自己的内心世界，形成独立的人生价值观。

从艺术手法上来讲，新诗受西方诗歌的影响，吸收了一些不同于中国古典诗歌的艺术手法。现代诗歌的各种艺术表现手法更容易被学生理解、接受和仿效。譬如，闻一多在《死水》中，借鉴西方现代派始祖之一的波德莱尔"以丑为美"的主张和技巧，营造一种反讽的氛围，批判丑恶和肮脏。诗人选用翡翠、桃花、罗绮、云霞等华丽词语描写一沟死水，将丑恶写得很美艳。美与丑交织，形成巨大反差，造成新颖独特的表达效果。丑越写得美，越能引起反感，激起读者去反思诗人所要表达的感情，以增添引人思考的魅力。艾青的《我爱这土地》运用了写实和象征的手法，描绘了一组鲜明的诗歌意象，分别赋予“大地”“河流”“风”“黎明”等意象不同的象征和暗示意味。诗人更像那只痴情的鸟儿，声嘶力竭之后，连羽毛也腐烂在土地里面。鸟儿对土地的痴情，就是诗人愿为祖国母亲奉献一切的赤子衷情。这样的新诗易懂易学，可让学生过目不忘。

因此，我们没有理由轻视现代诗歌的美学价值，也没有理由不重视现代诗歌的教学。

三、现代诗歌教学改进建议

作为一线语文教师，我们没有办法改变高考的形式，也不能根据自己的喜好去左右教材的编写，但是，面对目前现代新诗教学的偏废，我们可以通过自己的努力加以改进，拓展新诗的教学空间。

1. 用好教材，探寻多样教法

尽管教材中新诗的入选不能尽如人意，但是，我们还是应该充分利用好现行教材。教材选篇不多，我们在教学过程中，可以进行课外拓展，将课外的诗歌跟课文结合起来对比着讲授，以此来加深对课文的理解，拓宽学生的知识面。另外，在诗歌教学中，要重视朗读，以读代讲，让学生在朗读中体味诗人的情感。而不是由老师强行贴上一个情感标签，形成一种固定的解读模式，宜不断探寻教学方法，更新解读理论。

2. 扩充选文，拓展阅读空间

只讲读教材上的篇目是远远不够的，教学时，适当补充一些课外的诗歌作品，或者跟教材的文本相关，或者是师生根据喜好自主选择。例如，在苏教版的诗歌单元，就可以给学生补充相关的课外诗歌作品：教学食指的《相信未来》，补充食指的《这是四点零八分的北京》《热爱生命》；讲授语文读本中的《回答》时，可补充顾城的《远和近》《一代人》等，以及其他朦胧派诗人的代表作品；教学郑愁予的《错误》，可补充介绍其他台湾诗人，如洛夫及其代表作。

3. 重视选修，开展读写活动

语文教学永远不可能只局限于课堂，课外阅读是语文教学最好的补充。新课程实行了必修课与选修课两种教学模式，通过开设选修课学习新诗，也是一个比较好的办法。这会使喜欢新诗的学生有机会，多读一些作品。比如，在选修课上，给学生推荐《中国新诗选读——高中语文选修课程资源系列（诗歌与散文）》《现代短诗一百首赏析》《博雅导读丛书——中国现代诗导读（1917—1937）》《情诗与审美》（张平治 河南人民出版社 1988 年 5 月）等读物。在课外，可以组织读诗小组，举行青春诗歌朗诵比赛，创办诗社等，积极调动学生参与的兴趣，激发学习新诗的热情，还可以鼓励学生尝试译诗、写诗。诗人卞之琳当年在上海念中学时就尝试译诗，并由此走上文学创作道路。一个单元的新诗教学结束后，可以让学生尝试创作有着自己独特生活经历、体验与感悟的新诗。不是把文学和诗歌作为简单的思想图解和道德说教，而是首先把它作为一个独特的审美的世界来进入。只有这样，才能教出文学味，教出诗歌本身的魅力，还新诗教学的本真面目。

参考文献

1. 高伟俊:《现代诗歌教学策略初探》，载《学周刊（学术研究版）》2008 年第 11 期。
2. 谢灵:《诗歌艺术的美育功能》，载《世界华商经济年鉴（高校教育研究）》2008 年第 4 期。
3. 姜涛:《一首短诗中的“情感教育”》，载《语文学习》2013 年第 4 期。

※※※※※※

2015 年暑假期间，我们找来统编高、初中语文课本共 11 册，统计现（当）代诗歌入选极少，仅分别为 3 首、11 首，总共 14 首，而入选的古诗词竟有将近 200 首，看来诗歌教学领域明显存在“厚古薄今”倾向。分析个中原因，条陈三点改进建议，提纲拟好之后，三天利用课余时间写出初稿。基本框架已定，只是词句上的修改、润色就比较轻松了，很快就定稿、打印、投稿，《语文教学之友》2015 年第 11 期刊登了。

阅读教学不可绕过的三问

李　林　潘久泰

【摘要】作品写了什么、怎么写的、为什么要这么写，是语文阅读教学不可绕过的三问，重点在第三问。阅读教学要引导学生在粗读、精读、品读过程中获得透彻理解和独特感受，才能有效提高阅读能力，并将所学到的知识、技能迁徙运用到自己的写作实践中。

【关键词】阅读　三问　理解

阅读要想有收获，而且企求所获多多，有着必不可绕过的三问，那就是：作品写了什么，是怎么写的，为什么要写。绕过这三问，阅读收效甚微，甚至会毫无所获。这是起码常识，是基本要求，是阅读能力的体现，也是阅读教学必须遵循的“三层次”的基本规律。这个问题虽说不免老生常谈，但在网络阅读冲击、声像欣赏挤占的情况下，重拾这一话题，对指导青少年实现有效阅读是不乏现实意义的。阅读本是由薄到厚，再由厚到薄的取精存真的“过滤”过程。如果只是一味地吸收，就会生吞活剥、食而不化，最终被弓撑死，这也就完全背离了博读而约取的阅读宗旨。只是这“三问”必须始终贯穿在粗读、精读、品读这“三读”的全过程中。粗读，学生查字典也好，老师讲述也行，目的是扫除字词障碍；精读，主要是把握文章所表达的思想内容和所运用的表现手法；品读，为的是感悟体验作者的写作意图和情感态度。总而言之，最终目的就是为了最大限度地读懂文本，达到透彻理解，深刻体悟，读出独特感受。由此得知，“三读三问重理解”应该是阅读教学不可违背的最具普适性的常规教学策略。

一部好作品犹如一棵生命之树。它是由心灵、情感，或由此升华的理性的种子生发出来的，文字只是这一生命的载体。文以载道，作者的目的在“道”。“根情、言苗、华声、实义”（白居易《与元九书》），悟“道”或“义”是读者的目的，而不是教者的目的，或者说不是语文课的核心；语文教学的核心是“文”，即这一生命的载体，也就是说“怎么写的”。

一般读者读文章，只注意写了什么，或者也谈及这些内容的意义，少有人注意怎么写的。这是因为他们已经有了，或自认为有了这方面的能力，自信读完后能够懂得文章的内容和意义。《庄子 · 外物》篇说：“荃者所以在鱼，得鱼而忘荃；蹄者所以在兔，得兔而忘蹄。”阅读与写作如同渔猎，掌握了使用“荃”“蹄”的方法，就能捕捉到鱼和兔，那方法便自然退居次要地位了。而教习者的目的并非学习者的目的，教习者的目的是帮助学习者达到目的的过程，“过程”才是教习者的目的。所谓教学，就是教会学生学习。在这里，我们可以套用庄子的话说：习渔者所以在荃，得荃而可得鱼；习猎者所以在蹄，得蹄而可得兔。叶圣陶先生说过，课文不过是个“例子”。讲读“例子”的目的在于帮助学生学会阅读，读懂内容，领会含义；帮助学生学会将心中的事、理、情恰当地“装载”进阅读文本中；怎么用文字来“装载”事物、道理、情感，等等，弄懂别人怎么“装”的并且自己照样会“装”。这便是我们的教与学的核心。

人们观察、研究事物，总是从混沌的整体的表象开始，再到各个部分的深入分析理解，最后归于整体的本质的认识。关于语文教学三层次的观点正是这一认识规律的个别化。值得一提的是，一般说来文章的基本内容是无须教者多言的，正如《荷塘月色》写的便是月下的荷塘景色与塘上的溶溶月色，学生只需读一两遍就能抓住。认得几百字的人就能津津有味地读《三国》《水浒》，看武打言情小说，沉迷网络阅读……这“有味”便说明至少读懂了大部分内容。因而我们的课堂教学是完全不必花时间去讲解基本内容的，原因是“依注解书，学生自会”（汤显祖《牡丹亭》）。讲多了徒增反感，而且梗塞了下一个教学步骤的开展。这显然不能作为语文课堂教学的核心。不过，在学生掌握基本内容的同时，也自然会有某种情感戚戚于心，因为感情首先是一种关于整体的直觉思维的抽象。这些当然也不必去多讲，不过这内容和情感又是十分重要的，因为只有踏上这块“基石”，才能推开那扇“大门”，我们才能登堂入室，才能沿着语言文字的迷宫去“解放”这个“写书人的灵魂”，跟他“神秘地交谈起来”（高尔基《人间》）。如果我们“解放”了他，至于他们“交谈”了些什么无关紧要，我们也只需点到为止。这也就是说，作者“为什么要写”也不能作为语文课的核心。

如此看来，唯有“怎么写的”才能作为语文课的核心。试想，当我们推开了“基本内容”的大门，怀着戚戚于心的情感，尽力去分清、理解一所房子的结构、布局、装饰、砖瓦，完全掌握了它是怎么建造的，那么，要了解建造房子的目的便自然是水到渠成的事了。如果有必要引导、点拨的话，也只需作“点睛”之语，因为来龙去脉已经清楚，这“睛”当是赫然在目的了。

我们说，只有掌握了作者是“怎么写的”，才能透彻明了作者“为什么要写”，反过来，才能比较全面细致地知道作者“写了什么”，这样也才真正称得上会阅读。实际上，我们每个人的阅读能力的提高，走的便是这条路，只是不自觉地长期浸染、潜移默化，才自然而然走在这条路上而已。作为语文教师则需要将它提高到理性的自觉的高度去认识，不是“书读百遍，其义自见”，而是读三两遍就要理解它、把握它。清人章学诚在《文史通义》中说：“学文之事，可授者规矩方圆，其不可授者心营意造。”这“规矩方圆”就是篇章结构、遣词造句等“怎么写的”之法；而探寻“怎么写的”过程就是领会、感悟、体验作者“心营意造”的过程。因此，只要抓住了“怎么写的”这一核心，就算踏上了接引我们从语文学习的此岸到达彼岸的桥梁。

明确了阅读教学中“三读三问重理解”的常规教法之后，我们便可以根据学情，写学案；遵循从知识到内容、到形式、到主题，直到练习等几个基本环节，设计教案；然后有条不紊地实施教学。重要的是，课堂上要紧紧围绕作者是“怎么写的”这一核心问题组织教学；粗读，品读，包括预习和作业，大多可在课前课后让学生自主独立完成。这样，我们就可以将语文课上成朴朴实实、原汁原味、绝无花哨、不失传统，而且最具实效的常态课。

※※※※※※

1996年暑期，我对自己从教二十多年的读写教学进行反思，梳理出“三读三问重理解”和“粗批略改重讲评”读写教学观，写成两篇文章，1997年12月在《中学语文教学》中发表了“我的作文教学观”，而这篇“我的阅读教学观”投了多家刊物，都没能发表。2016年，我的学生李林在乡村中学执教20多年来，要我告诉他写作教育教学论文的方法，师徒一起商量探讨，将文章修改，取题为《阅读教学不可绕过的三问》，投寄《语文教学之友》，2016年第11期刊登了，很快就收到了样刊，而且有45元稿费。

庸俗·世俗·骇俗

——解读《米洛斯的维纳斯》

陆晓艳　潘久泰

爱与美之神维纳斯在米洛斯岛二度诞生之后便令世人瞩目，并引发众多评说，近两千年来，看法仍然难以统一。不过，不管后人怎么评说，维纳斯无与伦比的体态美及其折射出来的内在美是得到了公认的，谁也不可否定。同时，从后人纷纭的评说中，可以明显地看出审美的差异性与层级性，似乎谁也说服不了谁。正如时下流行的人体艺术、行为艺术所引发的评说一样，庸俗的人认为，裸体女人就是有伤风化的流氓，甚至还可能萌生淫念；世俗观念以为，维纳斯的确美，遗憾的是缺少胳膊。

现实生活中，将维纳斯视为荡妇者有之，将断臂维纳斯当成次品者有之。应该说，这是很正常的，因为他们还缺少起码的人体艺术的审美素质，还处在欣赏古希腊雕塑艺术美之前的未启蒙阶段。对一件艺术珍品的美，从被发现，到被认识，到被品味欣赏，再到被普遍认同是需要一个过程的。换言之，文化艺术品位的高低直接决定一个人能否发现和欣赏美，也直接导致审美结果的诸多差异。

维纳斯最早是由一位农民在希腊爱琴海的米洛斯岛上，于1820年发现的，并由此而得名。后来在挖掘、争夺中，几经周折，失去了双臂，最后被法国人买下，运至巴黎，献给国王路易十八。于是，米洛斯的维纳斯便落户巴黎卢浮宫艺术博物馆，而成为四万多件稀世珍宝中的首席镇宫之宝，且辟专室陈列。据说，这尊雕像是公元前150年左右，古希腊雕塑艺术家阿历山德罗斯的作品，以巴洛斯盛产的优质大理石雕凿而成。雕像身高 2.04 米，三围分别为：1.21 米，0.91 米，1.29 米；头长 0.267 米，约占全身的八分之一，身材比例极为匀称。据测定，维纳斯从头到顶到肚脐与从肚脐到脚底的高度之比约为 1∶1.6，而从肚脐到脚底的高度与全身的高度比值也是 1∶1.6，恰好符合所谓“黄金分割”标准。雕像有着椭圆形的面庞，朴素的波浪式发髻，平额，笔直的鼻子，丰满的下巴，安详的目光和微微翘起的嘴角，表现出沉静、端庄、凝重的神情。整个形象落落大方，洋溢着纯美、旺盛的生命活力，充满质朴典雅、矜持成熟、庄重而又慈爱的美感。总之，维纳斯有着崇高、圣洁而伟大的希腊女性的典型特征。

稍有文化艺术素养的人首先都会被维纳斯的高贵典雅、丰腴秀丽、惊人调和的“曲线美”体态所征服，然后就会被这尊雕塑所折射出来的气质风韵、聪慧睿智、仁爱慈祥的美好品德所折服。不过，也难免让驻足、流连者感到遗憾，惋惜于她失去了双臂。我们以为，这种“惋惜”是由仁厚善良的愿望产生的，本无可厚非。而日本作家清冈卓行（1922—2006）却恰恰从维纳斯的“残缺”产生凝思遐想，任意驰骋，迸发出思想的火花。他在文艺随笔《米洛斯的维纳斯》一文中提出了一个可以说是惊世骇俗的观点：维纳斯“为了如此秀丽迷人，必须失去双臂”！在他看来，维纳斯的双臂残缺，反倒给人以广阔的想象空间，能产生无穷无尽的美感。接着，作者从三个方面阐述了这一观点。首先，从正面加以阐述：维纳斯失去双臂，“是一次从特殊转向普遍的毫不矫揉造作的飞跃，也认为是一次借舍弃部分来获取完整的偶然追求”。然后，“出乎意料地获得了一种不可思议的抽象的艺术效果，向人们暗示着可能存在的无数双秀美的玉臂”。诚如作者所说，这正是“向着无比神妙整体美的奋然一跃”！接着，作者又从反面阐述：如果复原双臂，就会受到单一的、特殊的“这一个”的审美限制，就会失去“丧失”的美感。维纳斯二度诞生近二百年来，无数文人画士、雕塑艺术家都对她失去的双臂进行种种猜想、推断、评说和续补，但一切终告失败，均归徒劳。在清冈卓行看来，概无必要！他认为，失去双臂的维纳斯“包孕着不尽梦幻的‘无’”，而复原双臂之后“却是受到限制的、不充分的‘有’”，所以，如果有谁发现了真正的原形，让人“无法抱一丝怀疑而只能相信时”，他“将怀着一腔怒火”，以“艺术的名义”彻底“否定掉那个真正的原形”。最后，清冈卓行又进一步从侧面进行论述：维纳斯失去的必须是双臂，“譬如说，眼睛被捅坏了，鼻子缺落了，或者是乳房被拧掉了，而两条胳膊却完好无损地安然存在着”，“这座雕像兴许就不可能放射出变幻无穷的生命光彩了”。原因很简单：“胳膊——说得更确切些，是手——在人的存在中”是有象征意义的，“它有着实物和象征之间的一定程度的调和，但它是人同世界、同他人或者同自己进行千变万化交涉的手段”。因此，维纳斯失去双臂，“才奏响了追求可能存在的无数双手的梦幻曲”。

清冈卓行在这里道出了艺术欣赏中的一条普遍性规律：借助“缺失”来获取“完美”，即“虚实相生”“有无相生”，这是充满辩证法思想的艺术手法。他凝视着维纳斯的“无”——残缺的双臂，而生成“有”——感悟、神会维纳斯可能存在的无数双手的变幻无穷的美。这恰好与我国古代哲学家老子在《道德经》中提出的“有生于无”“无胜于有”的哲学思想十分契合。

清代画家汤贻汾（1778—1853）在《画筌析览》中说：“人但知有画处是画，不知无画处皆画，画之空处全局所关，即虚实相生法。”古今名家名作无不讲究，或成功运用虚实相生法。比如，清初八大山人（朱耷）在一张白纸上仅画一尾生动活泼的鱼，令人感到满幅是水；近人齐白石先生在枯枝上画只独立的鸟儿，令人觉得环绕这只鸟的是一个广阔无垠的星空，真是神来之笔；还有当代画家李可染的《牧牛图》，乍看以为是一张白纸弄脏了，细看却是烟波浩渺的湖面上有一头仅仅露出犄角、嘴鼻、脊背的水牛，牛背上还坐着一个戴斗笠的男孩，横吹竹笛，画面充满江南水乡勃发生机的生活情趣……观赏这样的名家名作，的确是一种美的享受，能获得美的熏陶——欣赏者能从不定的“无”中领略出许多的“有”。

品读《米洛斯的维纳斯》，让我们感受到作者人格力量的强烈震慑，作者在文中自始至终动情地倾诉着自己的真切感受，字里行间流淌着对艺术的最彻底的钟爱，体现了高尚的赤子情怀。作者匠心独运，从一个人们意想不到的角度揭示了人类艺术杰作的强烈感染力和震撼力，准确而酣畅地描述了自己的感悟；文中裹挟的清新灵气和深切悟性，充分说明了清冈卓行艺术领悟力的超尘拔俗。

清冈卓行这篇随笔充满激情和睿智，说理言之凿凿，条条是道，有着强烈的主观色彩，确实有一气呵成之感。尽管如此，也还是有人对他的观点提出了不同的看法。浙江温州瓯海中学叶康乐老师在《也谈断臂维纳斯之美》中说：美作用于人们的感官是直接的，我们不可能站在维纳斯面前想象她如何如何美丽，然后突然领悟到“断臂维纳斯太美了”。叶先生认为：“在我看来，断臂维纳斯之美来自于她的形式，来自于她那失去双臂后的完美曲线，断臂维纳斯的美是一种直观的美，而非想象的美。因为从美术角度看，世界上最美的线条是曲线，是S形的曲线。……我们最为欣赏流水波纹之美，也最为欣赏女性曲线之美，而失去双臂后的维纳斯无疑更符合美学上的对曲线之美的最高要求。”实际上这种看法与清冈卓行的观点也并无二致，只是论述的角度不同而已，一个偏重于艺术作品作用于感官（视觉）之美，一个偏重于艺术作品作用于心灵感悟（再创造）之美。而且叶老师同时又指出：“维纳斯的美是偶然的，来自于她的断臂之处的恰如其分。”这又与清冈卓行在文末所阐述的观点完全吻合：维纳斯“除了两条胳膊之外，其他任何部位都丧失不得。假定丧失的不是两条胳膊，而是其他的肉体部分，恐怕也就不会产生我在这篇文章中谈到的魅力了”。这就告诉我们，“残缺美”是有条件的，并非所有的“残缺”都能提升艺术作品的品位和魅力。美的事物并不局限于完整还是缺失，只要她存在，她是不拘泥于表现形式的。同时，作为一篇文艺评论，作者完全可以强化自己的主观意识，只要言之成理即可，我们无权，也无须苛求。

美的真正所在是懂得欣赏，只要我们具备一双善于发现美的慧眼，一颗善于领悟美、感受美的丰富细腻的心灵，以及具备良好的欣赏美的气质和方法，我们就不愁没有美的发现，美的鉴赏和美的创造。面对维纳斯，我们就能摆脱庸俗，超越世俗，认同清冈卓行的骇俗，进入一种更高层次的审美境界。

参考文献

1. 俞永康:《外国雕塑掇英》，上海：上海教育出版社，1987年。

2. 刘真福:《缺损中见完整》，载《中小学教材教学》2000年第12期。

3. 中学语文教学资源网（2004-05-13）。

※※※※※※

2005年5月，申报特级，我在娄底一中借班上了堂录像课。课前，抽签抽到高一下册的一篇阅读课文《米洛斯的维纳斯》，给两个小时隔离全封闭备课。两年前这篇课文我教过，对虚实有无的辩证关系理解不透，对“缺憾美”的认识也还肤浅，又不太熟悉笔记本电脑操作，尽管有教参，也还是比较心慌。我充分利用手头有限的资料，写了3页教案，最能体现全文内容的结构已在脑海里形成立体感。走进课堂，我用一个小故事导入新课，接着提问：课文在哪一段提出了什么观点……再引导学生掌握每两个自然段分别从正面、反面、侧面加以阐释印证。学生也许是出于新鲜，轻松愉快地配合我的讲授，提前5分钟结束讲课。反复研读、多次教学这篇课文，我们又有了新的理解，从浅层解读再深入一步，剔除庸俗、世俗看法；认同清冈卓行的观点：米洛斯的维纳斯“为了秀丽迷人”“必须失去双臂”，有着超尘拔俗，乃至惊世骇俗的新意与深度。过了大约五年，我将《解读维纳斯》(《考试报·教师版》2006年9月5日）删除1000多字，取题《庸俗·世俗·骇俗》，加道副标题“解读《米洛斯的维纳斯》”，投寄《语文教学之友》，2010年第7期刊登了此文。

议论文写作思维训练摭述[①]

潘久泰　陈育林

话题作文独领风骚和议论文大量淡出课本，导致中学生议论文写作能力严重滑坡。加强阅读教学和进行思维训练是纠正弊端的有效方法，可收到“举三反一”的效果。

《普通高中课文课程标准》（2003 年 4 月第 1 版）明确指出：“写作教学应看重培养学生的观察能力、想象能力和表达能力，重视发展学生的思维能力，发展创造性思维。”只要我们切实贯彻实施，肯定会收到良好的效果。而在实际教学中，不少语文教师却有意无意地忽视这一点，总是围绕高考“指挥棒”转，不厌其烦地训练话题作文，结果是学生越写越糟，加上文体淡化的影响，学生习作大多成了“四不像”。这与缺少足够的、有序的议论文写作的思维训练有关，也与高质量的议论文淡出语文课本有关。学生根本没读几篇议论文，叫他们如何写得出？进入高中以后，学生面对社会、人生和自己进行理性思考的程度明显增强，而理性思考是需要严谨而周密的逻辑思维能力的。应该说，议论文的阅读和写作是承担训练逻辑思维能力的最佳途径，也是培养和提高学生思维能力，尤其是创造性思维能力的有效方法。从课外增选文章，进行议论文的阅读训练，对于从事基础教育的广大教师来说，确实有很多的难处，而有计划地进行议论文

① 注：本文为省级课题“新课改背景下中学生写作能力训练的整合研究”（项目编号：XJK06DJJ034）研究成果。

的写作训练则是可行的，也是应该的、必需的。也只有这样，才能让广大学生写出“观点明确，内容充实，感情真实健康，思路清晰连贯”的好文章来。

学生初学议论文写作，常见的毛病有两种：一是杂乱无章，看不出什么“套路”；二是无议可论，缺少真知灼见。有了观点，有了材料之后，要想把文章写得“思路清晰连贯”，就要求思想必须符合逻辑，即遵循思维的规则。表现在议论文的写作中，除了要求正确使用概念、判断、推理和证明的方法，准确而周密地反映客观事物的本质和规律外，还要注意思维的条理性。也就是说，论述事理的顺序要合理，一方面要能反映出认识事物的规律性，另一方面也要表现出文章思路的层次性与系统性。学生习作中的思路不清晰、不连贯的通病，全在于思维不符合逻辑。要纠正这种毛病，唯有加强思维训练，培养和提高学生的逻辑思维能力。

那么，怎样进行思维训练，怎样才能培养和提高学生的逻辑思维？在教学实践中，我们以为，以下两点是行之有效的方法：一是范例引路、历练而成；二是循序渐进，分步达标。

首先，要以阅读文本作范例，每讲读一篇议论文，都要指导学生领悟其“论如析薪，贵能破理”的重点，理清文章的思路。著名特级教师韩军认为，学生很难做到举一反三，只能相反。尽管这是对叶圣陶“例子说”的反叛，但事实证明韩军是正确的。学生操练多了，自然便能“举三反一”，练就阅读和写作的熟练技能。具体做法是：（1）以释题寻找文章思路。例如，《民族的科学的大众的文化》（毛泽东），文题是个偏正短语，中心词为“文化”，三个定语成线性排列，既是内容提要，又是行文思路。（2）以设问启迪文章思路，既从宏观发问：文章怎样“起、承、转、合”，也从微观质疑：语段语序、判断推理等。（3）以板书图示文章思路。好的板书能以简示繁，学生能凭它执简驭繁，能使思维清晰并向深度开掘、向广度拓展。（4）以分析主体把握文章思路。议论文的重点一般落在写“为什么”“怎么样”六个字上，指导学生找出写这六个字的主体部分，把握全篇的思路就不难了。

其次，由易到难地指导学生会用常规思路做“套路”文章。具体说：（1）编写提纲，整理思路。阅读课文编写提纲，可以掌握作文的思路，写文章编写提纲，则是整理自己的思路，文章的主从、起结都按一定的逻辑顺序安排，就能使文章具有逻辑力量。这种训练算是抓住了训练学生思维并使之条理化的“牛鼻子”，正如叶圣陶先生所说：“先写提纲的习惯养成了，一辈子受用不尽，而且受用不仅在写作方面。”（《和教师谈写作》）（2）熟悉模式，思路“求同”。虽说文无定法，但并非无规律可循。比如总分式结构的议论文，分述部分有并列、正反、比较等逻辑关系；又如递进式结构的议论文，分述部分是逐层深入的关系。把握了这些基本模式，就能衍生出其他结构方式。（3）分步构思，思路定位，即按照常规思路构思，让思想产生定位反应。一是模拟范文的思路，循规蹈矩地依葫芦画瓢，二是用定位思路来布局谋篇。比如对立论性文章一般可分三步构思：第一是确立论点，以题目提示议论的对象或范围，联想自己熟知的有关感性材料，再经分析、归纳，从中确定论点。思维过程是从抽象到具体，再到抽象的。第二是选取论据。由抽象的论点再一次转入具体材料并通过选择、加工使之更集中、精确、典型，以使论点有据可依。这一步思维是由抽象到具体。第三是因例析理。使用例子后要开掘出事例内含的事理，用以阐述论点的正确，才能以理服人。这里，思维又由具体回到抽象。（4）掌握起结，规范思路。阅读要精悟议论文的开头和结尾，写作也要重视起句与结句。起句讲求突兀、醒目、精警、传神，起着提示思路的作用。其常见方式有四种：一是开门见山，提出论点，或用打比方、举事例，或讲故事引出论点；二是起笔擒题，接着便分析论题；三是点明论述范围，提示全文内容；四是引述对立观点，以便下文反驳。结句应注意呼应开头，讲求峭拔、斩截、自然、合理，起着收束思路的作用。它的常见方式有两种：一是归纳整理，自然收结；二是卒章显志，升华主旨，发出号召或展望未来。学生熟练了文章的起结，写作时可以提高构思布局的速度和质量，有利于规范行文思路的敏捷性、严密性与完整性。结合读写抓求同思维训练，积极作用表现在知识、经验的迁移方面，可使学生写作时充分利用已有心理准备作中介或前提，迅速形成思维的定位反应，从而有利于发展准确鲜明、清晰连贯的逻辑思维能力，就能消除因思维混乱而造成的习作杂乱无章的弊端。但是这种“求同”也有其负面影响，那就是容易形成思维定式，使文章思路显得板滞、陈旧。因此，在求同思维训练的基础上，还必须训练求异思维，做到敢于求异、善于求异。

训练学生的求异思维，要求教学中要克服四个方面的弊端：提问的刻板化、练习的单一化、考试的雷同化、讲解的程式化。提问不仅是为了检查、巩固已学的知识，还要促使注意集中，激发兴趣，启迪思考，训练学生发现问题、分析问题、解决问题的能力。那种学生不假思索就能回答的问题不应设计，那种答案空泛笼统，学生只要用些抽象的概念就能应付的问题也不宜提出。不光教师要提问，还要鼓励学生质疑，欢迎打破砂锅问到底。练习也要突破思维定式。要求教师出练习或考试命题要善于变换角度，题型要灵活多样。训练求异，教师的讲课更是示范。教学是存在一定程式的，但倘若篇篇课文都是程式化地讲述：解题、析字、分段、概括中心思想、分析写作特点，那就难以引导学生“求异”了。反之，如果教师讲课思维活跃，使学生听来有如坐春风、眼观六路、耳听八方之感，就很容易启发学生进行求异思维。

就议论文写作而言，运用“六句诀”启发学生求异思维，也能收到较好的效果：(1) 正面说，先从正面提出自己的主张、看法；(2) 反面说，接着从反面说，若不这样将会有什么后果；(3) 为什么，讲清楚为什么要“这样”的理由；(4) 怎么样，指出怎么样做到“这样”的途径；(5) 找例证，找到典型事例或公理证明自己的论点是对的；(6) 驳异说，批驳与自己对立的观点。构思习作时，为了防止出现新八股，并非每句都要写到，也无须平均用笔，句序也可以灵活调换；一般着重练习“为什么”和“怎么样”两句。譬如有位学生运用这种方法拟写了题为《莫等头白空悲切》一文的写作提纲，很为可取：

（一）从名句“吾辈更应惜秒阴”提出论点。(正面说)

（二）反之，就会“白了少年头，空悲切”。(反面议)

（三）为什么青少年要珍惜时间。(为什么)

1. 摆事实——重要性：古今中外伟人、名流的经历；身边典型人物的事迹；本人的学习生活回顾。(找例证)

2. 讲道理——必要性：名言、警句、俗语；时代、形势发展的要求；个人成才的需要。(寻例证)

（四）那种“青少年多玩点没关系”的认识是错误的。(驳异说)

当然，光凭这“六句诀”帮助学生开启思路还不够，如需要让学生思路能纵横驰骋、流畅周密，那就得进一步训练思维的发散性。发散性思维是“求异思维的核心，是开创认知新领域的思维形式”。它具有如下特点：一是不囿于成规，敢于提出“反常合道”的新见解；二是不人云亦云，而是四面求异，八方探索，得出独特，甚至越轨的结论；三是善于否定目标，不断发现并纠正思维的差错，存优弃劣，臻于完善。其特点常常是以一个问题为中心，从各个不同的角度或侧面去思考结果的多样性。由于世上的事物本来就是复杂的，往往带有“一事多意”的特征，因此，指导学生从多角度、多侧面观察思考事物，善于另辟蹊径而标新立异，这对于写作议论文是很有帮助的。

学习议论文写作必须先立意，讲求以意为主、立意深远，这是一篇文章优劣得失的关键所在。从训练思维的发散性着手，可以指导学生从不同角度立意：（1）正反角度。客观事物本身就有正反因素，思维既可从正面深入，沿纵深发展，也可反其道而行之，朝逆向延伸。例如，分析《愚公移山》的思想意义，通常从正面思考而在肯定“移山”二字上大做文章，可也有人却从反面探索，提出异议：明摆着“移山”不如“搬家”，而愚公不肯搬；智叟提出的意见不无道理，而愚公又听不进去，可见愚公之“愚”——一味苦干、蛮干，实不足取。这种求异思维得出的结论虽说违背了原创者的本意，但能从逆反方向认识事物，敢于“求异”的精神可嘉。当然，使用逆反思维不可随心所欲，必须受到科学性的制约，已被实践反复证实了的真理是不可“逆反”的。（2）比较角度。不同事物相互比较而存在，立意就在相互比较的思考中产生。观察、认识事物，有比较才有鉴别，常常同中有异，异中有同。例如，用“水滴石穿、防微杜渐、铁杵成针、千里之行始于足下”等几个成语写一篇议论文，审题立意时，先要作一番比较分析。这组成语的个性：水滴石穿——不要看轻微小的力量；防微杜渐——不可忽视细微的变化；铁杵成针——有毅力、肯用功，一定能克服困难，做出成绩；千里之行始于足下——成功都是由小而大逐渐积累的。共性：量变引起质变。因此，可拟题为《成功贵在积累》《从量变到质变的启示》等，也可联想思想品德、学习成绩、工作业绩等方面，阐述小与大、少与多、量与质的辩证关系，强调“积累”的重要性，批驳忽视细小、轻视细微、忽略点滴的错误认识。(3) 彼此角度。立论时可从彼方进行分析，也可由此方展开思考，便能得到不同的思考结论。比如，关于断臂女神维纳斯的美，就是一个永恒的话题。有人认为维纳斯尽管丰腴、秀美、圣洁、典雅，但令人遗憾和惋惜的是双臂残缺；人们审美时大多追求完善，所以维纳斯并不美。可清冈卓行却认为：维纳斯“为了如此秀丽迷人，必须失去双臂”，这个观点可说是惊世骇俗，而且论述一正一反，言之凿凿，又来一番假设，进一步强调这是一种“残缺美”，维纳斯“正是丢失了她的双臂，才奏响了追求可能存在的无瑕双手的梦幻曲”。其论证的逻辑可说是严密到了滴水不漏的地步，因而他的《米洛斯的维纳斯》堪称文艺随笔——议论文的典范之作。又如导读《滥竽充数》一文，启发学生议论，既可从南郭先生形象分析，批判那些不学无术靠蒙骗度日的人物，也可从齐湣王的角度立意，批判那种昏庸无能、贪图享乐的官僚主义作风，谈用人机制改革的必要性。显然，像这样提炼出来的观点，一般具备准确、鲜明，新而且深的要求。在此种分析鉴赏中反复训练，可以培养学生思维的准确性、敏捷性、流畅性和周密性，久而久之，学生自然可以收到“举三反一”的效果，说不定还可以进入“下笔如有神”的佳境。

看来，在阅读和写作教学中，我们如果能切实加强思维训练，那么，学生议论文写作中常见的“杂乱无章”“无议可论”等毛病又何尝克服不了呢？

※※※※※※

这篇文章于1995年寒假期间写成初稿，题为《议论文写作弊端的纠正》，原本打算带去参加湘中片6所中师语文教学年会的，因为来不及修改，加之教材改版，课文易动较大，就搁置下来。2005年寒假期间，我和年轻教师况志东一起商讨，改定此文，投寄《中华创新教育》，2006年1月第1期刊登了出来。从初稿到定稿，经过12年，反复修改定稿后，投给内蒙古赤峰师范学院学报《作文教学研究》(双月刊)。这家杂志起初按每1000字50元收取版面费，后来涨到100元。因为投稿较多，也向兄弟学校老师推荐过，于是结识了编辑室主任于冬梅老师，我觉得她工作认真细心、勤勉负责，待人和蔼友善，我们却未曾谋面。不久，她电话告诉我，杂志停刊了，原因是“上级领导的决定，只能照办，无可奉告”。杂志停办前还被退回一篇文稿，我便不好意思询问个中具体原因了。这篇文章刊登在《作文教育学研究》2007 年第 1 期上。

求异思维在议论文写作中的运用

张特华　潘久泰

所谓“求异”思维是指与习惯思维相对立的创造性思维方法。反映在认识上就是要打破习惯思维的固定程序，对人们已有的或者普遍公认的论点持怀疑或否定的态度，寻求新的思想，新的观点，从而达到新的发现，也就是要标新立异，发人之所未发，见人之所未见。其实，求异思维也就是一种换位思考，思考者变换角度、改变位置，交换对象进行思考，所得出的结论自然不同。譬如，《笑林》上有则笑话说：鲁有执长竿入城门者，初竖执之不可入，横执之亦不可入，计无可出。俄有老父至，曰：“吾非圣人，但见事多矣！何不以锯中截而入！”遂依而截之。这个笑话也告诉了我们这一道理：变换角度，改变对象去思考问题、去寻找解决问题的方法，就可得出与常人不同甚至相反的结论或结果。

在议论文写作中，新颖别致的观点，超出常人的见解，往往是文章成败的关键，因此，正确指导学生进行求异思维，充分发挥其求异思维的潜能，对提高他们议论文写作水平是大有帮助的。

求异思维按照其思维方式的不同又可以分为多向思维和逆向思维。

多向思维就是要多方面、多角度、多层次地思考问题，并在多种思维的比较中选择富有创造性，能充分表达自己思想的思路和观点。因此，在指导学生进行议论文写作时，一定要充分启发、诱导学生摆脱习惯思维的束缚，对事物作深入的、全面的、多角度的思考，要刻意求新、求活。如《钓鱼随感》这道文题，如果按照习惯思维的方法，多数人从中引出的论点就是钓鱼要有耐心、有恒心才能成功。进而引出我们不论做什么事情都必须坚持不懈、持之以恒才能成功的道理。这种观点虽然为大多数人所公认，然而它毕竟只概括了事物某一方面的特点，因此，如果再采用此论点，则难以写出新意。采用多向思维的方法，向学生提出“是否有了恒心就能获得成功”的问题后，学生的思维就变得活跃起来，思路也便开阔得多了。经启发、引导、讨论之后，他们仁者见仁，智者见智，各抒己见，并由此思考出如下诸多观点：

（一）钓鱼仅有恒心是不够的，如果没有一根好钓竿，再有恒心也可能钓不到鱼，并由此联想到不论做什么事情一定要充分利用外物的帮助，利用现有的物质条件和先进设备，才能收到事半功倍的效果。

（二）有了先进的钓竿，但如果没有掌握鱼类的活动规律，垂钓之处无鱼可钓，那么，即使钓竿再好，再有恒心和毅力，也是徒劳无益的。由此看来，只有掌握了事物的客观规律才能获得成功。

（三）钓鱼是一项技术很强的工作，如果没有掌握一定的技巧，在钓鱼过程中不善操作，一味地凭蛮干，也很难获得成功，由此引出，我们不论在学习上还是在工作中都必须讲究技巧和方法，否则，就会劳而无功，事倍功半。

（四）鱼因为贪图小小的诱饵，进而丧失自己的生命，并由此联想到社会上某些腐败分子，因贪图一时之利，贪污受贿，因小失大，其结果自然是自食苦果，难免牢狱之灾。这些人就如同贪食诱饵的鱼一样愚蠢，委实可悲可叹。

从以上实例，我们可以看到，对一些社会现象和问题，如果从不同的角度去理解、开掘，便会得到一些新颖的、不同于流行观点的认识。所以，我们在指导学生进行议论文写作时，要启发学生从不同角度去思考问题，从人们共同而普遍的认识中去寻找不同的认识和观点，也就是要寻找议论文写作中的“一题多解”。正如上面所列举的《钓鱼随感》一题，在排除了人们的习惯思维以后便产生了以上诸多论点甚至更多的论点。

逆向思维是一种否定思维，即看到某种现象或观点便想到它的反面，进行反向思维，这样就导致了新的认识，产生了新的观点，或者从正面的道理中求出其不足之处，反其意而用之，反中求正，从反面事例中分析其所含的积极因素。如寓言《乌鸦兄弟》说的是乌鸦兄弟俩互相依赖，最后落得个悲惨结局的故事。按照习惯思维的方法，人们常常把它的寓意理解为要团结友爱才能战胜困难，或者是过分依赖他人往往自食苦果。但是，如果从逆向思维的角度去思考，则可以想到兄弟俩之所以互相依赖，则是由这种分工不清、责任不明的“大锅饭”体制造成的，因而可以据此得出“大锅饭”是吃不长久的，或者“人多未必力量大”等论点。再如“有志者，事竟成”是世所公认的观点，但如果从逆向思维的角度去思考，则可以对这一观点加以否定。这里所说的“志”是指人们的思想和意识，它毕竟是精神的东西，因而这一名言背离了辩证唯物主义的物质决定精神的原理，是主观唯心主义的观点，因而我们只能把“有志”看成事情成功的一个次要因素，而绝非唯一的决定因素。据此观点作文，自有令人耳目一新之感。

运用求异思维方法对学生进行议论文写作指导，应提出以下四点要求：

1. 论点要新，文章的论点要新颖别致，不落俗套，要在标新立异上下功夫。2. 思路要广，要在近与远、实与虚、古与今、物与人、正与反、自然与社会、微观与宏观等方面广泛地联想。3. 论述要深，要选好角度，突破一点，在论述时切不可贪大求全，面面俱到，而应当抓住某一方面，作深入细致的解剖和分析，把看法写深写透。4. 论证要严，要注意求异思维的科学性，逻辑要严密，要以理服人，且不可以因为是求异而盲目乱唱反调，否则只能适得其反。

作为语文教师，常常喜欢搬出“开卷有益”的古训，苦口婆心地劝导身处“读图时代”的学生要发愤读书。诚然，书是要读的。然而，在出版业飞速发展的今天，书市难免出现鱼目混珠、泥沙俱下的现象。受利益驱使，不少出版商、书商将目光瞄准广大青少年学生，专门出版垃圾似的教辅、应考复习资料；或者打着宣传法制、繁荣文艺的幌子，发行刺激读者感官的色情、打斗、娱乐、恶搞之类的书刊，行诲淫诲盗之实；或完全不顾道德良心，干脆盗印禁书，去毒害广大青少年；等等，真是无奇不有。于是，教会学生读书，有选择地读书，尤其显得重要，而且语文教师责无旁贷！为此，我以《未必开卷有益》为题教学生作文，先指导学生仔细审题，认真讨论；再要求他们有理有据地分三两层阐述自己的观点；最后得出结论。此次作文多数学生写得很顺手，班上出现了大量像模像样、有板有眼的议论文，更重要的是让学生受到了一次良好的求异思维训练和思想政治教育。

看来，议论文写作教学中有意识地运用求异思维，可教会学生翻新旧题材，写出角度新颖、思维清晰、观点深刻而卓异的佳作；而且这对改革作文教学也有着广阔的前景，只是在如何开展系统而有序的训练方面，还有待进一步深入研究。

※※※※※※

求异思维实际上就是换位思考，有时除非是与通行观点唱个反调。我们一起商量讨论时，确定文章开头可以分析一则古代笑话，以增强阅读兴趣。然后就近取譬，以增强文章的说服力。网上同题文章也不少，为避免抄袭嫌疑和碰车，我们特意选取高考复习资料泛滥成灾的情况和班上学生的写作事例，分析论证观点——唱反调。然而，实际运用起来，总感觉有点儿高调缥缈，很难做到得心应手。尽管文章发表了，我们还是有点不踏实的感觉。本文见刊于《作文教学研究》2009 年第 3 期。

高中作文教学策略探讨

黄奇文　潘迈翁

新课程推行以来的高中作文教学现状依然不容乐观，教师注重于范文教学，学生热衷于模仿。长久地这样训练下去，学生并无多大进步，他们的写作只是处于一种被动、消极和敷衍的状态。理想的作文应当是学生自己意志驱使之下的行云流水一般的文思泉涌，表达个人对社会、对时事、对生活的独特感悟、体会或者观点。那么，新课程背景下，如何去进行有效的作文教学呢？本文将就这一问题作一些浅显的初步的探讨，希望可以起到抛砖引玉的作用，让大家共同思考这个问题，改变目前高中语文课的作文教学现状。

一、注重知识积累

众所周知，写作是一种精神产品的生产制作，是一种创造性活动，它需要有物质基础——材料。所谓巧妇难为无米之炊就是这个道理，要想写出才思敏捷的旷世佳作，就必须积累大量的素材。因为作文的实质是将头脑中的意识、情感有“理”有“序”有“文”地转化为书面语言，一个人头脑中输入和转化为自己内存的材料量多且质优，写作文时必然得心应手、游刃有余，否则就会捉襟见肘、左右为难。这就又引出另外一个话题——如何积累写作的素材呢？

新课程标准要求学生“学会多角度地观察生活，丰富生活经历和情感体验，对自然、社会和人生有自己的感受和思考”。如何培养学生的这种观察和感受能力？作家柳青认为，进行观察、感受要养成一种心态，那便是“在生活或工作中要有热情——热情地喜欢人、帮助人、批评人或反对人”（《创作经验漫读》）。试想一个人若对自然、社会、人生漠不关心，就根本谈不上观察与感受，与其说学生在校园内缺乏生活的阅历，不如说他们缺乏生活体验，缺乏对生活的敏感。深入生活，丰富情感体验是材料积累的重要途径。

另外，阅读也是积累素材的重要途径。社会发展到今天，如果我们事必躬亲，显然不太现实，也没有必要。陆机说：“伫中区以玄览，颐情志于典坟。”（《文赋》）他认为观察事物可以激发文思，研究古籍也可丰富文思。阅读是对前人知识的最好继承方式。一个人的阅读史，就是他的精神发展史；一个民族的精神境界，取决于这个民族的阅读水平，可以说一个没有阅读的学校永远没有真正的教育。许多人认为学生写作欲望的枯竭，在于他们的校园生活太贫乏、太单调。杜甫曾说：“读书破万卷，下笔如有神。”讲的就是阅读对写作的促进作用。新课程背景下，我们应从实际出发，依据所具备的客观条件，充分考虑学生的需求和实际水平，努力开设好阅读课，教师在整个过程中要当好教材的开发者和学生发展的促进者。

二、注重个性创新

江泽民同志指出：“创新是一个民族的灵魂，是国家兴旺发达的不竭动力。”社会也迫切地需要各方面的创新型人才，然而在实际的教学过程中情况并非如此，因为创新也意味着风险，一旦作文考砸，就意味着满盘皆输，因而教师和学生为保险起见，都以最常规的方法来进行教学和写作，创新就被扼杀了，那么新课程背景下如何进行作文的个性创新呢？个人认为应当从如下几个方面进行改革创新。

一是要放宽要求，少设障碍，让学生“力求有个性，有创意地表达”。比如说，作文教学之中让学生写作的时候用不同的文学表现手法来综合进行创作，想象、夸张、排比、引用、比喻信手拈来的文章必定是气势磅礴，大气凛然，这样写出来的文章才会有让人耳目一新的感觉，让人叹为观止，拍案叫绝。

二是从一般的记叙文、议论文、说明文到舞台剧、诗歌、散文乃至小小说、杂文都可成为学生笔底的风景。教师要以宽容的心态去积极引导学生的个性创新，让学生写出独特的自我。多对学生的创意发挥进行表扬、支持和鼓励，开展多种形式的写作活动，鼓励学生将优秀的作品进行分享，交流写作心得和体会，并积极热情地推荐发表，让学生充分享受成就感。

三是利用网络指导学生写日记或博客。网络已深入到生活的方方面面，许多学校至今依然谈“网”色变，千方百计阻止学生沾染网络。其实，我们完全可以利用学生上网的喜好，指导他们写作日志或博客，在网上“以负责的态度陈述自己的看法，表达真情实感，培育科学理性精神”（《新课程标准》）。网络这种轻松自由的氛围可以极大地张扬学生个性，同时还可以及时分享和体验到与他人交流的快乐，这也是新课标积极倡导的“自主、合作、探究”的学习方式，因而指导学生写日志或博客不失为一种有效的作文教学策略。

三、注重写前指导

作文教学中普遍存在着难教、难写的尴尬，这和传统的命题、批改、讲评，“马后炮”似的教法不无关系。那么，新课程背景下如何对学生进行作文前的指导呢？

首先是唤醒学生的写作欲望。应该说现在的学生接触的知识面在不断扩大，然而学生的写作却越来越困难，其实学生作文的最大障碍，也许不是无可炊之米，而是没有想炊之欲。在这种情况下教师应引导学生去关注社会，体验人生，从而激发学生的写作欲望。长期以来，许多学生写作前没有动力，写完后没有成功感，作文当然就没有兴趣，创作的热情就一点点地熄灭。其实创造力是每一个人都具备的，每个人都有创造的可能，只要我们肯花心思去鼓励学生、赏识孩子、支持他们的写作，写作欲望是可以被激发出来的，孩子是需要引导和赏识的一个群体，老师的赞赏和支持是他们锐意进取和积极创新的原动力。老师可以让学生订阅时事新闻报刊，关注社会、关注民生、积极为社会和谐建设建言献策。表达对大自然深切隽永的挚爱，表达对时代生活的点滴感悟。热忱地投身于生活的惊涛骇浪之中，有了丰富多彩的体验和阅读之后，才会有写作的灵感和表达的欲望。爱写作的人必定都是爱生活之人，要努力为孩子们创设积极体验生活享受阅读的情境。

其次是讲清要求、明确标准。每次作文前要给学生讲清楚本次作文的具体要求及训练重点，包括字数、文体、写作方法，训练的是选材、立意，还是结构、语言等。让学生心里有数。当然指导的方式可以是让学生讨论、发言，互相启发、激发学生思维。进行“头脑风暴”可以极大地触动孩子们活跃的思维细胞，让他们打开智慧的闸门，踊跃发言，互相学习和分享，我手写我心，我文抒我情。让孩子们愿意用发自内心最真挚、最感人、最智慧、最美丽的语言去表达、去抒发、去创作属于自己的成长结晶。

四、注重多元评价

新课程标准指出:“评价的根本目的是为了促进学生语文素养的全面提高”。这就要求我们在评价学生作文时，要善于发现其中的闪光点，多用欣赏的眼光给予鼓励性的评价，如批改时可将学生作文按最佳开头、最佳构思、最佳结尾让每位学生都能体会到成功的喜悦。作为教师，我们首先必须宽容地对待学生的写作质量，按最佳结尾、最佳书写、最美语言、最大进步等项内容分类，重点在于培养他们爱上写作、乐于用文字表达观点、想法、思想以及情感。

我们要实行多元化评价主体评价学生作文，改变过去教师是唯一评价主体的局面。教学中让学生甚至是家长也来参与对学生作文的评价，注重学生的自评、互评，充分调动学生的主动性，让他们真正成为学习的主人，有了学生自主的参与评价，学生会逐步养成独立创作、独立修改文章的良好习惯，清人唐彪《读书作文谱》中说:“改窜旧文，重作旧题，始能深造。”新课程标准也要求学生“能独立修改自己的文章，养成切磋交流的习惯，乐于相互展示和评价写作成果”。分享成功的喜悦、失败的伤痛永远是一件快乐的事情。

总之，中学作文教学理应而且必须成为中学语文教学的重头戏，新课程背景下的作文教学，知识积累是前提，丰富多彩的生活体验是基础，只有积累足够的生活体验和阅读素材，学生本身的情感体验才能得以丰富和敏锐。情感体验的丰富可以有效地激发学生有个性、有创意地表达自己，再加上教师的合理引导和有效的多元评价，让学生的写作步入自主、规范的理想轨道。希望我们的高中作文教学可以走进一个阳光明媚，万紫千红，颜色缤纷，欣欣向荣的春天!

※※※※※※

黄奇文老师是我曾经教过并当过三年班主任的学生，现为双峰一中教学一线的语文名师。岁月不饶人，如今他已步入天命之年。我们师生都有长期执教高中语文的经历，在教法上有许多共同语言。我们曾合作写过专论《写作金针藏在写作过程中》。我俩再次合作写这篇文章，由我先拟提纲，他完成初稿；我再修改、定稿、投稿。整个过程比较轻松顺利，可谓得心应手，文章刊登在《教学与研究》2016 年第 2 期上。

职高语文教学必须突出实用价值

李勇晖

【摘要】职高语文教学应该从实际运用出发，强调其实用性，即突出语文的工具性，同时反过度“专业化”，强调对职高学生进行接受性阅读和实用文写作训练，重视基础教学和文言文诵读训练，提高阅读与写作水平，以此促进中职学生提高职业素养。

【关键词】职高教育　语文教学　实用价值

中等职业教育中关于语文教材与语文教学如何突出职业教育特点的争论从来没有停止过。我们认为，职高语文“专业化”的提法有不妥之处，主张职高语文教学应强调实用性。当然，在职高语文教学中，适度地渗透专业思想，适度地结合专业知识，恰当地体现专业特点，这是职高语文教学的职业教育特性之一。但是，语文终究应该是语文，职高语文教学更重要的特点是面对中职学生这特定的对象，在教学重点、教学方法与教学策略等方面要与普通高中有所区别，坚持以学生发展为中心、以能力提高为本位，促进职高学生职业生涯发展的价值取向是毋庸置疑的。为此，我们从五个方面来谈谈职高语文教学内容重点倾斜的一些浅陋看法，以明确说明职高语文教学应突出语文知识技能的实用价值。

一、“工具性”与“人文性”：必须凸出“工具性”。

工具性与人文性的统一，是语文课程的基本特点，我们这里指的是在实际教学中，要更加重视语文的工具性，因为工具性往往容易被重视。语文的“工具性”“人文性”之争曾经一度模糊了语文教育工作者的价值方向，抛弃“工具”只剩“人文”，使语文的教学效益受到严重的影响。对于生活与工作，语文是工具，它具有得天独厚的人文性，着眼于工具，渗透着人文，这就是语文教学。对职高语文来讲，其实用性尤其凸出，语文作为各专业学习的基本工具性的误程，更要高度重视语文基础知识和语文基本技能，要掌握最基本的语言文字知识，形成最基本的阅读能力、语言表达能力、语言思维能力，那些专业思想、职业意识只能是适度地渗透。在强调“工具性”的同时，必须坚守语文阵地，坚决反对把语文课变成专业知识学习课或专业技能训练课。

二、阅读与写作：对职高学生而言，阅读能力更加重要。

有老师认为：知识与能力以文为本，过程与方法以读为本，在读的过程中掌握知识与方法，在读的训练过程中形成能力，对语文教学来说，阅读是至关重要的。同样，从职高学生的学习现状和毕业去向来看，阅读能力重于写作能力。阅读是输入，是吸收，是积累，没有阅读“积小流”，难以汇成写作之“江河”，只有培养阅读兴趣、训练阅读方法、提高阅读能力，吸收思想、积累语言，才能水到渠成地写作，职高学生首先要补好阅读这一课。中职教育以就业为导向，在将来的工作岗位上，需要有基本的阅读能力和健康的审美能力，阅读与职业相关的资料，有利于继续深造，广泛阅读健康书籍，有利于充实精神生活。

三、接受性阅读、欣赏性阅读与研究性阅读：筛选、整合信息对职高学生更具有意义。

对职高学生的阅读要求重点是：读懂文章内容，吸收养分；训练阅读速度，开阔视野；培养阅读品质，养成习惯；积累语言材料，优化表达。这其中包括方法途径、知识能力、思想情感的融合。要读懂文章，就有必要训练梳理思路、筛选信息、整合概括、分析理解，有必要掌握文章知识、语言知识；要提高阅读速度，培养阅读品质，就必须要有系列的阅读训练。职高学生必须培养正确健康的审美意识和基本的审美能力，所以，欣赏性阅读也要适当涉及，重点是语言艺术审美能力、语言想象能力，当然必须要有辨别是非能力。至于研究性阅读虽然对培养创新型人才极为必要，但从职高学生的实际情况出发，偶尔尝试未尝不可，作为重点，只能是一个美好愿望而已。

四、实用写作与文学写作：实用写作更有助于职高学生的提升与未来发展。

实用性是职高语文教学的最基本的要求，所谓“实用”，是对学习有用，对生活有用，对工作有用，对职业发展有用，能够学以致用。从写作的角度看，职高学生的实用写作尤其重要，其中包括如各种条据类、信函类的应用文写作和新闻、评论类的实用文写作，在教材中或在教学中应该作为重要内容出现，至于文学创作应属于个性化的发展要求，是拓展模块的学习要求，这也是职高语文教材和语文教学的显著特点之一。

五、文言诵读与文言解读：重视诵读是符合实际的。

文言文的学习似乎是职高语文学习中的一个“重灾区”，师生都害怕，不敢轻易涉足。学生由于古汉语知识薄弱，解读文言文比较困难。为此，可以根据两个层次要求进行处理：第一层次是诵读，读熟读顺，适当积累即可；第二层次是基本读懂，能掌握积累一些词句的意义。前者是基本，作重点，后者是提高，为选学。教材编写者要以“诵读”的角度选择浅显短小、琅琅上口、语言优美的文言文，教师指导学习时要从“诵读”的要求进行，不能把优美鲜活的文章解剖成一个个古汉语知识。

总之，坚持职高语文教学的实用性，把握职高语文教学在内容方面的职业教育特点，这样才能使中职语文教学真正有利于提高广大职高学生的职业素养和人文素养。

参考文献

1. 马淑霞：《中职语文教学中的诵读策略和实施》，河北师范大学 2006 年硕士论文。
2. 吴晓君：《中职语文教学的目前状况和策略》，载《职教论坛》2004 年第 26 期。
3. 李宝亭：《从实际出发加强和改进中职语文教学》，载《中国职业技术教育》2003 年第 31 期。

※※※※※※

李勇晖1997年8月调入冷水江师范工作，先后担任过普师、幼师、小教大专等班级的语文教学工作。2012年被评为湖南省优秀教师并记二等功。2015年评聘为中职语文高级讲师。教学中注重积累反思，有《从五个方面论中职语文教学的实用性》《中职语文教学更应该强调应用功能》等多篇教育教学论文在省级以上刊物发表，参编《幼儿园教师文案写作知识与训练》校本教材。

李勇晖老师在一次执教《劝学》的公开课后，教研组评课，有老师说，逐字解释字词，文章变得支离破碎了，而且面对中职学生有必要这么讲吗？也有老师说，不逐字解释字词，学生根本不懂文章的内容。其实日常教学中，我们也常常对教学内容的取舍或侧重点犹豫不决，对职高语文教学的特殊性，缺少某种明确的认识。评课结束后，李老师认真听取、消化了同人的意见，打算写篇文章，探讨一下职高语文教学中文言文教学的目标任务问题。最初，打算从听说读写四个方面入手，比较职高与普高语文教学内容的不同，但实际写作中却发现最困扰教师的是读与写，便决定从阅读与写作两方面进行比较，这样更能突出重点。她说："因为文言文教学问题，是我写作此文的一个原因，所以便把文言文的教学侧重点作为一个比较的方面。我把阅读教学的主要形式、写作教学的侧重点等，作为文章的主要内容。通过比较，我发现由于施教对象的特殊性，因而职高语文教学的基础化及职业化特点突出，最后，便把文章的内容定为，集中分析阐述职高语文教学的实用价值反面。"其实，这也是从实用性的角度来认识职高语文教学与普高语文教学的不同。

文章写成后，几经修改润色，取题《从五个方面论中职语文教学的实用性》，投寄《成功（教育）》，发表在2010年第6期上。我们以为将文题改成《职高语文教学必须突出实用价值》，似乎更为简明；问题说到了点子上，只是阐述不够，倘能加点例证分析，也许更好。

借课文做“米”为写作之“炊”

周本海

生活是写作的源泉，但许多学生都认为生活很单调，很枯燥，因而写起作文来总觉得脑子空空，无从下笔，无话可写，真所谓“巧妇难为无米之炊”也。在学生确实少有机会接触社会、体验丰富生活的情况下，是否还有其他途径给学生提供丰富的写作之“米”呢？笔者在教学中经过较长时间的探索与实践，以为教师只要善于引导学生借课文做“米”，巧为写作之“炊”，即在学生深入理解课文内容的基础上，努力开发文本写作资源，也能弥补学生生活积累不足的缺陷，采用仿写、改写、扩写、缩写、译写、写读后感等形式，加强写作训练，以达到提高写作水平的目的。

借课文作写作素材，有如下独特优势：

一、课文给写作提供了现成的、直接的题材，这些题材还是古今中外的名家名篇，是作家对生活的精心加工而得来的，其实，这也是一种“概括的生活”“艺术的生活”，以这种“生活”为题材，学生写作起来自然便捷。

二、课文本身就是学生写作的典范，从语言的运用、主题的确立、结构的安排、题材的选择等方面都对学生有很大的启发、指导作用，最便于学生模仿。

三、教师对课文的讲解使学生对课文的思想感情、主要内容有更深入的了解，这为学生写作创造了一个情境氛围，激发了学生的情趣，学生容易进入写作状态，因而也愿写、想写、乐写。

四、以课文为素材进行多种形式的写作训练，可以提高学生的分析能力、概括能力、想象能力、创新能力等，这些都是写好作文的必需的素养。

五、以课文为素材进行写作训练，还能加深学生对课文内容的理解，增长知识，从而促进写作的再创造，形成理解—创造—理解—创造的良性循环。

那么，怎样利用课文，对学生加强作文指导和训练呢？笔者认为在学生学好课文的基础上，灵活采取以下形式进行具体操作。

一、仿写

仿写就是模仿范文的立意或章法来写文章，它是学生初学写作最有效的训练形式，因为掌握写作技能是有一个过程的，正如学书法一样，先描红，后临帖，最后才能独创，即使是名家大师，其创作也往往是从模仿开始的，如著名文学家冰心的《繁星集》就是模仿泰戈尔的《飞鸟集》创作的。

仿写前，教师要引导学生深入体会课文的立意谋篇、语言表达等，并充分调动他们的联想力，找到与课文内容相似的事物，指导学生或全部模仿，或局部模仿。这样学生写起来就有章可循、有据可依，如笔者在教完初中语文第 5 册课文《想和做》后，和学生一起讨论了该文的论点、论据、论证及结构、语言的特点，指导学生仿写，效果很好，其中有篇《我谈“教”与“学”》的习作，主张老师的“教”与“学”必须紧密联系起来，略具新意，经推荐发表在《锡矿山报》上。

二、缩写

缩写是在保持原文的基本内容与不改变原文体裁的前提下，把原文压缩成短文，并在字数上加以限制。这种形式的训练，学生乐于参与，因为它提供了现成的材料、结构、主题，学生写起来轻松，且作用不小，能培养他们理解课文，筛选、整合、归纳信息的能力，并提高他们的思维能力。

缩写之前，首先要让学生把握原文的主要内容，这样才能准确取舍，进行概括；其次，是对怎样缩写进行指导。其方法就是抓主干，去枝叶，抓关键，去铺陈，把具体的叙述和细致的描写改为概括的叙述，把详尽的论证换为扼要的说明，长句缩为短句。语言运用方面可摘原文，也可自己组织语言，最好二者结合。课文中那些篇幅较长的小说、散文或其中较翔实的段落都可作为缩写材料。

三、扩写

扩写与缩写相反，它是对原文的内容加以扩展延伸，或补充情节，使原文更加详细、具体、生动。这种方式其实也是一种再创造，可开阔学生的思路，锻炼学生的想象力和逻辑思维能力。

指导学生扩写，要使学生认真领会作者的思想感情、作品的基本内容，在此基础上加上合理的推想，对原文的人物、事件作合乎逻辑、合乎原文基调的补充。注意关键处变简为详，将抽象的换成具体的，叙述的换成描写的，可整篇扩写，也可局部扩写。如课文中许多景物、人物的描写片段或某些故事情节都可作扩写的素材。

四、改写

改写有两种情况，一种是在保持原文思想内容的前提下改换表达形式，主要有换体裁、换人称、换叙述方法等；另一种是在课文基础上改换主题或故事情节。这种方式的练习可以提高学生的语言组织能力、想象能力和创新能力。

练习时，先要使学生明确改换的要求，其次要指导学生研究改写的文章与被改写的课文之间的联系与区别，把握各自的特点，找出改换的方法。如笔者在教完第 5 册中的小说《我的叔叔于勒》后，要求学生对“我们”在船上遇到“叔叔”于勒时的情节进行改写，即假使“我们”遇到的于勒不是个卖牡蛎的老水手，而是百万富翁时，该是个怎样的情景。动笔之前，笔者先指导学生分析讨论了菲利普夫妇自私、贪财、势利、认钱不认人的性格特点，提醒学生注意故事情节的合理性，改写时学生都热情高涨，纷纷开动脑筋，发挥想象，取得了令人满意的效果。比如，有学生描述菲利普先生见到“穿着豪华讲究，手戴硕大的蓝宝石钻戒，提着个深黑的密码箱的于勒”时，“顿时惊得目瞪口呆，好久才醒悟过来，跌跌撞撞地朝我们边跑边喊‘于勒，我们的于勒，有良心的于勒，他终于回来了，我们终于可以买别墅了……’”。

五、译写

译写就是用现代文翻译文言文，可分直译、意译和改译三种。直译是按照原文一字一句地翻译。意译则只要求准确表达原文的意思，不要求逐句翻译。改译则可改换原文的人称、情节，适当增删内容，发挥合理想象，这种方式的练习可以使学生加深理解古今汉语的异同，提高运用现代汉语的能力，更好地学习古人的写作艺术。其中尤以改译效果最佳，它还能提高学生译写的兴趣，提高创新能力。如笔者教完《桃花源记》时，要求学生展开想象：假如你们以现在的身份沿着以前渔人的路径去游“桃花源”，试想你与“村中人”接触的情景会是怎样的，请在课文基础上加以改译。学生们一听到“游‘桃花源’”，立时群情沸腾，有的在作文中说，他告诉了“村中人”外面的世界很精彩，当讲到互联网、宇宙飞船、原子弹时，他们一个个听得“瞠目结舌”，也有的在作文中说，外面天天战争不断，一会儿是飞机撞了美国世贸大厦，一会儿是美国轰炸阿富汗，“村中人”连发感慨：“还是我们这里好！”

六、写读后感

读后感就是阅读文章之后的感想与收获。这种练习方式对加深课文内容的理解，培养分析问题、解决问题的能力都很有帮助。

写读后感前，要指导学生认真研读课文，抓住最深切的感受和体会来写，可以就课文中的某个观点联系实际加以阐发，说明现实生活中急需解决的问题，也可以谈自己学习课文后思想认识上的收获与提高，还可谈作品艺术上的特点，等等，总的要求是一定要写出自己独特的见解看法及真情的体会实感。如笔者在教完《范进中举》后，要求学生结合封建科举制度谈谈对现行教育制度的看法。由于学生在学这篇小说时，就已对封建科举制度的危害有了较深刻的认识，加上对现在的学习状况的切身体会，因而他们写起来得心应手，有学生写道："封建科举制度造就的不是人才，而是奴才，而社会主义制度下的教育制度使我们掌握了丰富的科学文化知识，我们要借这大好时机，发奋读书，将来为建设社会主义四个现代化而贡献力量。"

总之，把课文比作学生的写作之"米"，采用多种形式加强写作训练，是一条提高学生写作水平的有效途径。但"课文"不能取代"生活"，只有现实生活才是学生写作的真正源泉，教师最终还是必须引导学生观察、体验、感悟生活，把课文素材与生活素材结合起来，把写"生活"与写开发文本写作资源结合起来，循序渐进，常抓不懈，学生的写作水平才会逐步提高。

※※※※※※

周本海老师1992年7月冷江师范毕业后分配在冷水江五中，先后担任小学、初中语文教学，2003应聘到母校娄底幼儿师范，2010年评聘为高级讲师，从事中学、中职、大学语文教学，至今已有30多年教龄。教学中周老师勇于探索创新，善于思考总结，有《古诗词教法探析》等10余篇论文在省级以上刊物发表，主编、参编教材3部，主持及参与课题研究6项。

周本海老师平时喜欢学习，经常订阅各种教学报纸杂志，也常去外面向同行学习，曾去过江苏扬思中学参观学习，对"当堂知识，当堂掌握"的教学理念大胆尝试，创新教法；也曾去过涟源，向特级教师王寿山老师请教过、切磋作文教学改革，观摩过王老师的"快速作文"教学，对"当场即景命题，学生在15—30分钟时间内完成较高质量作文"的场景印象深刻。反思自己的学生作文方面的不足，觉得首先要解决一个作文素材不足的难题。增加课外阅读量是一个非常好的办法，但对于中学生来说，课外阅读面临时间不足的问题。在一次偶然的“改写课文”的课堂练习中突发灵感：既然课外阅读没有时间，那教材中的篇目都是经典之作，每篇课文都要讲两三个小时，除了讲什么中心思想、段落大意、字词句外，完全可以用作作文的写作素材和范本啊。于是他就立刻收集相关资料，准备为那些在写作上“巧妇难为无米之炊”的学生们写一篇有关写作的文章。教学中他边实践，边总结，并拟定文题“借课文做‘米’，巧为写作之‘炊’”，阐述语文教师怎样紧紧扣住教材内容，从仿写、扩写、改写等多个方面去指导学生练习写作的方法。纯粹属于个人实践经验总结，写起来就格外轻松、顺畅，可说一气呵成，稍作修改、润色就完成了定稿，投寄《中外教育》，刊登在2009年1月第1—2合期。文题去掉“巧”字，似乎更简明确当，也更显谦虚。

写作是学生最头疼的事，教师的教学在于如何提高学生的写作兴趣，积累写作素材，让他们愿意写、有话可写。《借课文做“米”为写作之“炊”》这篇经验总结，可说为众多教师提供了操作性极强的作文教法，但要真正全面提高学生的写作水平，教师们任重而道远。

作文自己修改是正途

何晓钟　潘久泰

提高学生写作水平的途径很多，最基本的一条，应该是让学生多写。叶圣陶先生早就说过："写作系技能，不宜视作知识，宜于实践中练习，自悟理法。"道理说得明明白白，然而，长期来中学作文教学的实际情形却并非如此，阅读教学挤占了大量课时，学生动笔的时间很少，一般是每两周一次作文，到三年级除考试之外，基本不写作文；中职则写得更少，一学期能写三两篇的算是勤奋学生。其原因主要是教师没时间批改，学生作文周期过长，能力难有长进。语文老师大多教两班语文，当个班主任，每班六十几个学生，工作负担够重的了；如果教三班语文，那更无时间批改作文了。而学生也习染了畏难情绪和不良习惯，反正写不好，干脆不写；老师不批改，写了也白写，依赖心理严重。久而久之，作文教学便陷入了困境。要改变这一现状，首先要转变作文教学观念，要充分发挥学生的主体作用，提倡写、改并重，大胆指导学生自己修改作文。这种做法，应该是有效提高学生写作水平唯一正确的途径。

长期以来，人们对作文教学持有一种较为偏颇的看法：学生的作文一定要老师改了才放心。这困扰和制约着广大语文教师不思改革，不敢创新，哪怕是迈一小步也不敢。正如叶老指出的那样："学校领导迷信精批细改，家长也迷信，实在有损于学生的是：学生的主动性阻碍了，这是最大的损害。"叶老语重心长地呼吁："改的优先权应该属于作文的本人。"

到底怎样批改作文才会有效呢？目前在批改作文这一环节上，有的主张“精批细改，全批全改”；有的坚持“粗批略改，注重讲评”；有的试行“教师指导，学生自改”。我们以为，与改高考作文一样，“90秒钟定生死”不可取；将学生作文改得“满纸鲜红”也有越俎代庖之嫌。如果学生能认真阅读、推敲老师的批改，肯定有收获。可是那些密密麻麻的批语，那些令人眼花缭乱的符号，就是批改者本人也不想再看，更何况学生？这种费时费力费心血却不讨好的做法，绝对不应提倡！其实，老师批没批改并不重要，关键是要看批改的方法是否得当，学生有没有收获。教师应该根据教材与单元学习要求，联系学生的写作实际，制订学期写作教学计划，有针对性地确定具体写作目标和任务。每次批改重点也要有安排，应该就主要问题和有代表性的问题提出看法，让学生互相批改或自己批改。无论教师批改多么全面、详细，作文教学也是不成功的，因为没有教给学生修改作文的本领。

指导学生自己修改作文有利于调动学生的写作积极性。学生只管写，老师包改，改与写分离的结果是白白耗费老师的心血；学生没有主动参与，多数只看重分数，根本没有把作文评改看成一个训练过程。这实质上仍然是注入式教学的反映，教师低估了学生的能力和积极性，将修改文章视为学生无能力插手的禁区。如果我们大胆放手，让学生养成自写自改的习惯，慢慢地不需要老师批改，学生便能写出好文章。学生批改，再差也是一次动脑动手的训练。这种参与，对于挖掘学生的潜力、培养智力和提高能力，都有着不可低估的作用。我们天天喊教学改革，实际上仍然在关注教师的表演，花哨的形式，板书设计怎样，语言表达如何，作文批改多不多，等等，往往忽略了学生到底训练了什么，训练到了何种程度。一句话，就是忽略了学习的主体功能。教师如同教练，不能事事都包揽下来，一堂课，应该指导学生去努力完成教学目标；目标完成了，教师即使讲得不多做得也少，而学生得到了训练，能力有了明显提高，何尝不可以呢？实际情形也如此，学生自己修改作文的积极性很高，既缓解了每次作文的畏难情绪，又多了几分责任感和自信心。

指导学生自己修改作文，还能适当减轻教师的负担，提高评改作文的效率。教师可在全面浏览的基础上，把全班作文按一定标准大致分成优、良、一般、较差四个等级；然后从各个等级中抽出一两篇，重点批改，或批改全篇，或批改段落，作为讲评材料；其余作文，可让学生按要求互相批改或自己修改。这样做，老师既能及时了解学生作文动态，又能节省时间，避免逐篇详批细改的劳苦。被誉为当代孔子的教育家魏书生只布置学生写作文，从来不批改，学生写作水平比同年级高出很多；快速作文之父杨初春先生要求学生自改互改，老师只检查学生写了没有，效果极佳。我们为什么不可以学一学呢？很多同行认为这是神话，而且大多数教育管理者从来就不敢这么“放纵”语文老师，家长也认为老师失职，不作为。一些有识之士在这方面大胆实践，既考虑教师的主导作用，又绝不取代学生的主体地位，师生共同完成写、议、评、改各个教学环节。这样一来，教师就有了足够的精力指导学生多写了。只有大量的、经常的、多种多样的写作训练，才有可能将阅读教学中学到的写作特点、表达技巧之类朦朦胧胧的理论性知识转化为实实在在的写作能力，完成由知性到智性，再到能力的飞跃。如果抱守“写是为了改，改了就一定好”的陈见，将重担压到教师头上，作文教改将永远是一句空话。教师要勇于丢掉包袱，给学生留下训练的机会。当然，让学生互批自改的目的不是消极地减轻老师的负担。相反，教师要精心指导每一次批改，提出具体目标和要求，学生的批改才会有针对性，才会有效果。与精批细改不同的是，教师更轻松些，学生也更主动些，师生都受益，岂不两全其美！

懂得了自改作文的意义之后，就是如何指导学生进行批改了。首先，要培养学生的兴趣。应该让学生明白，改文章比写文章更难，因为修改文章是一个精益求精的过程。我们可以用古今名家的创作实例进行启发：曹雪芹的《红楼梦》就批阅十载，增删五次；果戈理的《钦差大臣》有过六种修改稿；毛泽东的诗词，也是多次请人修改。学生懂得了批改也是一种能力和技巧训练的道理后，纯粹依赖教师批改的懒惰心理就会逐渐消失，最终也会把修改作文当成提高写作水平的有效途径。其次，教师要传授批改方法，要循序渐进地进行训练。可以由矫正性练习，即对字、词、句、标点等较浅显错误的修改，逐步过渡到润色性练习，即对选材、立意、结构、修辞等进行加工。在批改形式上，可以灵活多变。每次批改的目标确定要具体，可按单元练习和课文写作特色分项安排。这样经过一段时间的训练，学生一定能够逐步掌握作文技法和批改要领。最后，也是特别值得注意的是，学生写完作文之后，教师宜“趁热”批改。每班批阅10本左右，二三年级只批改3至5篇就行，主要用于讲评。争取一学期每个学生至少由老师批改一次作文。而学生不可立即修改自己的作文，因为刚刚写完，根本看不出哪里需要修改，可适当“冷却”三五天、一两周，甚至一两个月，再读就会发现毛病，可以进行修改了。有条件的学校可用多媒体进行作文教学；有电脑的家庭可让学生将作文采用全拼法输入电脑，存入“我的文档”，用邮件发给老师。老师在网上批改，做成课件，到课堂上演示批改过程，点击“显示”栏，将“原始状态”“标记的原始状态”与“最终状态”对比便可尽知优劣得失和作文的艰辛与快乐。坚持一两年之后，学生就会养成自己修改作文的良好习惯，就会逐渐进入“不待老师改，自能作文”的理想境界。

※※※※※※

修改学生作文的确是一件费力不得好的苦差，改得太多，学生一时半会儿不一定能理解、接受，并能立马生效；完全不批改，学生，尤其是家长又会误以为老师偷懒。所以，我们语文组老师，凡是和我共过事的老师都赞同我“粗批略改重讲评”的观点。老师一定要少改，要教会学生自己修改，效果绝对比老师“代庖”好得多。何老师基本上是照我这种做法，逐步教会学生自行修改文章的。这篇文章应该可以算作来自实践的作文教法的点滴经验吧。投寄出去，一周之内就收到了“拟刊登，请勿他投”的审稿通知，不久便见刊于《作文教学研究》2012年第2期。

例谈议论文教学中的逻辑思维训练

欧阳跃军　潘迈翁

世界上的科学包括自然科学和社会科学，哲学则是这两门科学的概括。语文教材既包含着自然科学，如科技说明文，也包含着社会科学，如政论文。无论是自然科学，还是社会科学均离不开哲学，哲学实际上也就是思维科学。在中学语文教学中，尤其是议论文的教学，必须加强思维训练，以引导学生运用思维科学去认识世界并改造世界。思维与语言是一个不可分割的辩证统一体。在语文教学中，必须在发展和扩充学生语言的同时，发展学生的思维能力。思维的核心是智力，发展思维也就是发展智力，这是各门功课的共同任务，语文教学也必须承担起这一任务。一个思考力强的学生，才能在今后的工作中，有所发现，有所创造，有所前进。

中学语文教材中的议论文，尤其是经典著作，具有严密的逻辑性，其概念、判断、推理的思维形式总是与准确、鲜明、生动的语言相结合的，作为语文教师，应凭借这样的教材向学生进行逻辑思维训练，用以从中发展学生思考问题的能力。

笔者在教学《在马克思墓前的讲话》一文时是这样对学生进行思维训练的。

一是引导学生由言语现象归纳为语言规则。“言语”现象，是指作者在文章写作中为表达思维所连缀的各级语言单位，尽管它们变化无穷，但总有其规律可循。在教学中，教师要善于引导学生从一些相类似的言语现象中，寻找出它们各自的规律。所谓“规律”，简言之是指反复出现的同一现象。笔者在教学《在马克思墓前的讲话》中的第一自然段时，引导学生思考：恩格斯描写马克思的逝世，为什么不直说“逝世”，而是写他“在安乐椅上安静地睡着了——但已经是永远睡着了”。类似的言语现象在鲁迅的小说《祝福》中也有出现：祥林嫂在年终祝福中死在风雪里，有人告诉鲁四爷说“祥林嫂老了”，像这样同类言语，有着共同的本质特点，即以文雅的言语代不吉祥的言语，修辞学家便创造了一个术语叫“讳饰”。这样经常有计划、有目的地引导学生从不同类型的言语现象中寻找出各自不同的特点，并探讨出语言规律，不仅能从感性到理性上加深对言语现象的认识，还可以发现一些前人所未曾发现的语言规律，从而推动语言学说的向前发展。

二是引导学生的思维从顺、逆两个方向转化。唯物辩证法告诉我们，任何事物总是在一定的条件下向着相反的方向转化，静止的观点，必然使人的思维变得僵化。教学《在马克思墓前的讲话》的第二自然段，作者对于马克思逝世所带来的损失是这样表述的：“这个人的逝世，对于欧美战斗着的无产阶级，对于历史科学，都是不可估量的损失。”教者为了引导学生理解这一句话在全文结构上的作用，先从顺向思维的角度设问：“马克思的逝世给人类带来了怎样的损失？为什么说这种损失是不可估量的？”学生联系全文，从革命实践与革命理论两个方面回答，理解他的逝世必然在一段时间内形成“空白”，难以看到这两方面的新发展。然后从逆向思维的角度设问：“马克思在没有逝世前，已经在哪方面作出了杰出的贡献呢？那么这个句子在全文的结构上起什么作用呢？”学生通过思索，认识到这个句子概述了马克思在革命实践与理论上作出了不可磨灭的贡献，是这篇议论文的中心论点，本论部分就是扣住它从两个方面展开论述的。从论述的文字数量看，“革命理论”的贡献多于“革命实践”的贡献，但从作者言辞的分寸看，马克思强调的主要方面是“革命实践”，教者引导学生思考：马克思是怎样看待革命理论与革命实践的呢？为什么？通过思索，学生认识到马克思既重视革命理论，更重视革命实践，“因为马克思首先是一个革命家”，与此同时，还要认识理论与实践是不断朝着相反的方向转化的，以此训练思维的灵活性。

三是引导学生由浅层次的思考向深层次的思考发展。属于观念形态的思维，只有通过具有物质外壳的语言才能诉诸读者的视觉和听觉，思维的深度只有通过有分量的语言形式的挖掘才能展示出来。在议论文的教学中，要引导学生通过语言的表层深入领会其思维的深层内涵。如《在马克思墓前的讲话》中第三自然段中的“历来为纷繁芜杂的意识形态所掩盖着的一个简单事实”一句中“纷繁芜杂”一词，其本义是指多而杂乱的草，这是不难理解的，但具体到此句中，包含的内容可就多了。在马克思以前，有不少唯心主义哲学家、政治经济学家、神学家，他们以五花八门、形形色色的理论来解释世界，掩盖着世界最基本的事实：物质决定精神，经济基础决定上层建筑。教学中要启发学生从词语的本义中理解其深刻的比喻意义，才能由衷赞叹马克思理论的博大精深。

有的词句可以通过对比进行分析，从而领悟作者思维的缜密程度。如马克思对待科学理论的发现，由“衷心喜悦”到“喜悦非同寻常”，其深层次的原因，要引导学生深入探讨，方能悟其真谛，才能从文中前后的逻辑联系中接受思维训练。

这篇经典悼词的第三自然段无疑是教学的重点。在掌握其基本内容之后，还有必要从形式上进行句法分析，整段文章只是一个复杂单句，其宾语有两次复指，后一次复指，即冒号以后的部分是一个三层复句。我们只有对它进行复句层次切分，才能更加准确而深入地把握文段的思想内容。以“所以”为标志，前后构成因果关系。前一分句以“然后”为标志，构成条件关系。后一分句是以“因而”为标志的因果复句，“因而”前面的部分又是由条件复句构成；“因而”后面的部分是以此推出的结论，以“而不是”为标志构成并列关系。其层次分析如下：

①人们首先必须吃、喝、住、穿，||（条件）②然后才能从事政治、科学、艺术、宗教，等等；|（因果）③所以，直接的物质的资料的生产，从而一个民族或一个时代的一定的经济发展阶段，便构成了基础，|||（条件）④人们的国家制度、法的观点、艺术以至宗教观念，就是从这个基础上发展起来的，||（因果）⑤因而，也必须由这个基础来解释，|||（并列）⑥而不是像过去那样做得相反。

这段话论述马克思发现了人类历史的发展规律并阐述了历史唯物主义的基本原理。作者对理论的阐述层层深入，通俗易懂，逻辑十分严密，有极强的说服力。

在话题作文泛化，导致中学生文体意识丧失殆尽之际，加强议论文阅读教学中的逻辑思维训练，无疑是正确的选择。对一篇议论文，首先是通过阅读，整体把握其思想内容；然后是弄清文与题、段与段、句与句之间的内在联系，也就是搞清作者行文的思路；最后再概括总结。这样反复操练，才能有效提高议论文的阅读能力；进而将能力迁徙到写作中，写出观点鲜明，文气贯通的议论文。当然，思维训练是培养学生语文素养的一个重要环节，也是一项复杂而系统的工程，很有进一步探讨和总结的必要。

※※※※※※

多次执教《在马克思墓前的讲话》，发现我们可以将文章当作议论文教学中的思维训练的范例。先启发学生找出全文的中心论点：马克思在革命实践与理论上作出了不可磨灭的贡献。然后理清恩格斯阐释、论证的行文思路，革命实践方面的贡献是显而易见的，只需稍加提及，读者就会明白；而革命理论方面的贡献只因“历来为纷繁芜杂的意识形态所掩盖着的”，所以是重点，也是难点，即文章的第三自然段。要讲析清楚，让学生理解并非易事，也许是所有教过这篇文章的老师共同难题。因此，我于1994年底以文章为例，写成《议论文教学中的逻辑思维训练》，取了道副标题“以《在马克思墓前的讲话》为例”，从未投稿。直到2013年3月初，欧阳跃军老师同我谈及执教这篇文章的难处时，又激起我修改文章的念头。我将旧文拿出来略作修改，题为《例谈议论文教学中的逻辑思维训练》，投寄哈尔滨师大主办的《语文天地》，在2013年第9期刊登了。我对欧阳老师说，不要将我署名二作者，只要文章对你评职晋级起了作用就行，他听了。尽管写文章是一件极具独创性、略有私密性的脑力劳动，付出了，有无回报，我一般不会过多考虑名利，听其自然罢了。

语文教学之“情感共振”

潘伟峰

【摘要】语文教学之“情感共振”法，就是教师在讲授教材的同时，引导学生顺着历史的脉搏，随着作者的足迹，思其所思，想其所想，实现教师、学生、作者三者的情感共鸣。这样不仅能让学生回归教材，还教材一个整体形象，提高对文章的理解、鉴赏能力，还能让学生走出教材，培养其自主学习、探究能力及创新能力。唯其如此，方能真正做到“授人以渔”。

【关键词】语文教学　设情入境　沿情追踪　舞情顿悟

“夫缀文者情动而辞发，观文者披文以入情。”（刘勰《文心雕龙》）在文学创作过程中，只有先“情动”，才能“辞发”；在文学阅读欣赏过程中，只有“披文”，才能“入情”。所以，情感是文章的灵魂。它是作者创作的源头，也是读者追寻的目的。而语文教学课堂上的“情感共振”就是教师在讲授教材的同时，引导学生顺着历史的脉搏，随着作者的足迹，思其所思，想其所想，实现教师、学生、作者三者的情感共鸣，还教材一个崭新的天地，给学生一个更美丽的心灵家园，让学生做生活中的有心人。

苏霍姆林斯基说：“情感如同肥沃的土地，知识的种子就播种在这片土壤上。”[①]“情感共振”法，就是让学生在这情感的“土地”上，溯其所

① [苏] B.A. 苏霍姆林斯基著，杜殿坤编译：《给教师的建议》，北京：教育科学出版社，1984年。

源，设“情”入境；追其所踪，沿“情”入字；顿其所悟，蹈“情”入心。只有溯其所源，才能穿越历史，化一个个名字的符号为一个个鲜活丰满的人物形象；只有追其所踪，才能看透纷扰，体会他们此时此地的所感所想；只有顿其所悟，才能拨开迷雾，了悟他们的人生价值所在。“情感共振”法，就是从这三方面不仅能让学生回归教材，还教材一个整体形象，提高其对文章的理解能力、鉴赏能力，还能让学生走出教材，培养其自主学习能力、探究能力及创新能力。只有这样才能真正做到“授人以渔”。

一、溯其所源，设“情”入境

溯其所源，不是事无巨细，一股脑儿地把作者的生平经历、代表作品等倾倒给学生看，而是有选择地把对作者影响最大的典型事件拿出来放大再进行总结，这样才能让学生们不仅印象深刻，而且对作者的形象有整体而客观的把握。

如北宋词人柳永，他一生中最典型的事例，就是早年中科举，但因他作的《鹤冲天》“忍把浮名，换了浅斟低唱”，惹恼了皇帝，最后只能“奉旨填词”，在汴京、苏州、杭州一带过着流浪生活，直到 54 岁方改名考取进士。桀骜不驯的性格，放荡不羁的品行，终究把一个满腹才华的“白衣卿相”的命运改写成了一个落魄不堪的穷酸书生。以后不管他如何的“为伊消得人憔悴”，都只能默默地感慨“别后暗负，光阴多少”。特别是他那句“衣带渐宽终不悔，为伊消得人憔悴”，更是成了很多人对事物求而不得的注解。王国维先生还把它当作是“人生三个境界”的第二层次，个中原因，或许就是，柳永在求而不得之中，还仍然不愿放弃，而就算不管是“衣渐宽”，还是“人憔悴”，他还依旧“终不悔”，这就是求而不得之后的决心。所以才说，上帝又是如此的公平。“一个真正具有某种才能的人，尤其像柳永这样性格开放者，对自己的才能是何等难以毁弃”[①]，由此，他给宋词开拓出一片前所未有的广阔天地。

① 缪钺、叶嘉莹：《灵溪词说》，上海：上海古籍出版社，1987 年，第 143 页。

又如南宋词人辛弃疾，他一生中最典型的事例，就是生于金国，但不堪金人严苛的压榨，奋起反抗，21岁参加由耿京领导的起义军，25岁时听到耿京被叛徒张安国所杀，便率领五十多人袭击几万人的敌营，把叛徒擒拿回建康，交给南宋朝廷处决。然而他这一生最辉煌的“壮声英概”，也在这里戛然而止了。南宋朝廷的懦弱无能、“归正人”的尴尬身份，把一个原本是卫青、霍去病一般的将军人才，生生逼成了与李白、苏轼一样的文学家。而直到他那首《永遇乐 · 京口北固亭怀古》其中那句“四十三年，望中犹记，烽火扬州路”，那一望就是四十三年，以后不管他如何“把吴钩看了，栏杆拍遍”，都“无人会，登临意”，最后他也只能自嘲道，“不恨古人吾不见，恨古人不见吾狂耳。知我者，二三子”，引得多少文人志士为其扼腕叹息！

把握作者生平的典型事例，找准作者的人生定位，才能更好地把握其作品的情感基调。激发学生的学习兴趣，集中学生注意力的最好方法，要么是对故事细节绘声绘色的讲解，要么是人物情感的深层剖析。溯其所源，设“情”入境，正是从此入手，让学生知其事，共其情，从此萧郎不再是他们生命中的匆匆过客，而是伫足在他们脑海中丰满的人物形象。

二、追其所踪，沿“情”入字

追其所踪，不是死扣文字，逐字翻译，而是让教材的片段文字回归到作者的生平经历，还其一个本来的面目。这样不仅能够让学生对教材有更深入的了解，更能提高学生对文章的理解能力、鉴赏能力。

如柳永《雨霖铃》，一曲离愁别恨，其实饱含了词人人生太多的惆怅与无奈。“执手相看泪眼，竟无语凝噎”，这里的“无语”并不是简简单单的就是想达到“此时无声胜有声”的艺术效果，而是确实不知该从何说起。该说什么呢？说你会去哪里？词人也不知道。说你会什么时候回来？词人也不知道。说你打算做什么？词人更是不知道。……是的，这一次的离别，或许就可能是永别了。“念去去，千里烟波，暮霭沉沉楚天阔”，此刻一别，词人就将去一个遥远的地方，前程茫茫，不知未来会是怎样。仕途的颠簸，人生的无可依托，世事的茫然……这一切的一切都让词人悲伤的心境跌入了谷底。以致到最后，“便纵有千种风情，更与何人说”，词人是多么地不想离别，又不得不离别啊！这次汴京一别，接下来就是他那大段大段无处可依的流浪生活。叫人一读，怎能不悲伤？

又如李煜《虞美人》，一曲亡国离恨，成为了词人生于七夕死于七夕的绝命词。“春花秋月”“小楼东风”“雕栏玉砌”，这是自然永恒不变的存在；“往事”“故国”“朱颜”，人事却是变化无常的。江山如此多娇，蓦然回首，无非就是世间的一场大梦，物是之后，终究还是人非。往事之叹，亡国之恨，离家之痛，思乡之苦……这绵绵无绝期的愁恨，终如一江春水般滔滔不绝，永不休止。而这愁与恨，也正如他的《浪淘沙》中所言：“独自莫凭栏，无限江山。别时容易见时难。流水落花春去也，天上人间。”肉袒出降时，从没想过，那一别就是永别。而当了两年多可笑的违命侯，又何尝想过，对自己的“故国”、自己的“江山”会是如此的思念？想当初，并不想当皇帝，也无意于君王，没想到，命运捉弄，竟当了皇帝，在风雨飘摇的年代里，让如此小的南唐，竟撑过了十几年了。不知李煜在回忆他的“故国”与“江山”时，是否有那么一些悔恨？而这个恨，终究成了追悔。正如李商隐的那句诗：“此情可待成追忆，只是当时已惘然。”也正如法国作家缪赛尔所说的“最美丽的诗歌是最绝望的诗歌，有些不朽的篇章是纯粹的眼泪”。

追其所踪，沿“情”入字，就是让每一个文字的深意触动学生的每一根心弦，让作者的每一处深情打动学生的每一番思量，思其所思，想其所想，从而丰富其人生体验，丰厚其人生质感。

三、顿其所悟，蹈“情”入心

顿其所悟，不是沉溺于作者的浓厚的情感中，不能自拔，而是走出教材，给自己一个更广阔的天地。这样不仅能培养学生的独立思考能力，更能让他们的眼光看得更远，心胸放得更宽。

比如庄子，不管是他的濮水垂钓，还是他的持竿不顾；不管是他的鼓盆而歌，还是他的曳尾涂中。他都只钟情于展翅的大鹏，他都只做蝴蝶翩舞的梦。当我们四处碰壁的时候，当我们走投无路的时候，当我们心生绝望的时候，不禁回眸，就会发现，他一直都在那里，如一棵孤独的在深夜看守心灵月亮的树，历经两千多年，已成不朽。他一直都在等着我们重新找到回家的路，重新找回那个独立、自尊、高洁的自己。

如南唐后主李煜，纵观其一生，恰如郭磨在《南唐杂咏》中的评价:“作个才人真绝代，可怜薄命作君王。”五代十国，峥嵘岁月。有的注定成了乱世英雄，有的只能是无用书生。成者为王败者为寇。有人坐拥天下，而他只能肉袒出降，做最啼笑的违命侯。乞巧子夜，身死，江南人闻之，“皆巷哭为斋”。料想他也曾想写过这样一段话:“如有来世，我只愿在江南的青碧天下，撑一只船，烟雨任平生。不要亡国昏君的千古骂名，也不要这词成天下的千古才名。”当然，这也只是你我的臆想，君临天下，如果励精图治的话，那也不至于只落得一个沉溺于声色的昏庸无用的君主的骂名。历史已给你我洗淘去太多的铅华，或许只为了告诉我们，在纷扰的时光里，“成者为王，败者为寇”，它终究是现实中最朴素的真理。只是总有什么是可以留下来的，比如李煜的词，它不管在什么时候，都能给予你我一些些的触动。

入乎其内，见其深情；出乎其外，方得高致。顿其所悟，蹈“情”入心，不管历史对他们早已下了多少的定论，不管后来人对他们又有多少新的见解，用心比心，以心共情，让他们成为学生笔下心中独一无二的形象，从而撑起一片历史的天空，让学生在鼓角争鸣、刀光剑影中，寻得自己的一番世外桃源。

语文教学之“情感共振”法的最终目的，就是让师生会心一笑，让学生与作者心灵相通，从而让教师、学生、作者三者产生共鸣。让教材不再是作者的一个硬的标签，而是让学生意识到它只是展示了作者思想和生活中的一小部分；让教材不再是语文的一个刻板的符号，而是让教材成为学生自主地学习语文、运用语文的一个过渡；让课堂不再是短短的 45 分钟，而是让三者心灵世界得到火花的碰撞与完美的重塑，从而还教材一个崭新的天地，给学生一个更美丽的心灵家园，让学生真正地做生活中的有心人。

※※※※※※

潘伟峰老师中师毕业后在乡村教小学、初中语文11年，边工作边自学，于2002年获本科学历。2004年应聘母校娄底幼师，现任教务科长，2021年评聘为正高级教师。

《语文教学之“情感共振”》一文是2020年度湖南省教育科学研究工作者协会基础教育重点课题“基于中职生语文核心素养培养的体验式教学研究”（项目编号：XJKX20A117）的研究成果。“体验式教学”是我从语文源于生活又服务于生活的特点出发，落实新课程理念，强化学生的主体地位和教师的主导地位的一种教学实践。这种教学模式下，教师以情境的创设者、引领者，探究的合作者、指导者的身份开展教学，努力把语文课堂打造成为展示社会生活的舞台、学生了解社会生活的窗口和走向社会生活的起点，强调在语文教学中要以语文材料为媒介，努力调动和运用师生直接或间接的生活经验，通过情境创设、情境带入以引导学生打破时空限制，去了解、认识、体验、思考和评判各种社会生活，培养语言能力、发展语言思维，陶冶情操，启迪智慧，能极大增强语文教学的生动性和趣味性，进而收到预期效果。

课题结题时我写成这纸报告，分三道小标题概述，再列举课文内容，掺进作者的身世经历，讲故事似的加以阐释，这就大大提高了学生们的听课兴趣。起先拟题“浅谈高中语文教学之‘情感共振’”投稿《中学语文教学参考》，后反复推敲、斟酌，又与责编商定，改为“语文教学之‘情感共振’”，想必应该更为简明，文章刊登在2021年8月中旬刊。

图书馆：把读书的“学问”教给学生

潘久泰

专事古典文献研究的北大著名教授陈宏天 (1930 —　) 先生曾经为广大中学生写了一篇介绍书目常识的文章，题为《打开知识宝库的钥匙——书目》。作者通俗而简明地介绍了书目的性质、作用、种类及其使用方法，这对青少年学生如何利用“书目”这把“钥匙”去打开知识宝库的大门，进而读书治学是有着最为切实的帮助的。遗憾的是，近些年来，这篇文章已经从中学课本中消失了。

像我们学校是一所已有半个多世纪悠久历史的乡村中等师范学校，以往每年至少要添置 3 万元左右的图书，逐渐积累下来，至 2000 年，已有馆藏图书近 10 万册，而且保存基本完好，也建有详细的分类书目和音序书目。中师并轨转型之后，学校改办中学、中专，开设中学文、理、音、体、美、外语等众多门类的数十门课程，学生由原先的不足 2000 人，猛增至近 4000 人，教职员工也基本翻番，达 300 多人。可是，光顾图书馆、阅览室、资料室的人反倒比以前少了，往常到图书馆开放的时间，四五个人还忙不过来，如今仅两个人就略显清闲。这究竟是什么原因呢？经调查了解、研究分析，得知除了初高中学生迫于“应试”而无暇课外阅读之外，其余大多数学生，尤其是新生，对书目知识奇缺而不会借书，也不会读书，是为重要原因。针对这种情况，为了把求知的“钥匙”交给学生，我们做了如下三件实事。

第一件，是举办书目知识讲座。每年新生入校两个月之内，先将《打开知识宝库的钥匙——书目》一文印发给学生，找一位资深语文老师讲授，让学生对书目的重要性有较为足够的认识；然后由图书馆馆长介绍学校藏书情况、借书方法、规定和有关借阅手续等；之后，由每班学习委员给每个学生统一办理借书证。这样，学生便可充分利用课余时间借阅到自己最为需要、最喜欢的书籍，让课外生活过得格外丰富而充实。

第二件，是开列学生必读书目。“古今中外，许多大学问家都十分重视目录学，认为目录学是读书治学的入门之学，是基础知识。”（陈宏天）有了目录学作指导，读书就会少走弯路。让学生明白了这个道理之后，我们就搜集一些名家给后辈学子开列的书目清单，再利用多种渠道告知学生。新近，北大中文系著名教授钱理群先生就给中学生开列了一张最为简明易行的读书清单:《论语》、《庄子》、《红楼梦》、鲁迅作品。想来，任何一个有志于读书治学的中国人对这四种书是不可不读的。当然，再拓展一下，尤其是文科学生，先秦散文、史传文学的杰作《史记》、唐宋八大家的散文、唐宋诗词、“三国”、“水浒”、“西游”，等等，也是要读的。如今的学生受功利主义、恶劣炒作的影响，整天埋头于题海之中，除了死啃课本和搬弄五花八门的“学与练”之外，很少有时间阅读经典名著，一旦有点时间就捧读武侠、言情等通俗、庸俗乃至媚俗的作品消遣，节假日便泡网吧，浏览极少有文学因子的所谓网络文学，结果所获甚微，浪费了宝贵时间，也可以说是耗费了生命，实在让人痛心！

第三件，是办读书专栏橱窗。我们利用学校橱窗长廊，开辟读书专栏，先由任课教师在寒暑假，或节日长假之前布置适量的读书任务，允许学生借阅三两部经典名著，或有利增进学业的专业书籍，且要求学生一定要写一篇读书心得，到新学期开学之后互相交流体会，再评优。这样，就有效地督促，并极大地激励了学生的课外阅读步入正轨。阅读名著，起初可能会有一定的难度，但我们可以告诉学生一定的阅读方法，比如，勤查字典、辞典等工具书，养成“不动笔，则不读书”的良好习惯，随时做点读书卡片或笔记，慢慢地兴趣浓了，加上方法得当，困难自然也就少了，而且会觉得读书特别是读经典的确是一件非常愉快的事儿。比如《史记》，中学课文选了不下 10 篇，又比如《红楼梦》节选为中学课文的最少有 6 篇，先有了这个“垫底”，再旁读一定的辅助读物，边读边查工具书，就会感到很轻松也很有乐趣了。

在电子图书未能完全取代纸质图书之前——事实上这是根本不可能取代的——把求知的“钥匙”交给学生，是每个图书管理工作者的重要职责，也是帮助学生读书、治学、成才的行之有效的方法之一。“入门既不难，深造也是可以的。”（毛泽东）我们期待着莘莘学子走出中学校门之后，能步入高等学府继续深造。

（原载《中国教育报》2005年8月18日）

※※※※※※

2003年春节休假期间，学校图书馆管理员每每碰到我，就要我告诉她写文章，也好去评个职称。我说，稍许帮帮忙可以，但自己先必须写出初稿，我只能帮忙修改；因为专业性太强，我写不出，不能也不敢贸然答应。几乎每次去图书馆查阅资料，她就催我帮忙写文章的事儿，差点魂都被她喊走了。实在没法推却了，我只好按她提出的论文要求，根据高中课文《打开知识宝库的钥匙——书目》仿写了《把求知的钥匙交给学生》，将近2000字，由她自己去改个饱。不久她告诉我，文章在《娄底日报》发表了，还有20元稿费。有很长一段时间，我非常关注《中国教育报》每周一期的“读书”专栏，文章大多是推荐新书之类的作品简介，或读后感，也介绍专家、学者名人的读书、做学问的方法。我萌生了修改这篇文章、投稿的想法。2005年暑假，我将文章仔细修改一遍，定稿有1600多字，用信封投寄“读书”专栏，不久就刊登了，文题被编辑改成《图书馆：把读书的“学问”教给学生》，相比原题，似乎更好些，很快收到样报并获稿费75元。看来，写作是不能偷懒的，正像在生产队社员干活一样，有队长催工，就容易出成果。

英语作文主旨句的提炼

潘瑞祥

英语高考作文不少于 120 个单词的要求不难达到，难在要将这 120 个单词组成一个主旨明确、语言连贯得体的文段。教学实践告诉我们：精心而巧妙地提炼文段的主旨句是克服这一教学难点行之有效的办法。主旨句（topic sentence）是文段三个组成部分（topic supporting and concluding sentences）之一，常用来概括说明文段的中心思想和限定所要描述的内容。主旨句是文段中最简明而且最具概括力的句子，它对确保段落主题思想明确而突出起着至关重要的作用。作者通过主旨句进行思维和展开叙写，而读者则通过它来增进阅读理解。因此，了解主旨句在文段中的位置、基本特征及其限定作用是英语作文教学（包括阅读教学）的前提和保障。

一、主旨句的位置和特点

尽管英语文段主旨句的位置比较灵活，但在大多数情况下都置于段首。对作者来说，这有利于文章中心突出，避免偏题或跑题；对读者来说，有利于迅速把握文段的中心思想，进行有效阅读。再则，主旨句置于段首，能使文章纲目清楚、思路清晰。请看例文：

Everything that can be said about prose fiction , in general applies to science fiction . Every piece of science fiction , whether short story or novel , must have a narrator , a plot , a setting , characters , language , and theme . And like any prose , the themes of science fiction are concerned with interpreting man's nature and experience in relation to the world around him . Themes in science fiction are constructed and presented in exactly the same ways that themes are dealt with in any other kind of fiction . They are the result of a particular combination of narrator , story , plot , character , setting , and language. In short , the reasons for reading and enjoying science fiction , and the ways of studying and analyzing it , are basically the same as they would be for any other story or novel .

主旨句有时位于段落中间，进行事物的对比，而该主旨句本身除了突出主题外，还起着勾连段落前后意思的作用，比如下文：

Every piece of science fiction ,whether short story or novel , must have a narrator , a story , a setting , characters , language , and theme . And like any other prose , the themes of science fiction are concerned with interpreting man's nature and experience in relation to the would around him . In short , everything that can be said about prose fiction , in general applies to science fiction . Themes in science fiction are constructed and presented in exactly the same ways that themes are dealt with in any other kind of fiction . They are the result of a particular combination of narrator , story , plot , character , setting , and language .

主旨句放在段末，常常起总结收束作用，可设置“藏底”悬念，产生强烈的表达效果。当作者将中心思想留在最后交代时，会使读者产生强烈的阅读兴趣和期盼；当读完作品时，会加深对中心思想的印象，也会产生卒章显志的表达效果，下文便是：

Every piece of science fiction , whether short story or novel , must have a narrator , a story , a plot , a setting , characters , language , and theme . And like any prose , the themes of science fiction are concerned with interpreting man's nature and experience in relation to the world around him . Themes in science fiction are constructed and presented in exactly the same ways that themes are dealt with in any other kind of fiction . They are the result of a particular combination of narrator , story , plot character , setting and language . In short, everything that can be said about prose fiction , in general applies to science fiction .

二、主旨句的限定作用

初学写作的人往往一见到问题便傻眼，无从下笔，心中想写什么却不知从何写起；要么在一个段落里涉及许多内容，而对每一个内容又阐述极少，导致杂乱无章。中心不明确，如果我们能让学生学会提炼主旨句，弄懂主旨句的限定作用，那么，英语作文就能轻松如意了。

主旨句的限定作用是指运用一些关键词（key words）使每个段落有一个主题（中心）。这个主题只涉及文题的某一个方面，也就是用主旨句来限制某一个段落所要陈述的内容，缩小文题范围。主旨句所限定的范围是作者思维的起点，扣题的准绳，叙述的对象。

一个好的主旨句应该具备两个条件：一是陈述所要表现的主题；二是从某一方面限该文段所要描写的内容范围。主旨句可从以下几个方面来起限定叙写范围的作用。

1. place 从地点上加以限制：

（1）Hot weather in Wuhan is typical in summer .

（2）TV can also play an educational role in our country .

这样限定以后，作者就围绕某一地方写，而不是不着边际。

2. time 从时间上加以限定：

（1）Pollution has become a serious problem in recent decade .

（2）The progress of science was greatest in the past decade .

从某段时间上来写远比总括一切更容易收集资料，以便写得更深细。

3. aspect 就某一方面的内容来加以限定：

（1）Teaching offers something besides money and power .

（2）Advertising can be a service to the customer .

广告对顾客有多种作用，一段中只详述一种，而不应面面俱到。

4. similarities (comparison) 近似比较限制：

（1）I find myself catching my breath with the students in teaching .

（2）The second sentence contains not a single fresh , arresting phrase , and in spite of its ninety syllables it gives only a shortened version of the meaning contained in the first .

这个段落中只比较某两种事物的相同之处。

5. differences (contrast) 差异比较限制：

（1）The two brothers have little in common in personality .

（2）Certain trends in modern technology suggest a very different vision of the future .

本段落只限定讨论两者间的差异。

6. number 从数目上加以限制：

（1）Professional women face a lot of difficulties .

（2）The government took three actions to avoid crisis in economy .

7. cause 从原因方面进行限制：

（1）The direct cause of the Civil War in America was the election of Lincoln as its 16th president .

（2）It was to find the answers to these questions that the whole inquiry into the place of science in society was undertaken .

8. effect 从结果方面进行限制：

（1）I get paid to do what I enjoy : reading , talking with people , and asking many questions .

（2）If the past is any guide to the future , mankind is destined to have a still more intelligent successor .

在这些段落中只谈论事情的结果。

有时主旨句会有几个限定范围：

（1）Women are paid less for equal work than men (difference) in some american companies (place) .

(2) Population explosion has caused three (number) major problems in this area (place) in the past five years (time) .

在这样的段落中，各层意思联系较为紧密，可分层叙写，也可突出一个范围，其余只需一笔带过。

在主旨句中利用关键词语将段落所写的范围加以限制，使一个段落只叙述一个中心思想，若干个段落合起来构成一篇文章，层次清晰分明。每个段落在主旨句所限定的范围内展开叙写，就不会偏题或离题了。

一般说来，文题涉及面广，一篇文章不可能将题目所含内容面面俱到。这时，就得选择掌握材料最丰富、作者最熟悉的方面去写，而借助主旨句的限定作用，就可大大缩小文题范围，分段逐一描述。

下面以“Television”为题，按上面所讲的限定方法拟写几个中心句：

1. Television is welcomed in China (place) .

2. Color television sets have become more and more popular in recent years (time) .

3. Watching television takes too much of our time (aspect) .

4. Television and film have a lot in common (similarities) .

5. Watching television is quite different (difference) from the outdoor entertainments people used to enjoy .

6. A TV star can receive various kinds (number) of fame .

7. Educational programs on TV create great interests (effect) for many people .

8. Television is doing irreparable harm (cause) for several .

这样将题目内容分别限定在一个个段落中，写作层次清楚，读者也容易理解。

三、提炼主旨句要注意的问题

1. 虽然中心句是段落最简洁而且最具概括性的句子，但也不能写得过于简单：Today is fine day . China is a great country .She is an excellent teacher.

这些都是陈述句，但过于概括，没有传递足够的信息，就难以开展句子的写作，所以主旨句还要注意信息的传递量。

2. 有时主旨句是一段中的两个句子，而不是一句，因为一个句子还不能说透某个段落的主题，比如：

Hitler's "Final Solution" of the Jewish problem "solved" nothing. Rather, it raised new and bewildering problems for historians , philosophers and moralists.

3. 要避免把一个主旨句写得过长，过于复杂，以致让其包含太多信息而在一个段落中无法全部叙述到，譬如：

This article is not specially adapted for students learning English , but is taken directly from a fairly recent issue of Time magazine , one of the mostly widely-read news magazines in the U.S. , one of the biggest and strongest countries in world .

4. 有时候段落中没有主旨句，原因有三点：一是该段落是叙述上段内容细节的；二是文章是按年代顺序铺叙的；三是动笔之前缺少缜密构思，信笔涂抹所致。找出病因，对症下药，也就自然能够写出佳作了。

（原载《中小学英语教学与研究》2010 年第 6 期）

※※※※※※

我高中教过的一个学生，大学毕业后留校任教公共外语，他给我寄来 10 多页英语资料，可用于写作教学论文。可我中学时代是学俄语的，而且都退给老师了。我将这些资料全给了英语专业教师潘瑞祥，看能否一起写篇专业论文。他是“文革”后恢复高考考入新化师范的，在校学习期间选修了英语。毕业后被分在偏远山区教了 8 年初中英语，好不容易争到一个去常德师专脱产进修两年的机会，拿到专科文凭，再调配到冷水江三中教高中英语。他以笔面试成绩第一名应聘到我校教高中英语，在《英语教师》《当代教育论坛》《湖南教育》等报刊发表论文多篇。当上副校长后，忙于教育教学管理工作，动笔相对较少。与同行陈华、彭玲、杨治国等老师商讨，写成《英语应试作文写作指导》初稿，我们反复修改、定稿，将文题改成《英语作文主旨句的提炼》，投寄华东师大《中小学英语教学与研究》。这恐怕是全国唯一一家只收纸质稿件的杂志。不久，接到编辑来电，说因受版面限制，要求作者删除300—500字。我们回复，任由编辑处理，删去五六个不太重要的例句就行。两个月之后，文章见刊，稿费165元。

山水游记写作指津

胡学桂　潘久泰

【摘要】在游山玩水中，学会观察自然景物，品读人文景观。叙述见闻感受时，要不留痕迹地移情于景，做到物我同化，情景交融。倘能自然、真切、深刻地抒写独特的人生感悟，便可写出具有永恒艺术魅力的山水游记。

【关键词】 山水名胜　观察　人文景观　融情　人生感悟

一

文人自古以来都喜欢游山玩水，且游玩之后大多能留下绝妙辞章。我们今天也有不少人名山大川游历殆遍，却不能留下只言片语；要有，也只能是“花钱买亏吃”的慨叹。这是为什么呢？除了阅历太浅，文字功底不深之外，主要是缺少一双发现美的眼睛，面对无限美好的自然风光，不知道美在何处，不能产生独特的感悟，不能激起写作欲望，也就自然写不出令人艳羡称绝的诗文了。

自然景观，无非是山水、木石、花鸟、虫鱼、云雾、冰霜、日出、落霞，等等，这些造物主以其本来面目呈现给人类的美。人们需要细细观察，慢慢品味，认真领悟，才能真真切切感受大自然的美妙。文人墨客与山水有缘，官运不济，淡定下来，常常游山玩水，所到之处，感慨良多，即兴而发，便成绝唱。宋人王观的《卜算子》说：“水是眼波横，山是眉峰聚。若问行人去那边，眉眼盈盈处。”“盈盈”二字说得最妙，道出了山水的神韵：那是生命的美丽在无声地弥漫，是世间绝色在含情脉脉地召唤；那是一种清丽空灵的境界，是一种大自然灵异至极的美。

山峰形态千奇百怪，会在人们心中形成不同的美感。“横看成岭侧成峰，远近高低各不同。不识庐山真面目，只缘身在此山中。”苏轼这首《题西林壁》不仅吟咏了庐山的万千气象，还抒写了人生的独特感悟，同时教给了我们观察景物的方法，移步换形，美不胜收。第一二句告诉我们，不同的立足点，不同的视角，有不同的观察收获。第三四句提醒我们还可以从整体与局部进行观察，去更深层地把握山峰的形体特征。前人评说五岳：泰山如坐，衡山如飞，华山如立，恒山如行，嵩山如卧。倘若不跳出山外，从整体上看，就不会识出名山真面目，也不会产生五岳比美似的想象，更不会给我们以如此诗意的享受。除了调动视觉，还可以调动触觉、听觉、嗅觉、感觉，从颜色、形态、声音、气味、感受等方面去观赏山景，多层次品玩山的美，捕捉写作灵感，用优美的文字，描绘山之美。

说完山，我们再来看看水。其实，山和水是紧密相连的。李健吾在《雨中登泰山》里说：“山没有水，如同人没有眼睛，似乎少了灵性。”水能给山带来入骨的幽静，带来盈盈的媚波，心境空灵，让人流连忘返。名山没有水，就会显得枯涩，毫无生气。所以，看山千万不可丢了赋予山以灵气的水。一般说来，风景名胜都有自己独特的具有灵气的血液——水，或明澈清冽的泉水，或晶莹幽深的潭水，或竞相奔腾的潮水，或旖旎妩媚的江水……都能带来美的享受，陶冶情操，催人思考，启迪智慧。事实上，水的美呈现出多种形态，是与周围环境息息相关的：水流越过山崖，就会倾泻而下，声如雷鸣，气势非凡；遇着岩石，便回旋绕行，像初恋的少女，温柔妩媚，颇为可人；间或陪伴楼台亭榭，暂息小湖，恬静明澈；水流若是绕行芳甸花树，穿越山谷，就会清碧莹莹，明净如镜……所以，看水一定不可忘了给水以内在气质的环境。只有把心融进去，细细品玩，才能真正读懂山川的灵气和底蕴，才能充分领略自然山水之美。

二

明代商辂在《重建岳阳楼记》中说:“物不自美，因人而美，此美理也。夫以岳阳为楼，据有洞庭为胜，既云美矣。而范公为记，又历叙阴晴变态之妙，以寓夫先忧后乐之心，使人诵而味之，非惟不出户庭而湖山景物尽在目中。凡素存忧国忧民之念者，自当惕然警醒，而油然兴起矣。然则是楼之建，岂为游观之好哉？盖深有慕于公之为人，而追寻芳躅，思欲企而及之者也。”这段话将自然景观成为风景名胜的道理和游客游玩的目的说得十分透彻。再美的山水，无人游览，则不可能成为名胜，并得以彰显。游客寄情山水，将见闻感受形诸笔墨，流传后世，于是，自然景观就增添了不少人文内涵。风景名胜也就逐渐形成，并且吸引着无数游客前往游玩。这正如茅盾在《风景谈》中所称赞的:“自然是伟大的，人类是伟大的，然而充满了崇高精神的人类的活动，乃是伟大中之尤其伟大者！”“人类的高贵精神的辐射，填补了自然界的贫乏，增添了景色，形式的和内容的。人类创造了第二自然！”

天下名山僧占多。深山藏古寺，名山生道观。这不仅是出家人的追求所致，还与出家人尚美之心紧密相连。同时，寺庙楼台也给名山增添了几分神秘而清幽的氛围，使名山成为世人心灵暂栖之所，求福之地。另外，香客持香膜拜，也给大山增添了香火点缀、香雾缭绕的奇观，还给人类的心灵归依提供了向善的方向。我国四大佛山（普陀、峨眉、五台、九华）之所以出名，除了风景秀丽外，更重要的是与人们喜欢拜佛求福，向善积德有关。不可否认，宗教给它们蒙上了一层神秘的面纱，从而也使它们的美丽、雄奇与佛祖、神祇融为一体，让香客沉浸在神秘的灵光雾霭之中。

国人历来崇尚土葬，大多希望自己死后长伴青山绿水，企求与大自然的美相融合，并成为永恒。于是，人们往往把自己崇拜仰慕的名人伟人，安葬在风景优美的名山上，以表达景仰之情：泰山有冯玉祥、范明枢墓，岳麓山有黄兴、蔡锷墓，西湖边有岳飞、秋瑾墓……后人游览，自然会记起或光荣或耻辱的历史，激发爱国忧民的情感，天地间的浩然正气就会慢慢生成，无形中给后人树立了榜样。美融汇在山水中，生发出看不见摸不着却又实实在在的魅力。

风景名胜区常常有许多美丽传说，包括英雄传说、神话传说和民间传说。南岳麻姑的传说和火神祝融的传说，充满人间永恒的爱；长江三峡神女峰上，望夫石的传说，成为坚贞不渝的爱情的象征；桃源洞黑龙潭边，有关炎帝洗药留下脚印的传说，浸透着后人对冒险、尝百草的炎帝的敬仰……从这些传说中，我们可以看到，人民对美好感情、高尚品德、正义和真理的执着追求。在赏景中，人们融入自己的精神追求，使山水显得更加美好。在浓郁的文化熏陶中，山水暗涌着氤氲般的内在神韵，对此，造物主只能报以无奈的微笑和会心的赞赏。

在表达第二自然上，我们往往采用简明、生动、形象的语言，叙述见闻，插入历史传说，以丰富文章内容，强化文化底蕴，突出主旨。做到物我同化，体现人类精神的伟大与庄严。

三

在观赏景物时，游山玩水的心情，即游情，会自然渗入风景中，情悲则景色暗淡，情喜则景物亮丽，这就是我们通常所说的融情于景，情景交融。如果形成文字，游情就会弥漫在字里行间，形成独特的文韵。朱自清看到北伐战争的胜利，感到国家民族有望，满怀欣喜之情，游览仙岩的梅雨潭，写下美文《绿》，文中的“探”字表现了对灵动的绿，即美好理想的急切而热烈的追求。作者还连用三个“呀”字，反复热烈呼唤，表达浓郁深情。赋予原本迷离空蒙的绿以动感，形象鲜明，呈现出积极向上的空灵美。而在《荷塘月色》中，作者将想参加革命却又不敢的矛盾心情，和对大革命失败的淡淡哀愁带进文中，景物极显阴冷灰暗。同是写景抒情散文，《绿》的文韵热烈、灵动而亮丽，《荷塘月色》却忧伤、灰蒙而暗淡，这是游情不同所致。柳宗元的《小石潭记》写道：“坐潭上，四面竹树环合，寂寥无人，凄神寒骨，悄怆幽邃，以其境过清……”为何“寂寥无人”不是清静，而是“凄神寒骨”呢？因为柳宗元参与变革失败，从京都被贬荒凉偏僻的永州，心境十分凄凉，乃至生存的信心都凉了。这种心冷，导致境冷，文意自然冷了。这也是游情融入文中的结果。

一切景语皆情语。从写景抒情角度看，的确如此。而文章又恰恰是因为有此种游情，才在文学史上占有一席之地，得以传诵。在表达时，游情多不直接抒发，而是自然流露；如果直接抒发，就成了内心独白，文章便不是游记，且够不上品位。

四

智者乐山，仁者乐水。游览山水不仅怡人，陶冶性情，还可获得许多书本上学不到的知识。杜甫登临泰山，吟出“会当凌绝顶，一览众山小”的诗句，其中洋溢着成功的自豪与喜悦，激励着我们在人生道路上顽强攀登，去追求成功。王安石游褒禅山，告诉我们：“世之奇伟、瑰怪、非常之观，常在于险远，而人之所罕见焉，故非有志者不能至也。”看来，探幽访胜，首先是立志，然后是不畏艰险，努力攀登，才能领略绝顶风光。苏轼夜游石钟山，执意考辨石钟山命名的原因，得出“事不目见耳闻”，不可“臆断有无”的结论，是人生处世的经验，也是探求真理的准则。结论的得出，自然、真切而又深刻。贾平凹游翠华山的冰风洞，叙说历尽千难万险，尝遍身处险境时的绝望与悲哀，深刻体会到战胜艰险之后的喜悦与自豪。他在文中写道：“这冰洞风洞，正是在人未到人生终止之时便让人体验到人生，使人知道这人生的道路并不‘万事如意’：曲折，陡峭，多迷道，多艰险；胆怯便可无望，失足就能丧身，要退无门而恐慌，要进必须要探索，此路不能另辟新径，迷途而回寻出路；路就在脚下，探索便是前途。”这段议论让我们深刻领悟到，人生处世的艰辛，要想有前途，非有顽强拼搏，不断探索，奋斗不息的勇气和精神不可。从其他书本上虽说也能获取这种人生哲理，可怎比得上从《冰风洞体验》中来得自然，来得让人铭心刻骨呢？

其实，有了人生感悟，文章才有深度和力度。但是，在表达独特感悟时，需注意两点：一是要自然，切忌硬塞哲理于文中；二是采用议论抒情，不宜过多。否则，便成了地道的说教。

作为山水游记，我们以为，能将自然景观生动而细腻地描绘出来，文章精巧玲珑，是最低层次，属于写景小品，只可供人品玩山水文韵。能把人生的精神追求和价值取向，借用历史故事和神话传说，寄寓山水之中，让人树立高尚品德，受到民族文化熏陶，文章又高一个层次。能将游情融入文中，字里行间盈动着只属于自己的文韵，这是文章具有生命力的要求，应为第三个层次。在人生领悟上，如果有纵深的开拓，并能自然地表达出来，就达到了最高层次。因为这样能对读者欣赏、熏陶、审美、感悟诸方面都有深刻的影响，作品尽到了文学的社会职能，也进入了文学是生命方式的最高境界。

（原载《中学语文》2012 年第 7—8 合期）

※※※※※※

教过多遍写景抒情散文名篇之后，萌生指导学生欣赏与写作的想法，1997 年寒假期间，我们合作完成《写景抒情散文的阅读欣赏与写作指导》初稿。立意谋篇时，文章开头，将学生，也包括老师游历名山大川后大都写不出绝妙写景抒情散文，跟古今名家对比，简析原因。中间分四节具体阐释，拟就小标题：一、爱恋我们祖国的奇山异水——自然景观；二、文化底蕴丰富深厚的庙宇、道观、传说——第二自然；三、感悟体验独特的文韵情趣——融汇游情；四、自然真实而又深刻的觉悟——人生境界。末尾，从鉴赏角度总结，给写景抒情散文划分档次等级，让读者能够品味景物之美，享受文化熏陶，获取文学真谛，拓展人生境界。这才是写景抒情散文追求的最高境界。直到 2012 年 2 月 4 日才艰难完成修改、定稿，去掉四个小标题，仅用序数词“一二三四”隔开；文题拟定也纠结了好久，到底是“指要”好还是“指津”好呢，最后确定为《山水游记写作指津》。文章见刊后，“摘要”“关键词”和“参考资料”等项内容都被删除了。很快便收到 80 元稿费和 4 本杂志。

中学生情商培养简论

潘久泰　李玉萍

【摘要】中学生感情冷漠、脆弱和严重缺失，滋生自私、懒惰、任性、浮躁等人性弱点，根据传统的“非智力因素”理论很难对此做出尽善解释；运用国内外“情商”研究的新成果进行分析研究，可使这一问题涣然冰释。同时，通过改革课程、创设情境、加强养成教育和优化教学环境等措施，能够培养中学生良好的情商，并最终实现成才的目标。

【关键词】中学生 情商状况 调查分析 培养策略

一、论题提出的理由

在百般关爱下和优裕家境中成长的孩子考入高中以后，好几个学期内都不能适应新的生活、学习环境和竞争机制，时不时违反常情，做出令人不可思议的事来。譬如，教师介绍某某作家 70 多岁高龄仍在勤奋写作时，学生常常异口同声地惊问:“还没死？”祥林嫂的悲剧的确催人泪下，可许多学生不仅没有丝毫同情，反而像鲁镇的人们一样取笑她。有位高一女生因未竞选上班长而在教室当众伤心痛哭；有学生在一次段考中因一门功课未考好便离家出走；某班班长因被任课教师偶尔点名批评而怒甩“乌纱”；有位二年级学生在进行“自我心理分析”时写道:“温室里的花朵往往经不起风吹浪打，一帆风顺的人常常难耐失败的考验。也许我就是这样一个人。上高中之前，我事事如意，学习成绩拔尖，可谓一帆风顺。进入高中之后，方知这里高手云集，激烈的竞争使我苦不堪言，成绩老是上不去。于是我没有了斗志，没有了进取心，变得沉默寡言，郁郁寡欢。我的心里好涩、好苦，我是被寒风吹落的一片枯叶，没有了生机。我常常独自向隅饮泣……我好想放弃学习，云寻找一片没有竞争，能让心灵得以栖息的'乐土'。"还有学生冒充家长请病假逃学泡网吧，买了 MP4 只能欣赏音乐看电影，手机、e 百分成了考试舞弊的工具，因高考失利而轻生的事也偶有发生。

如果用传统的智商理论或从非智力因素角度对以上反常现象和典型个例进行分析研究，则难以找出令人满意的答案，也很难做出令人信服的解释。那么，究竟是什么原因导致学生情感如此冷漠、脆弱，不堪一击和严重缺失呢？近年来，西方国家一些著名学者提出"情感智商"（Emotion Inteligence）是影响一个人事业成败的重要因素的课题进行研究，并且取得了可喜的成绩。"他山之石可以攻玉"，我们以为，引进"情感智商"这一命题可以涣然冰释中学生行为"反常"现象，而且将它纳入中学基础教育中的教研教改课题也极为可行。

二、情商研究的范畴

"情感智商"，简称"情商"，这一命题是 1990 年由美国耶鲁大学心理学家彼得·塞拉斯率先提出来的。1995 年美国哈佛大学心理学博士丹尼尔·戈尔曼对它进行了深入研究和探索，他指出："情商"是个体最重要的生存能力，是一种发掘情感潜能、运用情感能力影响生活个体层面和人生未来的关键性的品质要素，"情商"不同于主要取决于先天因素的智商，而是在后天的人际交往中养成，它形成于婴幼儿时期，成熟于儿童和青少年阶段。

"情商"作为社会心理学理论的一个崭新的概念，一经提出，便在世界范围内受到普遍关注和重视，不少心理学专家纷纷涉足这一研究领域。最近，又有心理学家提出"情商"是一种能够洞察人生价值、揭示人生目标的悟性；是一种克服内心矛盾冲突和协调人际关系的技巧；是一种可在顺境、逆境中穿梭自如的能力。高"情商"是优秀人格和高尚情操的完美结合，它包括驾驭自己的情绪、情感、思想和意志等心理过程，准确地了解自己的真情实感；理智地克服冲动、有延迟满足欲望的克制力；真诚地理解社会、能设身处地为他人着想；永恒地鞭策自我、激励人生等心理机制。最新的研究成果显示：一个人的学业优秀与否，事业成败，只有20%取决于智商高下，竟有80%取决于情商高低。

尽管目前心理学界还未能对“情商”做出科学界说，下一个比较确切的定义，同时从现有研究资料来看，它的涵盖面也似乎较为宽泛，但是结合成功者的心理特点进行综合分析，我们以为，情商主要表现为如下四个方面。

1. 自我认识。一个人总有某些个性上的“盲点”，只是“旁观者清”，他自己并不清楚，因此，应该经常进行自我反省，并从不同角度去深刻了解自己，充分正视自己。曾子云“吾日三省吾身”，就是说，我每天要多次自我反省，进行自我检查或自我认识。这样做的目的是为了正确评价自己，以便及时矫正自己，而正确评价自己又是建立自信心的基础。一个人在自我认识的过程中，既能看到自己的潜力，又能充分地估计到可能发生的困难，这样才会采取恰当的处理措施，出色完成任务。战国后期著名思想家荀子在《劝说》篇里也阐述了类似的观点：“君子博学而日参省乎己，则知明而行无过矣。”

2. 人际关系。成功常常是以良好的人际关系为前提的，而要具备这一前提，就必须善于控制自己的情绪，或进退自若，或宠辱不惊。同时，还要善于养成合作意识，建立人际网络，以便知己知彼，扬长避短。从发明大王爱迪生到堪称世界著名思想库之一的美国贝尔公司实验室的工程技术人员，他们之所以取得举世公认的辉煌成就，根本原因不在于他们具有特别高的智商，而在于这些科学家与同行之间有着友好、愉快、有效的合作关系。

3. 主观能动。成功者做事有高度的责任心，不需要外在的推动力，学习也好，工作也好，都是主动自发的，而且有着不成功便不甘罢休的决心和顽强毅力。中国青少年研究中心少年儿童研究所曾搞过一个“杰出青年的童年”的科研课题，对148名45岁以下的中国十大杰出青年进行调查，发现这些人童年时期大多有着顽强的毅力，自发性、主动性很强。他们中有60%都是认真完成作业后再去玩；匆匆忙忙写完作业就去玩的占32%；不做作业就去玩的仅占5.41%。另外，杰出青年在童年时期主动找难题做的占43.92%，有时候主动找难题做的占40%。这一特点在众多发明家、科学家身上也能得到应验。

4. 抵御诱惑。有志者不会沉溺于短暂的微利之中。丹尼尔·戈尔曼曾经做过一项实验：他在一群儿童面前摆了一堆糖果，告诉他们："这里有棉花糖，你们可以马上吃，但如果你们等我办完事回来后再吃，你们就可以得到双份棉花糖。"他说完就走了。有些孩子见他一走，便急不可耐，拿起棉花糖就往嘴里塞；另外一些孩子等了几分钟便不再等，也把糖吃了；剩下的孩子决心等他回来再吃。他综合这些小孩子此前此后的有关成绩、行为指数同这次的实验结果进行比较研究，得出结论：凡能抵挡短暂诱惑、延迟得到满足的孩子，不但在学习上表现优异，而且日后的社会适应能力也的确比较强。

许多中学生敌不住诱惑，沉迷于网络游戏和虚拟世界中，让不少家长深恶痛绝，甚至恨之入骨，这是偏激、保守所致。如果规范网吧管理经营，假如让网络游戏开发商不为私益驱使，假如有关部门能将游戏软件按年龄段分级，倘若有意识地培养孩子抵御无聊、媚俗、打斗、凶杀、色情等有害心身健康的网络游戏的诱惑力，那么网络的神奇功能和巨大作用便能充分显示和发挥出来。

看来，情商高低是成才的关键，甚至可以说，任何人的成功，几乎全在于如何充分开发其情感智商上。同时，这也告诉我们：培养中学生的良好的情感智商已经成为一项非常急迫而艰巨的任务摆到了广大教育工作者面前。

三、中学生情商现状分析

几年来，我们对每届学生进行"自我心理分析"调查，发现：大部分学生心理脆弱，不敢面对困难与挫折；唯学至上，厌恶集体生活，最喜校外租房；拒绝社会活动，连搞卫生都要请人；缺乏主人翁精神，依赖性极强，遇事缺少主见；不注重团结协作，自我封闭，独来独往；存有自卑、嫉妒等不良心理，如此种种不一而足。如果将这些特征与情商研究的主要范畴相对照，就不难发现目前中学生的情商水平是比较低的。究其原因，主要来自学校和家庭两个方面，唯分数至上，不能客观、公正评价孩子。

在初中阶段，由于应试教育中升学本位思想的影响，造成学校教育观念和方法严重偏向甚至失策。一是考试模式日益凝固化，只重视知识的记忆和应试的技巧，考纲要求的就教，考纲不做要求的就不教；既不管作为一个学生应具备什么素质，也不顾学生毕业后立身处世应有哪些实际需要。二是学校评价学生优劣重智轻德，置体、美、劳于脑后，不论是谁，只要学习成绩好，严格地说是只要分数高就是“好学生”，成绩好成了“好学生”的代名词。他们受表扬，获奖励，享有不做操，不上体育课，不搞劳动、卫生等特权，有的甚至允许家长陪读。长此以往，源源不断的正面评价使“好学生”身价倍增，优越感极强，自我感觉良好，他们把自己的学业成绩看成是获得自尊的唯一凭借。进入高中后，高手如云，竞争更加激烈，他们对失败没有丝毫心理准备，一旦出现失败，便觉得没有可以作为个人价值取向的依据，再加上初中时代形成的个人奋斗，独来独往，不善也不愿与人交流交际的弱点，就可能做出一些愚不可及的事来，诸如逃学出走、轻生之类。

如今的青少年学生大多是独生子女，他们在家里得到父母、祖辈的过多照顾、溺爱乃至娇生惯养。长辈对这些听话的“好孩子”百依百顺，几乎有求必应。他们从小与大人接触，常与布娃娃、碰碰车、影视网络打交道，而与年龄相近、地位平等的同伴接触机会甚少，因而不能从同伴那里获得更多评价信息以正确评价自己。他们吃、喝、拉、撒、睡全都依赖父母；一切以自我为中心，少有合作意识；倔强狂躁、冲动好胜，缺乏克制心理；他们的独立意识与独立能力之间的反差特别大。进入中学后，“大家庭”式的集体生活不再“青睐”他们，也很少“迁就”他们。这些变化使长期处于顺境中的孩子心理失衡，手足无措，以至陷入清高、孤僻、任性、刚愎、自私、懒惰的境地而不能自拔。

由此可见，中学基础教育已经到了非改变过去那种仅仅以传授知识、培养能力、操练应试技巧为主的模式不可的时候了，我们应当，而且只有把学生良好情商的培养放在中学基础教育工作的重要位置上，才能“为造就时代所需的多方面人才弘扬和培养民族精神，增强民族创造力和凝聚力发挥应有的作用”。

四、中学生情商培养策略

培养良好的情感智商可说是中学生教育的当务之急，我们务必迅速从多方面对这一崭新课题进行研究、试验和摸索。

1. 改革课程设置，开设校本人生课程。中学除了设置目前的基础和专业等知识、技能课程外，还必须开设校本课程——“人生课”，并编写人生课教材；在课时安排上，文化课、专业课、人生课各占三分之一。待条件成熟之后，再将它开设为国家基础教育课程。人生课不能局限于课堂讲授理论知识，而应当创设种种情境，让学生体验感情，探索讨论，形成正确的人生态度和养成高尚的道德情操，学会处理各种人生问题，以便树立正确的立身处世观念。于是他们就能以平常心态对待诸如公平竞争与精诚合作、自信自强与见贤思齐、奉献进取与功利名誉等随时都有可能碰上的问题；对一切个人的、团体的思想和行为也能做出正确评价，同时还能提高行动的自觉性，增强事业心和社会责任感，进而树立不计较一时得失，不断完善自我，永不停息地向更高目标迈进的宏伟志向。

有研究者认为，人生课的教学内容和任务，已经也应该由语文课和政治课涵盖和承担，没必要将它作为新课程开设。其实不然，“情感态度和价值观”的培养并非语文、政治课的“专利”，而是所有基础课程的共性，而且这门新课程的教学目标大多无法在课堂上实施和完成，因此，中学开设人生课很有必要，也非常重要。

2. 创设困难情境，培养耐挫力。“有志者，事竟成。”这是成功者的座右铭，也是一个人自信的表现。古今中外成功之士，无不敢于直面人生，敢于做生活的强者，用自己的顽强毅力，历经种种艰难苦恨，才创造出惊人业绩的。因此，增进中学生的耐挫力是培养良好情商的重要途径之一。首先，要教育学生正确对待各种突发性的挫折。当挫折降临时，可以让学生通过升华、转移、适当宣泄等方式将自己从挫折中解脱出来。其次，可以创设困难情境，强化训练。强化训练宜采用多种渠道和多种方式方法进行，比如军训、拉练、野炊、爬山、参加公益劳动、去贫困乡村了解体验“艰苦”生活，等等。其中新生入校后的军训是多方面锻炼学生的最有效途径，而且一般中学大多具备开展这项活动的条件。同时，我们还可以借鉴日本的“模拟留学活动”、英国对大学生进行的“死里逃生”训练、美国中学生的“独立谋生日”活动，等等。不过，在强化训练中创设困难时应注意既要有一定的难度，又要让学生通过努力能够克服，才能收到预期效果。

3．加强养成教育，增强社会责任意识。养成教育就是通过培养学生自觉遵守纪律和生活制度的常规训练，使学生形成自动控制的行为习惯，它可以增强学生的社会责任意识。养成教育主要从行为规范的训练开始，学校应制定校训、校纪、校规，如升降国旗、集会出操、一日常规、课外活动、校外生活、劳动卫生、待人接物等规则和条例。通过讲解、示范、训练、监督和评估，及时发现学生中带有冲动性、自发性的违规越轨言行，及时矫治，防止反复。同时，作为人类灵魂的工程师的教师，应当以身作则，言传身教，为人师表，教育才会有说服力，才能真正达到育人的目的。

4．优化教学环境，创设心理教育场所。中学教育除了开设正规课程外，应当建立课外心理辅导中心（包括心理咨询室、心理测量室等），根据学生的特点分设生活辅导（社交方法、情绪自控等）、学习辅导（习惯养成、困难克服等）、危机辅导（面对天灾人祸、逆境坎坷、突发事件等要有足够的心理承受力）等。同时，还应当提供课外心理训练活动必要的场所，配套设施要添置有关心理教育辅导的图书、音像、网络信息资料等，以改善和优化心理教育辅导的工作条件和环境，创设良好的心理教育的氛围和场所。此外，学校要注意校园文化建设和校园精神铸造。校园文化具有调节心境、陶冶情操、愉悦身心、造就性格的功能，它是构成良好情商的坚实基础。校园精神对学生情商的培养来说，也是最具影响力的重要因素，“随风潜入夜，润物细无声”，良好的教风、学风、校风会使学生受到鼓励和鞭策，增强优秀学生的凝聚力，增进团结友爱的协作精神。

总之，培育学生高水平的情商是实施素质教育的需要，是教育改革深入发展的需要，是培育未来合格人才的需要，也是时代前进和社会发展的趋势！目前，关于情商的理论研究和实践检验尚处于初始阶段，有待广大教育工作者进行更加深入细致的研讨和探索。

参考文献

1. [美] 丹尼尔·戈尔曼著，耿文秀等译:《情感智商》，上海：上海科技出版社，1997 年。
2. 孙云晓:《非智力因素是成材的关键》，载《科学世界》1997 年第 11 期。
3. 李玉萍:《试论情感智商及其培养》，载《班主任之友》1998 年第 6 期。
4. 李玉萍:《青少年“亲社会行为”丧失的心理学思考》，载《教学与管理》2002 年第 5 期。
5. 中华人民共和国教育部制定:《普通高中语文课程标准（实验）》，北京：人民教育出版社，2003 年。

※※※※※※

我主持“中学生情商培养研究”课题，2006 年 1 月由娄底市教科所立项，3 月获准开题实验研究。限于种种原因，实验难以开展，数据搜集登记不足，三年后只得申请“研究课题”结题。我将这篇文章按课题申报、立项、开题、中期检查、结题鉴定等程序要求，根据实施情况，改写成“中学生情商培养实验研究报告”提交，2008 年 12 月，获得“娄底市第二届基础教育教学成果奖”二等奖，获奖金 3000 元。我对课题研究一直存有个人看法，认为只有课题主持人独自忙活的事儿，基本上就是围绕课题发表论文，其余众多参与者都只能旁观，根本无从插手，有的甚至毫无兴趣，只等待分享成果。至于课题推广则全被抛诸脑后，再无人过问，不了了之。这篇文章刊登在《当代教育》2006 年第 7 期。

莫让情商成为成才的短板

刘国良

有关研究成果显示：个人成绩优劣、事业成败，80% 取决于情商高低，20% 取决于智商高低。智商可以凭训练提高，情商必须靠激励、感悟、体验养育。智商高不一定成才，而情商高肯定成才。勿使情商成为青少年学生成长、发展、成才的“短板”，我们着重从五个方面开展工作，效果显著。

一、改革课程设置，开设校本人生课程

培养学生良好情商，除了加强政治课的德育教育、语文课的情感教育、音乐美术课的审美教育之外，我们还要根据学校的特色，开设校本人生课程，开发、完善并逐步实施充满人文关怀的校本人生课程。比如，对违纪，屡教不改的少数学生施行“绿色惩罚”：举办德育学习班，罚抄违纪、犯错的相关条款，观看有益于身心健康成长的影视剧，背诵优秀诗文，听专题讲座等。在校本人生课的教学中，还需创设最佳情境，让学生体验情感，探索讨论，使他们形成正确的人生态度，养成高尚的道德情操，学会处理各种人生问题。诸如以平常心态对待公平竞争与精诚合作、自信自强与见贤思齐、奉献进取与功利名誉、戒除浮躁与修养心性之类的问题，提高“立德正行，惟学尚能”（校训）的自觉性，增强社会责任感，进而树立不计一时得失、不断完善自我、永不停息地向更高人生目标迈进的宏伟志向。

二、创设困难情境，培养坚强品质

培养学生的坚强品质是培养良好情商的重要内容之一。人生不可能是一帆风顺的，挫折、失败、困难总是与人结伴而行。比如，有的孩子学业成绩一直优秀，可能某次考试不佳；有的满怀希望去参加竞赛，却名落孙山……这都会产生挫折感，失败感。但是，挫折本身却具有两重性：一方面给人带来痛苦和不幸，带来各种压力；另一方面又能锻炼人的意志，使人坚强起来。有时候挫折会把人逼上绝路，产生背水一战的勇气和决心，集中精力思考对策，往往会出现一种超越自身潜力的智慧而创造奇迹。青少年学生多为独生子女，一遇挫折就不知所措，甚至做出逃学、轻生等愚不可及的事来。于是，我们通过创设困难情境，强化训练，培养学生的坚强品质。如每年秋季新生入校都得参加三周左右的准军事化训练，除进行常规队列操练、野营拉练外，还穿插进行防火、防盗、防事故的救护演习，听取专题知识讲座，以增强学生的自救互卫等生存能力。寒暑假期间，我们还组织学生去贫困乡村了解体验乡村生活，体验农民稼穑的艰辛，和贫困山乡学生开展“结对”活动，互帮互学，共同进步，培养“学会生存、学会谋生、学会生活”的能力。

三、加强养成教育，培养良好习惯

智育就是养成求知的习惯，德育就是养成求善的习惯。教师要在引领学生求善的过程中不断鼓励和强化，使学生的追求倾向不断定型，形成特有的道德品行。我们从行为规范的高标准、严要求开始，加强养成教育。除要求学生遵守校训、校纪、校规，譬如升国旗、集会出操、劳动卫生、校外公益活动等方面养成良好的行为习惯外，还注意发现学生中带有冲动性、偶发性的越规出轨言行，及时矫治、防止反复。不少学生小学初中阶段就染上网瘾，整天沉迷网络，上网时间失控，久而久之，就会影响健康，比如视力下降、肩背肌肉劳损、睡眠不足、免疫功能下降，孩子的网瘾常常成为学习障碍甚至灾难。网络游戏充斥“攻击、争斗”画面，未成年人如果长期玩飞车、砍杀、爆破、枪战等游戏，就会模糊道德认知，淡化虚拟世界与现实生活的差异，误认为通过伤害他人而达到目的的方式是合理的。让学生戒除网瘾，我们不妨深化细化教育管理。

四、优化教学环境，服务学生心理健康

除了开设常规课程外，还需建立心理咨询中心，由专业教师担任辅导，针对青少年学生在涉世过程中容易产生心理障碍，开设生活、学习、危机辅导等咨询服务。同时，还需建立课外心理训练场所，添置有关心理辅导的图书、音像、网络信息资料，改善和优化心理辅导的工作条件和环境，创设良好的心理教育场所，为学生的心理健康成长创造条件。在心理教育中，我们要以发展性咨询为重点，辅之以障碍性咨询。在发展性咨询方面，我们可从需要、成长、成功、创新咨询四个方面着手开展工作，引导学生明了正确的社会需要和良好的精神需要的关系，解决学生无理想、无动力、无兴趣的问题；根据不同年龄段学生会产生相应心理问题的实情，及时进行有针对性的辅导；指导学生发挥自己的潜能，获取学业成绩和品德素养的成功；引导学生成为高素质、创造型人才。

五、注重校园文化建设，铸造校园精神

校园文化活动具有调整心态，陶冶情操，愉悦身心，发现、培养、造就特长人才的功能，是培养良好情商的基础和前提；校园精神对学生情商的提高，是最具影响力的重要因素。因此，我们要充分利用广播、板报、橱窗、校刊等渠道宣传报道先进人物和优秀事迹，为学生发表习作提供园地，认真举办一年一届的学校田径运动会和艺术节，为特长生提供展示个人才艺的平台和机会。同时，我们还积极支持、鼓励师生开展文学、书法等丰富多彩的课外和活动，校刊《星光文学》和《娄幼青年》微信群两个发表平台内容丰富，形式活泼，有校园生活、青春恋歌、时代困惑、音乐交流等十几个鲜活栏目，报道真实、真切、真诚、真挚，以叙写、抒发新人新事新感受为宗旨，体裁不限、形式不拘，想怎么写就怎么写，诗文、微信多能令人耳目一新。浓郁的校园文化氛围使广大学生沐浴其中，受到

鼓舞和鞭策。

情商是较之智商更为重要的心理素质，基础教育工作者切不可让情商成为广大青少年学生成才的短板。

※※※※※※

学校兴办初高中困难重重，最主要的是学校周边县市教育部门人为阻难，导致生员奇缺，倒逼学校只能兴办幼儿师范专业，说不定能杀出学校生存的新路。2018年时任书记陈欣荣、校长刘国良对“中学生情商培养研究”课题很感兴趣，也很支持。校长刘国良对情商课题早有专攻，且形成了自己的独到看法，他悉心搜集了不少资料，又结合这一课题已经取得的初步成果，仔细分析，并反复研究，最终写成专论《莫让情商成为成才的短板》，投稿《湖南教育》，2018年2月（D刊总第978期）刊登了，遗憾的是，限于版面，责编大刀阔斧砍削了一半文字，仅勉强连贯而已。

牢筑心灵防火墙

潘瑞祥　潘迈翁

不少家长总以为将孩子送入全封闭式管理的学校就读便格外放心，而学生则大多视这种学校为“监狱”，想方设法冲破这种全封闭式管理，去争取更多的“自由”。事实上，长期一味实行严格管理，势必有意无意禁锢学生的自由思想，压抑人性，甚至扼杀学生的创新精神，滋生奴性。这于他们走出校门，步入社会独立谋生和发展极为不利，根本经不起风吹雨打，以致有学生被敲诈、勒索、绑架、恐吓之后不敢报警，或被网友哄骗，逃学，变坏，最后堕落。这就使教育教学工作陷入一面要严加管理，一面要防止学生跑出校门寻求“绝对自由”，穷于应对的两难境地。

为学生将来计，我们不妨拟订、完善并逐步实施一些不像法律条文那般“冷硬”、尽量糅进人文关怀的新鲜招数，也许会收到较为理想的效果。1. 每年新生入校开展为期两至三周的军训，除进行常规队列操练、行军拉练外，还穿插防火、防盗、防事故的救护演习和专题知识讲座，以增强学生的自救、互救等谋生能力。2. 长年聘任训练有素的保安人员，配合组建以学生为主的护校队，实行 24 小时全天候站岗放哨，流动巡逻，严格凭证出入、登记制度，实现教学环境最优化。3. 双休日开放电子阅览室，预先过滤净化游戏软件，让沉迷于网络游戏和滥交网友的部分学生逐渐戒除网瘾，充分发挥网络的学习功能。4. 大力宣传，强化预防为主的意识，在教学楼、图书馆、阅览室、学生公寓等公共场所添置灭火器、消防柜等设施，竖立、悬挂、张贴“严禁私下河塘游泳”“严禁搭乘两轮摩托”“上下楼梯请靠右行”等安全警示牌。5. 建立心理辅导室，聘请专职心理辅导教师主持心理咨询和定期举办心理卫生讲座，给有心理障碍，尤其是父母都外出打工的留守学生提供宣泄、倾诉、交流的平台，让他们能以最佳心态勤奋学习和融入学校集体生活之中。6. 开展有利于提高学生情商水平的课外活动，比如增加春游、秋游、节假日中的“独立谋生”“磨难教育”“体验稼穑艰辛”等活动内容。

几年来，我们根据以上构想，设计方案，制订措施，并努力试行之。这样内外结合、标本兼治，张弛有度、收放自如，为学生筑成一道牢固的心灵防火墙，不仅有效地防止了已知病毒的侵入，而且大大提高了广大学生排斥、抗拒未知病毒侵害肌体。实施后，家长放心又满意；学生紧张而活泼，学业成绩好，综合素质高；教师工作轻松又愉快，多能迅速成长为真正的教育工作者，而不是劳而无功的教书匠。

※※※※※※

潘瑞祥老师当学校保卫科长时，常常谈及学校管理工作的严与松的“度”最难把握，松了家长有意见，一旦出事，将责任全部推给学校；紧了，学生竭力反对，违规违纪的事儿，防不胜防。我们从学校的具体做法中抽取6条，于2006年11月28日写成此文。投寄《娄底日报》，12月25日刊登了。我们认为，这是学校管理工作行之有效的措施，操作起来也不难，三年后，潘瑞祥老师又将文章投寄《当代商报》，2010年1月20日见刊。说归说，做归做，检查落实起来也还是有不少困难，因为要有广大师生的充分理解、密切配合，才能收到预期效果。

师范生声乐创作能力培养探究

罗　蓉

【摘要】声乐作为一门独特的综合艺术，其创作能力是声乐师范生培养的重要门类，也是其未来工作过程中必备的职业技能。声乐创造能力是一个有机整体，因此，教师在教学过程中应该明确声乐表演中的诸多影响因素，从学情实际出发，注重培养学生的创造能力，努力探索师范生声乐创作能力的培养策略。

【关键词】师范生　声乐艺术　创作能力　培养策略

声乐创造能力作为音乐学习的重点，对师范生的职业发展与就业极为重要。因此，教师在教学过程中要加强对学生技能的培养，尊重学生的主体地位，提高学生的歌唱能力和钢琴演奏能力，为党和人民的教育事业培养和输送音乐艺术人才做出应有的贡献。

一、师范生声乐创作能力培养的理性认知

声乐是音乐体系下表现力、感染力最强的一门课程，声乐创作能力是音乐师范生的核心能力。声乐是由动作、艺术、精神等不同方面相互配合构成的艺术作品。教师要通过日常的教学，培养学生的欣赏能力和表达能力；更新传统的教学理念，调整教学方法，引导师范生领会声乐艺术所蕴含的情感内涵，从音色、熏陶、化育、主题等不同层面分析音乐作品的

内涵。

音乐艺术教育在素质教育中有着极其重要的作用，它既可启迪学生思维能力的发展，又可有效训练学生的反应能力，还能陶冶学生的优良品行，培养高尚的道德情操，促进学生快乐健康成长。我们以为，通过音乐艺术教育，能够迅速培养广大幼师生的创新意识和创造能力。教师除了让学生明白：音乐艺术创作是人类特殊而复杂的精神生活和实践活动，艺术创作是艺术家把自己在社会生活中的独特感悟、体验和思想情感，运用艺术语言和艺术技巧，转化为具体、生动、感人的艺术形象，将自己的审美情趣和生活体验用物质的手段表现为艺术作品。同时，我们也必须教诲学生，音乐创作也并非神秘莫测、高不可攀，音乐艺术家也都有一个被发现、培养，成长、成熟、成“家”的过程。我们告诉学生，不可迷信，要激发学生树立远大理想，梳理自信心，可以大胆向音乐创作领域进军，努力跋涉、矢志不渝地攀登，说不定有朝一日也有可能成音乐艺术家呢。

二、声乐创作能力的教学原则

声乐创造能力是音乐学习中的重要能力，如何提高教学质量，获得良好的教学效果是教学中的重点。教师在教学过程中应该加强对学生歌唱技巧的训练，使学生吐字清晰、音节准确。声乐创作能力需要统筹安排，包括旋律、节奏、曲谱、和声等不同部分，声乐创作能力是学生音乐修养的集中体现。在日常教学中要使学生从不同层面学习理解音乐作品，融入自身的情感体验，加深学生的理解感悟。

1. 讲解与示范相结合。声乐作为综合性的学科，需要学生将理论知识与日常练习相结合。因此，教师在教学过程中应该做到理论讲授与实践示范相结合，通过大量的亲身示范，让学生直观地感受到声带和音调的变化，在教学过程中要综合多种风格音乐作品，实现言传与身教的有机融合，确保整体的声乐教学更具魅力。利用翻转课堂的模式鼓励学生自主展示，教师要适当给予指导，了解学生在声乐演唱过程中存在的问题，并适时提供解决方法。

2. 因材施教。声乐创作能力是一个持续发展的过程，教师在教学过程中要给予足够的耐心教学，尊重学生的主观差异，根据学生的个性特征和音乐基础，采取有针对性的教学方案，夯实学生的音乐基础，借助舞台剧表演、场景戏剧表演等多种形式，为学生创造多样化的表演实践机会。

3. 循序渐进。师范生的声乐创作能力较为薄弱，因此，教师在教学过程中必须要由浅入深地进行教学，避免学生出现习得性无助状况。教学过程中，教师应该由理论渗透到实践操作，再从实践反推到理论，帮助学生形成一个闭环的思考过程。还要引导学生在实践应用过程中验证乐理知识，以利学生牢固掌握专业知识。

三、师范生声乐创作能力培养中存在的问题

长期以来，主要因为教育体制滞后和课程设置失当，导致师范生声乐创作能力培养几乎是个空白。最多由个别有兴趣爱好和稍具特长的学生自生自灭，自由成长发展，因而致使幼师生音乐创作能力培养方面存在诸多有待解决的问题。

1. 缺乏完善的课程体系。根据高等音乐专业教学大纲的要求，在教学过程中，以基础弹唱技巧和审美素养为教育核心，学生的创作能力呈现低质量发展。在初学阶段，师范生的音乐特长不同，声乐基础参差不齐，部分学生对声乐创作能力的认识较为片面，缺乏基础的乐理知识，导致教学活动开展存在一定的局限性。

2. 教学模式单一。声乐创作教学理论化较为严重，课程设置中教学内容缺乏全方位、立体化的测试与考量，音乐教师缺少对于音乐课程的整体规划，音乐课堂呆板无趣，无法真正做到寓教于乐。乐理知识缺乏趣味性，很难激发学生学习兴趣，教学效果不够理想。灌输重复式的教学方法，使学生逐渐失去积极性和主动性。学生在声乐创造过程中随意性较强，往往仅仅是为了应付作业或考试，缺乏对于声乐知识的深刻理解和牢固掌握。

3. 学生音乐素养有待提高和发展。音乐创作是一项复杂的工作，需要创作者有深厚的音乐功底，在创作过程中要整合节拍、速度、音区、音色、声调、主题、情感等多方面内容。相对而言，大凡师范类专业的学

生，音乐基础较为薄弱，音乐技巧掌握有限，在创造过程中很容易遇到知识短板，欣赏作品的协调性较差。

四、师范生声乐创作能力的培养策略

1. 构建科学的课程体系。音乐的学科特点在于它的情感性和形象性，在声乐教育中要围绕着审美感受为核心。教师在教学过程中应该帮助学生插上想象的翅膀，鼓励学生去创造心目中的音乐画面形象。声乐学习与其他文化课程的教学相比，趣味性更强，教师要借助音乐作品的情感性和形象性，整合教学内容，使学生体会到声乐作品的多元化、人文化特点，强化日常的创新性教学，启发学生的创新意识。在课程设置方面，不仅要围绕音乐课程开展专业化的教学训练，也应该综合考虑当地的历史文化、民俗风情、社会学等多种人文学科，加强提高学生的思维广度，在教学过程中要综合传统音乐、流行音乐、国外音乐进行整合，加强对于学生的文化渗透，确保整体教学的规范性、创造性和连续性。比如，教师在讲解《雪绒花》时，其中 | 3 - 3 | 5 - - | 5 - 5 | 4 - - | 3 - 3 | 3 1 1 | 1 - - | 2 - - | 作为歌曲的主旋律，发音饱满、旋律性较强，学生听过唱过之后，脑海中会浮现出相应的画面。教师在教学中要根据声乐作品的模糊性、自由性和广泛性特点，为学生创造广阔的联想空间，进一步培养学生的创造能力和发散性思维。鼓励学生以 | 3 - 3 | 5 - - | 5 - 5 | 4 - - | 3 - 3 | 3 1 1 | 1 - - | 2 - - | 为基础，对和声、复调、调式、调性进行改动，强化日常的创新教学。教师应以学生的兴趣为切入点，根据学生的主观需要，以学生为主体，以活动为中心，组织学生进行自由练习。在练习过程中要注意传授一定的音乐技巧，提高学生谱曲能力，引导学生将理性知识和感性情思相结合。

2. 尊重学生的主体地位。音乐作为一种特殊的通用语言，是各类生活习惯和风俗的集成。音乐既可以表现为具体形象的事物，同时又可以表达自身的抽象价值。因此，教师在教学过程中也要向学生不断渗透，丰富学生的视听体验。声乐教学包含着歌唱、律动、节奏、旋律等多方面的内容。声乐创造能力从本质上来说，是一种学生对音乐的综合感知能力。因此，教师在教学过程中应该整合节奏、旋律、改编、节拍、速度、力度等不同方面，借助即兴歌舞、歌词填写等多种形式激发学生的主观能动性。改变传统的教学机制，尊重学生的主体地位，给予学生自主表现的舞台，让学生以自己喜欢的方式表达对音乐作品的理解。要结合师范生的专业特点，鼓励学生上台表现，克服紧张、羞涩、胆怯的心理，为学生日后的职业生活奠定基础。例如，教师在开展创意教学前，要强化长气息训练与连音练习，以典型的新疆民歌《娃哈哈》为例，综合利用电子琴打击乐器，使学生掌握前 8 后 16 的节奏型节拍。在教学过程中以节奏训练为主，鼓励学生进行自主编舞，将音乐动作分为挽花教学、托帽转圈、扭脖子、移步摆手等不同步骤，强化学生肢体协调性的训练。教师可以依托学校平台，举办多种音乐技能大赛，充分发挥学生的主体优势，让学生在多样化的音乐技能比赛中体验成功的快乐与喜悦，增强自信心，在任务结束之后，教师应该给予学生适当的学分激励和表扬。可以评选最佳、十佳歌手，激发学生的主观能动性，满足学生情感与尊重的需要，从而调动全体学生的积极性。

3. 营造良好的课堂氛围。声乐创造具有极强的表现力，在教学中要强化创设相应的教学情景，综合角色扮演、视频导入、语言直观法等多种不同形式，通过创设情景，将学生迅速带到该情境之下，亲自体验声乐表演中的喜怒哀乐。创作能力的发展需要长时间的积累，因此，教师要强化日常的训练，营造良好的教学氛围，使学生全身心地参与到教学活动中。作为音乐教师要充分发挥个人的主观能力，给予师范生一定的关爱，同时要有一定的容错心理。师范生本质上仍然属于学生，在声乐创作过程中可能会存在一些问题，因此，教师在教学过程中要注重以情动人，把微笑带入课堂，缓解学生的紧张情绪，关注学生、了解学生，强化课堂上的击掌、响指等细节问题，以自己高尚的道德修养去感染学生。例如，教师讲解《摘星星》《小宝贝》等曲目时，要结合钢琴弹唱，提高曲目的感染力。为保证学生顺利地进行声乐演唱，应该强化日常的监督管理，使学生保持正确的演唱姿势，演唱时注意力要集中在头颈部位，在钢琴弹唱时要纠正学生的坐姿、发音部位。在有限的课堂时间内不断扩展教学内容，借助智能白板，有效节约课堂板书时间，颠覆传统的教学机制，综合音频、视频等多种模式，丰富学生的情感体验，帮助学生深入探索、发现音乐世界。

作为音乐教师也要不断提高自身的专业能力与音乐素养，在日常教学过程中，要综合流行音乐、民族音乐、儿童音乐等不同音乐风格，激发学生的学习兴趣，调动学生的好奇心，提高学生的舞台表演能力和实践能力，从根本上激发学生的音乐兴趣。

4. 构建全面的评价体系。师范生毕业后大部分都会从事音乐教育或者培训行业等，因此，在学校期间的培养对以后学生的职业生活有重要影响。评价作为整体教学中的最后一环，也是帮助学生发现问题，解决问题的关键。在对学生进行评价时，教师要利用专业性的语言，明确学生在声乐创作中存在的问题，要积极给予学生正面的肯定，提高学生的自信心，使学生能够陶醉于自我音乐表演中，在音乐表演中充分获取艺术的滋养。正所谓“学而不思则罔，思而不学则殆”。因此，教师要开展常态化的反思型教学，鼓励学生持续反思谱曲、器乐、声乐是否协调，定期编写教学反思记录。例如，教师要综合全面考量声乐创作能力，借助学生在音乐课堂的参与度、出勤、音乐作品创作等各项活动。可以将各项活动的百分比值设为声乐表演占 50%，课堂表现占 20%，创新作业占 30%。引导学生不断回顾所学的音乐知识，使学生形成认知、思考，再认识的闭环学习模式，进而充分激发学生的想象力和创造力。

创新是音乐教学的必然趋势，教师要明确教学中的薄弱环节，在教学过程中，要基于职业特点方面的考虑，摒弃传统的灌输式教学方法，借助感受、联想、表现、创造等多种方法，整合多种教学资源，融入多样化的实践活动，在实践中发挥学生的主观能动性，力争为我国教育事业培养、输送音乐艺术人才。

五、充分利用自然资源，让学生走出校园，增强感性认知，逐渐培养学生的音乐创造能力

陈鹤琴先生曾说过：“大自然、大社会是活教材。”我们要发动、组织学生走出校园，充分利用民间自然资源，为学生提供观赏现场演唱的机会，这无疑是提高学生从模仿到自创、提升演唱能力的有效途径。在城市里，每天都会在不同的场合上演着精彩的表演节目：店庆时，爷爷，奶

奶们欢快的秧歌；晚上，广场、公园里潇洒飞扬的双人舞；早上，人们打太极、唱歌跳舞……学生即使没有参加表演，在耳濡目染中也会听着音乐，情不自禁地走几步秧歌，跳几个舞步等。让这些自然人文资源得到充分的利用，能使学生的演唱能力在社会实践中得到巩固和进一步提高。我们要鼓励家长带着孩子外出，多看、多听，多给学生积累生活经验与演唱素材；找那些会扭秧歌，会打太极的爷爷奶奶，会唱歌跳舞的叔叔阿姨、哥哥姐姐去请教，在种种不同场合学习，不仅愉悦身心，增进亲和力，更能让学生增强演唱的乐趣，积累表演的素材，从而能够更加精彩地表演节目，展现自我。我们还可不定期邀请家长们来学校进行交流。这样，既可让家长了解自己孩子的演唱能力，又可满足每个学生表演的愿望。同时，教师还能掌握每个学生表演能力的信息，了解不同层次的学生表演活动中的能力展示情况。在耳濡目染，潜移默化中，学生就会从模仿起步，逐渐进入自发、自觉、自主创造的境界。

作为最富创造性的艺术，音乐对幼师生的成长有着非同小可、举足轻重的作用，培养音乐创造能力能使学生充满自信，感受成功的喜悦。我们从学生的兴趣出发，采用多种有效教育手段，充分利用身边的各种资源优势，积累丰富的表演素材，激发表演的兴趣与欲望，进而发展学生的表现力和创造力。这是我们过来工作的总结，也是我们今后努力的目标。

参考文献

1. 李超:《在声乐教学基础训练中应重视的若干问题》，载《艺术研究》2016 年第 1 期，第 271 页。
2. 王渤:《浅谈声乐基础教学中的角色互动效应》，载《艺苑》2017 年第 6 期，第 82 页。
3. 程乐:《浅谈声乐基础教学》，载《北方音乐》2018 年第 38 期，第 23 页。
4. 何小宛、曹翠丽:《新建本科院校师范生核心素养的培养路径》，载《运城学院学报》2020 年第 38 期，第 2 页。

※※※※※※

罗蓉老师在我校普高音乐专业班读了一年，我教他们班语文并当班主任；她语文成绩蛮好，字也写得清秀，只是英语成绩略微差点儿。班上还有易洁美同学，各科成绩都不错，语文成绩尤其突出，高二尝试参加高考，竟然考上了湖南师大音乐系，毕业后分在长沙市第 11 中学教音乐。我们学校注重培养幼儿教师，不太关注高考，因而罗蓉后来转学冷水江六中就读，高考考入娄底师专音乐系，毕业后应聘我校音乐教师，两年后辞职，考入中央民族大学研习声乐，获学士学位。现执教于我们学校，她全身心投入教育教学工作，很快评为中教一级，娄底市骨干教师。有《文学助力声乐教育》《解决中小学音乐教学问题的对策》等论文在《高考》《教研周刊》等省级以上刊物发表。

平素闲聊时，罗蓉老师说，从中学时候起就特别喜欢阅读前国务院副总理李岚清的音乐专著，如《李岚清音乐笔谈》、《李岚清音乐作品集》系列丛书，也积累了一些教学经验和写作素材。我告诉她，再怎么忙，也要挤时间，力争每年至少写一篇教育教学类的文章，近几年来，她基本上做到了。罗老师的社会兼职为冷江市音乐协会副主席，成功组织举办、参与过校内外十数场主题演唱会。她尝试过创作歌词、谱过曲，从个人能力和学识功底来看，经过不懈努力，将来定有所成。2018 年暑期她将《中职幼师生演唱能力培养研究》，改写成《师范生声乐创作能力培养简论》，2500 多字，自由投稿，刊登在《善天下》2019 年第 12 期。她说："我以为，中小学尤其是师范学校的音乐教师应该将演唱实力修为摆在首位，注重培养学生的声乐创作能力，否则，就是不称职，或失职。"基于这样的考虑，她又将这篇文章补充完善，反复修改，写成《师范生声乐创作能力培养探究》，定稿 5300 多字，希望找个更高更好的平台发表。

如何提升幼儿教师环境创设能力

李振家

【摘要】幼儿正处于一个对世界认知的萌芽阶段，在此阶段要针对幼儿的天性创设出合理的环境，让幼儿在此环境中健康成长。因此，提升幼儿园教师的环境创设能力就显得十分重要。当前幼儿园教师环境创设能力的提升主要从两条途径发力：一是对就读于师范院校学前教育专业的学生进行职前培养、打好基础，二是对已在幼儿园工作的教师进行在职培训提升能力。

【关键词】幼儿教师　学前教育　环境创设　能力培养

当前在幼儿教育体系中，幼儿教师扮演着引导幼儿健康成长的作用，其中一个重要的影响因素还是幼儿所处的教育环境。幼儿园教育环境不是天然生成的，而是靠幼儿园教师根据教育的对象、教育的目标、教育的内容等去发现、去挖掘、去创设、去利用的，这样的话，它定会给幼儿教师的环境创设能力提出较高的要求。但部分幼儿教师并未明确环境创设的深层次内涵，环境创设能力较差，因此提升幼儿教师的环境创设能力势在必行。

一、培养学前教育专业学生的环境创设能力

目前大部分幼儿园在师资力量的配备上都是直接从各大师范院校选择

学前教育专业的毕业生，他们拥有着比较系统和比较全面的理论基础，但在教学实践水平和经验上还稍显不足，其中环境创设能力就较为欠缺。因此师范学校要让学前教育专业的学生在校期间就打好环境创设的专业基础，初步养成环境创设的能力，等到走上教育岗位时能够根据幼儿实际情况创设出适合幼儿发展的各种环境。

师范学校在学生在校时首先应当让其明确环境创设能力的基本内涵，明白环境创设不仅仅是创设一个环境，它还具有教育意义，注重对幼儿德智体美的全面培育。[①] 在明确基本内涵后，学生对环境创设有了基本的认识，接着学校就要开设与环境创设紧密相关的专业课程，如绘画（包括简笔画、儿童画等）、美术鉴赏、幼儿园环境创设等，同时还要安排实践课程，进行幼儿园环境创设的实操训练，如给学生一些幼儿的实际案例，让学生根据案例为幼儿量身打造合适的环境；如开展环境创设课外活动，举办环境创设作品展等。最后学校还要与幼儿园建立经常的联系，让学生走出校园进入幼儿园进行实习，协助幼儿园老师对原来的环境进行补充、修改或重新设计布置，给幼儿创设出主题鲜明、特色突出、与幼儿园办园理念相照应的教育环境，并学会在教学中组织幼儿动手参与班级环境的创设，并在师生共同创设的过程中受到教育，得到锻炼。

师范学校在修订《学前教育专业人才培养方案》时，必须把学前教育专业学生的环境创设能力的要求、标准和考核评价的方法写清楚，这样有利于专业课教师教学落实到位，有利于学生心中有目标而努力学习与实践，才能为她们毕业后走向教育岗位打下坚实的基础。

二、提升在职幼儿教师环境创设水平

（一）加强在职幼儿园教师环境创设整体认知

在幼儿教师成员中，大部分都是直接走出校园的师范院校毕业生，他们对环境创设有着较高的认知，在环境创设的实践经验上有所欠缺。而另

① 肖伯安、宋静：《幼儿教师教育环境创设与利用能力的影响因素探究》，载《课程教育研究》2018 年第 38 期，第 193—194 页。

一部分非学前教育专业毕业的幼儿教师则与之相差甚远，此时幼儿园园长就可以让充分认识到环境创设内涵的幼儿教师带动认知较差的幼儿教师，从而让幼儿教师对环境创设的整体认知得到加强，不至于出现某一教师掉队的现象。同时具备较强环境创设实践经验的教师则反过来带动另一部分幼儿教师，让所有教师都能够学会科学的环境创设方法，提升幼儿教师环境创设的平均水平，从而促进幼儿的健康成长。

（二）保障在职幼儿教师环境创设所需要的设施

幼儿教师在环境创设时，一定要借助到各类设施设备。但部分幼儿园由于经济投入力度较小，导致幼儿教师所创设的环境基于设施设备短缺，存在着诸多瑕疵[①]。故而幼儿园应当给予幼儿教师充分的资金支持，保证在职幼儿教师环境创设所需要的设施设备完善齐全，并根据时代发展定时进行更新换代，确保幼儿教师能够与时俱进，能给幼儿创设最为合适的环境。

（三）让在职幼儿教师在保教活动中以幼儿为教学主体

在幼儿教师教学过程中，主要是基于幼儿的实际情况所创设的环境，幼儿对该环境的主导就显得尤为重要。幼儿正处于一个可塑性较强的阶段，此时应当培养他们的主体性，让他们做自己的主人，而不是全靠教师将一切都处理妥当[②]。因此在幼儿教师创设环境的过程中，要与幼儿共同动手，相互协作，完成环境的创设工作，不但提升了幼儿的动手能力，还开拓了幼儿的思维，在这个过程中幼儿教师的环境创设能力也得以提升。

（四）让在职幼儿教师不断优化环境创设的方式

部分幼儿教师在创设环境时忽略了幼儿的天性，往往沿用了传统的环境创设方式，让幼儿得不到良好的学习体验，也不利于幼儿教师环境创设能力的提升。因此幼儿教师要在教学过程中不断优化所创设的环境，为幼儿创设一种多感官的成长环境，让幼儿可以通过视觉、触觉、听觉、心

① 权利民：《如何利用美术教育活动进行环境创设》，载《甘肃教育》2018 年第 2 期，第 122—123 页。

② 张塔洪：《幼儿园环境创设优化方式与策略》，载《大众文艺》2017 年第 21 期，第 33—34 页。

理等各个方面，与环境完成互动。比如针对幼儿的天性在所创设的环境中给幼儿播放各种美妙的旋律，借助多媒体等新型教学设施将教学内容变为幼儿喜爱的动画短片，这样一来有利于幼儿的身心健康发展，在不断的尝试中幼儿教师的环境创设能力也得以逐步提升。

在幼儿园日常教学工作中，环境创设是一项重要的教育内容，也是一种重要的教育手段，幼儿教师的环境创设能力也直接对幼儿的发展产生影响，因此，师范院校的学前教育专业，要重视学生幼儿园环境创设能力的培养，要研究建立环境创设能力培养的课程体系、实践体系和评价体系，要结合幼儿园实际组织教学进行实习和开展活动，真正让学前教育专业的学生爱环创、懂环创、会环创。幼儿园要加强在职幼儿教师环境创设整体认知，保障在职幼儿教师环境创设所需要的设施，让在职幼儿教师以幼儿为教学主体，让在职幼儿教师不断优化环境创设的方式，从而提升幼儿教师的环境创设能力，为幼儿的健康成长打下良好的基础。

※※※※※※

李振家老师毕业于重庆工商大学艺术设计学院，2013年9月应聘娄底幼师。美术高级教师，美术教研组组长。曾获全国美育课信息化教学设计和说课比赛二等奖和湖南省中职教师教学能力比赛二、三等奖；发表专业论文10余篇。

李老师主持“幼儿园教师环境创设能力培养策略研究”的省级课题，在研究中，团队成员从课程建设、教材编写、教学模式、理论认知、技能训练、实践操作、提升途径、继续教育等方面进行了探讨和实践，取得了一些成绩，也发表了部分教研成果。这篇文章从环境创设能力提升的两条途径进行分析，以期实现课题中提出的“在校时打基础，实习时练能力，工作后提水平”的思路。所以，我们既注意学前教育专业生在校就读时打好美术基础，学好《幼儿园环境创设》课程，加强环创实际技能训练与操作；又在学生实习时结合幼儿园特点进行环境创设的实践，人人参与到幼儿园环境创设活动中去；鼓励和指导学生毕业后继续探究，努力提升环创的能力与水平。

立意谋篇时，作者首先设计导言，概括性地提出幼儿园环境创设的重要性和幼儿园教师具备环创能力的势在必行，从而提出论点。正文部分直接分幼师在校期间和毕业后工作期间两部分，用来阐述不同时期的培养培训内容及具体操作办法。第一部分重点写师范学生如何提高环创认识，学习环创理论，打好美术基础，练习环创技能，并结合实习进行幼儿园环创实践。第二部分，又分四个小项论述在职幼师提高环创认知、保障环创设施、突出幼儿主体和优化环创方式等方面进行探讨。结尾部分站在提高环创课程教学质量与效果、提升幼师环创能力与水平的高度，总结了幼师学生毕业后必须达到“爱环创、懂环创、会环创”的目标。因写作前准备比较充分，文章写得比较顺手，很快完成定稿后，投寄《科学大众（科学教育）》，刊登在 2019 年第 11 期上。

园校合作现状分析与应对策略

张 威

【摘要】园校合作可以促进学前教育事业的整体发展，提高地方学前教育水平，是达成幼儿园和师范院校学前教育共赢的有效路径。目前园校合作存在文化背景、地位、动机强度不同，合作模式单一，合作机制不规范等问题，通过营造平等和谐的合作氛围、拓宽多层次多元化合作模式、政府介入完善合作机制等对策，能够切实提高园校合作的实效性。

【关键词】学前教育 园校合作 现状分析 应对策略

园校合作是当今师范院校学前教育专业建设和发展的关键。为了更好地提升幼师生培养质量，增进学前教育专业建设和幼儿教师的专业发展，师范院校与幼儿园在不同的文化背景和价值观念中开始有效合作，共同探索学校和幼儿园之间合作发展新模式。

一、园校合作的意义

园校合作是指学前教育领域中幼儿园和学校相互配合，相互协作，组建教育联合体，构建平等协作的伙伴关系的一种新型办学模式。目前，师范教育体制存在开放化、专业化和多样化的特点，为了培养出顺应新时代成长的幼儿教师，师范院校在学前教育专业人才培养模式、课程设置与教学方法等方面要积极与幼儿园合作，服务于幼儿教育实践。园校合作能让师范院校了解当前幼儿园教育的现状与发展方向，学生能边学理论边实践，以后能顺利适应幼儿园教学。而幼儿园在师资培训、幼儿园教育教学等方面也需要师范院校的理论指导，通过合作，能带动幼儿园各项工作的顺利开展和出色完成。

二、园校合作存在的问题

（一）园校合作中的文化、地位不同

师范院校教师和幼儿园教师的工作环境和文化氛围都不同，形成了各自不同的文化背景。师范院校教师注重理论研究，有深厚的理论功底，常以教育者、研究者和指导者的身份进入幼儿园，在园校合作中享有话语优势，不自觉地成为合作的主导者，致使园校双方处于不平等地位。幼儿园教师大部分学历层次较低，在专业理论方面缺乏独立思考，一味地跟随和被动地接受师范院校教师的观点。合作中两者因文化与地位不同，造成学校教师引领不动，幼儿园参与积极性不高的尴尬局面。

（二）园校合作中的动机不同

师范院校从提高学前教育人才培养质量出发，通过合作可以加强实践教学，还能提高教师自身的教学水平和科研能力。幼儿园合作的出发点是为了提高教师教育教学水平及理论知识水平。合作双方目的明显而各有侧重，直接关系到自身的生存和发展。

（三）园校合作中的模式单一

园校合作项目主要包括见实习、教师培训、课题研究，合作模式太单一、很多合作完全流于形式。很多师范院校虽说与幼儿园签订了实践基地协议，但由于许多幼儿园缺乏专业支撑，只能为学生提供见实习机会；师范院校教师很多时候只是以专家身份进行课题指导或者教学观摩。双方并没有从培养目标、专业设置标准、课程体系、人才培养模式等方面有更深层次的合作。

目前的园校合作仅限于师范院校与幼儿园双方，教育部门很少参与。这也是师范院校和幼儿园合作成效欠缺的重要原因。没有得到当地教育部门的重视和支持的合作机制，在资金、时间、信息、人员构成和制度方面都缺乏足够的保证，因而很难保持和进行。

三、对策与建议

鉴于我国教师教育发展的需要和园校合作中存在的实际问题，亟待采取有效措施来解决实践中存在的问题，为园校合作的提高提供强有力的帮助。

（一）营造平等和谐的合作氛围

首先，师范院校和幼儿园有着不同的学习经历、教育经验和思维方式，双方要利用彼此之间的独特性和差异性，遵循“和而不同”的原则，在坚持各自文化价值观的前提下，相互作用、相互影响，发挥各自的优势，实现两种文化的融合。

（二）拓宽多层次多元化合作模式

师范院校要培养适应社会需要的应用型人才，必须丰富与幼儿园的合作内容，采用多种途径拓宽合作模式。

1. 共同培育理论与实践一体化人才

根据幼儿园的各岗位的工作内容和能力要求，师范院校和幼儿园相互研讨，确定人才培养方案，并以此为基础调整专业课程设置和修订教学计划，以职业为导向，实现专业课程与职业标准对接，培养标准重视学科专业基础、强化基础理论、注重运用能力，培养过程体现园校合作理念，使学生掌握熟悉的职业技能，具备适应职业变化所需要的创新能力。

2. 双方教师互换互学

师范院校教师和幼儿园教师在教育理论与教学实践方面各有所长，因此，双方教师可以互换岗位，以提升各自的专业素养。通过聘请实践经验丰富的幼儿教师到师范院校去开设专题讲座，承担实践类课程的教学，担任实习指导教师等形式，增强师范院校专业课程的实践性。师范院校有计划地选派教师到幼儿园进行轮岗实践，去亲身体验、感受幼儿园教学，增强实践经验，还可给幼儿园带去专业支持和理论指导。

3. 利用网络平台促进交流

在微信、QQ、微博等媒介已成为交流工具的信息化时代。师范院校教师和幼儿园教师可以借助网络平台，进行交流和对话。在网络平台上，大家可以不分地位、背景各抒己见，积极探讨，共同解决问题，同时也能让双方相互了解，增进感情，有利于各自的成长和发展。

（三）政府部门介入完善合作机制

园校合作要构建一种完美运行的合作机制，有待政府部门介入和支持。政府部门在园校合作中发挥引领功能和宏观调控作用，以立法的形式制订有关园校合作法规和条例，督促师范院校、教育行政部门、幼儿园成立合作共同体，明确师范院校和幼儿园在园校合作中的权利和义务。幼儿园应承担相应的社会责任，为师范生提供良好的实习场地，同时指导学生实习期间的工作；师范院校有义务培训幼儿教师，指导幼儿园开展教科研活动，提高幼儿园教学质量。

参考文献

1. 蔡东霞:《园校协作互动：学前专业学生专业能力培养的有效途径》，载《教育探索》2009 年第 5 期。

2. 邹玲:《高校学前教育专业与幼儿园合作的问题与思考》，载《青年时代》2015 年第 5 期。

3. 赵红霞:《高校——幼儿园合作共同体面临的困境与可能出路》，载《早期教育（教科研版）》2016 年第 10 期。

※※※※※※

张威老师 2006 年 6 月于湖南师大学前教育专业毕业，先后应聘广东中山市机关第一幼儿园、湖南娄底幼儿师范学校任教。张老师积极投身教学研究，能正确处理好教学和科研的关系，以教学带动科研，以科研促进教学。她积极探索，勤于实践，做好“三教”改革的学科带头人。主持和参与多项省级课题，发表专业论文 6 篇，编写省规划教材 2 部，校本教材 1 部，获得全国中职学校“创新杯”“教师信息化说课大赛”一等奖。2017 年评聘为高级讲师。

张老师经常接待师范院校实习生来校实习，也常去各县市幼儿园调研、实习指导，举办讲座。两种不同身份的转变，使她深刻认识到园校合作对于提高职业学校学前教育专业学生的专业能力具有重要作用。在园校合作的过程中，她发现园校合作中存在文化、地位不同，动机不同和模式单一等问题。张老师一直在思考怎样才能使师范院校学前教育专业与幼儿园之间保持深入、高效和持久的合作，怎样更好地提升幼师生培养质量，增进学前教育专业建设和幼儿教师的专业发展等问题。经过不断实践和调研，张老师从园校之间的合作氛围和合作模式以及政府部门介入完善机制这几个方面提出相应的对策和建议，重点就合作模式进行详细阐述，以期拓展园校合作的模式，更好地促进园校之间的合作，为社会培养更多具有较高职业素养的幼儿园教师。思考成熟、准备充分，比较轻松顺畅地撰写了论文《园校合作现状分析与应对策略》，随即投稿《高考》杂志，2017年5月见刊。

教师亲子教育的偏见必须规正

刘秀春

【摘要】教师家庭子女教育失败现象屡见不鲜。教师职业与家庭之间的角色错位，过当或失责是造成其家庭教育失败的根本问题。教师亲子教育的偏见就是常常把家庭当学校、违背教育常规、干预正常教学、要求特殊照顾等有悖师德的自私行为，严重影响了自己子女的成长发展，亟待教师家庭反思和改进。

【关键词】教师家庭　子女教育　偏见条陈　成长规正

教师家庭是孩子认识世界、获取知识的一所终身制学校，家长是孩子成长过程中永远的老师。作为教师，在子女教育方面具有得天独厚的优势，然而“教师子女难成才”一语却道出了千万教师家庭相同的教育现实问题，值得每一位教师家长深刻反思。为什么能带领学生发展进步，却无法让自己的孩子进步成才？ 为什么可以是一名优秀的教师，却不是一个合格的家长？莫非真的是“郎中不可自用，孩子不可自教”？“灯下黑”自古有之。然而恰恰相反，我们必须深刻认识这些缺少科学依据的说法。问题出在哪里，还需要教师家庭自我寻找、反思和改进。教师同时承载了两个重要角色——职业角色和家庭角色。对于学校教育而言，他们可能是教育者、学科带头人。对于家庭教育而言，他们是父亲、母亲。学校教育和家庭教育观念上的偏见常常使他们在家庭教育上有些失当或者严重失责。

一、角色错位，视家庭为学校

教师回到家庭，却还是学校的角色。我们常常看到，身为教师的家长在教育自己的子女时极容易受教师职业病的影响，时常不分场合地以教师的身份和高高在上的口吻教训自己的孩子；不管自己的孩子喜不喜欢都一味地严格要求去做，自认为教师的孩子理应比别人的孩子各方面都更出色。这种没有顾及孩子的喜好和感受把自己的观念和期望强加给孩子的教育，只会让孩子觉得乏味吃力从而产生逆反心理。对待学生，我们尚且懂得因材施教、寓教于乐，为什么对自己的子女却不能因材施教，对他们所背负的压力和不快熟视无睹呢？ 其实，现代社会越来越表现为价值取向的多元复杂性，对自己子女的言谈举止毫无区分地一律以教师的视角进行评判本身就不科学。更重要的是，在家里教师的身份是父母，孩子们需要的是亲情和像朋友一样平等的地位，很多教师回到家却忽略了“父母”的角色，所以，极容易导致亲情的疏离和家庭教育的失效。在家里，教师父母要转换好角色、调整好心态，从多方面去了解自己的孩子，关心孩子，做个称职的家长。

二、拔苗助长，违背教育常规

有些教师家长面对自己的子女教育，可能因为成才心切而不能保持“平常心”，有些教师更是为了凸显自身职业优势或满足自己的虚荣，急于让子女成才，居其他同龄孩子的前列。于是作出一些不切实际、拔苗助长的事情来。比如，三岁写字背诗、四岁练舞学画，等等。这种做法虽然短时间内可能收到预期效果，比同龄孩子学得早，懂得多。但是这种不顾儿童身心发展规律的行为只会让孩子身心疲惫，苦不堪言，最终酿成“超前教育”的苦果。陶行知先生说：“中国以前有一个很不好的观念，把小孩看成小大人，以为大人能做的事小孩也能做，所以五六岁的小孩就要他读《大学》《中庸》……”殊不知教育是不能急于求成的。身为教师，应该关注和重视的是孩子良好习惯的养成，而不是文化知识、谋生技能的短期优先。我们一定要遵循孩子身心发展的自然规律，注重培养孩子的学习兴趣、树立终身教育的理念，切忌揠苗助长的摧残孩子的行为。

三、吹毛求疵，干预正常教学

相比较而言，教师家长们应当非常熟悉本行业，这份“熟悉”原本应该带来更多的理解和支持；而实际上，“熟悉”的背后更多的却是冲撞和挑剔。尤其是一些在教育界思想前卫、略有成绩的教师，他们面对自己子女的教育时，往往吹毛求疵，甚至强加干预。比如，开学时要求选班、选班主任、选任课教师、选座位，一旦不如意，就去学校领导面前提要求、“告状”或闹情绪，等等。这些行为不仅仅是对孩子老师的轻蔑和侮辱，更是对教师行业本身的不尊重。对孩子的科任教师吹毛求疵，更容易使不够成熟的孩子不自觉地对老师产生疑虑和抵触，他们会变得不尊重教师，不配合老师的教育，甚而丧失在校学习的兴趣和生活的热情。身为教师，我们更应该了解同行们的艰辛与境遇，应该懂得换位思考；身为教师家长，我们更应该敞开胸怀，放开眼量，还给孩子教师以自由教育的空间。

四、理所当然，要求特殊照顾

因为家长是教师，教师子女相对会获得更多一些与学校、与其他教师打交道的机会。刚入学的教师子女相对于其他孩子会更快地适应校园生活，更具有校园安全感，等等。这可以说是教师子女们的“优越”之所在。但是，与这份“优越”伴随而生的却是一些适得其反的负面影响。一方面，教师子女在校园教学教育活动中，往往更容易得到教师们的特殊照顾；另一方面，教师子女由于受到了老师的特殊照顾，更容易滋生优越感。“优越”本是益处，有时却难免“优越感”逐渐膨胀，甚而导致孩子骄傲自大。特殊照顾有悖教育公平公正，以致学生自我发展失衡。教师子女因为无形之中享受着某些特殊照顾，也极容易产生依赖心理；一旦脱离这个被照顾的环境，就会因为“失宠”而导致心理障碍，可能还会丧失孩子正常交往和学习的能力。孩子是心地淳朴、天真烂漫的，他们最懂得，也最需要的是平等，任何特殊优待都不会产生良好效果，他们更需要在自然环境中自由地成长。“教师家长”的角色是一把双刃剑，教师家长们自然要有十分的职业成就感，更要学会合情合理地妥善地担当好这个双重角色。

教师子女教育的成功，对教师孩子的健康成长、教师家庭的和谐幸福，以及社会影响的榜样示范均有着不可估量的积极作用。教师家长必须规正偏见：像关爱自己孩子一样地关爱每一个学生；像教育自己学生一样教育自己的孩子。我们以为，一个教学成果卓越的教师如果能减少家庭教育的失当、失误、失败，应该是教师对构建和谐社会的一大贡献。

参考文献

1. 华中师范学院教育科学研究所主编:《陶行知全集》(第3卷)，长沙：湖南教育出版社，1985年。
2. 孟长生:《教师怎样避免子女教育的失败》，载《内蒙古民族大学学报》2009年第6期。
3. 张莉萍、周冰雪、刘琪:《四川省教师子女家庭教育调查报告》，载《乐山师范学院学报》2015年第10期。
4. 杨子:《教师在家庭教育中的优势与劣势》，载《辽宁教育》2016年第2期。

※※※※※※

刘秀春既是娄底幼儿师范学校的学生，也是娄底幼儿师范学校的老师。她1999年毕业于冷水江师范学校，分配到农村中学工作。14年后又应聘重回母校执教，从事小教大专班的语文教学。工作中的她认真执着，关爱学生的成长。生活中的她开朗乐观，喜欢读书运动。

她是教师子弟，在教师父母的人生设计安排下，顺理成章地成为人民教师，后来又自然成为教师家长。对于教师家庭中出现的家庭教育方面的利弊，她一直存有自己独特的思考和看法。许多教师对班上的学生耐心有加，教育出了出色的学生。对自己的孩子简单粗暴，却没能培育出优秀的孩子。这样的现象不在少数，也是很多教师家长心底永远的痛。成为家长后，他们对如何教育自己的孩子，怎样才能成为优秀的父母，时常进行反思。于是，她经常和同事沟通，交流子女教育的问题，调查分析教育失败的个例，查阅许多相关资料，写下了这篇论文，发表了自己的观点。文章几经修改后投稿，发表在《知识经济》2020年第12期“时代教育”专栏。

在这篇论文中作者就目前教师家庭教育子女中存在的偏见，导致的违背常规的现象进行分析阐述，写出了许多教师想说却没说的事实，给教师们在子女教育问题上提了一个醒，这是需要胆识和勇气的。略显不足的是，文章没能深入探究解决这些问题的策略，有点草草收尾的感觉。当然，这也给人们进一步研究教师家庭的子女教育问题留下了探索的空间。

重视幼儿教师心理健康，还孩子一片晴天

刘红花

【摘要】社会上越来越多的虐童事件的出现，折射出幼儿教师的心理健康问题。面临来自社会、工作以及生活诸多方面的压力，教师的心理健康问题越来越突出。教师心理健康的维护不仅需要教师自身的努力，还需要教育行政部门、幼儿园管理者、家长、社区等在内的全部有关社会机构与力量的广泛关注和大力支持。

【关键词】幼儿教师　心理健康　压力　环境　心理咨询

在学前教育迎来发展春天的美好乐章里，我们总是能感受到与发展不和谐的音符。近年来，各地纷纷传出幼儿教师虐童的消息。在百度中输入词条“幼儿园虐童”，就可以搜索出几万条有关幼儿教师虐童的新闻，让人感到极其痛心。虐童事件不仅对孩子的身体造成伤害，还给孩子幼小的心灵带来极大的伤害，为孩子成年后的心理健康埋下隐患。虐童事件的背后，虽然隐藏着很多原因，但是我们认为，幼儿教师的心理健康问题是虐童事件频频出现的首因。

暑假，我有幸与参加国培的幼儿教师交流了“幼儿园环境与保育”，其中特别强调了心理环境的重要性。利用课间休息时间，我在幼儿教师群体中做了一个情绪小测试，测试结果显示，50% 以上的教师得分在 70—90 分，归于冲动型。随后我随机抽取数位教师做了 SCL—90 测试，结果

发现大部分教师都有或多或少的阳性项目，其中躯体化、强迫和焦虑等成分普遍偏高，少数教师还有人际敏感、敌对等阳性项目。通过与学员的交流，我发现她们普遍感觉压力大、疲惫、烦躁、易怒，部分学员还伴有失眠、胸闷等症状，以致在工作中面对孩子时稍有不如意就动怒。尽管清楚自己身为人师不应如此，但还是难以自控，时常对不听话的孩子大声吼叫，偶尔还会不经意说出威胁的语言。这个小调查范围有限，却在一定程度上真实地反映出我们目前不能回避的一个重任——重视幼儿教师心理健康，还孩子一片晴天。

一、幼儿教师心理健康问题产生的原因

幼儿教师心理健康出现问题的原因何在呢？笔者就此和国培学员们进行了探讨。大家普遍认为，主要有以下几个原因：

1. 来自社会的压力

随着教育事业的日益发展，社会对幼儿教师的要求愈来愈高，幼儿教师除了要具备爱心、耐心和恒心等幼教基本职业精神外，还要有教育教学的基本技能，以及写论文、开展科研的能力和创新精神。

2. 来自工作的压力

在很多人看来，幼儿教师工作轻松，每天带着孩子唱歌跳舞，自由自在，不亦乐乎。事实却不然，幼儿教师的辛苦程度，外人难以想象。以下是他们面临的主要压力来源：(1) 班级人数多。《幼儿园工作规程》规定小班每班 25 人，中班 30 人，大班 35 人。但据调查发现，目前大部分幼儿班级有超标现象，有些地方班级甚至达 70—80 人。班级人数过多，必然增加教师的工作量。(2) 工作任务重。幼儿园教师的日常工作极为烦琐：其一，每一位教师每天都有忙不完的工作，不仅要组织丰富多彩的教育教学活动，承担大量的保育工作，而且还有写不完的活动计划、日计划、月计划、教养日记、观察记录等；其二，每位教师平时还要制作教具学具，布置教室环境，认真做好家长工作，召开家长会，对外观摩教学，承担课题研究，开发园本课程，等等。(3) 孩童差异大。而今的孩子个体差异越来越大，教育要面向全体，使每个孩子在原有的水平上都

有最大程度的发展，这就要求教师因材施教。同时家长也希望教师重视他们的“宝贝”。教师要最大限度地满足幼儿、家长以及幼儿园的需要，但又不能表现出烦躁、沮丧等情绪，这样的超负荷工作是幼儿园教师产生心理压力的重要来源。

3. 来自生活的压力

幼儿教师劳动的复杂度、繁重度、紧张度与日俱增，但待遇却一直没有得到相应的提高，住房、医疗保健福利较差。以湖南省新化县为例，大部分民办幼儿园教师的工资在 800—1500 元，无“五险一金”。微薄的薪酬使幼儿园教师的生活质量普遍较差，若幼儿园不提供集体宿舍，他们只能租住环境恶劣、条件简陋的民房；生病时往往只能硬挺硬拖，因为他们不敢请假、请不起假，一旦请假，奖金和本来就微薄的工资都会受到影响。在这方面，民办幼儿园教师感受尤为强烈。有的幼儿园甚至把教师的工资、奖金与幼儿的出勤率和发病率挂钩，如果幼儿意外受伤，无论是什么原因，教师不仅要被扣奖金，考核也大受影响。当辛苦的付出无法得到相应的报酬来满足生活的基本需求时，幼儿教师的心理随之失衡。

4. 自身素质局限，应对能力不够

当前我国幼儿园教师队伍虽然庞大，但整体素质不高，专业化程度较低，尤其是在大量的私立幼儿园里，这些问题更加突出。随着学前教育的发展，家长对学前教育也越来越重视，对幼儿教师的期待越来越高，因而幼儿教师的压力日益增大，职业倦怠情绪日益增强。但是目前，私立幼儿园教师自身素质普遍较低，对自己的工作和压力缺乏积极有效的自我调控和应对能力。因此，不少教师在其权益受损时，要么默默忍受，要么采取与园长吵闹或消极怠工、无端泄愤（毁坏公物，打骂孩子）、不辞而别等手段报复，很少通过寻求政府有关部门干预或其他社会支持的途径维护自己的正当权益。这些情况往往使教师人际环境恶化、心理问题加剧。

二、促进幼儿园教师心理健康的策略

（一）提高认识，关注幼儿园教师心理健康

教师心理健康受多种因素的影响，因此，提高教师心理健康水平需要

全社会的共同努力，共同营造有利于幼儿教师心理健康发展的环境。教育行政主管部门、教育科研机构和幼儿园应加强幼儿教师心理健康问题的研究；幼儿园应改善幼儿教师待遇，开展多种形式的心理辅导活动，建立相应的心理干预机制。只有社会、幼儿园、家庭形成一体化的心理健康保障机制，才能真正为幼儿教师创造宽松、和谐的社会心理氛围，支持教师心理健康发展。

（二）改善环境，促进幼儿园教师心理健康

1. 建立民主、宽松的人文环境

心理学研究成果表明，人类所有的心理问题归根结底都是人际关系问题。因此，幼儿园还要特别重视建立、维持园内和谐的人际关系，为幼儿教师心理健康发展创造良好的外部条件。首先，幼儿园管理者要真诚地面对教师，让教师说话，敢于发表自己的意见，能和幼儿园的管理思想融为一体，在日常行政管理过程中要善于观察教师的工作与情绪，主动关心教师，及时解开教师心中的困惑，舒缓教师心中的不良情绪。其次，在选择主班与配班教师方面，幼儿园领导应全面考虑主、配班教师在能力与个性方面的优势互补与和谐相处的可能性；经常开展各种交流活动，形成互帮互助的良好人际关系；对新教师和能力较弱的教师，更是要建立和落实结对帮扶制度，帮助其尽快成长，以形成强师更强、年轻教师更上一层楼的全园积极进取的良好局面。

2. 创造良好的物质环境

首先，是提高教师待遇。目前幼儿园教师待遇偏低，尤其是农村私立幼儿园，股东考虑的是利益最大化，所以尽量节约成本，给教师的月工资并不高，除去自己的日常开销之外，所剩不多。在当今时代，这样一个收入很难保证日常开支。教育是一项培养人的事业，并非一个暴利产业，良好的教师队伍才是幼儿园可持续发展的基本保证。提高教师待遇，才能让幼儿教师安心工作。其次，是改善幼儿园生活环境。生活环境对于人而言，虽不能直接地将人引入积极的情绪状态，但它对人的作用更主要的是帮助我们营造良好的心境，这种良好的心境是积极情绪发生的必要场所。教师每天生活在幼儿园这个环境中，幼儿园是他们工作生活的主要场地。如果把幼儿园打扮得像花园，给教师安排一个锻炼或娱乐场地，他们走进幼儿园就有一种愉悦感，踏上社会就有自豪感。最后，是改善幼儿园教育教学环境。幼儿园管理者有责任利用各种途径主动建设与营造良好的教育教学环境。如通过订制书籍专柜，订阅相关杂志，开展读书活动，为教师提供读书空间，营造读书的氛围，同时通过专家讲座、专家对话、专家访谈等方式，加强园本教研，发挥学习组织与教师个人的积极性，建立奖励机制，激励教师做新时代学习型、研究型教师，从容应对时代发展的压力，让教师在充分体验工作成功的乐趣中形成自信、乐观、积极进取的良好心理素质。

（三）正面引导，支持教师合理宣泄和自我调节

1. 引导学习，合理宣泄

幼儿园管理者可在教师办公室配备有关心理、人生方面的书籍、杂志，引导教师学习、掌握一些自我心理调适的知识和方法；组织集体娱乐、休闲活动，以及利用网络博客、BBS 论坛等途径为教师提供发泄、倾诉、转移不良情绪的机会和条件。

2. 举办心理健康讲座

邀请心理专家来园作幼儿教师心理健康讲座，向教师介绍维护自身心理健康的方法，宣传心理健康的常识，指导教师主动积极地去应对生活和工作中的困惑。如心态调适法、压力转移法、情绪宣泄法，等等。

3. 利用心理咨询热线

充分利用当地的“心理热线”，当教师有心理困惑、情绪难以自我调控时，可以拨打心理咨询热线向心理咨询师咨询。通过与咨询师的沟通与倾诉，提高幼儿教师的心理成熟度，寻找到排解心中困惑的办法。

4. 定期开展心理健康普查

人在不同时期心理健康的状况是不相同的，为了预防长期心理困扰而导致心理疾病的出现，在遵循保密原则的前提下，可定期邀请心理咨询师或引用量表对教师进行心理健康普查，让教师了解、选择、调整自己的心理状态。

5. 园内设立心理咨询室

心理咨询是促进个体心理健康的重要途径，对幼儿园教师的心理健康来说也是一种必要的外部支持手段。通过咨询室给予幼儿教师以帮助、启发和指导，可以及时、有效地避免和消除不良心理因素的负面影响，从而使幼儿教师更好地适应环境和工作，强大自我，促进心理健康。因此，有条件的幼儿园可设立心理咨询室，一方面针对幼儿园教师开展心理疏导工作，另一方面针对幼儿开展心理健康教育活动。

心理健康是阳光，衷心希望每位幼儿教师都有阳光灿烂的心态！只有教师自己的心态阳光了，才能给我们的孩子一片晴天，我们的孩子们才能健康快乐地成长！

参考文献

1. 中华人民共和国教育部:《幼儿园教育指导纲要（试行）》，北京：北京师范大学出版社，2001 年。
2. 中国就业培训技术指导中心、中国心理卫生协会:《心理咨询师（二级）》，北京：民族出版社，2011 年。

※※※※※※

刘红花老师 1987 年考入冷水江师范，毕业后在乡镇教过小学、初中；2002 年调入母校娄底幼师，教过历史。通过自考，获得大学本科学历。刘老师是娄底市骨干教师，2017 年评聘为我校首位正高级讲师。

热爱学习也很会学习的刘老师，适应不同岗位、不同学科教学的能力很强，教小学、初中时都曾获得市、省级教学比赛一等奖。后来转型从事职业教育，致力于幼儿教师的培养培训，经常深入学校周边县市幼儿园开展实践活动和调查、教学研讨，关注幼儿教师的心理健康问题。她最喜欢阅读的是专家、学者、教授张勤的专著《妙用性格》。学校转型后，刘老师热情执着，致力于幼儿教师的培养和培训，经常深入学校周边众多幼儿园开展实践活动和教学研究，关注幼儿园教师的心理健康状况。

刘老师说：2010 年的幼儿园园长年会上，有幸聆听了张勤教授的心理健康讲座，一个个鲜活的案例，让自己认识到心理健康的重要性。2011 年她参加心理咨询师的培训和考试，获得了国家二级心理咨询师资格证。最初的理想是做一名心理咨询师，给予求助者力所能及的帮助。在咨询过程中，她意识到心理健康问题的预防比干预、治疗更为重要。于是，便把关注重点转移到幼儿教师的培养培训工作上，因为很多人成年后的心理问题都与幼年时期的成长经历有关。

在参加幼儿园教师国培时，她和一位幼儿园的教师住在一个房间。这位教师晚上睡觉常常说梦话，偶尔大叫，猛然坐起，自言自语一番后又躺下。和对方交谈得知，那位老师感觉压力太大，时刻也不敢放松，经常感到疲惫；工作中，经常会出现控制不住自己情绪的时候，自己也很苦恼。幼儿教师是孩子成长道路上的启蒙者，是身心健康的呵护者。幼儿教师的心理健康，对孩子的健康成长意义重大。在对幼儿园教师的问卷调查和访谈中，刘老师发现幼儿教师这个群体的心理健康状况令人担忧。经过两年多的反复思考、充分酝酿、构思立意，写成《重视幼儿教师心理健康，还孩子一片晴天》，旨在引起全社会对幼儿教师心理健康的关注，让健康的幼儿教师来引领幼儿的健康成长之路。文章投稿《教师》杂志，2015 年第 8 期见刊。

试论孙犁短篇小说的美学意蕴

——以《荷花淀》《山地回忆》为例

胡学桂　潘迈翁

【摘要】从文学鉴赏角度，重读孙犁的短篇小说姊妹篇《荷花淀》与《山地回忆》，能够领悟其政治性和艺术性完美结合的文学创作观之外，还能够获得自然美、情感美、异性美等诸多美感体验和艺术享受。孙犁短篇小说正是因为具有无穷的美学意蕴和永久的艺术魅力，才成为现当代文学史上独树一帜的诗性小说。

【关键词】孙犁短篇小说　自然美　情感美　异性美

长期以来，我们对课本中的短篇小说教学，大都将精力耗费在故事情节的梳理和人物形象的分析上，结果将文质兼美的经典作品肢解得只剩一副骨架和一堆概念。这种只有作品建构和文学批评，缺少真正意义上的文学鉴赏的教法，根本不利于学生审美能力的培养和审美品质的提升。事实上，语文教学中的文学鉴赏必须彻底放弃串讲、分析、贴标签似的灌输结论、以应试为上的教法，通过对已有定评的经典名篇，进行深度解读，才能有效培养提高学生的审美能力，并可望丰富发展其思维能力和创造能力。《普通高中语文课程标准（2017 年版）》在“学习任务群 5”中明示：教师必须引导学生“精读古今中外优秀的文学作品，感受作品中的艺术形象，理解欣赏作品的语言表达，把握作品的内涵，理解作者的创作意图。结合自己的生活经验和阅读写作经历，发挥想象，加深对作品的理解，力求有自己的发现”。这是对高中语文课程目标的准确定位，也是对高中语文“文学阅读与写作”教学提出的基本要求，更是广大语文教师努力的方向。唯其如此，方可有效培养和提高学生的语文核心素养。

据此，我们在教学孙犁的短篇小说姊妹篇《荷花淀》与《山地回忆》时，改变讲析为主的传统教法，让学生熟悉基本情节线索之后，便直接进入作品表现美、讴歌美的情境中，进行品读鉴赏，使学生获得诸多审美享受。这也让我们领悟到孙犁短篇小说之所以成为经典的理由：具有无穷的美学意蕴和永久的艺术魅力。

一、自然美

孙犁短篇小说中的自然美可分为两种：一种是没有经过人类生产实践加工改造的自然的美，例如：“现在已经快晌午了，万里无云，可是因为在水上，还有些凉风，这风从南面吹过来，从稻秧上苇尖上吹过来。”（《荷花淀》）好个中午的淀上风光，正是这淀上万里无云，开阔、明朗的风光使探夫不遇的媳妇们受到感染，心中的不快立即烟消云散了。另一种是经过人类生产实践加工改造的自然物的美。例如：“要问白洋淀有多少苇地，不知道；每年多少苇子也不知道。只晓得每年芦花飘飞苇叶黄的时候，全淀的芦苇收割，垛起垛来在白洋淀周围的广场上，就成了一条苇子的长城。”（《荷花淀》）多么美丽的民俗风景画！还有，描写正在编席的水生嫂：“像坐在一片洁白的雪地上，也像坐在一片洁白的云彩上”，飘然若仙。她与朗月、薄雾、清风、荷香构成的美景浑然交融，构成水天一色、空灵淡雅的银白世界。

对自然美的教学，要运用作者描写的自然美景去引导学生体会其中的景美、情美和理美。例如，《荷花淀》开头描写水生嫂月夜编席的情景，就充满了诗情画意：“月亮升起来，院子里凉爽得很，干净得很”，“她有时望望淀里，淀里也是一片银白世界。水面笼起一层薄薄透明的雾，风吹过来，带着新鲜的荷叶荷花香。”月色溶溶，雾色朦胧，荷花飘香，勤劳干练的劳动妇女……作者描绘的这幅《月下编席图》十分形象，和平宁静、如诗如画的生活场景给人以强烈的美感，可见景色之美有着巨大的魅力。

在领会景物美的基础上，还得进一步体味自然美中的“情”美，也就是通过画面的形象，体味作品表达的思想感情的美。《荷花淀》中迷人的景色中交织着水生嫂编席技艺的娴熟，对深夜未归的丈夫的无限情思，以及白洋淀人民对诗意生活的珍惜、对日本侵略者的谴责。作品中把一望无垠的密密层层的大荷叶比作“铜墙铁壁”，把高高挺出的荷花箭比作“监视白洋淀的哨兵”，这种人格化、诗意化的自然景物描写，积聚着对敌人罪行的愤怒，更是深藏着一股活力、一种志气，能使读者神思飞扬，联想到白洋淀军民坚如磐石般的力量和高昂激越的战斗英姿。这种情感寄托于描写的景物之中，使大自然的美在情景交融中得到升华，耐人寻味。

至于“理”美，就是领会自然景物所蕴含的深刻道理，领会作者为什么会有那种情怀。这是对自然美进行更高层次的鉴赏，即使作品获得一种外在美与内在美的特质，达到内情外境的和谐统一。孙犁写景有很高的造诣，他常常借景写人，在景物中传达出人的感情和情绪，有时运用对比反衬的手法处理景与人的关系。因为在他看来，战争年代，人们往往把自然景物当作战斗生活的朋友、战斗生活的俘虏，支配它们:“战争的时代，是人民意志坚强的时代。这些人极度热情，但已经不是神经衰弱，自然界的风云变幻，不能影响他们的情绪。他们即使在暗夜，心也象明月，即使在风霜里，心也象火的。”（孙犁《文艺学习》）在《山地回忆》里，作者说，即使是穷山恶水，阜平的人们依然“费尽心思，全力经营。全心全意用石块垒起，用泥土保住，在边沿栽上枣树，在中间种上玉黍”。他们战天斗地的乐观精神，他们的勤劳、智慧和善良，使得战士“一时觉得我对于面前这山，这水，这沙滩，永远不能分离了”。《荷花淀》里，景物与人物是和谐统一，完美结合的:“那一望无际的密密层层的大荷叶，迎着阳光舒展开，就像铜墙铁壁一样。粉色荷花箭高高的挺起来，是监视白洋淀的哨兵吧。”前者相反相成，后者物我交融，都获得了一种理性的美，景与人得到统一，自然美景起到了烘托人物、刻画形象的效果。这样，景物描写就不会造成人物与意境相游离，而是加强了对人物形象的塑造，由外到内，最终获得一种情景交融的美学效果。

二、情感美

文学是以特定的社会人生为其表现对象的，而社会人生是一个阔大无比的领域，任何一部作品都无法纤毫毕现社会人生的全部图景。对社会人生内容的不同取舍，对同一社会人生内容的不同观察角度，以及作者不同的感情色彩，都会使作品产生不同的美学特征。在美学领域里，真善美与假丑恶是人们对社会人生与自然现象认识的两大基本范畴。在文学创作实践中，有的侧重歌颂真善美，有的侧重鞭挞假丑恶，有的侧重二者的现实联系，有的甚至要发掘“恶之美”。

孙犁在选材上注重的是含有美的元素的生活原料，以表现人的情感美。他总是执着地追求人生向上的一面、人性符合自然的一面。他的小说大多取材于抗日战争和解放战争时期的冀中平原、太行山区。在这片土地上，曾经留下作者和千百万人民群众的战斗足迹。他对这片土地、对这里的人民怀着极为深厚的真挚情感。也在这片土地上，孙犁找到了新的“善”与新的“美”，以“燃烧起人们的勇气，照亮前进的道路”，“在人类中间创造合理的关系”（孙犁《文艺学习》）。在他的创作中，各式各样的人物，在各种各样的关系中，闪耀出诸如爱情、友谊、勇敢、诚实、勤劳等情感与道德美的光芒。而这种情感，更多的是从普通人民的生活中去开掘，从人们不经意中去发现、提炼并再现。他涉笔的往往是几个平常的夜晚，几个普通的早晨：妻子支持丈夫告别家乡赴前线，群众关心爱戴子弟兵、精心照料伤病员……然而，这里有画、有诗、有动人的歌，有强烈的情感美与道德美，给读者以深深的震撼。我们看到，作者不是一般地反映现实，而是把群众的日常生活与时代联系在一起，使人们看到，那是灾难深重的年代，又是人民觉醒的年代；不仅有血和泪，更有剑与火。对劳动人民来说，抛妻别子，送夫出征，是几千年阶级压迫下不足以为奇的灾难，但革命战争赋予它不同于以往的悲欢离合的神圣色彩。在这样的悲欢离合面前，作者满怀深情地献上了由衷的赞歌，这赞歌与那个时代是完全合拍的。他着眼的似乎是小事，但却接触到一个根本性问题：在民族危亡的紧急关头，是千千万万普通人民群众识大体、顾大局，为民族事业作出了牺牲，靠他们的献身精神，才汇成了人民战争的汪洋大海。

选材如此，在人物塑造上，孙犁同样追求这种情感美的境界。他笔下的人物总是那样平凡又那样高尚，那样富于劳动人民的人情味，又那样具有美好的革命情操，他们没有什么豪言壮语，却有美好善良的心灵。

《山地回忆》中妞儿的一家，勤劳善良而又直率乐观，特别是妞儿，“她心眼儿好”“心疼我们八路军”。执意用仅有的一块白粗布为小战士做袜子。平凡的人物，质朴的语言，热乎乎的心肠，却代表着人心向往。一方面他们那么普通，那么富于人情味，使我们觉得格外可亲、可心、可信、可爱。你看，妞儿和小战士的相识是从吵嘴开始的，两个年轻人你一句我一句，互不认输。可当小战士转过身去，看到洗菜的是个女孩子，也不过十六七岁，“风吹红了她的脸，像带霜的柿叶，水冻肿了她的手，像上冻的红萝卜”，“在寒风中，她抱着一篮子水沤的杨树叶，这该是早饭的食粮”。不知为什么，小战士一时心平气和，认输求和了。这里有八路军对老百姓的谦让，也有小伙子对妞儿的怜爱。清纯率真的妞儿也有她矜持、含蓄、害羞的一面，有心想给小战士做双袜子却又迂回曲折地说：“光着脚打下去吗？”她转过脸望了望小战士的脚，“又低下头去洗菜了”，“不会求人做一双？”这里有妞儿对八路军的关爱之情，是不是也有姑娘对小伙子的爱慕之意呢？想来应该兼而有之，它符合人性中自然的一面。所以，欣赏这一节时，我们仿佛能听到河边那两颗年轻的心怦然跳动之声，也能看到他们的心灵是那样纯洁而美好。那是残酷环境中任何力量都压抑不住，也扼杀不了的。正因为如此，当奔腾的黄河无情地冲走了那双袜子，而黄河的波浪却“激荡着我对那女孩子的纪念”。至真至纯的情感是令人铭记与回味的。另一方面，他们又有美好的情操，令我们感到可亲可敬。

《荷花淀》中描述丈夫要去打仗，水生嫂知道后，“手指震动了一下，想是叫苇眉子划破了手，她把手指放在嘴里吮了一下”。手指的“震动”是突如其来的消息引起心灵震颤的反映，出征丈夫的安危，家中老小的生活都牵着水生嫂的心，但她毕竟没有劝留。这里有对丈夫的顺从，更有觉悟的妇女对丈夫事业上的理解与支持。当最后“流着眼泪答应了丈夫的准备死的嘱咐时，其悲壮情景，确实让人荡气回肠！这眼泪不是怯懦，而是革命战士互相激励和共勉，是心灵颤抖中的坚强，也是真挚浓厚的夫妻之爱的流露。

总之，孙犁歌颂的情感美与道德美，是在血与火的锤炼中，已经意识到自己庄严的历史使命，望到前面曙光的人们，从灵魂深处迸射出来的灿烂火花。作者对这种情感的描写，虽然多是平常事，却因与民族解放战争的大背景水乳般交织在一起，因而，笔下的美好情感与道德便显得更为高尚与纯粹。

三、异性美

艺术美的内容很丰富，就孙犁小说而言，意境美与语言美是其主要特征。所谓意境，不是一般的主观与客观的统一、形象与思想的结合，而是由生动鲜明、富有启示力的境象与深厚的意蕴完美结合构成的，因而，它是对艺术美的一种较高的要求。孙犁作品的意境美一直是学界公认并津津乐道的，而其更可贵之处就在于他的作品深深植根于生活的土壤，在意与境的和谐统一中体现了现实主义的深度和革命理想的高度，是真善美的结合。所以，在他笔下，人物是那样的质朴而纯洁，情节是那样的单纯而精巧，环境又是那样的自然而优美；在他笔下，境是实境，情是真情，二者相融，真正达到了情与境和谐结合的至境。

孙犁不仅在自己的作品中记下了当年踏过的石块、蹚过的小溪，记下了那时的风雪、泥泞、极寒、惊扰和胜利的欢乐，更倾吐了那个时代对战士和人民的无比深情，并且还在其中传达了那个时代人民的乐观情绪和坚定信心。他把残酷的战争推作远景，而把人物拉近，极力凸显他们的美好心灵，表现人民的觉醒、向上，为人生的愿景而凝神注目，形成统一而完美的意境。因此，在《荷花淀》中有水生嫂月下编席的优美情景，更有妇女们“一个个登在流星一样的冰船上来回警戒”，“出入在那芦苇的海里”的飒爽英姿。她们心中都充满了斗争的必胜信念，都内蕴着一股不可战胜的力量。作者通过具体的诗情画意般的生活图景将这种信念和力量传达出来。他不浓墨重彩，也不大事喧哗，而斗争的自信心和喜悦感，对胜利前景的向往和美好未来的憧憬则淡淡地渗透在字里行间，恰到好处地将激动人心的时代精神表现出来。他不回避黑暗，但更侧重于对光明前途的追求。《山地回忆》里的小战士对妞儿的宣讲:“也许三年，也许五年，也许十年八年，我们总是要打下去，我们不会悲观的”，“我这样对她讲，当时觉得这样讲了以后，心里很高兴了”，以及妞儿一边点头一边“唔唔”的应和:“占了北平，我们就有洋布穿，就一切齐备！”对话和神情是那么自然朴实，却又饱含着炽热的革命理想主义激情。孙犁用多彩的笔触，热情四射地把他们推向阳光照射之下，春风吹拂之中。所以，他创造的意境美，总是美得那样纯粹，又美得那样高尚。他展示给读者的是思想性与艺术性完美结合的艺术整体，意与境的高度融合，达到一种极致，释放着非同一般的意境美。

孙犁短篇小说的语言美与意境美一样，是众所公认的。可以说，撇开了语言，就失去了小说的意境，失去了孙犁的艺术风格。他的语言，有一种铿锵、流转、和谐的内在的音乐美，清淡、明净、朴素、本色，明畅而不流于浅露，优美而无刻削之痕，于自然中透着情韵，以简胜繁，返璞归真。孙犁小说的诗情画意，就通过这语言，像清泉一样流进人们的心里，感染着一代代读者，使他们从中获得一种无与伦比的美感熏陶和审美享受。

假如再换一个角度，从异性美的角度欣赏孙犁的短篇小说，还会获得更多生活情趣和美感享受。“异性美”这一美学概念应该是李海林先生早在 30 多年前最先提出的，他在《〈百合花〉中的异性美描写》一文中对这一概念有过界说:“我们正是把这种描写异性间才有的关系带来的情趣、格调、气氛和境界等组成的美感特征称之为异性美。”的确，生活中常常是异性，尤其是年轻异性相聚时，每个人的言行举止都会格外矜持、端庄、斯文、高雅，就连衣着服饰也多事先进行精心打扮，聚集活动，精神异常兴奋，举止文静优雅，谈吐也似乎比平素幽默风趣了许多，用意在于给对方、给所有在场者留下美好印象。譬如，《荷花淀》中水生嫂夫妻话别的语言、行动、细节、环境等描写极具生活情趣。在他们心目中，总觉得对方是最棒的。还有，伏击歼敌后，打捞战利品场面的描写，那种欢快情境、喧闹气氛完全让人们忘却了战争的忧伤，唯有胜利的喜悦。

《荷花淀》中苇庄游击组长水生半夜回家向妻子说明自己“第一个举手报了名”参军，水生嫂低头说“你总是很积极的”，话语中有嗔怪又有鼓励，更有难分难舍之情。几个懵懂的青年妇女摇着小船去探望仅仅分别一夜的丈夫，各自说出的理由虽说冠冕堂皇，却令人忍俊不禁，娇憨十足中自然流露出无限真切情意。伏击歼敌，大获全胜，打捞战利品时，水生回答区小队长的询问，“怒责”落水鸡似的青年妇女们是“一群落后分子”，而她们却很不服气地噘嘴回敬：“你看他们那个横样子，见了我们爱搭理不搭理的！”“我们没枪，有枪就不往荷花淀里跑，在大淀里就和鬼子干起来！”这些假骂真爱、言外有真意的对话描写，确实淋漓尽致地表现了青年男女在一起才能产生的轻松欢乐、庄谐并存的情趣。《山地回忆》中，妞儿在小河边洗杨树叶子，竟然“指骂”在下游漱口洗脸的小战士，说人家是在“洗脸洗屁股”，接下来，一番有关真假“卫生”的宏论，强词夺理，牵强附会，的确令人啼笑皆非。不过，仔细品味就会明白：原来，口齿伶俐的山地妞儿主动挑逗、攻势凌厉的真实用意，完全是为了寻找机会与那位萍水相逢的八路军小战士尽情交谈，因为心生爱意，醉翁之意不在酒啊！心疼八路哥哥没穿袜子受冻，并想给予真诚的帮助。于是，一个脸红手肿、伶牙俐齿、火热心肠、纯真泼辣的山地女孩，已经活脱脱地站立读者面前。特别充满情趣的是，当小战士应邀去她家时，妞儿却堵在门口：“你这人倒实在，叫你来你就来了。”此时，小战士好不尴尬，真是进退为难，幸亏大伯大娘热情招呼，才得以化解。作品写得十分平实，全篇只写了洗脸、做饭、纺线、贩枣等家常琐事，其余就是山地妞儿与八路军小战士这两位年轻异性之间充满深厚情谊的对话描写。这样看来，孙犁先生完全称得上是一位描写异性美的高手。

与情节小说相比，孙犁的小说应属于抒情小说。因而，孙犁的小说在典型环境中的典型性格的创造方面独出机杼，努力发掘生活中诗意内核，在描绘具体生活画面时，投入丰富的情感，深刻而诗意地反映生活，将读者引入更高的美学境界。也恰恰是这一点，才使孙犁的小说，尤其是短篇小说有别于同时代的其他作家，在现当代文学史上独树一帜。

（注：未标注出处的《荷花淀》与《山地回忆》的引文，皆出自孙犁《孙犁文集》，上海：文汇出版社，2008 年。）

参考文献

1. 中华人民共和国教育部:《普通高中语文课程标准》,2017 年。
2. 李华秀:《孙犁文艺思想初探》,载《贵州师范大学学报(社会科学版)》2015 年第 5 期。
3. 王锦泉主编:《中国现代文学专题史》,杭州:浙江文艺出版社,1986 年。
4. 李海林:《〈百合花〉的异性美描写》,载《名作欣赏》1986 年第 3 期。
5. 孙犁:《孙犁文集》,上海:文汇出版社,2008 年。

(原载《特立学刊》2018 年第 4 期)

※※※※※※

很想改换一下教学孙犁短篇小说名篇《荷花淀》《山地回忆》的教法,让学生从文学鉴赏角度,去寻绎作品的美学意蕴。我们从 1996 年暑假开始搜集相关资料,整理,确定主要从自然美、情感美、异性美三个方面进行审美赏读,其他如语言美、诗意美、哲理美等都一笔带过。有关“异性美”这一美学概念,我们还是在《名作欣赏》(1986 年第 3 期)上看到的,我省华容二中李海林老师《〈百合花〉中的异性美描写》一文中说:“描写异性间才有的关系带来的情趣、格调、气氛和境界等组成的美感特征称之为异性美。”初稿写“自然美”“情感美”“艺术美”三点,题为《试论孙犁短篇小说的美学意蕴》,收入学校《论文选集》(2014 年第三辑)。我们商讨,认为艺术美的提法过于笼统,得修改才行,不如干脆堂而皇之提“异性美”。文题由“文学欣赏是如何进行的”“语文教学中的文学鉴赏例谈”“《荷花淀》与《山地回忆》审美阅读三题”,等等,至少改换了 7 次,最后才改定并加了道副标题。

主客交融的谐拟

潘久泰

有种融汇谐音和拟声两种辞格的语言现象，很值得回味，说它是谐音有些走样，说它是拟声也有些失真，可又切切实实兼有谐音和拟声两种辞格的表达效果，既能较为客观地描摹声音，又能充分表达作者的主观情意与鲜明爱憎，我们姑且称之为谐拟。请看例句：

（1）走到山边，便听见花花花花的声音，抬起头，镶在两条湿湿的黑边儿的，一带白而发亮的水便呈现于眼前了。（朱自清《绿》）

（2）林子里再也没有了往日的欢声笑语，只有知了在树上拼命叫："热啊！热啊！"……知了的心里也正窝着火，他觉得笨狼的房子盖得不是地方，挡不住太阳却挡住了风。他正打算把家搬到另一棵树上去，一听笨狼这话，得，这家不搬了，索性还把兄弟姐妹三姑六婆全都叫出来，齐声高唱："热啊，热啊，太热啊！"（汤素兰《笨狼的故事》）

例（1）作者连用四个"花"字描摹流水声，富有音乐感，悦耳动听，韵味无穷，既写出了流水的欢畅、舒徐，也表达了作者的欢快心情，为眼前的醉人景色而"心花"怒放；还能让读者如闻其声，如见其景，仿佛看到了流水溅起的水花。作者用"花花花花"而不用"哗哗哗哗"，描写出了客观景色，表明了自己的主观感受，还抒写出了欢欣激越的情感。例（2）是对自然生活环境的客观描写，夏天，酷热难熬，满身汗水，黏糊糊的，心里难受极了。作者借知了明确喊出："热啊！热啊！"居住环境本来并不理想，还加上邻里不友好、不和睦，更令人心烦意乱，作者凭借知了们的叫声和盘托出自己的内心感受，同时也表达了强烈的主观情绪。

（3）舅妈往往嗷嗷地哭着，那声音听起来很像“饿啊饿啊饿啊”。（王恒绩《我的舅妈，我的疯娘》）

（4）它走得那样急忙，连车轮碾压钢轨时发出的声音好像都在说：不停不停，不停不停！是啊，它有什么理由在台儿沟站脚呢，台儿沟有人要出远门吗？山外有人来台儿沟探亲访友吗？还是这里又是有储存，有金矿埋藏？台儿沟，无论从哪方面讲，都不具备挽住火车在它身边留步的力量。（铁凝《哦，香雪》）

（5）是鸟儿么？只见七八张V形的淡黄色的大嘴挤在一起，吵架似地嚷嚷着：“吃呀！吃呀！吃呀！”惹得人哈哈大笑。它们吃着蚯蚓，发出“吃呀吃呀”的欢叫声。（莫应丰《我的小鸟儿死了》）

例（3）舅妈饥饿难耐，有失尊严的哭泣，那本真的声音当是“呜啊呜啊”，作者主观，甚或是武断地拟写成“饿啊饿啊”，主客融为一体，几乎天衣无缝。例（4）台儿沟地处偏远，贫穷闭塞，文明难以眷顾，长期居住在这里的人们多么希望能够走出这穷山沟。如今，虽然通了火车，却没有设站，好让人失望啊！就连火车过往碾压钢轨时发出的声音，都毫不客气，毫无怜悯之情，拒绝停靠：“不停不停，不停不停！”这声音被融入了作者强烈的主观色彩，人们翘首踮脚，盼望火车停靠的情形，如在目前；人们渴望火车将现代文明带进台儿沟，医治贫穷落后，促进文明发展。例（5）作者将雏鸟当作孩儿喂养，因而鸟儿“叽叽喳喳”的叫声也成了“吃呀！吃呀！”的吵闹声，小鸟吞食蚯蚓时的发声便生成了“吃呀吃呀”的欢乐情景，鸟儿的叫声虽说有些失真，却简洁明快地表达了作者的怜爱深情。

（6）普天同庆，当庆当庆当当庆；举国若狂，情狂情狂情情狂。（阎万春编《实用对联六千副》，未来出版社1986年12月，第196页）

（7）一路，鸟儿们飞着叫着的赶着问“早啊早啊”的话，闹得简直不像话。（吴伯萧《山屋》）

据说，袁世凯称帝后，其亲信帮他操办庆典，时人作了这幅通俗易懂的对联，予以讽刺。例（6）八门锣鼓由大小铜锣、钹、小皮鼓等八样打击乐器组成，乡间有些地方遇上白喜事时，常常要敲打几天几夜，然后鼓乐喧天，鞭炮齐鸣，浩浩荡荡送葬。交叉敲打小锣钹时音正好发出“当庆当庆”的脆响，敲打大锣钹正好发出“情狂情狂”的宏声。作者这样描摹“普天同庆”“举国若狂”的情景，听闻以为是喜庆，实际上是痛快淋漓地表达了挖苦讽刺、幸灾乐祸之情，俨然一副作壁上观的神态。例（7）清晨，树上的鸟儿“叽叽喳喳”欢快地叫着，追逐着，仿佛在向晨曦中的早行的人们问候、打招呼，“早啊早啊”虽说有点儿偏离鸟语声，却尽情表达了作者的满心欢喜、惬意之情。

（8）罗伯特街的清晨太宁静了，宁静得使人联想到坟墓。屋外除了哭鸟“苦啊苦啊”的鸟叫，什么声音也听不见。（刘观德《我的财富在澳洲》，上海文艺出版社 1991 年 12 月，第 65 页）

（9）从城市边缘的松树林子里，传来杜鹃的夜啼。布谷，布谷，不够，不够，一天一个糠窝头。1960 年，真是不平凡，吃着茅草饼，喝着地瓜蔓。反动言论，批斗大会。童谣作者管木根被开除学籍。（莫言《丰乳肥臀》，作家出版社 1996 年 1 月，第 588 页）

（10）有一天，隔壁的王二倔请我到他家去喝酒。为了热情招待我，他要杀掉他家唯一的芦花鸡。不料，一开鸡笼门，芦花鸡“嗖”地一声钻出来，展翅飞上了墙头。他见抓不住公鸡，一怒之下，竟把五只母鸡全杀了。我见状忙劝道:“二倔兄，你这是何必呢？”正在这时候，墙头上的公鸡伸着脖子打起了鸣:“咯咕咕咕——咯咕咕咕——”地叫起来。王二倔高兴地指着墙上的公鸡说:“你听，那公鸡知道难受了吧，直着嗓子叫什么‘光棍好苦——光棍好苦——’哩！我就把它的妻妾全杀光，让它打一辈子光棍儿！”（高笑秋《幽默与笑话·王二倔杀鸡》2000 年 1 月，第 16 页）

例（8）长篇小说《我的财富在澳洲》描写打工者的惨苦经历，封面上赫然表明出国打工的苦楚，曰“五苦经”：吃不到苦的苦比吃苦的苦还要苦！打工生活本来就很辛苦，还要争苦活儿干，就更苦了。清晨，罗伯特大街宁静得像墓地，就连树上的小鸟都在告诉人们：打工生活真的“苦啊苦啊”，这就妙肖了鸟儿的叫唤声，又宣示了作者的主观情意。例（9）布谷鸟的叫声因地域不同而被描摹出多种版本，比如，“布谷布谷，割麦插禾”，告知不违农时，抓紧春耕春播；又比如，“布谷布谷，不如归去”“麦粑哥哥，麦子黄了，还不来接我”，“宝宝不哭，宝宝不哭”，布谷鸟又名杜鹃，惯作悲啼，所以泣血。莫言在此让布谷鸟诉苦：1960 年前后三年的“苦日子”，因天灾人祸，粮食歉收，严重不够，老百姓吃草根、树皮，咽糠窝头，确实饿死不少人，既符合客观实际又强化了主观情意。例（10）一窝鸡五只母鸡被宰，公鸡自然急了，作者让公鸡哭诉“光棍好苦——光棍好苦——”心想失去妻妾的光棍儿，日子好难熬啊！如此戏谑似的谐音、摹声，是与非是，实在令人捧腹！

作为辞格的谐音，是指利用音同或音近构成双关语意，它既含有字的本意，又兼有谐音字意，字的本意是表面的，字的谐音字意是隐藏的，说话者的真正用意是后者。摹声则是通过作者的感觉，将事物发出的声音如实地描摹下来，使读者产生如闻其声，亲临其境的感觉，能够真实地表现事物的特点，渲染气氛，增强表达效果。通过以上例句分析，我们不难看出，作者们描写事物发出的声音既不同于谐音，也有别于摹声，是有意运用词句将真实用意明明白白告诉读者，将自己的主观感受与鲜明爱憎强化，并融入词句，并且是隐藏的，因此，我们称之为主客交融的“谐拟”。

（原载《语文学习》2019 年第 12 期）

※※※※※※

对“谐拟”这一语言现象，我关注较早，从 1993 年 5 月 21 日收集到第一个例句，陆续作了 20 多张摘抄卡片，直到退休两三年后才开始构思写作，2018 年挑选 10 个例子，写成初稿，在修改，定稿将近 2800 字，投寄《语文学习》“语言”栏目，不久收到邮件，责任编辑告知，文章“一审通过，请勿他投”。等了 4 个月才见刊，有稿费 80 元。文章被删除 6 个例句，只留下 1、4、6、8 共四个例子及其简析，一个版面不足 2000 字。编辑还是很有头脑很有眼光的，这 4 个例句多来自名家名篇，语言规范，其余 6 个例子搞笑的成分比较浓，删去为好。

韩愈到底奇怪还是不奇怪

——《师说》课堂教学实录

胡学桂

师：韩愈针砭时弊，倡导师道，认为师道不传已久，欲人无惑甚难，然后分几层进行详细阐述？

生：分三层。第一层，将古圣与今众对比，聪明远胜于今众的古圣犹且从师而问，而那些远不如古圣聪明的今众却耻学于师，结果自然是“圣益圣，愚益愚”，越聪明越好学，越愚顿越厌学。

师：理解到位。还有呢？

生：第二层，将为子择师与于身耻师对比，认为这样做法真是太糊涂了。况且，童子之师仅仅是教习断句识读常识而已，并非我所说的追求道德学问。家长们在小的方面很重视，大的方面却舍弃，真是太不明智了。

师：是的。我们怎能希望糊涂的家长能够养育出足够聪明的孩子呢？文章阐述的层次十分清楚，只要找出每层作结的句子就明确了。那么，第三层又是怎样对比的呢？

生：第三层，将百工与君子对比。巫医乐师百工之人不耻相师，而自视高贵不凡的士大夫之族则不仅耻学于师，而且歪理十足地取笑那些从师好学的百工。结果是原本聪明的君子竟然不如百工聪明了。

师：何以见得是歪理呢？

生：看看那些不齿百工的君子如何狡辩就会知道：年龄差不多，学问也差不多，向地位卑微的人学习，就足够害羞的；拜高官为师，那就是阿谀巴结，拍马屁了。拜师求学分什么贵贱少长咯，“道之所存，师之所存也”，谁有道德学问，谁就是我们的老师嘛！唉，君子啊，可怜又可悲呢，自尊虚荣至此！

师：是的。好学者会千方百计克服困难，努力求学，厌学者会有千万种理由不学习，不读书！我们再思考一下，面对此种耻于从师的世风，造成智愚倒置的状况，韩愈持何种态度，他感到奇怪还是不奇怪呢？

生：（齐声）“其可怪也欤”，这多么奇怪啊！

师：真的吗？

生：“文言译释本”是这么说的，“教学用书”也是这么说的呀，“真是令人奇怪啊”，“这是一件多么奇怪的事啊”。

师：看来，都有所本啊！我们是不是再认真阅读思考一下，字字落实，翻译“其可怪也欤”这 5 个字，先搞清楚，这是个陈述句还是个反问句，特别注意“其”字的翻译，再联系具体语境和时代背景仔细思考。我们不妨先看几个句子。

生：那么，这不是陈述句，应该是个反问句。

师：是的，肯定是个反问句，“其”就是“岂”，“岂可怪也欤”，完全可以字字落实翻译：难道值得奇怪吗？“其”字的这种用法和句式在先秦两汉的古籍里不难找到依据。

PPT 展示：

1. 天之所以置，其可废乎？（《左传 · 鲁僖公二十八年》）

2. 以子之所长，游于不用之国，欲使无穷，其可得乎？（《韩非子 · 说林上》）

3. 今郑人贪其田，不我予，今我求之，其予我乎？（《史记 · 楚世家》）

以上各句与“其可怪也欤”句式相同，“其”字的用法也相同，都要译成“岂”“难道”“莫非”等反诘语气副词，才符合文意并与前后文贯通。现在，我们再将每层作结的句子找出来，比较一下，看有何不同？

生：“其皆出于此乎”，大概都出自这个原因吧；“吾未见其明也”，我并不见得家长们是明智的；“其可怪也欤”，难道值得奇怪吗？肯定语气越来越强烈，足以看出韩愈是满怀愤慨抨击耻学于师的风气的。

师：对。我们再从文章的写作背景来看，韩愈到底感到奇怪不？

生：我以为，也不会感到奇怪。他在文段开头就说："嗟乎！师道之不传也久矣！欲人之无惑也难矣！"

师：句读精准，两个"也"字之后都作了停顿，非常好。我们切不可读成"师道之不传 / 也久矣，欲人之无惑 / 也难矣"的哦。可以说，退之先生已经见怪不怪，也深知这种耻学于师的风尚危害甚大。

生：后边还有一个照应的句子："呜呼！师道之不复，可知矣。"看来，用这个反诘句作结并不是为君子之智不及百工而奇怪，而是为君子耻学于师感到痛心，感到愤慨。

师：作者阐明从师原则"道之所存，师之所存"之后，用了大段文字揭露耻学于师的危害，目的在于倡导"师道"。他对"魏晋氏以下，人益不事师"的风气了如指掌，中唐时期耻学于师之风已经发展到无以复加的地步，颇为疾首，怎么会感到奇怪呢？从师就会聪明，不从师就会愚钝，不是明摆着的事吗？那些士大夫之族，就是"富二代"吧，不但不从师，反而取笑不耻相师的百工，其智不及他人，则是可想而知，根本不值得大惊小怪的。韩愈写这篇文章时年仅 35 岁，正在国子监任教，相当于北大的教授呢。年轻有为，招收后学，抗颜为师；年轻气盛，也就不顾笑侮、聚骂，甚至牺牲名誉，被指骂为"狂人"也无所谓。如果我们能读一读柳宗元的《答韦中立论师道书》就会更加明了，韩愈作《师说》时是一种怎样的社会背景和心态。看来，写文章，写针对性极强的文章是要冒风险的。

师：好，我们再来看一看，作者行文的情感态度是怎样的？

生：自然是褒贬分明的啦。

师：具体说说看。

生：如果韩愈认为不学习、不从师也会聪明，天生聪明，永远聪明，那岂不是褒扬、美化所谓"君子"吗？不管从师与否，反正会比百工聪明。当君子比不上百工聪明，就令人奇怪，岂不是说百工只能永远愚昧么？这样一来，褒贬颠倒，上下文也失去了有机的内在联系。

师：是的，说得中肯！这完全是"唯上智与下愚不移"思想的翻版，是统治阶级的传统偏见！韩愈是少有的，至少在《师说》里看不出。那么，韩愈失望了吗?

生：是的吧，从“嗟乎”“呜呼”两个感叹语气词，可以品味出，体会到。

师：不会吧，两个感叹词饱含着浓郁的愤慨之情，体现了儒家积极入世“知其不可而为”的进取精神。尽管匡正世风需要胆量，需要才智，也需要时日，但是韩愈没有失望，也没有放弃。作《师说》赠送李蟠，嘉许其好学从师就是明证，他寄希望于弟子!

（原载《高考》2018 年第 12 期）

※※※※※※

1985 年我在广西大学主办的《语文园地》第 5 期发表《“其可怪也欤”异译》一文，着重分析“其”字与学界传统说法不同观点，认为这“其”字的用法和意义，影响对全篇的正确理解。2018 年 5 月，我很想对准《语文学习》“教学·镜头”栏目征稿，写篇《师说》的课堂教学实录。第二段第三小层的结句“其可怪也欤”中的“其”字通“岂”，句子可以直译成“难道值得奇怪吗”，而《教师教学用书》等教辅资料都错译成语义与之相反的“真是令人奇怪啊”！我认为可以引导学生进行深度阅读，从具体语境、时代背景和情感态度三个维度思考，便可得到确证。我将这个想法告诉胡老师，一起商讨，由她执笔写出初稿，我再修改、定稿，取题“韩愈到底奇怪还是不奇怪”，投稿不中。我不知道那栏目一般都是预先有了约稿对象的，于是，改投《高考》杂志，5 分钟不到，就收到编辑回复:“审稿通过，请勿他投。马上安排，付费吧。”“700 元，看在老客户份上，优惠 100 元。”我告诉胡老师消息，她嘿嘿一笑，脱口而出:“市场经济时代，真是神速，时间就是金钱啊！”

古汉语动词为动用法探微

胡学桂　潘迈翁

【摘要】古汉语为动用法是一种常见的词类活用现象，是指自动词、表心理活动动词、形容词，以及名词带上宾语，被临时借用为他动词，表达“为宾语而怎么样”的意思。这是一种最为简洁的动宾结构，却表达了多种较为复杂的状中结构所要表达的内容，主要有为什么目的、什么原因、什么对象而施动三种情形。阅读与教学中，识辨、判断文句是不是为动用法，主要通过分析动宾关系如何搭配，联系具体语境的语义推断，以及熟记典型例句进行类比，都不失为提高文言文阅读理解能力的有效方法。

【关键词】古代汉语　为动用法　词类活用　识辨方法

古汉语词类活用现象极为普遍，这是因为上古词汇并不丰富，作者往往采用词类活用手法，表达更为丰富的内容。这样表达，看起来文字简洁，却难免晦涩，也就增加了后人阅读理解的难度。古文中常见的动词使动、意动、为动用法都属词类活用现象，应该是同等重要的，而语文学界对为动用法似乎略有忽视，于是教学中难免出现阅读理解方面的舛误。为动用法，是指动词的动作行为“为宾语怎么样”的意思。“为动”的“为”通常情况下，可理解为“给或替、为了、对或向”三个意思。表示给或替宾语施动的为动用法，宾语大部分指人；表示为了某种目的或原因而施动的为动用法，宾语大都指物；有时动词及其所带宾语之间是表示对或向宾语施动，也属于动词的为动用法。文言文中的动词谓语和宾语之间除了构成支配关系外，有时也会生成“为宾语而动”的关系。具体来说，就是自动词、表心理活动动词、形容词和名词临时活用为他动词，让它们形式上带上名词、代词、词组等做宾语，实际上并非动宾支配关系的搭配，这种词类活用现象叫作“动词为动用法”。下面拟就这四种情况，分别举例加以说明。

一、自动词用作他动词带宾语

自动词原本无须带宾语，就能表示主语的动作行为指向，而在古文中有时却用作他动词带上宾语，貌似动宾搭配，实属“为宾语而动”，这种用法属于自动词的为动用法。

（1）未报秦施，而伐其师，其为死君乎？（《左传·鲁僖公三十三年》）

句中的“为”通“谓”，“是、算作”的意思，全句意为“难道也是为国君去死吗？”自动词“死”带宾语“君”，是典型的为动用法。教辅资料将“死君”译成“死去的国君”是不确当的，理由有三：一是已经死去的国君称先君，军帅栾枝和宿将原轸绝不会轻慢不恭地称“先君”为“死君”，尽管晋文公刚死；二是秦穆公趁晋国新丧之际举兵，越过晋国去偷袭远方的郑国，原轸自然清楚，唇亡齿寒，晋国面临保家卫国的大势，保家卫国比安葬国君更为重要；三是士兵上战场赴国难，就是为国君效死，反正，为已死之君办理丧事与为在位之君奔赴战场，都谓之“死君”也，同时，先轸最后还用“谋及子孙，可谓死君乎”与开头圆合照应。

（2）君三泣臣矣，敢问谁之罪也？（《左传·襄公二十二年》）

句中的“泣臣”是自动词“泣”带上“臣”作宾语，“泣”的对象是“臣”，应该译为“向我哭泣”。龚自珍《病梅馆记》中“既泣之三日，乃誓疗之”一句里的“泣之”，也是自动词“哭”用作为动词，“之”指代病梅，合起来是“为病梅哭泣”。

（3）邹与鲁哄。穆公问曰：“吾有司死者三十三人，而民莫之死也。诛之，则不可胜诛；不诛，则疾视其长上之死而不救。如之何则可？”孟子对曰：“……君行仁政，斯民亲其上，死其长矣。”（《孟子·梁惠王下》）

“民莫之死也”是宾语前置句，“之”是自动词“死”带的宾语，代

“有司”。邹国与鲁国交战，邹穆公问孟子：“我的官员死了三十三人，百姓却没有谁肯为长官去杀敌效死。……这可怎么办啊？”孟子说：“……您能施行仁政，老百姓自然会亲近他们的长官，愿意为他们的长官去死的。”“死其长矣”的“死”是自动词，带上宾语“其长”，也是为动用法。

（4）养生丧死无憾，王道之始也。（《孟子·梁惠王下》）

“丧死”是“为死者料理后事、安葬”的意思，自动词“丧”用作为动词，且带上“死”作宾语。其实，“养生”也是自动词用作为动词，给生者、活着的人提供衣食住行等生活资料；只因“养”可理解成“供养”，直接连上“生者”作宾语，也就无须译成为动形式了。

（5）人之救火者死，比死敌之赏；救火而不死者，比胜敌之赏；不救火者，比降北之罪。（《韩非子·内储说上》）

句中的“死敌”，是指为抗敌、杀敌而死，“敌”用作动宾词组；自动词“死”带宾语“敌”，构成为动用法。越王询问大夫文种举兵伐吴的事，文种建议，用焚毁宫室，施行厚赏严罚，以激发、检测人们救火的热情。这是越王下的命令，意思是：救火的人如果死了，比照为抗敌而死给予奖赏；去救火的人如果没有死，比照战胜敌人给予奖赏；不去救火，比照投降败逃治罪。

（6）晏子坐，酌者奉觞进之。（《晏子春秋·内篇杂下》）

句中的“进之”是 自动词“进”带宾语“之”，代晏子，为动用法。晏子拜见齐景公，入座，酌酒者捧起酒杯替他斟酒。

（7）贪夫殉财。（柳宗元《辩鹖冠子》）“殉财”是自动词的为动用法，就是“为财而死”的意思，“财”表示“殉”的目的。

（8）假令仆伏法受诛，若九牛亡一毛，与蝼蚁何以异？而世又不与能死节者比……（司马迁《报任安书》）

句子中的“死节”是自动词“死”的为动用法，带了“节”作宾语，应译成“为（坚持）气节而死”，宾语“节”表示动词“死”的目的。《史记·陈涉世家》中的“等死，死国可乎？”是自动词“死”活用作为动词，“同样是死，为建立国家而死可以吗？”陶渊明《咏荆轲》中的“君子死知己，提剑出燕京”，“死知己”也是自动词“死”用作为动词，“为知己而死”的意思。

二、表心理活动的动词带宾语

表示人物心理活动和心理状态的动词，本来不需带宾语便能表达人物思想、情感等内心活动或状态，而古文中却常常带上人、物、事作宾语，这种情况往往是为动用法。

（9）秦不哀吾丧，而伐吾同姓，秦则无礼，何施之为？（《左传·鲁僖公三十三年》）

句中的“哀吾丧”是表心理活动的动词“哀”用作为动词，带“吾丧”作宾语。可译成：秦国不为我们晋国的新丧而悲伤、哀悼，却远袭我们的友好邻邦郑国，这是秦国无礼，为什么要报答它呢？

（10）长太息以掩涕兮，哀民生之多艰。……岂余身之惮殃兮，恐皇舆之败绩。（屈原《离骚》）

“哀、恐”，分别是哀叹、哀怜，恐怕、担心的意思，且带上主谓词组“民生之多艰”“皇舆之败绩”作宾语。可译成：我仰天长叹，泪流满面，为人民生活有着太多的艰难而哀叹；难道是我害怕自己遭受灾祸吗，我是为国家会被颠覆而担心。

（11）祭祀必祝之。《左传·成公十三年》

“祝”，祝福、祈祷，“之”代燕后，表心理活动动词的为动用法。可译成：每当祭祀时都一定要为她祝福、祈祷。

（12）吾闻之：君子见人之厄则矜之，小人见人之厄则幸之。（《公羊传·宣公十五年》

“矜”，怜悯、同情；“幸”，庆幸、高兴；“矜之”“幸之”都是表心理活动的动词构成为动用法，君子“矜之”与小人“幸之”的原因都是“见人之厄”。全句可译成：我听说，君子看到别人遭遇困厄就心生同情，格外怜悯；小人见到别人遭遇困厄就暗自高兴，幸灾乐祸。

（13）惭愧四邻教断火，不知厨里久无烟。（张友正《寒食日献郡守》）

诗句中的“惭愧”是个双音节表心理活动动词，带上宾语“四邻教断火”，构成为动用法；我为四面邻居都教我寒食节不要生火而感到惭愧啊，可他们根本不知道，我因无米下锅，厨房早已断了炊烟。

（14）余尝感孺仲贤妻之言，败絮自拥，何惭儿子？（陶渊明《与子

俨等疏》）

“感”“惭”都是表心理活动动词，且都带了宾语，构成为动用法。全句可译成：我曾经为孺仲贤妻的话语所感动，自己裹着破棉絮，又何必为自己的儿子不如别人而惭愧呢？

三、形容词活用为动词带宾语

常用于表示人或事物性质、状态和特征的形容词，大都只能用作定语、状语或补语，起修饰作用，而在古文中，也能堂而皇之用作动词，并带上宾语，构成为动用法。表心理活动动词和形容词有时很难区分，同时又有兼类现象，都能用作为动词，因此，即算偶有混淆，只要不影响阅读理解，大可不必拘执。

（15）武安侯新用事，欲为相，卑下宾客，进名士家居者贵之，欲以倾魏其诸将相。（《史记·魏其武安侯列传》）

武安侯刚刚受封，想作丞相，便谦恭地对待宾客。句中的“卑下宾客”是表心理活动形容词“卑下”带名词“宾客”作宾语，构成为动用法，“宾客”是“卑下”的对象，应该译为“对待宾客谦卑”。

（16）公子为人仁而下士，士无贤不肖皆谦而礼交之，不敢以其富贵骄士。（《史记·魏公子列传》）

“下士”是形容词的为动用法，意为谦恭地对待士人；“骄士”也是为动用法，表心理状态的形容词“骄”带上宾语“士”，就是“对士骄”，对士人骄傲的意思。

（17）太祖苦头风，每发，心乱目眩，佗针鬲，随手而差。（《三国志·魏书·方技传》）

句中的“苦头风”可译成：因为头风病而感到痛苦。“苦”是表心理状态的形容词，即痛苦，“头风”是“苦”的原因，此为表原因的为动用法。《史记·陈涉世家》中的“天下苦秦久矣！”句的“苦秦”用法完全相同，天下因为秦国的统治和好战而感到痛苦已经很久了。

（18）河滨之渔者争坻，舜往渔焉，期年而让长。（《韩非子·难一》）

句中的“让”，谦让、礼让，表人物性格特征的形容词，用作为动词，施动对象是“长”，即年长者、长辈，全句可译成：河边打渔的人都争占水中的高地打渔，舜便去那里打渔，一年之后，人们都能让年长的人占据水中高地打渔。

（19）故能出入将相，勤劳王家，而夷险一节。（欧阳修《相州昼锦堂记》）

“勤劳”是两个描写人物品德的形容词，用作为动词，勤苦、辛劳的意思，且带上宾语“王家”，即皇家、朝廷。全句可译成：因此能够出将入相，勤苦辛劳地为皇家办事，且不论平安艰险，气节始终如一。王禹偁《待漏院记》中有言：“朝廷自国初因旧制，设宰臣待漏院于丹凤门之右，示勤政也。”其中的“勤政”也是形容词用作为动词；“勤”所带的宾语“政”，意为政务，国事。“勤政”就是为办理国事而勤奋努力。

（20）洎牧以谗诛，邯郸为郡，惜其用武而不终也。（苏洵《六国论》）

“惜”，叹惜、惋惜，形容词用作为动词，“惜”所带的宾语是表原因的“其用武而不终也”。

四、名词活用为动词带宾语

名词用作“为动词”是名词活用的一种特殊形式。在特定语境中，当某个名词按照为动用法使用时，这个名词就暂时取得了动词的资格，具备动词的语法功用及语义，并且能表示为宾语、替宾语或者对宾语施动。简言之，就是主语为宾语而实施该名词临时获得的“为宾语而怎么样”的动词语义。

（21）子叔姬妃齐昭公，生舍。叔姬无宠，舍无威。（《左传 · 文公四年》）

句子中“妃齐昭公”的“妃”是名词活用作为动词，“妃”所带的宾语是“齐昭公”，意思是“为齐昭公当妃子”，也可译作“嫁给齐昭公”。

（22）初，宋芮司徒生女子赤而毛，弃诸堤下，共姬之妾取以入，名之曰弃，长而美。（《左传 · 襄公二十六年》）

起初，宋国的芮司徒生了个女儿，皮肤发红而且全身长毛，就把她丢在河堤下，共姬的侍妾拾拣回家，为她取名“弃”，长大后相貌漂亮。句中的“名之曰弃”是名词的为动用法。“名”原本是名词，活用为动词之后意为“取名”，后面的“之”是它所带的宾语，指代红色长毛的女孩；“名之”就是“为她取名”。屈原《离骚》中有诗句：“名余曰正则兮，字余曰灵均。”其中的“名余”和“字余”也都是名词活用作为动词，意思是“为我取名”“为我取字”。

（23）齐桓公微服以巡民家，人有年老而自养者，桓公问其故。对曰：“臣有子三人，家贫无以妻之，佣未反。”（《韩非子·外储说下》）

齐桓公微服出访百姓家，遇到有一个年老而自己料理生活的人，桓公问他什么缘故。老人回答说：“我有三个儿子，家里穷，无法为他们娶妻，出去当雇工还没有回来。”文中“妻之”的“妻”属名词用作为动词，合起来应译成：为他们娶妻。

（24）良尝闲从容步游下邳圯上，有一老父，衣褐，至良所，直堕其履圯下，顾谓良曰：“孺子，下取履！”良鄂然，欲殴之。为其老，强忍，下取履。父曰：“履我！”良业为取履，因长跪履之。父以足受，笑而去。（《史记·留侯世家》）

文中的“履我”和“履之”都是名词的为动用法，分别是“为我穿鞋”和“为他穿鞋”的意思。“履”本是名词，活用为动词之后意为“穿鞋”，后面的“我”和“之”分别是“履”所带的宾语。

（25）儒以文乱法，侠以武犯禁，而人主兼礼之，此所以乱也。（《韩非子·五蠹》）

“礼之”的“礼”是名词，“礼节、礼仪”的意思，句中用作为动词，“用礼来对待他们”，“之”代儒者和侠士，是施动的对象。

（26）吕公曰：“臣少而好相人，相人多矣，无如季相，愿季自爱。臣有息女，愿为季箕妾。”（《史记·高祖本纪》）

“相”是名词，即“相貌、长相”，句中用作为动词，带了“人”作宾语，合起来是“给人相面”的意思。整段话可译成：我年轻时就很喜欢给人相面，经我给相面的人多了，没有谁能比得上你刘季的面相，希望你好自珍惜。我有一个亲生女儿，愿意许配给你做洒水扫地的妻妾。

（27）广陵太守陈登得病，胸中烦懑，面赤不食。佗脉之曰：“府君胃中有虫数升，欲成内疽，食腥物所为也。”（《三国志·魏书·方技传》）

句中的“脉之”是名词“脉”用作为动词，切脉、把脉，“之”字代太守，“佗脉之”就是“华佗为太守陈登把脉”。

（28）予尝嗜圣俞诗，而患不能尽得之，遽喜谢氏之能类次也，辄序而藏之。其后十五年，圣俞以疾卒于京师。余既哭而铭之，因索于其家，得其遗稿千余篇，并旧所藏，掇其尤者六百七十七篇，为十五卷。（欧阳修《梅圣俞诗集序》）

文中“辄序而藏之”的“序”是名词活用作为动词，这里的“之”是指代《梅圣俞诗集》；全句可译成：我就为梅圣俞诗集写了序言并将诗集保存起来。“余既哭而铭之”的“铭”是名词，铭文，即墓志铭，在这里用作为动词，且带上宾语“之”，指代梅圣俞；全句可译成：我就痛哭着为他写了墓志铭。文天祥《指南录后序》说：“庐陵文天祥自序其诗，名曰《指南录》。”“序其诗”的“序”也是名词用作为动用词，且带了宾语“其诗”，合起来是“为自己的诗集作序”。其实，“名”也是名词用作为动词，只因后边省了指代诗集的“之”字，翻译时便从简。

综合起来看，识辨、判断古诗文中的动词是否属于为动用法，除了从动宾关系分析和结合具体语境明确之外，还有一个简单、适用而有效的方法，就是熟记一定数量的典型例句，进行类比推断。

参考文献

1. 王力主编:《古代汉语》，北京：中华书局，1999 年。
2. 南开大学中文系古代汉语教研室编:《古代汉语读本（修订本）》，天津：天津人民出版社，1981 年。
3. 余行达主编:《古代汉语》，长春：东北师范大学出版社，1997 年。
4. 周秉钧:《古汉语纲要》，长沙：湖南人民出版社，1981。
5. 朱英贵:《汉语共同语语法概论》，台湾：花木兰文化出版社，2015 年。

※※※※※※

读线装本《战国策》，没有句读，读得慢，读得很吃力。1989 年 6 月 2 日，我花 6.25 元在新华书店购得上海古籍出版社出版的一套《战国策》

(1985年3月)。读到第三十三卷《中山君飨都士》的故事，觉得很有思想艺术性，于是，摘抄下来给学生做文言文助读训练。“中山君飨都士，大夫司马子期在焉。羊羹不遍，司马子期怒而走于楚，说楚王伐中山，中山君亡。有二人挈戈而随其后者，中山君顾谓二人：‘子奚为者也？’二人对曰：臣有父，尝饿且死，君下壶飧饵之。臣父且死，曰：‘中山有事，汝必死之’故来死君也。中山君喟然而仰叹曰：‘与不期众少其于当厄；怨不期深浅，其于伤心。吾以一杯羊羹亡国，以一壶飧得士二人。’”中山君的感喟，实在深刻，充满哲理，告诉我们怎么为人处世，施舍不在乎多少，积怨不在乎深浅。没想到，学生竟然将后边两个“死”字的用法搞错，完全译反了，把“我们是为您来效死的”翻译成“我们是来杀死你的”。这就引起我们对古汉语为动用法的关注与探究，摘抄高初中语文课本中的所有例句；又重新读一遍南开大学主编的《古代汉语读本》，作了100多张卡片。然后按名词、动词、形容词，动词分为自动词与他动词，共四类归集分析研究用法的异同，拟好文题、提纲。写作时从用法特点出发，力争准确理解、翻译文句。初稿写成有9000多字，删去近半，第二稿还有6000多字，四个要点分别列举8、6、8、6共28个例句，起码30多个为动词进行分析，又删去300多字。2021年6月16日终于完成定稿，投稿不久，便收到《课堂内外》杂志的“录用通知”，半年多，不知什么原因，却一直未见刊登。据说原因是，学校与《课堂内外》杂志社终止了协作关系，文章自然不能见刊，只能改投他刊了。

写作这篇文章时，一直得到潘久泰老师的鼎力支持，他不仅提供了大量一手资料，主要是卡片，而且精心指导并修改。定稿完成，我给他署名二作者“潘迈翁”，他执意劝我删除；关心提携后学，淡泊名利，实可钦敬！

跋 语

我从1980年开始注意保存、收录学生作文，凡立意可取，表达新颖的，师生就会共同商讨、认真修改，直到可以发表为止。40多年来，几乎每年都有学生文章见诸报刊，最多时，班上一学期有十几篇。书稿中收录了68篇，每篇文章都附着写作过程的记叙或说明。从1972年上大学起，我便开始勤苦写作，诗歌、小说、散文、杂文等等，无论什么题材、文体都写过，见诸报刊较多的还是教育教学类的文章，书稿中收录了50多篇，多数是我独自写成，也有一些是和同事或与曾经的学生合作完成。我又将一些篇幅短小，或同类的杂文、诗歌、诗歌赏析，都合并在一个通题之下，且都尽量还原其写作过程。

有同事、朋友、学生经常怂恿我将已经发表的文章编成集子出版，我深知自己的轻重，所以一直犹疑，担心没有读者，出版后书销不出去，最终只能做废纸卖，那就太悲凉了。许多专家、学者、教授，还有不少高官、名流出版的书都没人买、没人读，何况我等鼠辈，自费出书，又愁销路，何必自找苦吃呢。我的文章大多不专深，缺少影响力，多是些难登大雅之堂的小摆设，或管见而已，可说是速朽的文字。退休十几年了，仍有学生记得我，说“如果老师出书，一定拜读”，鼓励、怂恿的人多了，到底禁不住诱惑，10年前终究萌生了编著的念头。纠结好几年，我在2014年10月26日拟定《过程写作叙录》的提纲，计划分“学生们的写作故事”“我的写作故事”“我的读书故事”“作文先做人的故事”四个部分，写了30万字左右。写写停停，拖了五六年，其间不断修改、完善原订计划，最后确定只分上、下两编，分别选取学生的优秀作文68篇，加上自己大多发表了的教育教学类的文章 40 多篇，另选了学校同事、外校同行、曾经的学生文章 20 多篇，总共 52 篇，注重文章是怎么写成的，即写作过程的记叙、说明，以期让读者找到写作门径，并从每篇文章的生成过程中获得写作“金针”。我历来以为，立志写作，首先要有写作欲望，时刻保持想写的念头；然后要付诸行动，注重读书与生活积累；再有就是动笔写作，构思立意、谋篇布局，修改完善，直至完成定稿；最后就是选择适合的报刊投稿、等待反馈信息、发表，为着文章臻于至善，即算发表了也还有修改的价值和可能。说到底，写文章必须吃得苦、霸得蛮，要有毅力、要长期坚持，要有不登绝顶不甘罢休的劲头儿。我之所以下决心出版这本书，是想证明：有位傻帽儿老师曾经勤奋过、努力过，而且年逾古稀还有点儿不服老的憨顽。

今年是我校建校 70 周年，我校又成功升为专科学校，更名为“娄底幼儿师范高等专科学校”。今年也是我校招收普高、职高毕业生的第一年。这自然是颇感欣慰和值得庆贺的几件大事儿。作为退休老师，我只能表示廉价的祝贺而已，惟愿学校越办越红火，能一如既往地为祖国培养更多更优秀的基础教育人才。

感谢侄女婷婷、璐璐，甥孙曹嘉维帮我输录文稿；感谢众多弟子，从不嫌弃并不拒绝我的不时打扰——电话、信息、微聊沟通，才使书稿得以顺利完成。

我衷心希望这本《过程写作叙录》能对立志写作者有所帮助。

潘迈翁

2022 年 1 月 16 日

于冷水江沙办崇北社区